武 汉 大 学 百 年 名 典

社 会 科 学 类 编 审 委 员 会

陶德麟（1931—2020），著名马克思主义哲学家、教育家，武汉大学原校长、人文社会科学资深教授。1931年出生于上海。1949年至1953年在武汉大学经济系学习。1956年加入中国共产党。大学毕业后留校担任时任武大校长李达的学术研究助手，历任哲学系助教、讲师、副教授、教授，1984年被国务院评为博士生导师。1984年至1988年任武汉大学研究生院副院长兼哲学系主任，1988年至1992年任武汉大学副校长兼研究生院院长，1992年至1997年任武汉大学校长。2004年被遴选为武汉大学人文社会科学资深教授。先后担任《中国大百科全书·哲学卷》总论和辩证唯物主义部分副主编、国务院学位委员会哲学学科评议组召集人、教育部全国普通高等学校哲学教学指导委员会首届主任委员、教育部社会科学委员会委员和哲学学部召集人、国家社会科学规划哲学学科评审组副组长、全国博士后管理委员会哲学专家组召集人、教育部人文社会科学优秀成果奖励委员会委员、教育部全国普通高校优秀教学成果评审委员会委员、教育部邓小平理论研究中心副主任、中国学位与研究生教育学会副会长、全国高等学校社会科学科研管理研究会会长、中国社会科学院马克思主义研究院顾问、中国马克思主义研究基金会顾问、湖北省社会科学联合会主席、湖北省哲学学会会长和名誉会长、美国依阿华大学亚太研究中心国际顾问以及清华大学、复旦大学、南京大学、东南大学等多所高校的兼职教授或学术顾问，并先后担任中央马克思主义理论研究和建设工程重点教材编写组首席专家、国家社会科学基金重大项目首席专家、教育部人文社会科学研究重大项目首席专家。

武汉大学
百年名典

实践与真理

——认识论研究

陶德麟 著

武汉大学出版社
WUHAN UNIVERSITY PRESS

图书在版编目(CIP)数据

实践与真理:认识论研究/陶德麟著.—武汉:武汉大学出版社,
2024.3
武汉大学百年名典
ISBN 978-7-307-24074-2

Ⅰ.实⋯　Ⅱ.陶⋯　Ⅲ.①真理的标准—研究　②马克思主义哲
学—认识论—研究　Ⅳ.B023

中国国家版本馆 CIP 数据核字(2024)第 043716 号

责任编辑:李　琼　　　责任校对:汪欣怡　　　版式设计:马　佳

出版发行:**武汉大学出版社**　(430072　武昌　珞珈山)
　　　　(电子邮箱:cbs22@whu.edu.cn　网址:www.wdp.com.cn)
印刷:湖北恒泰印务有限公司
开本:720×1000　1/16　印张:25　字数:372 千字　　插页:4
版次:2024 年 3 月第 1 版　　2024 年 3 月第 1 次印刷
ISBN 978-7-307-24074-2　　定价:139.00 元

《武汉大学百年名典》出版前言

百年武汉大学，走过的是学术传承、学术发展和学术创新的辉煌路程；世纪珞珈山水，承沐的是学者大师们学术风范、学术精神和学术风格的润泽。在武汉大学发展的不同年代，一批批著名学者和学术大师在这里辛勤耕耘，教书育人，著书立说。他们在学术上精品、上品纷呈，有的在继承传统中开创新论，有的集众家之说而独成一派，也有的学贯中西而独领风骚，还有的因顺应时代发展潮流而开学术学科先河。所有这些，构成了武汉大学百年学府最深厚、最深刻的学术底蕴。

武汉大学历年累积的学术精品、上品，不仅凸现了武汉大学"自强、弘毅、求是、拓新"的学术风格和学术风范，而且也丰富了武汉大学"自强、弘毅、求是、拓新"的学术气派和学术精神；不仅深刻反映了武汉大学有过的人文社会科学和自然科学的辉煌的学术成就，而且也从多方面映现了20世纪中国人文社会科学和自然科学发展的最具代表性的学术成就。高等学府，自当以学者为敬，以学术为尊，以学风为重；自当在尊重不同学术成就中增进学术繁荣，在包容不同学术观点中提升学术品质。为此，我们纵览武汉大学百年学术源流，取其上品，掬其精华，结集出版，是为《武汉大学百年名典》。

"根深叶茂，实大声洪。山高水长，流风甚美。"这是董必武同志1963年11月为武汉大学校庆题写的诗句，长期以来为武汉大学师生传颂。我们以此诗句为《武汉大学百年名典》的封面题词，实是希望武汉大学留存的那些泽被当时、惠及后人的学术精品、上品，能在现时代得到更为广泛的发扬和传承；实是希望《武汉大学百年名典》这一恢宏的出版工程，能为中华优秀文化的积累和当代中国学术的繁荣有所建树。

《武汉大学百年名典》编审委员会

自　序

　　本书是我六十多年来学习和研究马克思主义哲学，特别是马克思主义认识论的一部分成果的汇集。由于论述的内容涉及认识论的诸多根本性的重大问题，汇集起来也就成了一部表述我对马克思主义认识论的系统见解的专著。

　　我出生在灾难深重的旧中国，是"九一八事变"的同龄人。"七七事变"的时候我还不满 7 岁。在抗日战争的烽火中我随家转徙各地，没有上小学。这也给了我一个机会，除了由父母给我讲授了一些语文、英语和算术知识之外，还由他们本人和他们的学养深厚的友人程炳文、杨相霖先生教我读了《四书》、《诗经》、《古文观止》等古书的一部分，学会了中国古典诗词格律，打下了初步的古文基础，同时也很自然地接受了一点中国古典哲学的熏陶。这是在小学里很难得到的。1943 年我在抗战时期的湖北省会恩施考上了省立实验中学初中。学校的生活和学习的条件极为艰苦。那时正是全民抗战的年代，全校师生的爱国热情炽烈如火，抗战胜利的信念坚如磐石，乐观向上的情绪弥漫全校。除了发奋学习之外，我们还在张影波老师的指导下组织过抗日合唱团，排演过歌剧《流亡三部曲》。学校对学生的德智体美的教育抓得很紧，要求非常严格。以语文为例，那时的涂润躬老师和屠博文老师不仅教我们读了鲁迅、冰心、叶圣陶、朱自清等当代名家的一些作品，还教我们读了一些古文名篇和古典诗词，要求我们能背诵，能译成白话文，学着撰写文言文，这又使我有了接触中国哲学思想的机会。1946 年回到武汉升入实验中学高中以后，学校对学生学业要求更加严格。例如给我们讲授语文（当时叫"国文"）的老师贺良璞（诗人，解放后任湖北大学教授）、罗书慎（著名国学家罗峻教授的女儿)、魏其巍(钱锺书先生的学生)都是名师,他们不但教我们读了不少诸子百家的名篇,还要求我们能写文言文,而且他们亲笔圈点,精心写出文采粲然、书法遒劲的评语。这不仅在写作能力上给了我极大的帮助,同时也使我更多地涉猎了一些中国古典哲学思想。教我们历史课的曾宪根老师还给我们讲过一些西方哲学主要代表人物的哲学思想。当时我对国民党统治下的社会状况极端不满,中国又正处在社会大变革的前夜,这使我不得不思考一些关于国家命运、宇宙人生和社会历史的问题,在作文和周记里写的东西实际上是与哲学有关的①。我那时并没有接触过马克思主义哲学。我听了胡适、张君劢等人来汉的讲演感到非常失望,觉得他们虽然名气很大,观点却是言伪而辩,为腐朽的统治辩护,与广大人民的要求背道而驰的,但凭我当时那点皮毛的哲学知识又深感没有从理论上驳倒他们的能力,非常苦闷。于是我与几位同窗好友一起秘密阅读了公开出版的艾思奇的《大众哲学》和毛泽东的《辩证法唯物论讲授提纲》②,这才开始朦胧地知道一点马克思主义哲学的初步常识,当时就有了一种拨雾见天的惊喜之感。但当时我还并未打算以哲学为终身职业。

1949 年我考取的是清华大学外文系、华中大学外文系和武汉大学经济系。当时新中国刚刚建立,我选择了入武大经济系学习。那时全校师生都在党的领导下热烈学习马克思主义,我也有了接受马克思主义教育的最好环境。恰好那时为我们讲授社会学课程的刘绪贻先生采用的教本是李达同志的名著《社会学大纲》,实际上是"中国人自己写的第一本马克思主义哲学教科书"③,这使我有幸第一次比较系统

---

① 这些习作是用文言文写成的,如《孟子距杨墨之意何居?》、《孟荀论性平议》、《评墨子兼爱》、《论王安石》、《儒家思想与民主政治》、《论韩非的"事因于世而备适于事"》、《文天祥诗曰"人生自古谁无死,留取丹心照汗青",试申其义》等等,见湖北人民出版社 2014 年 10 月出版的《学步履痕——陶德麟中学作文与读书笔记选》。

② 这本小册子是从武汉的地下党传出来的,没有署名,但当时我们知道作者是毛泽东。

③ 这是毛泽东对此书的评价。

地钻研了马克思主义哲学理论，开了眼界，产生了浓厚的兴趣。我做了详细的读书笔记。为了弥补知识的缺陷，加深对马克思主义哲学的理解，我自学了毛泽东的《实践论》、《矛盾论》等著作，还钻研了马克思的《资本论》第一卷，选修了形式逻辑、微积分，旁听了戴春洲先生讲授的普通物理等课程，自学了一点中外哲学史，到华中大学旁听过韦卓民先生讲授的黑格尔哲学。我很快成了马克思主义哲学的笃信者。1953 年李达同志来武汉大学就任校长，指定我留校担任他的科研助手，他亲自约我谈话，以父辈的热情表示了对我的期望，勉励我终身从事马克思主义哲学研究。1956 年他重建武汉大学哲学系①，亲自兼任系主任，我也就成了第一批青年教师。在李达同志的鼓励和安排下，我发奋钻研马克思主义哲学，从 25 岁起就开始讲课，同年开始在《哲学研究》、《红旗》、《人民日报》、《新建设》等刊发表哲学论文。1961 毛泽东同志委托李达同志撰写《马克思主义哲学大纲》时，李达同志指定我为主要执笔人。② 从此我就义无反顾地走上了学习和探索马克思主义哲学的道路，至今六十多年了。

在学习和探索的生涯中，我越来越体验到在几千年的世界思想史上出现的社会历史理论和哲学理论浩如烟海，体系纷繁，其中有许多思想包含着合理成分和深刻内容，我们必须以历史主义的眼光看待这些世界文明大道上的宝贵成果，有分析地吸取它们的精华，而不能采取虚无主义的态度，一笔抹杀。没有对这些成果的吸取也不可能有马克思主义的产生。但是，由于历史发展水平的局限性和阶级利益的局限性，在马克思以前，对人类社会如何形成，如何发展，前景如何，道路如何，一直还是一个没有人能真正打开的千古"暗箱"。只有马克思才第一次找到了打开这个"暗箱"的"钥匙"，如拨云雾而见青天。

---

①　武汉大学哲学系创建于 1922 年。1952 年全国大学院系调整时合并到北京大学，1956 年由李达同志主持重建。

②　《马克思主义哲学大纲》是此书的原定名称，李达主编。上卷为"唯物辩证法"，下卷为"唯物史观"。上卷完成后因"文化大革命"爆发，李达同志含冤去世，未能出版。12 年后我遵李达同志临终嘱托，对上卷做了修订，1978 年由人民出版社以李达主编的《唯物辩证法大纲》的书名出版。

这不是说马克思主义哲学提供了一切具体问题的现成答案，而是说它提供了探索问题的正确的世界观和方法论，使人们走出障眼的重重迷雾，引导人们走上正确地认识世界和改变世界的道路。马克思主义实现这样石破天惊的空前的大革命，最关键的一点就在于它第一次提出了科学的实践观，对实践的概念作了科学的界定，揭示了实践在全部人类社会发展以及对这种发展的认识过程中的决定作用。科学的实践观不仅是马克思主义认识论的第一的和基本的观点，而且是整个马克思主义哲学乃至全部马克思主义理论的第一的和基本的观点，是一根统领全局贯彻始终的红线，是一块不可须臾离开的基石。不吃透这一点就不可能真正领悟马克思主义这个有机整体的真谛。正如马克思指出的，社会生活在本质上是实践的。凡是把理论导致神秘主义去的神秘东西，都能在人的实践中以及对这个实践的理解中得到合理的解决。20世纪50年代末到60年代初中共湖北省委要我和其他几位教师为全省高中级干部做哲学辅导报告，我担任的主要内容是毛泽东的《实践论》和《矛盾论》，这也使我有机会多花了一些时间和精力去力求弄清这个问题，加深了认识。

我还由此体验到哲学的高度抽象性并不表明它与现实生活无关，恰恰相反，它终究是源于生活而又高于生活的智慧，是高耸云霄而又普照大地的阳光。哲学是时代精神的精华，是人类的共同思想财富，没有国界；然而哲学又是民族精神的精华，不能没有民族特点。不与民族特点融会契合的哲学不可能在这个民族生根。中国人经过千辛万苦找到的马克思主义哲学能够成为中国人民的锐利的思想武器，引导中国革命取得胜利，走上民族复兴之路，不仅因为它是迄今以来最正确最深刻的哲学，还因为它与中国实际相结合，实现了中国化。不断地从中国社会发展变化着的丰富实际生活中提炼出哲学问题，给予理论的回答，又从而丰富和发展马克思主义哲学的一般原理，正是马克思主义哲学在中国的生命之源和必由之路。归根到底，"理论在一个国家实现的程度，总是决定于理论满足这个国家的需要的程度"。①

---

① 《马克思恩格斯选集》第1卷，人民出版社1995年版，第11页。

更重要的是"文化大革命"对我的刻骨铭心的启示，这场亲身经历使我更痛切地省悟到马克思主义认识论阐明的认识与实践、知与行的关系的正确解决确是党的思想路线的最根本的理论基础。① 违背了马克思主义认识论的根本原理，马克思主义就会扭曲变质，甚至走向反面，我们就会陷入主观与客观相分裂、认识与实践相脱离的境地，造成严重的灾难。这是关系民族兴衰、祖国存亡和人民祸福的绝大问题。一个从事哲学研究的人如果不关注这样的问题，就是失职。当年我曾奋不顾身地与许多同志一起参加真理标准大讨论，也就是因为感到责无旁贷，不能不同大家一起尽一点微薄之力。

习近平总书记在新的形势下总结中国革命建设的丰富经验，对学习和运用马克思主义，特别是马克思主义哲学的重大意义做了一系列精辟的论述，指出必须"努力把马克思主义哲学作为自己的看家本领"。我认为习近平总书记的论述有千钧之重，是我们实现中国梦的指南。理论界的许多同志发表了重要的有关论著，我从中受到了许多启发。我只是这支大队伍中的一名老兵，虽明知老之已至，还不敢懈怠。但自知才疏学浅，所学所见不过是管窥蠡测。这本书也只是一个探索者的雪泥鸿爪而已，恳望得到方家和广大读者的批评指正。

陶德麟

2017 年 5 月于珞珈山麓

---

① 见本书附录《参加 1978 年真理标准讨论会的前前后后》一文。

目　录

一、真理标准问题探析

二、认识论散论

1

三、《实践论》浅释

四、附　录

一、真理标准问题探析

检验真理的唯一标准是实践*

　　"文化大革命"把各个领域的理论是非、路线是非搅得混乱不堪，造成了空前的大破坏。其集中的表现，就是颠倒了理论和实践的关系，以语录和权力作为检验真理的标准，否定了实践是检验真理的唯一标准这个马克思主义认识论的根本原理，抽掉了马克思主义的理论基石。这一根本原理是马克思主义经典作家做过多次明确论述的，本来大家都很熟悉；但是，经过十年"文化大革命"，在广大干部群众中竟成了陌生的命题，甚至被有些人说成反马克思主义、反毛泽东思想的言论。这个根本性的理论问题不解决，纠正"文化大革命"的错误就将无从说起。这是关系到坚持恢复和发扬毛泽东同志历来倡导的实事求是的原则，正确贯彻十一大路线和各项方针政策，胜利完成新时期的总任务的重大问题。既然认识上还有如此重大的不一致，那么通过讨论正本清源，就是实际生活发展的必然要求了。我这里仅就几个问题谈谈自己的意见。

1. 在实践标准之外另立真理标准是理论上的倒退

　　真理问题是最古老的哲学问题之一。这个问题在各派哲学那里的

---

　　* 本文是作者 1978 年 7 月 23 日在中国社会科学院召开的全国真理标准问题讨论会上的大会发言。由于当时中央某些负责人还在坚持"语录标准"，若公开发表反对"两个凡是"的文章有极大的政治风险，故本文的第一、二部分未在刊物上发表；第三部分以《关于真理标准的几个问题》为标题，发表于 1978 年《哲学研究》第 10 期第二篇。现在收入本书的是发言的全文，标题是收入本书时修改的。

表现形式多种多样，但共同的核心无非是两大问题：一是真理的定义；二是检验真理的标准。从逻辑上说，前者是后者的前提。只有明确了真理的定义，才知道检验的真理指的是什么。真理的定义也有多种多样的说法，例如符合说、融贯说、效用说等。检验真理的标准也有多种多样的说法，例如以圣人之言为标准，以大多数人的同意为标准，以已有的理论为标准，以概念社会明晰为标准，以是否"有用"为标准，还有根本否认任何标准的，这里也无须——列举。我们都是唯物主义者，都把真理定义为认识与客观对象的符合，在真理定义问题上没有分歧，无须涉及过多的问题，使讨论发生枝蔓。我们的分歧实际上是发生在以什么为标准来判定认识与客观对象的符合上。这就是我们今天讨论的中心。

马克思主义产生以前，虽然有的唯物主义者也接触到以实践为检验真理的标准的思想，但那只是偶然的、带有猜测性质的思想火花，并没有上升为哲学的基本命题。其根本原因是旧唯物主义者根本没有科学的实践观，对实践本身的理解就是片面的、狭隘的，也不理解检验真理是一种什么过程。他们离开了人的社会性和历史性来理解实践，无法了解认识对实践的依赖关系，不了解实践在整个认识过程中的作用，当然也包括实践作为检验认识真理性的标准的作用。他们甚至还没有意识到真理标准问题的理论症结和真正困难。因此，他们在精巧的唯心主义面前软弱无力，留下了可乘之隙。马克思主义哲学提出了科学的实践观，把科学地界定了的实践作为全部人类生活的基础，才第一次彻底解决了真理标准问题。马克思1845年在《关于费尔巴哈的提纲》中说得极其明确：

> 人的思维是否具有客观的［gegenstandliche］真理性，这不是一个理论的问题，而是一个实践的问题。人应该在实践中证明自己思维的真理性，即自己思维的现实性和力量，自己思维的此岸性。关于思维——离开实践的思维——的现实性或非现实性的争

论，是一个纯粹经院哲学的问题。①

经过了 47 年之后，恩格斯对马克思的上述观点不仅没有做任何"修正"，而且做了更详细的发挥。他指出：

> 我们的不可知论者也承认，我们的全部知识是以我们的感官向我们提供的报告为基础的。可是他又说：我们怎么知道我们的感官所给予我们的是感官所感知的事物的正确反映呢？然后他告诉我们：当他讲到事物或事物的特性时，他实际上所指的并不是这些他也不能确实知道的事物及其特性，而是它们对他的感官所产生的印象而已。这种论点，看来的确很难只凭论证予以驳倒。但是人们在论证之前，已经先有了行动。"起初是行动"。在人类的才智虚构出这个难题以前，人类的行动早就解决了这个难题。布丁的滋味一尝便知。当我们按照我们所感知的事物的特性来利用这些事物的时候，我们的感性知觉是否正确便受到准确无误的检验。如果这些知觉是错误的，我们关于能否利用这个事物的判断必然也是错误的，要想利用也决不会成功。可是，如果我们达到了我们的目的，发现事物符合我们关于该事物的观念，并产生我们所预期的效果，这就肯定地证明，到此时为止，我们对事物及其特性的知觉符合存在于我们之外的现实。我们一旦发现失误，总是不需要很久就能找出失误的原因；我们会发现，我们的行动所依据的知觉，或者本身就是不完全的、肤浅的，或者是与其他知觉的结果不合理地混在一起——我们把这叫作有缺陷的推理。只要我们正确地训练和运用我们的感官，使我们的行动只限于正确地形成的和正确运用的知觉所规定的范围，我们就会发现，我们行动的结果证明我们的知觉符合所感知的事物的客观本性。到目前为止，还没有一个例子迫使我们作出这样的结论：我

---

① 马克思：《关于费尔巴哈的提纲》，《马克思恩格斯选集》第 1 卷，人民出版社 1995 年版，第 55 页。

们的经过科学检验的感性知觉，会在我们的头脑中造成一些在本性上违背现实的关于外部世界的观念；或者，在外部世界和我们关于外部世界的感性知觉之间，存在着天生的不一致。①

恩格斯在这里告诉了我们为什么离开实践来谈论如何判定认识的真理性行不通，驳不倒唯心主义和不可知论；也告诉了我们实践确能检验认识的真理性的道理。

马克思、恩格斯的这些思想，列宁和毛泽东同志又在不同的时期、不同的著作中做了反复的阐发。毛泽东同志说得极其明确："马克思主义者认为，只有人们的社会实践，才是人们对于外界认识的真理性的标准。"②他还说："只有千百万人民的革命实践，才是检验真理的尺度。"③"真理的标准只能是社会的实践。"④

这些论述充分地表明，以实践为检验认识真理性的唯一标准，是对真理标准问题的最科学的结论。如果抛开这个科学结论而另立标准，只能是重复以往各派哲学的错误，在理论上不是前进，而是倒退。

2. 理论不是检验真理的标准

有的同志并不否认实践是检验真理的标准，但认为经过实践检验并证实为正确的理论也是检验真理的标准。我认为这是似是而非的。这里仅从普遍与特殊的关系的角度做一点分析。

---

① 恩格斯：《社会主义从空想到科学的发展》，《马克思恩格斯选集》第 3 卷，人民出版社 1995 年版，第 702—703 页。着重点是引者加的。

② 毛泽东：《实践论》，《毛泽东选集》第 1 卷，人民出版社 1991 年版，第 284 页。着重点是引者加的。

③ 毛泽东：《新民主主义论》，《毛泽东选集》第 2 卷，人民出版社 1991 年版，第 663 页。着重点是引者加的。

④ 毛泽东：《实践论》，《毛泽东选集》第 1 卷，人民出版社 1991 年版，第 284 页。着重点是引者加的。

客观规律有普遍与特殊之分(当然是相对的),作为客观规律的反映的理论也有普遍与特殊之分。以理论为标准来检验认识,不外三种情况:一是以普遍检验特殊;二是以特殊检验普遍;三是同等普遍程度的理论互相检验。这三者都是行不通的。

(1)以普遍检验特殊

普遍只能大致地包括特殊,特殊不可能完全进入普遍。一种认识即使并不违反普遍规律,也未必符合它所反映的特殊对象的实际。如果把反映普遍规律的理论当作"标准",就可能把错误当成真理。

以唯物辩证法为例。它是最普遍的规律的反映,而且是经过全人类亿万次的实践检验证实了的正确理论。但是仍然不能说它是检验真理的标准,因为并非凡符合辩证法的认识都一定符合这一认识所反映的具体对象。

先看自然科学。康德的星云说无疑符合辩证法,所以恩格斯才赞扬它把当时占统治地位的形而上学自然观"打开了第一个缺口"[1]。但是,作为一种自然科学理论是不是符合天体演化的实际情况,恩格斯对这一点的评价是很慎重的。他明确地指出:"当然,严格地说,康德的学说直到现在还是一个假说。"[2]这就是说它的真理性还有待天文学实践的检验。事实上,后来的天文学实践就暴露了星云说的许多错误。例如,星云说认为距太阳越远的行星密度越小,这是符合当时已发现的六大行星的情况的。可是1781年、1846年、1930年先后发现天王星、海王星、冥王星,它们的密度都比距太阳更近的木星和土星大,而且这三颗星距太阳越远的密度越大。这样康德的星云说就不能成立了。如果以辩证法为标准,能检验出什么结果来呢?难道能说康德的星云说违反了辩证法吗?康德以后的两百多年里,又出现了许多天体演化学说,可以说无一不是符合辩证法的。可是究竟哪一种符

---

① 恩格斯:《反杜林论》,《马克思恩格斯选集》第3卷,人民出版社1995年版,第397页。

② 恩格斯:《反杜林论》,《马克思恩格斯选集》第3卷,人民出版社1995年版,第397页。

合天体演化的实际，还是只有由天文学的实践才能判定。又例如，在光的波动说出现后的一段时间里，科学家们认为光波与弹性波相仿，也需要媒质才能传播，于是假定了"以太"的存在，并认为"以太"是充满宇宙、渗透一切的特殊物质。这个假定是真理还是谬误，以辩证法为标准也是无法判定的，因为无论"以太"是否存在都不违反辩证法。正因为如此，恩格斯在《自然辩证法》中提到"以太"时也是很慎重的，他只说"如果我们承认以太粒子存在的话"①。事实上，最后"以太"的假设被否定了，而否定它的并不是辩证法理论或别的理论，而是实践，即1887年著名的迈克尔逊-莫雷实验。

再看社会科学。正确反映社会历史过程的认识只能建立在实际材料的基础之上，它的真理性也只有在相应的具体社会实践中才能得到检验。以普遍性更高的理论为标准是不可能检验的。杜林在1875年、米海洛夫斯基在1894年以同样的调子攻击马克思，硬说马克思的经济理论是靠否定之否定这个"助产婆"产生的，是靠辩证法证明的。恩格斯和列宁驳斥这种诬蔑时都指出，马克思只是探究了现实过程，每一步都用巨量的实际材料来检验，只是在揭露了客观规律之后才"顺便指出"这个历史过程也是辩证法的过程，何尝用辩证法来"证明"过自己的经济理论？另一方面，符合辩证法的社会历史理论也未必就是真理性的理论。恩格斯在驳斥杜林时曾举卢梭的社会历史理论为例，他说，"我们在卢梭那里不仅已经可以看到那种和马克思《资本论》中所遵循的完全相同的思想进程，而且还在他的详细叙述中可以看到和马克思所使用的完全相同的整整一系列辩证的说法"②。但这并不表明卢梭的理论是符合社会发展实际情况的真理。

凡是以普遍程度更高的理论为标准来检验某种理论的做法，都会遇到不可克服的困难，而且会导致荒谬的结论。例如，有人以为只要

---

① 恩格斯：《自然辩证法》，《马克思恩格斯选集》第4卷，人民出版社1995年版，第347页。着重点是引者加的。

② 恩格斯：《反杜林论》，《马克思恩格斯选集》第3卷，人民出版社1995年版，第483页。

懂得了比较普遍的理论，就可以直接在一切具体领域里充当裁判，而无须以具体领域中的实践去检验某一具体认识的真理性。按照这种理解，只要不违背马克思主义的普遍原理，就不管与具体对象是否符合，都是正确的理论了。果真如此，那么教条主义就非常正确，而马克思主义的普遍真理与各国的具体实际相结合倒是多余的了。

（2）以特殊检验普遍

这种检验也不可行。因为这种"检验"实际上并不是本来意义上的检验，而是由个别的特殊命题的真"推出"普遍命题的真，这是过度概括，是不可靠的。普遍命题本来是从大量的经过实践检验的特殊命题中抽象得来的，这种抽象是否正确本身就是一大问题，就需要回到实践中去才能得到检验。如果竟把进行抽象的来源当成了检验的"标准"，岂不等于肯定了只要来源正确，抽象就一定正确？岂不等于不要检验了吗？

多年来在这个问题上的教训是很多的。某一局部（地区、部门、行业、战线等）的具体经验都是特殊的。如果是成功的经验，当然包括着普遍的内容，这些普遍的东西对全局也有指导意义。但是，哪些是普遍的东西，哪些是仅仅适用于局部的东西，并不容易区分，在概括的时候是可能出错的。把仅仅适用于某一局部的东西误认为普遍的东西，加以"推广"，那就非犯错误不可。以特殊"检验"普遍，就是认可把仅仅适用于局部的东西误认为适用于全局的东西，这在理论上不通，在实际上也有害。再加上如果这个局部的特殊经验本来就并非正确的东西，其危害性就更大，"文化大革命"中树立的许多"样板"就是眼前的实例。我们如果也相信局部的特殊的经验就可以作为检验更普遍的理论的标准，也会犯以偏概全的错误。

（3）同等普遍程度的理论互相检验

如果说的是关于不同对象的两种理论的互相检验，例如用力学理论去检验遗传学理论，用俄国革命的理论去检验中国革命的理论，显然不可能。如果说的是关于同一对象的两种理论互相检验，又等于自己检验自己，等于没有检验。这是非常简单的道理。

总之，以理论为检验真理的标准是行不通的。

有的同志认为，肯定了实践是检验真理的唯一标准，就会否认或者贬低理论的指导作用，包括马克思主义、毛泽东思想的指导作用。这是极大的误解。误解的原因是把指导作用和检验真理的标准混为一谈了。理论本身的真理性是靠实践来证实的。我们之所以有根据认为马克思主义、毛泽东思想是真理，正因为也仅因为它是经过实践的反复检验并证明为符合客观实际的科学理论。毫无疑问，这样的科学理论对我们的指导作用是绝对不可缺少的。然而指导作用的含义是指以这种理论所提供的普遍的原理原则为向导，去研究那些尚未研究，或者尚未深入研究过的新事物、新现象，去发现那些事物或现象的特殊的性质和规律，而不是把这些普遍的原理原则往新的事物或现象上硬搬硬套、去剪裁新的研究对象。在马克思主义、毛泽东思想指导下研究新对象所得出的结论是否具有真理性，也还要经过实践的检验才能判定。如果把马克思主义、毛泽东思想本身当成了检验真理的标准，那就必然误认为只要符合马克思主义、毛泽东思想的普遍原理的就是真理，哪里还有研究新事物的任务？又怎么能丰富和发展马克思主义、毛泽东思想呢？至于把马克思主义经典著作中针对某时某地的特殊情况做出的个别论断作为检验真理的标准，甚至把革命领袖的语录作为检验真理的标准，后果就更为严重了。这种理论上的错误，我们党在历史上有过惨痛的教训；"文化大革命"中的灾难也与这种理论上的谬误有极大的关系。现在是彻底澄清的时候了。只有确立了实践是检验真理的唯一标准，才能正确地发挥理论的指导作用，得到符合客观实际的真理性的认识。

3. 回答几个诘难

有的同志说：在实际生活中我们用来鉴别是非的标准很多，例如我们多年来非常熟悉的区分香花毒草的标准、区分革命反革命的标准、无产阶级革命事业接班人的标准等，这些标准虽然是从实践中总结出来的，但本身并不是实践，而是主观范围的东西，它们不是在实际上起着检验真理标准的作用吗？

我认为，这是把用同一语词表达的不同概念混淆起来了。

"标准"这个词可以在不同的意义上使用。比如说，可以有政治标准、道德标准、艺术标准，还可以有物体的重量标准、长度标准，有商品的价格标准、职工的工资标准，有产品的质量标准、成本标准，等等。这些都不是认识论的范畴。我们讨论的不是任何别的标准，而仅仅是检验真理的标准，这个标准的唯一作用，就是能够根据它来判定认识同对象是否符合。这是一个认识论的范畴。一切其他含义的"标准"，都不是我们在这里讨论的论题。列宁曾指出过，像"利己主义"这样的范畴就"根本不是认识论的范畴"，在讨论认识论的问题时说到"利己主义"是"牛头不对马嘴"。① 把检验真理的标准和其他意义上的标准混为一谈，也同样是离开了论题。这是一。

其次，上面列举的那些标准，是不是能起检验真理的作用呢？不能。那些标准无非是区别事物性质的标志。它只是说明，如果某物具有如此这般的特征或属性，它就是某物而不是别物，如此而已。至于某物是否具有这些属性或特征，我们关于某物是什么的判断是否真理，并不能靠它来回答，而只能靠实践来回答。例如，尽管我们知道凡由两个氢原子和一个氧原子构成一个分子的东西就是水（这是鉴别水之所以为水的"标准"），仍然不能判定摆在我们面前的这杯无色无味无臭的液体究竟是不是水，也不能检验"这杯液体是水"的判断是不是真理。要检验这个认识是不是真理，还是只有通过物理或化学的实验（比如把这杯液体电解一下），才能得到可靠的答案。

有的同志说：有些论断只要违反了正确理论，我们就可以直接断定它是错误的，用不着经过实践检验。例如有人"设计"永动机，我们就可以根据他违反了热力学第二定律而断定这种"设计"的错误。这种情况难道不是表明正确理论可以作为检验真理的标准吗？

这里显然存在着对真理标准的误解。

排除谬误和确定真理并不是一回事。当然，确定了一个命题为

① 列宁：《唯物主义和经验批判主义》，《列宁全集》第18卷，人民出版社1988年版，第141页。

真，同时也就确定了它的矛盾命题和反对命题为假。就这个意义说，确定了真理同时也就排除了无数的谬误，但是排除了谬误并不一定就能确定真理。从两个否定性的前提得不出肯定性的结论。应当承认，排除谬误在认识史上的意义不可低估，它可以使人们在认识的长途中少走弯路。但是，作为认识的目的和成果的东西主要的毕竟不是否定性的认识而是肯定性的认识。为了在改造世界的斗争中实现预期的目的，我们的任务毕竟是获得真理，而不能只限于排除谬误。例如，即使我们可以确有根据地断言癌症不是疟疾，不是伤寒，不是霍乱，不是其他疾病，但只要我们还不能正确地断言癌症的发病原因和病理机制是什么，就不能说对癌症的认识达到了真理，我们就还不能在征服癌症的斗争中实现预想的目的。因此，作为检验真理的标准的东西，必须具有双重功能：一方面要能够根据它排除谬误，另一方面要能够根据它判定真理。如果一种方法或手段只能排除谬误而不能判定真理，就不能作为检验真理的标准。违反了正确的理论就是错误的，这只能说明它能帮助我们排除谬误，并不能说明它同时也能判定真理。违反热力学第二定律去"设计"永动机当然是错误的，但是能不能断言凡是不违反热力学第二定律的设计一定是正确的呢？显然不能。因为这种设计仍然可能同它所反映的具体对象规律性并不符合。究竟是否符合，还得由实践来判定。因此，这样的定律也还是不能作为检验真理的标准。

何况，"凡是违反正确理论的论断就是错误的"这句话本身的真理性也是有条件的，它只有在这个理论的适用范围内才是对的，超出这个范围就不对了。就拿热力学第二定律来说吧，它也只适用于热力学中所说的"孤立系统"（外界对它影响较弱的有限系统），而不适用于无限的宇宙。因此，只有在"孤立系统"这个范围内我们才可以说，凡是违反了热力学第二定律的论断都是错误的。如果在讨论整个宇宙的问题时仍然坚持这句话，岂不是要断言辩证唯物主义关于物质运动不灭的原理是错误的，而"宇宙热寂说"倒是正确的吗？可见，正确理论即使只作为排除谬误的手段，它的作用也是有限度的，更不用说用它来确定真理了。

　　有的同志说：要量物体的长度，可以拿尺子做标准，也可以拿一根用尺子量过的绳子做标准。经过实践检验的正确理论就好比用尺子量过的绳子，为什么不能代替实践来作为检验真理的标准呢？

　　这里无非是把检验认识的真理性比作衡量物体的长度。但这是一个不恰当的类比。认识是客观对象在人脑中的反映，检验认识的真理性就是检验认识同它所反映的对象是否符合，而不是检验任何别的东西，这同检验照片同对象是否符合是相似的过程，在这个意义上把这两者加以类比倒是有合理性的。可是物体的长度却并不是什么"对象"的"反映"，不存在它同什么"对象"符合不符合的问题；我们去量物体的长度也并不是去检验它的长度同什么"对象"是否符合。这同检验认识的真理性是完全不同性质的两回事，没有可以类比的共同点。这是一。其次，即使把这个类比的不恰当略而不论，也还有第二个问题：尺子和绳子两者都是客观的东西，用绳子或尺子去量物体的长度，都是用客观的东西做标准，并没有原则的区别。正因为这一点，绳子才能代替尺子。如果不是用一根实实在在的绳子来代替尺子，而是用尺子的观念来代替绳子作为"标准"，那么，即使这个观念再精确些，能够用它来量物体的长度吗？理论即使再正确些，也还是主观的东西，它之所以不能代替实践（严格地说，是实践的结果）作为检验真理的标准，也正如尺子的观念不能代替现实的尺子作为测量物体长度的标准一样。可见，这个类比不但没有说明理论可以成为检验真理的标准，而且恰好说明了相反的东西。

逻辑证明与真理标准*

　　两年前开始的真理标准问题的讨论，对于破除反马克思主义的现代迷信、冲决思想网罗，起了振聋发聩的作用。但是，对"实践是检验真理的唯一标准"这个命题的理解，在学术界和广大群众中至今还并不一致，甚至有不小的分歧。例如，有的同志认为经实践检验过的正确理论也可以是检验真理的标准，有的同志认为逻辑证明也可以是检验真理的标准，有的同志认为检验真理的标准不是实践而是客观对象。总之，在这些同志看来，"唯一"标准的说法至少是绝对化、简单化了，不能成立。我个人是同意"唯一"论的。本文只先就"逻辑标准"问题谈一点粗浅的看法。

　　为了避免"假争论"，需要先明确语词的含义和论题的意义。第一，这里说的"真理"（truth）是指认识与客观对象的符合，"检验真理的标准"（准确些说，是检验认识的真理性的标准）是指判定认识与客观对象是否符合的标准。第二，这里说的"逻辑"是专指传统的和现代的演绎逻辑。因为归纳推理的结论并没有必然性，辩证逻辑则还没有形成一套严密的推理规则，它们之不能作为检验真理的标准现在并无争议，没有特别讨论的必要。第三，这里不是一般地讨论逻辑在认识过程中的作用问题，而是仅仅涉及逻辑的证明作用问题（后者比前者的范围狭窄得多）。一句话，我们要讨论的问题是：作为演绎推理的逻辑证明是不是判定认识与对象符合的标准？

---

　　* 本文原载《哲学研究》1981 年第 1 期，1995 年获国家教委首届人文社会科学优秀成果一等奖。

一

除了非理性主义者，谁也不会公然否认逻辑有证明的作用。在现代逻辑的研究和应用取得了巨大成就的今天，否认逻辑的证明作用更是荒谬的。问题不在于逻辑有没有证明的作用，而在于它证明的是什么，能不能由它的证明作用得出它是检验真理的标准的结论。而这就需要对逻辑证明的实质和功能做一点考察。

逻辑证明是以确定论题的真实性为目的的演绎推理（反驳是证明的特殊情况，不另讨论）。无论多么复杂冗长的证明，总是由论据、推论和论题组成的演绎推理。论题是待证的命题，是推理的结论，这里无须分析。论据是推理的前提，论证则是按照逻辑规则（普遍有效的推理形式）由前提过渡到结论的思维活动，这两者是需要分析的。

先看论据。论据可以是一个命题，也可以是若干命题。要使演绎推理成为逻辑证明（逻辑证明是演绎推理，但并非一切演绎推理都是逻辑证明），第一个必要条件就是论据全部是真命题，即作为论据的每一命题都与它所反映的对象符合。如果论据全部假、部分假或真假不定，即使推理形式是普遍有效的，结论在事实上也是真的，仍然不成其为逻辑证明。

那么，论据的真能不能由逻辑证明来确定呢？回答是否定的。

作为论据的命题不外以下几类：

（一）陈述经验事实的命题，亦称经验命题或知觉命题

这类命题反映的是可感知的事实，其真假取决于命题的陈述与事实是否符合。要判定这一点，逻辑显然无能为力。符合逻辑和符合事实并不是一回事。说"猫是吃老鼠的"固然符合逻辑，说"老鼠是吃猫的"也决不违反逻辑。我们设想一个逻辑推理能力很强但对地球上的事物（包括猫鼠的生活习性）毫无所知的"外星人"忽然来到我们这里，我们请他用逻辑的方法来判定这两个命题的真假，事情会怎样呢？他一定会束手无策。因为在他看来，这两个命题在形式上是完全一样的，他怎么能根据"逻辑"来判定孰真孰假？这类命题的真假是只有实践(包括观察和调查)才能做出"裁决"的。

或曰不然。有些命题也是陈述经验事实的，我们却可以从逻辑上判定其真假。例如，"这个老年人是人"必真，"这个等边三角形是六边形"必假，又当做何解释？其实，这样的命题并不是陈述经验事实的命题。前者是分析命题，谓词包含在主词之中，相当于说"A 集的某一元素属于 A 集"，其逻辑形式是永真；后者是矛盾命题，谓词与主词互相排斥，相当于说"A 集的某一元素属于 A 集的补集"，其逻辑形式是永假。这两种命题的真假与它们的经验内容无关，而只取决于它们的逻辑形式，当然可以依据逻辑公理来判定。就是说，只要肯定了公理，它们的真假就是必然的了，无须援引具体经验。至于公理的真实性靠什么来证明，正是下面要讨论的。

(二) 公理

像逻辑和数学这样的纯演绎科学是以公理为原始论据的。这类科学是公理系统。公理的真实性能不能靠逻辑来证明？不能。有人想去证明欧氏几何第五公设，结果只是徒劳。这是为什么呢？因为任何演绎系统的基本要求就是自洽，也就是不允许自相矛盾；而要不自相矛盾，就会至少有一个命题在本系统中得不到证明(也得不到否证)。假如我们在某一演绎系统中用 A_0 证明 A_1，用 A_1 证明 A_2，用 A_2 证明用 A_3……一直到用 A_{n-1} 证明 A_n，那么用什么来证明 A_0 呢？用从 A_0 到 A_n 的任何命题来证明，都陷入了循环证明，等于不证明。可见像 A_0 这样的命题在本系统中是不可能被证明的，它只能作为不证自明的公理。

那么，在本系统中得不到证明的命题不能在别的系统中得到证明吗？那要看两个系统的关系怎样。(1)如果 A 系统与 B 系统的命题不相干，显然不能证明。(2)如果 A 系统与 B 系统的命题互相矛盾，也不能证明。例如，"平行线不相交"在欧氏几何里是真命题，在非欧几何里却是假命题；"全体大于部分"在有穷集合里是真命题，在无穷集合里却是假命题；这样矛盾的系统当然不可能互相证明。(3)如果 A 系统与 B 系统不相矛盾并且有某种关系，那么在 A 系统中得不到证明的命题在 B 系统中是可能得到证明的，但 B 系统又会有命题在本系统中得不到证明，又得求助于别的系统。这样一直推下去，公理的证明问题还是不能在逻辑的范围内解决。

这并不是说公理是不反映客观实际的人为约定和任意假设，无所谓真实性，而是说它们的真实性不能由逻辑来判定。欧氏几何和非欧几何的公理当然都是一定的现实空间的特性的正确反映，有客观的真实性，是真理。但逻辑是无法证明这一点的。只有当由这些公理推导出来的结论被应用于特定领域的实践并得到了预期的结果时，公理的真实性才得到了证实。

(三)定理

在纯演绎科学中，定理是以公理为原始论据推论出来的，定理的真实性靠公理的真实性来保证。既然公理的真实性不能由逻辑证明来检验，定理的真实性当然也不能由逻辑证明来检验。定理是否与客观现实符合，与什么客观现实符合，只有实践才能判定。

至于在经验科学中，定理(或原理)一般说来并不是从公理演绎出来的，而是从经验事实中概括出来的普遍命题。这些经验事实是从实践中得到的(通过观察、实验、调查等)，因而普遍命题是否真实也只有由实践来确定。这是显然的。不错，现代的经验科学有许多部门采用的已经不是早期实验科学所采用的纯粹经验的方法，"而是研究人员受到经验数据的启发而建立起一个思想体系；一般来说，这个思想体系在逻辑上是用少数的基本假定，即所谓公理，建立起来的"①。例如爱因斯坦的狭义相对论就是从两个被视为公理的命题出发的(光在真空中速度不变，与光源的运动无关；在相对做匀速而无转动的直线运动的诸坐标系中一切物理定律等效)。但是，第一，这些公理之所以能被提出，首先还是由于研究人员"受到经验数据的启

① 爱因斯坦：《狭义与广义相对论浅说》，杨润殷译，上海科技出版社1964年版，第102页。

发"，并不是离开经验凭空构想出来的。第二，这些公理的真实性要在实践中受到检验。例如相对论的第一个公理就是在迈克尔逊-莫雷的著名实验中得到证实的。第三，这样建立起来的理论体系(它由一系列相互联系的命题组成)究竟是否符合实际，是否真实，逻辑并不能回答，只有实践才能回答。例如广义相对论是得到了水星近日点的移动、光线在引力场中的偏转、光谱线的红向移动的观测证实的。在得到证实以前，爱因斯坦本人也并不认为他的理论就一定符合实际。他在1916年还写道："无论如何在未来的几年中将会得出一个确定的结论。如果引力势导致的光谱线红向移动并不存在，那么广义相对论就不能成立。另一方面，如果光谱线的位移确实是引力势引起的，那么对于此种位移的研究将会为我们提供关于天体的质量的重要情报。"①亚当斯(Adams)通过对天狼星的伴星的观测证实了谱线红移，这才使广义相对论的真实性得到了一个实践上的验证。爱因斯坦完全理解，"理论有存在的必要的理由乃在于它能把大量的个别观察联系起来，而理论的'真实性'也正在于此"②。至于在化学、生物学、人类学等经验自然科学和各门社会科学中的定理和原理的真实性只有实践才能判定，就无须一一说到了。

(四)定义

以定义为论据是常见的。定义有语词定义和实质定义的区别。

语词定义是对语言符号的意义的规定，被定义的东西不是客观对象而是语词。它无非是说明我们用某一语词去指称某一对象，以便使人们了解我们的陈述，相当于给一个对象取名字。这种定义是约定的，无所谓真假，至多不过要求下定义的时候遵守日常用语或科学用语的习惯而已。我们把"圆"定义为与平面上一定点等距离的点的轨

---

① 爱因斯坦：《狭义与广义相对论浅说》，杨润殷译，上海科技出版社1964年版，第102页。

② 爱因斯坦：《狭义与广义相对论浅说》，杨润殷译，上海科技出版社1964年版，第102页。

迹，就等于给具有如此这般特性的几何图形命名为"圆"，这就无所谓与客观对象是否符合，无所谓真假。如果有人不愿遵守这个约定，偏要把"圆"定义为别的什么，那么，只要他交代清楚，也不能说他的定义是假的；至于他在此后的议论中是否首尾一贯，不自相矛盾，那是另一个问题，与定义的真假无关。语词定义既然无所谓真假，当然也就无所谓以什么为标准来检验其真假的问题。

实质定义与此不同，被定义的东西是客观对象。实质定义是对事物的本质或本质属性的断定和陈述，是有真假之分的。与事物的本质或本质属性相符合的断定和陈述是真的，反之就是假的。那么，逻辑能否判定一个实质定义与它所反映的对象是否符合呢？不能，道理同前述的公理或定理的真假不能由逻辑判定一样。例如，"国家是全民利益的代表"和"国家是阶级矛盾不可调和的产物"这两个定义哪一个符合国家这个客观事物的本质，从逻辑上是不能判定的，因为两者都符合逻辑；只有阶级社会中的实践才能回答这个问题。

可见，无论哪一类论据的真实性都不能由逻辑证明来确定。逻辑证明的第一个必要条件，它自身就不能保证，它怎么能成为检验真理的标准？

二

再看论证。

逻辑证明的另一个必要条件，是论证的每一个步骤都合乎演绎推理的规则，即遵守正确的推理形式。那么，正确的推理形式能不能成为检验真理的标准呢？回答也是否定的。

第一，推理的形式本身正确与否靠什么来检验？这就是一大问题。为什么我们恰恰把如此这般的推理形式看作"正确"的，而把另一些推理形式看作"不正确"的呢？推理形式的正确性靠什么来证明呢？如果用逻辑来证明，那么在一动手证明的时候就不可能不运用这些推理形式本身，就等于把待证明的东西当成已证明的东西，这就违反了逻辑。当然，在证明某种特定推理形式时可以设法避免运用它自身，而只用别的推理形式，但这时别的推理形式是否正确又还是没有证明。就推理形式的总体看，谁要想从逻辑上去证明推理形式，就无法避免由推理形式自己证明自己，而这也就等于什么也没有证明。可见，推理形式的正确性是不可能由逻辑来证明的，它只能被当作"当然如此"和"无需证明"的规则来采用。这种"当然如此"和"无须证明"，正是因为它已被亿万次的实践证明过了的缘故。例如，为什么我们在推论时都得遵守同一律呢？因为人类亿万次的实践证明了它。原始人在追捕一头野牛的时候，他们将发现这头野牛在整个追捕过程中始终是一头野牛，具有野牛的一切属性；他们只有始终认定它是一头野牛，采取捕野牛的特殊办法追捕它，才可能达到预期的目的。假如他们一方面认定那是一头野牛，另一方面又认定那不是一头野牛，而是一块石头或一棵树，试问他们将如何行动，他们的狩猎还要不要进行呢？可见，若不遵守"如果 X 是 A，那么 X 是 A"这样的推理形式，人们就无法行动，无法生活。这种推理形式的"正确性"就是这样经过无数次的实践反映到人的头脑中来，被无数次的实践所证明，而不是被推理形式自己证明的。列宁说得很精辟："人的实践经过亿万次的重复，在人的意识中以逻辑的式固定下来。这些式正是（而且只是）由于亿万次的重复才有着先入之见的巩固性和公理的性质。"[1]"人的实践活动必须亿万次地使人的意识去重复不同的逻辑的式，以便这些式能够获得公理的意义。"[2]

第二，即使把正确推理形式本身如何形成，如何证明的问题存而不论，仅就它形成以后的作用来说，它能不能充当检验真理的标准呢？也不能。正确的推理形式无非是指这样的推理形式：它可以被归结为一个蕴涵式，而这个蕴涵式又是一个重言式，即永真式。检查一种推理形式是否正确，就是看它的相当的蕴涵式是不是永真式。如果

---

[1] 列宁：《黑格尔〈逻辑学〉一书摘要》，《列宁全集》第 55 卷，人民出版社 1990 年版，第 186 页。

[2] 列宁：《黑格尔〈逻辑学〉一书摘要》，《列宁全集》第 55 卷，人民出版社 1990 年版，第 160 页。

把前提和结论的关系归结为 A→B 的命题形式，而 A→B 又是永真式，则推理形式是正确的，否则是不正确的。永真式是什么意思呢？它是指这样的命题形式：无论把具有什么具体内容的名词（或命题）代入它的变项，也无论被代入的命题（如果不是名词而是命题的话）是真是假，得到的命题总是真的。例如"如果 P，那么 P"，（P≡P）"不可能 P 并且非 P"（￢[P∧￢P]），"P 或者非 P"（P∨￢P）等，就是常见的永真式。一个揭示了前提和结论的关系的蕴涵式是永真式，这表明了什么呢？表明了前提和结论的必然关系是不以前提和结论的具体内容及其真假为转移的。可见，正确的推理形式的实质和功能正在于也仅在于撇开了前提和结论的具体内容，不管前提和结论在事实上真不真，而单从思维的形式结构方面揭示命题间的必然关系。换句话说，推理形式所涉及的只是思维本身的形式结构问题，而不是前提或结论与客观对象是否符合即是否真理的问题。如果问：正确的推理形式能证明什么？回答只能是：能证明前提和结论在命题形式方面的关系，再没有别的。至于前提和结论是不是正确地反映了客观实际，是不是真理，它是不去"管"也管不了的。

正确的推理形式所能证明的仅仅是逻辑上的蕴涵，即命题形式上的蕴涵，而不包括事实上的蕴涵。例如，客观世界里的对象或事件之间的因果关系、函数关系等，是不能由推理形式来证明的。在这一点上，休谟说对了。要想从原因中"演绎"出结果来，是做不到的。同样，演绎也证明不了函数关系。例如，假定我们已知 A 物体的质量为 B 物体质量的两倍，又知道加在 A、B 两物上的力相等，我们也就可以断定 A 的加速度必为 B 的加速度之半。这个断定是不是从两个已知条件"演绎"出来的呢？很像是，其实不是。因为这两个已知条件与我们的断定之间在命题形式上并无必然联系，或者说，虽有必然联系，但只是物理的必然而非逻辑的必然。即使我们做出与此不同的断定，也并不违反逻辑。为什么我们认为只有这样的断定才是正确的呢？是因为我们依据了 F＝ma 的经典力学公式。这并不是什么逻辑规则，而是力学公式；它反映的是力、质量、加速度这三个物理量之间的事实上的必然关系（函数关系），而不是三个概念之间的逻辑上的必然关系(F≠ma 也不违反逻辑)。这种事实上的必然关系的普遍性是不可能由逻辑推理来证明，而只能由亿万次的实践来证明的。

我国 50 年代①讨论逻辑问题时有的同志主张把"正确性"和"真实性"加以区别，我认为这种意见是很对的，对我们当前的讨论仍有意义。卡尔纳普(R. Carnap)把"逻辑上有效"(L-valid)和"物理上有效"(P-valid)加以区别的说法也不无合理的成分。所谓"正确"或"逻辑上有效"相当于通常说的"合乎逻辑"，是指推理形式正确(前提蕴涵结论)；"真实性"或"物理上有效"，则相当于通常说的"合乎实际"，这才是指命题是真理。逻辑只能证明前者而不能证明后者。人们常常在说到逻辑证明的场合叫"证明"(proof)，而在说到实践证明的场合则叫"证实"(verification)或"确证"(confirmation)，这并不是无意义的咬文嚼字，而是为了表示两者在性质和功能上的区别。当然，问题不在于用语，"实践证明"并非不可以说，而在于"实践证明"和"逻辑证明"所解决的问题确实是不同的，不应该混为一谈。

或许有的同志会说：如果前提的真理性已被实践证实，不就可以推出结论的真理性吗？在这种情况下，结论的真理性不就是由正确的推理形式确定的吗？看来很像是这样，但实际上并不是这样。在这种情况下，结论的真理性本来就被蕴涵在前提之中，早就同前提一起被实践证实过了。推理的作用不过是把已被实践证实了的真理性揭示出来而已。打一个不完全恰当的比喻：一个进行了犯罪活动的人，他的犯罪性质在他作案完成的时候就已经在客观上确定了(即使当时没有任何人知道也一样)，法庭宣判时所做的推论不过是依据他的作案事实把他的犯罪性质揭示出来而已。证明此人是罪犯的并不是逻辑推论，而是此人的犯罪活动的事实。

第三，正确的推理形式之不能检验真理，在前提为假的情况下显示得更清楚。从假前提出发，按照同样的正确推理形式，既可以推出假结论，也可以推出真结论(假前提不仅蕴涵假结论，也蕴涵真结论)。试看下面的两个推理：

①　指 20 世纪 50 年代。

22

（甲）所有的鸟都是植物（假）

所有的狗都是鸟（假）

所有的狗都是植物（假）

（乙）所有的鸟都是哺乳动物（假）

所有的狗都是鸟（假）

所有的狗都是哺乳动物（真）

这两个推理的前提都假，在这一点上没有区别；推理形式都正确，而且是同一个推理形式（"所有的 M 是 P"，"所有的 S 是 M"，所以"所有的 S 是 P"），在这一点上也没有区别。可是得出的结论却一个假，一个真，截然相反。如果一个人根本没有生物学的知识，仅以推理形式为标准，能检验得出究竟哪一个结论是假的，哪一个结论是真的吗？显然不能。这就表明了正确的推理形式只能揭示前提和结论的逻辑蕴涵关系，而不能判定结论的真假。

三

有的同志说，上面这些道理至多不过说明逻辑不是检验真理的最终标准罢了，这一点我们并不反对。可是不管怎么说，如果前提真并且推理形式正确，则结论必真，这总是无可否认的吧，而这就是逻辑证明的威力所在。我们说逻辑证明也是检验真理的一种标准，也无非就是这个意思。这又有什么不对呢？

是的，逻辑证明作为演绎推理，有它的必然性、强制性。否认了这一点就等于否认了逻辑证明的存在权，连这个名词都该取消了。这当然很荒谬。可是，只要哪怕是极粗略地考察一下人类认识的历史，就不难发现这样的事实：尽管人们从自认为（而且公认为）千真万确的前提出发，极严格地遵循演绎推理的规则去进行推理，因而极自信地认为得出的结论必定为真，但实际的结果还是常常（虽然不是每次如此）出乎意料地错误，使自己大吃一惊。这是为什么呢？是因为实践已经超出了前提的有效范围。这并不表明演绎推理的规则不灵了，而是表明被人们原来当作"千真万确"的前提并不是在任何范围内都是千真万确的。那么，难道我们不可以对某种真前提的有效范围一劳永逸地做一个完全正确的规定吗？可惜，这是做不到的。人们的认识不可能超越具体的历史条件。任何时代的人们都只能根据当时的实践所揭示、所证实的情况对某一真命题的有效范围做出规定——这是应当和可能要求于人们的一切。这个规定与这个真命题的实际有效范围是否一致呢？可能一致，也可能不一致。如果不一致，也并不是在任何情况下都可以发现的。只有当实践的触角伸进了以前没有估计到的新领域时，才可能发现原来的规定与实际情况不符。而在此之前，人们还是可以心安理得地把某个真命题连同人们对它的有效范围的规定一起当作"千真万确"的前提来进行推理，得出仿佛"万无一失"的结论的。这正如在篮球场上奔跑的运动员如果事实上没有出界，即使"忘记"了球场的界线也无关紧要一样。可是"界线"毕竟客观存在，并不因为忘记了它而消失掉。如果不估计到它，运动员闯出了"界线"之外的时候就会大吃一惊，觉得不可理解。列宁说："每一科学原理的真理的界限都是相对的，它随着知识的增加时而扩张、时而缩小。"①说的正是这种情况。例如，实践证实了经典力学的公式是真命题。在什么范围内真呢？人们长期没有想到这个问题（因为实践还没有提出这个问题），于是按照当时的认识水平对它的有效范围做了一个规定，然后以它为前提进行推理。这种推理也许进行过亿万次，每次的结论都没有超出经典力学公式的实际有效范围，事实上都是真的，因而也就没有发现这里面还有什么问题。可是，当实践的触角伸进了前所未知的微观现象和宏观高速（接近光速）现象时，以经典力

---

① 列宁：《唯物主义和经验批判主义》，《列宁全集》第18卷，人民出版社1988年版，第135页。

学的公式为前提推出的结论就不是真命题，这就表明了经典力学的公式在这个领域里并不是真命题。只有在这个时候人们才可能认识到经典力学公式的真理性的界限，才可能知道原先对它的有效范围的规定超出了它的实际有效范围，因而以此为前提推出的结论并非在任何范围内都必然是真的。像这种由于推理的前提超出了实际有效范围，因而推出了错误结论，终于被新的实践所揭露、所修正的情况，在科学史以至整个认识史上是屡见不鲜的。可以说，没有这种"超出"和"修正"就没有科学的发展和认识的进步。试想，如果认定从经典力学公式合乎逻辑地推出的结论无论在什么范围里都无可怀疑地是真理，无须实践的检验，相对论和量子力学还有出世的权利吗？

有的同志反驳说：你这里说的实际上并不是由真前提合乎逻辑地推出的结论，而仅仅是由被误认为真而实际上假的前提合乎逻辑地推出的结论，这样的结论真不真当然不能由逻辑来判定。可是，如果我从被实践充分证实了的、确凿无疑的真前提出发来进行推理，那么我就可以仅仅根据推理形式正确这一点来断定结论的真，不需要再诉诸实践。如果还说要诉诸实践，那在理论上就是否认了演绎推理的必然性，在行动上就是迂腐可笑了。

我认为这种说法是似是而非的。如果不做脱离人类认识的实际历史进程的抽象议论，恐怕很难否认：在任何特定历史条件下被一切严谨的科学家、思想家当作前提来进行推论的命题，总是被当时的实践所充分证实，因而有理由被认为是确凿无疑的命题。然而进一步发展了的实践往往会揭示出这样的情况：人们当时对这个或这些命题的有效范围的规定并不符合实际，并不是真理。但是，我们在这个问题上只能是"事后诸葛亮"。我们只有在新的实践"教训"了我们之后才可能由结论的错误反推出前提的错误。我们今天之所以能傲然地说17、18、19世纪的物理学家进行推论的前提不过是被"误认"为真而实际上假的前提，那是因为我们生活在相对论和量子力学诞生之后，否则我们也不可避免地会这样"误认"的。不宁唯是，我们今天认为确凿无疑的命题，会不会被实践的进一步发展表明也是一种被"误认"为真的命题呢？我看，"后之视今，亦犹今之视昔"，我们这一代人也

25

并没有绝对免除错误的专利权。可见，要想一劳永逸地找到连有效范围的规定都绝对不会错误的科学定律作为推论的前提，那只是违反认识规律的幻想。如果以为只有这样的命题才有资格充当推论的前提，我们就只有停止推论；而停止推论也就是停止思维，停止认识，科学的发展也就完结了。人类认识的实际进程完全不是这样的。人们总是以被当时的实践证实了的真命题为前提来进行推论，同时又估计到此时此地对这个或这些命题的有效范围的规定可能有错，因而并不迷信推论的结论；而当推论的结论与新的实践所揭示的事实发生矛盾的时候，不是用裁剪事实的办法来固守结论，而是以尊重事实的态度来修改结论，修改原先对前提的有效范围所做的不符合实际的规定。这是科学发展的必由之路。显然，在这里起着检验标准作用的正是不断发展着的实践，而不是逻辑推理。

还有一种诘难说：数学定理难道不是真理吗？它们不是由推导来证明并且仅仅是由推导来证明的吗？

数学的来源、对象和本质是很复杂的问题，直到今天也还在激烈争论。这些争论在这里不必赘述。这里需要指出的是：在什么意义上我们说数学定理是真理？我们认为，说数学定理是真理(truth)，除了指它们与客观世界的量的关系或空间关系相符合以外，没有别的意义。那么，数学定理是不是正确地反映了这种客观的关系呢？这恰恰是推导所不能证明的。为什么？因为数学的原始论据是公理，推导所遵循的是逻辑规则。公理本身是否与客观现实符合，逻辑规则本身是否普遍有效，推导尚且不能证明，它又怎么能证明由公理推导出来的定理是否与客观现实符合呢？爱因斯坦说过："'真实'这一概念与纯几何学的论点是不相符的，因为'真实'一词我们在习惯上总是指与一个'实在的'客体相当的意思；然而几何学并不涉及其中所包含的观念与经验客体之间的关系，而只是涉及这些观念本身之间的逻辑联系。"①他又说："几何观念大体上对应于自然界中具有正确形状的客

---

① 爱因斯坦：《狭义与广义相对论浅说》，杨润殷译，上海科技出版社1964年版，第3页。

体，而这些客体无疑是产生这些观念的唯一渊源。"①这些话是对的，不仅适用于几何学，而且原则上也适用于其他门类的数学。数学推导所证明的，只是数学概念之间的逻辑联系，公理和定理之间以及定理和定理之间的逻辑联系。至于这些概念、公理和定理与客观世界的客体(或关系)是否符合，即是否真理，数学推导是没有证明也不能证明的。只有把这些概念、公理、定理应用于各门经验科学和技术，通过亿万次的实践，才能解决这个问题。

四

这样说来，逻辑证明对检验真理岂不是没有任何作用了吗？

不，并不是这样。我们说逻辑证明本身不是检验真理的标准，并不是说它在检验真理的过程中没有作用。相反，它的作用是巨大的，不可缺少的，而且是不可代替的。

第一，结论的真实性虽然已被蕴涵在前提之中，在前提被实践证明的同时就已被实践证明，但前提与结论的蕴涵关系并不是可以一望而知的。当它还没有明晰化的时候，人们并不容易认识到这种关系的存在。即使知道了前提真，也未必就知道结论真。在欧氏几何中"平行线内错角相等"的命题蕴涵着"三角形三内角之和等于两直角"，但是如不经过一番推导，即使知道了前一命题的真，也未必知道后一命题的真。同样，即使知道了方程式 $x^2-7x+12=0$ 正确地反映了某种客体间的关系，是真的，但是如不经过一番演算，也未必能一眼看出 $x=3$ 或 $x=4$ 是真的。像这样极简单的蕴涵关系尚且如此，复杂的蕴涵关系就更不用说了(有的蕴涵关系甚至需要经过若干亿次的推论才能揭示出来)。逻辑能够把前提和结论的蕴涵关系明晰地揭示出来，把虽然已被实践证实但还不为人们所知道的真理确切地陈述出来，这对于达到检验真理的目的来说就绝不是可有可无的。没有它的辅助，

---

① 爱因斯坦：《狭义与广义相对论浅说》，杨润殷译，上海科技出版社1964年版，第3页。

已被实践证实了的真理也往往不为人们所知道和确认。正如一个人的犯罪行为虽已发生，但如不经过调查核实并做出合乎逻辑的推论就不能确认此人是罪犯一样。

这里顺便说到，有的同志认为逻辑证明根本不能提供任何新知识。此说未免失之偏颇，我未敢苟同。诚然，演绎推理（包括逻辑证明）的结论是被前提所蕴涵的，从这一点说，演绎推理确是同义反复（tautology）。但是，关于前提的知识并不等于关于结论的知识。演绎推理能把蕴涵在前提中的结论揭示出来，使人们知道前所未知的东西，这也就是提供了新知识。如果不能提供新知识，那就无异于说只要承认了为数不多的几条公理就等于精通了某门演绎科学，一切演绎科学的著作就都成了废话集了。

第二，在如何组织实践的检验上，逻辑的辅助作用也不可缺少。如果我们要用实践来检验一个命题的真假，就不能不碰到这样的问题：用什么实践来检验？通过什么途径来检验？是直接检验这个命题还是通过检验别的命题来检验它？这就需要进行一番"设计"。要使"设计"能达到有效地检验命题的目的，除了借助于已有的经验知识以外，还少不了运用逻辑。即使检验最简单的经验命题，也必须如此。例如，我们要检验"这只梨是甜的"这个命题真不真，是怎样检验的呢？当然，吃一口就是了。但是，我们怎么知道恰恰是用"吃"这种实践去检验这个命题，而不是用别的实践（例如把梨砸碎、把梨扔到水里等）去检验呢？这是因为我们从以往的实践经验知道了这样一种必然关系的存在："X 是甜的，当且仅当 X 被人吃并且人产生甜的味觉。"把这个关系式用于这只梨味的检验，就得到："如果我吃这只梨并且我尝到甜味（前件），那么这只梨是甜的（后件）。"于是我们的任务就变成了去检验"我吃这只梨并且我尝到甜味"这个前件是否真。而这个前件又是"我吃这只梨"和"我尝到甜味"的合取；只有这两个命题都真，前件才真。于是我们的任务又变成了分别去检验这两个命题的真假。首先，我们用行动保证"我吃这只梨"是真的。然后，如果我的味觉没有毛病，因而可以确定"我尝到甜味"也是真的，那么"我吃这只梨并且我尝到甜味"就是真的。前件既然真，后件也必真。这样，"这只梨是甜的"的真实性就被证实了。像这样最简单的经验命题的检验尚且如此，复杂的就更是如此。如果要用实践来检验一个普遍命题的真假，其"设计"的复杂，需要调动的逻辑手段之多，就更不用说了。很显然，没有逻辑的辅助，一个待检验的命题摆在我们面前，我们也会不知道用什么实践、通过什么途径来检验它。

第三，在如何确定实践结果对检验真理的意义上，逻辑的辅助作用也是显然的。实践的结果总是某种经验事实。这种经验事实说明了什么呢？它是不是确实证实了我们想要证实的命题呢？要确定这一点，一方面要检查我们的检验"设计"是否合乎逻辑，一方面还要对实践结果进行逻辑的分析，也就是说，要仔细检查表述实践结果的命题与待检验的命题之间是否确有逻辑联系，以及这种联系的意义如何。常常有这样的情况：我们想用实践来证明命题 P，实践的结果 Q 所实际证明的并不是 P 而是 P^1，而我们却认为 P 已经由 Q 得证。这就弄错了。这种错误，有时大科学家也不能免。巴斯德的著名实验本来并没有证明生命在任何条件下都不能由无生命的东西产生，而他却误认为证明了，就是一例。

总之，逻辑证明在检验真理过程中不是不起作用，而是起着不可缺少的重大作用。这种作用必须充分估计。我想说明的只有一点，就是：不管它的作用多么重大，就其性质来说也还是一种辅助作用，它不是也不能是检验真理的标准，因为在确定认识与对象是否符合这一点上，实际的"判决"者并不是逻辑，而是实践。我们说逻辑证明不是检验真理的标准，其意义正在于此，也仅在于此。

认识的对象不是检验真理的标准[*]
——一篇对话

张：在真理标准问题的讨论中，有的同志提出检验真理的标准不是实践，而是认识的对象。你怎么看？

李：我不同意。你呢？

张：我觉得很有道理。我们唯物主义者理解的真理就是认识同认识对象的符合。既然如此，检验认识是不是真理当然要看它同对象是不是符合了。这不就说明了认识的对象是检验真理的标准吗？不错，马克思主义经典作家说过实践是检验认识的标准。可是我觉得他们说的"标准"实际上是指的途径、方法或手段，并不是通常意义上的"标准"。比如说，我们说尺子是长度的标准而不说"用尺子去量"是长度的标准，说砝码是重量的标准而不说"用天平去称"是重量的标准，为什么说到检验认识的时候就不说认识对象是标准而偏说实践是标准呢？依我看，说认识的对象是检验真理的标准更符合"标准"这个词的习惯用法，可以免除许多误会，是很可取的。

李：你的意思是不是说，"实践标准论"和"对象标准论"之争不过是语词之争？

张：可以这么说。不过语词之争也有是非之分，我认为"实践标准论"的用语是不确切的，会造成混乱。

李：我认为这不是语词之争，而是实质之争。

张：你认为"认识的对象是检验真理的标准"这个命题是错误

---

* 本文原载《江汉论坛》1981 年第 5 期，原标题为《认识的对象是检验真理的标准吗？——一篇对话》。

的吗？

李：不能撇开我们现在讨论的论题来孤立地评判这个命题，因为如果不首先弄清楚这个命题是在讨论什么论题的时候提出的，我们就不知道这个命题的具体意义是什么。所以我想先明确一下论题。可以吗？

张：当然应该这样。

李：我想有必要分清两个问题。一个是：什么是真理？这是真理的定义问题。一个是：以什么为标准来判定认识是否真理？这是检验真理的标准问题。这两个问题当然是有关系的，可是毕竟是不同的问题。这你同意吗？

张：同意。

李：那么，你认为我们现在讨论的是哪一个问题呢？

张：当然是后一个问题。对前一个问题的看法我们完全一致，有什么好讨论的？不过我不明白你说的这些跟我刚才向你提的问题有什么关系。你好像是在兜圈子，不回答我的问题。

李：正是为了回答你的问题才不能不兜这个圈子。因为你的毛病恰好出在把真理的定义问题与真理的标准问题混在一块儿了。

张：我怎么混在一块儿了？刚才我不是明明白白地告诉过你我同意分清这两个问题吗？

李：可你实际上混在一块儿了。我问你：什么是真理？

张：真理就是认识同认识对象的符合。

李：我再问你：什么是检验真理的标准？

张：认识的对象是检验真理的标准。

李：这句话是什么意思？

张：就是说，要判定认识是不是真理，就要看它是不是同对象相符合。

李：你这两句话可以合并成一句话，就是：要判定认识是不是同对象相符合，就要看它是不是同对象相符合！这样的同语反复能算是真理标准问题的答案吗？

张：这好像是有点问题。这点我倒没想到。

李：所以我说你把真理的定义问题和真理的标准问题搞混了。你自以为是在回答真理标准问题，其实你还在真理定义里面没走出来呢！

张：可是认识的对象是检验真理的标准这句话究竟是对是错，你还是没回答呀！

李：那要看它是对什么问题的答案。这句话里面虽然也有"检验真理的标准"的词组，可是就它的内容来说不过是对唯物主义真理定义的变相复述。所以，如果作为真理定义的另一种说法，它并不错。可是，如果作为真理标准问题的答案，那就是错的，因为它答非所问，不仅没有解决问题，甚至也还没有触及问题。我看这是倒退。

张：倒退？你是说退到旧唯物主义那里去了吗？

李：也许还不止呢。

张：我不明白你的意思。你言过其实了吧！

李：我的意思是这样的。马克思以前的唯物主义者虽然都没有真正解决真理标准问题，可是他们当中有不少的人或多或少看到了真理定义和真理标准的区别，或多或少看到了以认识的对象为标准来检验真理行不通。这些人已经触及了实践是检验真理的标准的问题，提出了一些合理的思想。例如，弗兰西斯·培根就明确地提出，通过归纳得来的知识还必须用实践来检验，他说过："真理之被发现和确立是由于实践(主要指科学实验)的证明而不是由于逻辑或者甚至观察的证明。"费尔巴哈也说过："理论所不能解决的问题，实践会给你解决。"列宁甚至直截了当地说过："费尔巴哈把人类实践的总和当作认识论的基础。"至于那些跟自然科学有密切联系的哲学家，或者自然科学家兼哲学家，他们当中许多人发表的关于实践是检验真理的标准的言论就更多了。咱们中国的哲学家提出这种思想似乎比西方还早。比如荀子就很强调论断要有"符验"。韩非说得更干脆："无参验而必之者，非愚则诬。"当然，所有这些人对实践的理解都是狭隘的、残缺的，他们不可能把实践是检验真理的标准作为一种科学理论提出来。可是也不能否认，他们正是多少看到了以认识的对象为标准解决不了真理标准问题，才另找出路的。如果我们今天还去走他们都知道走不通的老路，不是倒退得太远了吗？

张： 我不懂为什么这条路走不通。马克思主义的经典作家不是常常把认识比作摄影吗？要检验照片与对象是否符合，只要把照片与对象对照一下就解决了。那么，要检验认识与对象是否符合，把认识与对象对照一下也应该同样可以解决。有什么走不通的呢？

李： 类比总是有条件的，两个类比的对象不会在一切方面都相似。在反对唯心主义和不可知论、坚持唯物主义反映论的意义上，把认识比作摄影是适当的。因为认识的泉源是物质世界而不是脱离物质的精神，认识能够提供物质世界的正确映象而不是提供一些"符号"或"象形文字"之类的东西，在这一点上，认识与摄影确有相似之处。可是，如果超出这个范围，无限制地使用这个类比，竟以为认识与摄影在一切方面都相似，那就错了。比如说，你会误认为认识是消极的被动的反映，是一次完成的机械动作，如此等等。就咱们眼下讨论的这个问题来说，这个类比也不适当。

张： 为什么？

李： 照片和对象都是客观的东西，当然可以通过直接对照来检验是否符合。如果我观察了对象，又观察了照片，得到的两个表象是符合的，那就表明了照片与对象是符合的，我们的检验任务就完成了。我们到照相馆去取照片的时候不是都干过这种检验工作吗？可是，认识和对象的关系与此不同。对象是客观的，认识却是主观的。主观的东西在我们的脑子里面，怎么能像照片一样同客观对象直接对照呢？这就是检验认识的一个关键性的困难，请你不要忽视了这一点。

张： 我不明白，为什么主观的东西就不能同客观的东西直接对照。假定有一个客观对象 A_0，我有一个对 A_0 的认识 A_s，不知道是不是同 A_0 符合。那么我观察一下 A_0 不就解决了吗？这不就是拿对象同认识对照吗？

李： 请问，当你观察 A_0 的时候，你得到的是什么？

张： 当然是 A_0 的表象。

张： A_0 的表象是什么？

张： 当然是 A_s。

李：问题就在这里。你自以为是在拿 A_0 同 A_S 对照，而实际上你却是在拿 A_S 同 A_S 对照！

张：不管你怎么说，反正我这样做就达到了检验认识的目的，知道了认识同对象是不是符合，而这就足够了。

李：不，你没有达到检验认识的目的。因为你做的事情不过是拿 A_S 同 A_S 相"对照"，而这种"对照"的结果当然是"符合"的！即使 A_S 同 A_0 一点也不符合，错得一塌糊涂，A_S 同 A_S 也一定还是"符合"的。怎么能用 A_S 同 A_S 的"自我符合"来证明 A_S 同 A_0 的符合呢？请允许我举个极端一点的例子吧。一位色盲患者看到一块红绿混杂的色板，他得到的表象是没有红绿区别，这就是他对这块色板的认识。如果用你说的办法去检验这种认识同对象是否符合，他就会再一次观察这块色板，他确信这样做是以客观对象为标准，拿认识同对象"对照"。可是他观察所得的是什么呢？还是原来的那个表象，也就是没有红绿区别的表象！这两次得到的表象当然非常"符合"。于是他就满怀信心地断言他对色板的认识是符合色板的实际的。可是他错了。恕我说得不客气一点，如果按照你说的那样去"对照"，我们都难免陷入色盲患者的境地！

张：你这是假定做这种对照的仅仅是一个人，而且是感觉器官不正常的人。如果不是这样，而是由许多正常的人来做这种对照，我想并不会发生你说的问题。

李：不，我的论断并不依赖这个"假定"。即使是许多正常的人甚至全人类都来做这种对照，也丝毫没有改变问题的实质。因为当每个人把自己的表象同对象对照的时候，实际上都是在把同一个表象做"自我对照"，这样对照的结果当然都是"完全符合"，于是每个人就都会确信自己的表象同对象也"完全符合"。可是实际上是不是符合呢？问题并没有解决。我们可以设想三种可能的情况。第一种情况：大家的表象一致正确，这当然很好，可是并没有被证明。第二种情况：大家的表象一致错误，也不能靠这种办法发现错误。例如，在很长的历史时期里全人类都认为大地是不动的，这个错误的表象是无论怎样同客观对象"对照"也检查不出来的。第三种情况：一部分人同另一部分人对同一个对象时表象不一致，发生了争论，怎么办呢？按照你说的办法，那就只好各自再去同对象"对照"，也就是各自再去观察对象。观察的结果怎样呢？必定是各人都更加坚信自己的表象是"符合"对象的，而对方的表象是"完全错误"的。于是争论只好更激烈地进行下去，"对照"也一直重复下去，究竟谁是谁非还是无法解决。所以我认为，以认识的对象为标准来检验认识，实行起来不过是以表象为标准，也就是以认识为标准，这是根本不能解决问题的。"十年动乱"的时候大家确实被那套"语录标准"、"权力标准"害得够苦了，所以对一切带有"主观"色彩的真理标准论都深恶痛绝，这是完全可以理解的。也许你的本意是想找到一个最客观的标准吧？可是适得其反，找到的恰恰是一个很不客观的标准。是吗？

张：请等一等。我听你说到认识的时候，老是只说表象，可是认识并不限于表象啊。你为什么不谈理性认识呢？是有意回避吗？

李：不。我之所以到目前为止还只谈到表象，是为了在不影响事情的实质的前提下把问题尽可能简化，使我们讨论的问题的主要之点凸显出来。这在方法上不但是允许的，而且是必要的。问题总得一层一层地讨论吧。你认为一涉及理性认识，"对象标准论"就可以成立了吗？

张：也许。

李：我说也不能成立，甚至可以说更不能成立。

张：何以见得？

李：表象的对象总还是可感知的事物或事件、属性或关系，例如"这只无色透明的玻璃杯放在这张黄色的有四条腿的茶几上"就是一个表象的对象。正由于它是可感知的，你总还可以"自以为"在拿它同表象相对照（虽然这种"自以为"其实是错的）。而理性认识的对象是什么呢？是事物的内部联系，是事物的本质或规律，是不包含任何"感性原子"的东西，是根本不可能感知的东西。请问你怎么可能把这样的对象同反映它的理性认识"对照"呢？例如，我们对我国社会主义的经济规律的认识正确不正确，怎么检验？如果以认识对象为标准来检验，那就得以我国社会主义的经济规律为标准，拿这些规律同我们的认识相对照。可是请问你怎么对照？你所谓的"对照"，还不是把这些规律再认识一遍，然后把这一次的认识同上一次的认识"对照"？可是这样一来，一切在检验表象时发生的困难在这里都会同样发生。结果还是"客观"标准成了主观标准，有标准成了无标准。

张：以实践为标准就能消除这种恼人的困难吗？

李：正是这样。让我先举个最简单的例子。这张桌子上有个茶杯，它反映到我脑子里来形成了一个表象，可我不知道这个表象对不对头。怎么办呢？刚才说了，拿这个茶杯做标准是不能解决问题的。可是，如果我照着我的表象做出一个茶杯来，问题就好解决了。我可以拿这个做出来的茶杯(它是实践的结果，是客观的东西)同桌上的那个茶杯(它是认识的对象，也是客观的东西)对照，如果二者一致，就证明了我的表象同对象是符合的。为什么呢？因为只要我没有技术上的障碍，我做出来的茶杯同我的表象的一致是可以保证的。如果现在又证实了这只茶杯同桌上的那只茶杯一致，岂不就证明我的表象同桌上的茶杯一致吗？你看，检验真理的标准正是实践的结果。

张：你这个例子确实太简单了。请问，如果认识对象不是一个茶杯，而是一条规律，又该怎么解释呢？你能"做"出一条规律出来同原来那条规律"对照"吗？

李：这当然不能。看来你有点性急了，没听懂我的意思。我举这个简单的例子无非是想说明，即使是最简单的认识也得以实践的结果为标准才能判定它是否同对象符合。我可并没有说不管什么认识都只能用"复制对象"的办法来检验。说实在的，检验认识的程序问题是个很繁难的课题，世界上许多学者研究了多年还没有完全搞清楚，马克思主义经典作家也没有在细节上给我们留下现成的答案，哪里是三言两语说得清楚的！不过我们今天的讨论并不需要详细说明这个问题，可以留待下次再谈。现在我只想说，对复杂的认识的检验也是以实践的结果为标准的。

张：愿闻其详。

李：你一定读过恩格斯在《社会主义从空想到科学的发展》英文

版导言里反驳不可知论的那段很长的话吧。就在《马克思恩格斯选集》第三卷里,① 我就不念了,咱俩还可以再仔细琢磨琢磨。我觉得这段精彩的论述已经从原则上把问题解决了。

张:能谈得具体一点吗?

李:请拿张纸来,咱们边写边谈吧。

假定认识的对象是 A_0,对 A_0 的认识是 A_s,要检验 A_s 同 A_0 是否符合,一般的步骤应该是:

(1)根据 A_s,设计一个行动(即实践)计划 P_s;

(2)根据已有的知识做出预计:如果按 P_s 行动,将造成结果 E_s(这就是恩格斯说的"预期的目的");

(3)按 P_s 行动,造成客观的结果 E_0(这就是恩格斯说的"行动的结果");

(4)观察 E_0(行动的结果),得到知觉 E_s,(对行动结果的表象);

(5)把 E_s(预期的目的)与 E_s,(对行动结果的表象)相对照,看二者是否符合。如果 E_s,同 E_s 符合,就表明 E_s 和 E_0 符合,就表明达到了预期的目的,就表明 A_s(对认识对象的认识)同 A_0(认识对象本身)是符合的,也就是证实了我们对 A_0(认识对象本身)的认识是真理。你看,在这里起着检验标准的作用的,正是 E_0,也就是行动的结果或实践的结果。它好像法官一样,判决权在它手里。

张:这样的检验有效吗?

李:也是有条件的。

拿第一条和第二条来说,"设计行动计划"和"预期行动结果"都要经过一定的演绎程序。在进行演绎的时候要运用逻辑规则,要运用有关的科学定律,要运用已有的知识或经验。只有演绎过程的每一环节都不出错,你设计出来的计划和预期的目的才同你所要检验的认识具有必然关系,才能使检验有效。否则是无效的。

拿第三条来说,你的行动必须是严格地按照设计的计划进行的。如果行动违反了原定的计划,那么即使计划的设计和结果的估计不

① 《马克思恩格斯选集》第3卷,人民出版社1995年版,第102—103页。

错，检验也无效。

拿第四条来说，你的知觉必须是正确的。否则检验也无效。这也许就是恩格斯为什么要强调"正确地训练和运用我们的感官"的缘故吧。

张：这些条件每次都能满足吗？

李：那可不一定。常常有这样的事：由于在某一个环节上出了错误，使整个检验都无效了。在这种情况下，达到了预期的目的也未必证实了认识的正确，没有达到预期的目的也未必证实了认识的错误。

张：照这么说，以实践的结果为标准岂不是也并不可靠了吗？

李：我想，你对"可靠"这个词的了解太死板了。你是要求有这样一种标准，无论人们在运用它的时候采取多么错误的方法都能得出正确无误的结果，才算"可靠"，否则就说这个标准不可靠，这样的要求合理吗？能够因为某人某次在使用天平或温度计的时候发生了技术上的错误，因而对重量或温度测量得不正确，就得出结论说砝码或水银柱不是测量重量或温度的可靠标准吗？何况，在那些可能出错的环节上是可以事先尽量防止出错的，出了错也是可以通过检查找到原因并加以纠正的。不过，这确实不是轻而易举的事情。一个认识特别是关于规律的认识，往往要经过许多次的实践才能判定真谬，科学上的许多定理、学说甚至要经过上千百年的多次实践才能得到证实或证伪，其重要原因之一就在于此。可是，不管道路多么曲折，最后出来做出可靠的"判决"的还是实践的结果，而且只能是实践的结果。所以我还是坚持说，只有实践的结果才是检验真理的标准。

张：且慢！你为什么不说实践是检验真理的标准，而说实践的结果是检验真理的标准呢？

李：我认为马克思主义经典作家讲实践是检验真理的标准时，就是指实践的结果而言的。恩格斯在上面提到的那段论述里说得很明确："我们行动的结果证明我们的知觉符合所感知的事物的客观本性。"①列

---

① 《马克思恩格斯选集》第3卷，人民出版社1995年版，第703页。着重号是本书作者加的。

宁在《哲学笔记》里也说得同样明确："活动的结果是对主观认识的检
验和真实存在着的客观性的标准。"①这样的话还可以引出很多很多。

张：可是实践是包含着主观因素的，以实践的结果为标准会不会
在标准里掺进主观因素，影响真理标准的客观性呢？

李：有的同志是有这种担心。主张以认识对象为标准的同志也许
就是出于这种担心，才认为有必要找一个更"客观"的标准。还有的
同志也是出于这种担心，主张干脆把目的、意识之类的主观因素从实
践的概念中排除出去，使这个概念"净化"。可是我认为这种担心是
多余的。理由很简单：实践虽然是有目的有意识地改造世界的活动，
是主观见之于客观的活动，可是实践的结果却完全是客观的。马克思
在《资本论》第一卷讲劳动过程时指出："他不仅使自然物发生形式变
化，同时他还在自然物中实现自己的目的，这个目的是他所知道的，
是作为规律决定着他的活动的方式和方法的，他必须使他的意志服从
这个目的。"②可见他并没有把目的从"劳动"的概念中排除出去（劳动
当然是实践）；可是，劳动的结果是不是因此就带上了"主观"色彩，
不够客观了呢？绝不是。因为人的目的一旦在自然物中得到了"实
现"，它就"物化"了，或者说把自己的主观性"扬弃"了，因而作为劳
动结果的东西就完全是客观的了。例如，一位木工师傅在做桌子的全
过程中都不能不抱有明确的目的，比如说是做一张八仙桌还是做一张
写字台，做成什么样子，多大尺寸，这个目的每时每刻都支配着他的
动作，要是把这个目的一"排除"，他的动作就乱套了，成了无意义
的动作，那能叫劳动，叫实践？那还能做出桌子来？可是，当他把桌
子做成了的时候，他的目的可就"物化"在这张桌子里了，这张作为
"实践的结果"的桌子就完全是客观的东西了，它的客观性并不比太
阳或月亮的客观性少一分一毫！所以我说，认为以实践的结果为标准

---

① 列宁：《黑格尔〈逻辑学〉一书摘要》，《列宁全集》第 55 卷，人民出版
社 1990 年版，第 188 页。

② 马克思：《资本论》，《马克思恩格斯文集》第 5 卷，人民出版社 2009 年
版，第 208 页。

就会导致真理标准"主观化",是不能成立的。恰恰相反,正因为实践的结果是目的的"物化",才有可能用它做标准来检验目的是否得到实现,从而客观地判定认识与对象是否符合。

张:这我同意。

李:我还想说几句。主张以认识对象为标准的同志也许觉得认识对象总比实践结果更客观些。其实,如果因为实践当中包含着目的一类主观因素就认为实践的结果不够"客观"的话,那么就得承认,认识的对象也同样不够"客观"。为什么呢?因为认识对象(至少其中的绝大部分)也是打上了人类意志的印记的,有的甚至就是实践的产物,实践的结果。村庄、城市、汽车、轮船、铁路、飞机、人造卫星、高能加速器……难道不是认识对象吗?人类社会难道不是认识对象吗?可是它们都是打上了人类意志印记的东西,有的简直就是实践的产物或结果。它们岂不也不够"客观"了吗?实际上,它们也是客观的,因为人类的意志在这里面也已经"物化"了。

张:你谈的对我还是有帮助的。可我还得再考虑考虑。

李:我的看法可能毛病不少,可自己不容易看出来。希望你下次再"将"我几"军",促使我再想想。再见!

张:再见!

实践怎样检验认识?[*]

　　真理标准问题的全国大讨论到现在三年了。"两个凡是"的错误已被越来越多的同志所认识，"实践是检验真理的唯一标准"这个马克思主义哲学的根本命题也逐渐为越来越多的同志所接受。但是，对后一个问题的具体理解到现在也还有许多不一致。我认为这是正常的情况。这种理论问题本来就不是一下子就可以"统一思想"的，应该进行深入的研究和从容的讨论。老师们提出的问题之一是"实践是怎样检验认识的?"也就是实践检验认识的具体机制问题。我认为这个问题提得很好。应该说，马克思主义经典作家对这个问题已经做了原则的回答。[①] 这些回答至今也还是完全正确的，但是确实需要具体化和精确化。我试图做一些努力提出一些设想供老师们参考。

1. 几个出发点

　　我想先谈谈我考虑这个问题的几个出发点：

　　第一点：对认识的检验要落实到对命题的检验。

　　认识的基本内容是对对象的判断。表述判断的语句是命题。即使是很肤浅的感性认识也要通过命题的形式才能表述出来，才能去检验

---

　　[*] 本文是作者 1981 年 8 月 1 日应教育部政治理论教育司之邀在全国政治理论课教师研习班做的报告，原载中国人民大学《辩证唯物主义原理》讲习班材料（9）。

　　[①] 例如恩格斯在《社会主义从空想到科学的发展》1892 年英文版导言中批评不可知论时的论述。见《马克思恩格斯选集》第 3 卷，人民出版社 1995 年版，第 702 页。

它的真假。至于理性认识离不开命题就更不用说了。我们的认识总是由一个或一组命题来表达的，理论总是由许多命题组成的系统。所以，检验认识的真理性，包括检验理论的真理性，可以落实为检验一个或一组命题的真假。这样就不会有笼统含糊的毛病。比如，我们说某某理论或认识是真理，某某理论或认识是谬误，当然也未尝不可，但这种说法不够清晰、不够严格，检验起来也不好落实。如果把这种理论认识具体化为一组命题，然后去判定哪些命题是真的，哪些命题是假的，问题就清晰了。

第二点：对命题检验要落实到经验的事实。

有许多命题所陈述的内容并不是经验的事实，这就需要通过"设计"把它同陈述经验事实的命题在逻辑关系上联系起来，通过检验陈述经验事实的命题的办法来检验它。自然科学家做实验就是这样做的，社会科学家引用事实材料来证明某种观点实际上也是同样的道理。而"设计"的优劣对于检验命题真假的效果有很大的关系。马克思和恩格斯在《德意志意识形态》里说过："只要这样按照事物的真实面目及其产生情况来理解事物，任何深奥的哲学问题——后面将对这一点做更清楚的说明——都可以十分简单地归结为某种经验的事实。"①要检验命题的真假，就得把它归结为某种经验的事实，也就是可以观察的事实。这里的所谓观察，当然也包括借助于科学仪器或其他物质工具的观察。如果命题所陈述的内容同经验事实相符，就是真的，否则是假的。实践的检验如果不落实到同经验的事实相对照，就是空洞的。

第三点：实践检验的"设计"必须有逻辑推理的辅助。

我认为逻辑证明并不是检验真理的标准。关于这一点，我在今年《哲学研究》第 1 期上发表的《逻辑证明与真理标准》一文中详细说明过自己的看法，这里就不再说它了。但是我在那篇文章里同时也说过，逻辑推理在实践检验认识的过程中是不可缺少的、不可代替的手段。要把一个不直接陈述经验事实的命题归结为陈述经验事实的命

①《马克思恩格斯选集》第 1 卷，人民出版社 1995 年版，第 76 页。

题，就必须经过若干步骤的逻辑推理，使待检验的命题与某种陈述经验事实的命题具有蕴涵关系。这样的检验才是有效的、可操作的。

第四点：在"设计"的过程中，还必须引进被以往的实践证明了的科学定律。

要完成一种检验设计，仅仅运用逻辑推理还是不够的，还必须引进科学定律。这里谈的科学定律是广义的，不仅指自然科学上的定律，而且也指一切被以往的实践证明了的认识成果。这并不奇怪。因为一切实践和认识实际上总是再实践和再认识，不能完全撇开以往的实践和认识的成果，正如一切现实的生产实际上总是再生产，不能撇开以往的生产成果一样。

这四点就是我考虑实践怎样检验认识的出发点，我就沿着这个思路谈到本题。

2. 逻辑命题和实在命题的区别

为什么讲到实践怎样检验认识的时候要谈谈这两类命题的区别呢？因为这对我们所讨论的问题关系很大。

为了说明这两类命题的区别，先得分析一下命题的形式结构。

不论什么命题，如果把它的具体内容抽掉，专看它的形式，就可以看出它总是由两类符号（Sign）构成的：常项（Constant）和变项（Variable）。举一个最简单的命题为例："所有的松树是植物。"如果抽掉它的具体内容，它的形式就是：

所有的 s 是 p。

这里的"所有的"和"是"就是常项。常项是有固定意义的符号。它的功能在于表示各变项之间的特定的关系，相当于数学里的加减乘除号、等号、根号等。

这里的 s 和 p 是变项。变项是没有固定意义的符号，它可以代表任何语词，也可以代表命题。相当于数学里的 a，b，c，x，y，z 或 f（x）等。一个命题形式，只有把具体的语词或命题代入变项，才成为一个反映特定对象的并有特定意义的命题。比如，把"松树"和"植物"代入上式中的 s 和 p，它就成为一个命题；把"鸟"和"动物"代入上式中的 s 和 p，它就成为另一个命题。

那么，逻辑命题和实在命题的区别在什么地方呢？

逻辑命题就是仅仅从命题的形式结构就可以判定它的真假的命题，并不需要考虑它的变项代表的什么，并不需要考虑它的具体内容，也并不需要去对照具体的经验事实。

逻辑命题有分析命题和矛盾命题两种。

什么是分析命题？哲学史上对分析命题有许多种解释，说法并不一致，这些我们可以不去多说它。但是不管怎么解释，有一点是共同的，那就是分析命题是仅仅从形式结构就可以判断它为真的命题。因为无论你把什么语词或命题代入它的变项，得到的总是真命题。所以它叫作永真式、重言式或同语反复（tautology）。这里只举最简单的例子：

（1）如果 p，那么 p 即 p→p

（2）不可能 p 并且非 p 即 ⌐(p∧⌐p)

（3）p 或者非 p 即 p∨⌐p

如果发现一个命题具有这样的形式，你就不需要考虑它陈述的是什么具体内容，它的语词指称的是什么对象，也不需要去援引什么具体经验事实，就可以断定它是真的。比如说，我们都不知道在银河系的某个遥远的天体上有没有生命，我们都没有这个具体知识。但是如果有人说，"如果这个天体上有生命，那么这个天体上就有生命"，"这个天体上不可能有生命并且没有生命"，"这个天体上或者有生命，或者没有生命"。我们可以断定这些命题都是真的。因为它的命题形式是永真式。

永真式并不都是像上面那样简单，可以一望而知的。有的很复杂。纯演绎科学（数学、逻辑）的前提是公理，公理是永真的，由公理演绎出来的是定理也是永真式。有的永真式要从公理经过几十步、几百步甚至上亿步的演绎才能得出来。逻辑证明的作用并不能断定一个具体命题是否与具体的客观对象符合，而只能证明永真式。它只是在永真式不容易识别的场合用来证明某一命题是永真式的一种手段。

所以我们才说它不是检验真理的标准。

为什么会有永真式这种东西？它有没有客观基础？它同客观世界、同人类实践有什么关系？康德认为分析命题是先天的（当然，他还认为有"先天综合判断"，这里不去说它了）。康德以后直到现在的唯心主义经验主义者也是这样看的。我们不同意这种看法。我们认为分析命题或永真式是一切客观事物的质的相对稳定性在人们头脑中的反映。这种反映是在人类亿万次的实践中接触外界事物、改造外界事物的历史过程中实现的，所以它成了逻辑的"式"。如果事物没有质的相对稳定性，世界就不成为世界，人类就一天也不能存在，更不用说发展了。比如说，为什么凡是具有"如果 p，那么 p"的形式的命题一定是真的呢？就是因为它反映了客观事物的质的相对稳定性。原始人在追捕一条野牛的时候，这条野牛的质是稳定的。如果他们正在追捕的时候这条野牛忽然不是一条野牛，而是一块石头了，他们能打猎吗？这种情况反映在他们头脑里，形成的命题就是"野牛是野牛"，或者"如果这是野牛，那么这是野牛"，就是只有一瞬间的质的相对稳定性的东西。再比如说某些"基本"粒子，只有几亿亿分之一秒的寿命，它毕竟总有一瞬间的质的相对稳定性，否则它就不能成为认识和改造的对象。在这一瞬间，"某粒子是某粒子"。我们吃馒头的时候，"馒头是馒头"一定是真的，否则就没法吃了。这种情况亿万次地反映到人类头脑中来，才形成了"如果 p，那么 p"这样的永真式。

说清楚了什么是分析命题或永真式，什么是矛盾命题就很容易理解了。

矛盾命题就是同分析命题有矛盾关系的命题。如果甲是一个分析命题，那么非甲就是矛盾命题。比如说，$p \rightarrow \neg p$，$p \wedge \neg p$，$\neg(p \vee \neg p)$ 就是矛盾命题，是永假的。无论把什么语词或命题代入它的变项，得到的都是假命题。比如，有人断言，"如果某个天体上有生命，那么这个天体上就没有生命"，"这个天体上有生命并且没有生命"，"这个天体上不可能或者有生命或者没有生命"，这些命题就都是假的，你也就可以断定他说错了。

矛盾命题的客观基础可以同分析命题一样得到证明。因为客观世界不可能出现矛盾命题所陈述的情况，人类在亿万次的实践中从来没有遇到过这种情况，而且如果任何人要按照矛盾命题去指导自己的行动，每一次无例外地要碰壁。这些"永假式"就是这么来的。

分析命题叫作逻辑上有效的，矛盾命题叫作逻辑上反有效的，两者都是逻辑上确定的。

从以上的分析里我们可以得出两条结论：

第一，逻辑命题的存在并不与实践是检验真理的唯一标准的提法相抵触。恰恰相反，逻辑命题之所以存在，正因为它来自人类亿万次的实践、被亿万次的实践检验过，而且今后还一直要被亿万次的实践继续检验。

第二，逻辑命题确实不容易用某一次、某几次具体实践去检验。因此，我们在研究实践怎样检验认识的时候，不必去研究逻辑命题怎样检验的问题，我们要研究的只是实在命题怎样检验的问题。

什么是实在命题呢？

实在命题就是不可能仅仅从命题的形式结构判定其真假的命题。它既不是分析的，又不是矛盾的，而是综合的。

例如：s 是 p。

具有这种形式的命题是真的还是假的？从形式上是无法看出来的。因为具有这种形式的命题的意义，取决于用什么语词或命题代入它的变项。用不同的语词或命题代入它的变项，得到的命题的真假可以截然相反。例如：

（1）猫是吃老鼠的动物。

（2）老鼠是吃猫的动物。

这两个命题的形式结构都是"s 是 p"，完全一样，都不违反逻辑。怎么能从逻辑上、符号上、形式结构上判定它们的真假呢？设想一个从外星球来的人，或者一个对猫和鼠的生活习性没有任何知识的人，他能够从逻辑上判定哪个命题是真的，哪个命题是假的吗？显然是不能的。要判定这类命题的真假，只有靠具体的实践、具体的经验。

把经验科学的定律同演绎科学的定律看成一回事，是不对的。例如，有的同志在论证逻辑证明也可以作为检验真理的标准时，就举数学上的证明为例。这是把两类命题的证明搞混了。数学是演绎科学。数学上的证明是证明什么呢？是证明永真式，而不是证明一个以具体的客观事物为对象的实在命题。比如，你从"平行线内错角相等"演绎出"三角形三内角之和等于两直角"，这是一种逻辑证明。但其实这两个命题是前一个蕴涵着后一个，当你说前一个命题真时，就已经蕴涵着说后一个命题真。这其实是同语反复，不过是当你认识到前一个命题真的时候还未必认识到了后一个命题也必然真而已。又比如你解一个方程式，经过若干步骤的演算，最后求得了未知数的值，比如说 x = 3 吧，这也是逻辑证明。而其实 x = 3 这个命题同作为方程式的那个命题是等值的（等值就是互相蕴涵），说的是一码事。不管怎么复杂的逻辑证明，实质上都是一连串的同语反复。它所证明的东西就是前提和结论之间具有蕴涵关系。至于前提和结论同什么具体的客观对象符合？是不是符合？逻辑是不去管，也管不了的。比如，老师给学生评数学考卷，认定某题做错了，这意思并不是说答案不符合某个事实，而是说推导不符合逻辑。

经验科学中的命题就不同了，它是反映具体对象的，是实在命题，并不是永真式。这种命题是不是真的，完全看它符合不符合具体对象，从逻辑上是看不出来的。合乎逻辑不一定合乎事实，不合乎逻辑也不一定不合乎事实。例如："所有的国家都是 1776 年成立的，中华人民共和国是一个国家，所以中华人民共和国是 1776 年成立的。"这个推理完全合乎逻辑，可是结论不合乎事实。"有的国家是 1949 年成立的，中华人民共和国是一个国家，所以中华人民共和国是 1949 年成立的。"这个推理不合乎逻辑，可是结论合乎事实。对于这种实在命题，只有实际地考察经验事实，才能判定它的真假。老师批阅一个学生的历史课的试卷，即使这个学生写了一大篇，步步推理都合乎逻辑，但只要他的结论不合乎事实，老师就不会认为他做对了。不仅历史、地理的知识是这样，物理学、化学、生物学等一切以反映具体对象为任务的知识，它们的命题都是这样。一个公式、一个论断是不是真的，唯一的含义就是指与对象的实际情况是否一致。而这只有靠实验的、观察的结果来定，也就是靠实践的结果来定。比如，中微子到底有没有这个东西？开始只是一个假说，后来就被证实了。当年的苏联批摩尔根的遗传理论，说"基因"是虚构的东西，可是后来实践证明它是真实存在的。勒柏辛斯卡娅说她发现了"活质"，解决了生命起源的问题，苏联一度把这个"发现"吹得了不起，可是终究经不起实践的检验。

据说柏拉图为了证明他的"回忆说"，找了个没有几何学知识但脑子很聪明的奴隶来。他不直接告诉这个奴隶某个几何命题，而是用另一些话来"启发"他。结果这个奴隶果然说出了这个几何命题。其实，这并不能表明真理不依赖实践检验，不需要实践检验。假如柏拉图问的不是几何命题，而是实在命题，又假定这个奴隶没有与这个命题相关的具体知识、具体经验，无论如何"启发"他也是回答不出来的。

从上面的分析可以看出，逻辑命题和实在命题是不同的。逻辑命题所反映的是逻辑项(名词或命题)之间在形式结构上的关系，并不涉及命题与具体对象符合与否的问题，判定它的真假并不依赖于某种特殊的、具体的实践，并不需要去对照某种特定的、具体的经验事实，因此也就无所谓用什么具体实践去检验它的问题。而实在命题就不同了。它所反映的是特定的、具体的对象，它的真假就取决于它与特定的、具体的对象符合或不符合。要检验它的真假，就只能依靠某种或某些特定的、具体的实践，只能同特定的、具体的经验事实相对照。正因为这样，我们在下面讨论实践怎样检验认识的问题的时候，就不去讨论逻辑命题怎样检验了，我们的讨论只涉及实在命题怎样检验的问题。

3. 知觉命题的检验

在实在命题中，又有知觉命题和普遍命题之分。

知觉命题所陈述的内容是感性认识，它反映的是可感知的(sensible)经验事实，即事物的现象方面。这种命题有：(1)对事物的可感知的存在的断定（例如"这是一块黑板板"）。（2）对事物的可感知性质的断定（例如"这块黑板是方的"，"这只梨是甜的"）。（3）对事物的可感知的关系的断定（例如"张三比李四高"，"中国人民大学在北京火车站的西边"）。（4）对事物的可感知的状态的断定（例如"这根蜡烛在燃烧"）。总之，这类命题是不能用逻辑来证实或否证的，因为它和它的矛盾命题（或反对命题）都不违反逻辑。但这种命题可以由经验、由观察来证实或否证的（包括借助于工具、仪器等物质手段）。

对知觉命题的检验，是对普遍命题检验的基础，普遍命题的证实或否证，最后总得落脚到对知觉命题的检验。所以我们首先要分析一下对知觉命题如何验检的问题。

初看起来，似乎对知觉命题不存在如何检验的问题，不需要"设计"。比如"这只梨是甜的"，吃一口不就检验了吗？可是事情仔细分析起来并不那么简单。问题在于：你怎么知道恰恰是用"吃"这种行动（实践）去检验它，而不是用别的行动（比如说把梨扔在水里、把梨砸碎等）去检验它呢？是从这个命题本身知道的吗？显然不是。因为这个命题并没有告诉我们用什么行动去检验它，就是说，它不包括任何"行动指令"。只告诉了我们"x 是什么"，而没有告诉我们为了验检"x 是什么"必须"如何做"。而如果没有这种"行动指令"，我们就不知道用什么行动去检验它。因此，为了要检验这个命题，就必须找到一个辅助命题（auxiliary proposition）p^1，使这个命题 p^1 蕴涵着待验命题 p，同时它本身又包含着"行动指令"。这样，只要证实了 p^1，也就证实了 p。

那么，怎样才能找到这样的辅助命题呢？第一，要运用逻辑规律；第二，要引进物理规律。这里说的物理规律是广义的，不是仅指"物理学"的定律，而是泛指一切自然和社会的规律，甚至包括"经验规律"（例如酿酒的规律、做馒头的规律等）。

拿上例来说，我们根据以往千百万次的实践，知道下列的必然的物理关系是真实地存在的：这只梨是甜的，当且仅当我吃这只梨（p^1）并且我产生甜的味觉（p^2）。

于是，"我吃这只梨并且产生甜的味觉"，就是我们需要的辅助命题 p^1。为什么呢？

因为这个命题本身是两个命题（p^1 和 p^2）组成的，是这两个命题的"合取"。而其中的 p^1 恰好是一个"行动的指令"（"我吃这只梨"），而 p^2 则是可以由感知来判定其真假的命题。如果 p^1 和 p^2 都真，则整个辅助命题 p^1 真，待验命题 p 真。p^1 真不真呢？我可以用行动保证它真。我吃梨就是了。p^2 真不真？那就要看事实。如果我尝到了甜味，就真；如果没尝到，就假。

从这个特例可以看出检验知觉命题的一般程序：根据逻辑规律和物理规律，找到一个辅助命题，使它蕴涵着待验命题。这个辅助命题应当具备这样的特点，即它本身要包含着行动的指令，而且行动的结果（预期目的）是可感知的经验事实。

也许有的同志觉得这种分析是多余的，要检验"这只梨是甜的"还有这么多程序？不，这不是多余的。我这里举的只是日常生活中最简单的例子。事实上，即使是知觉命题，有些检验起来也是很麻烦的，不经过一番"设计"就不能达到检验的目的。比如说，对"月球的背面是什么样子？"这个问题无论做出什么回答，陈述的总会是原则上可观察、可感知的事实。回答是否正确，是要由实践来检验的。但是，究竟用什么样的实践才能实际地"看到"月球的背面，可不像吃梨子那么简单。为了"看到"月球背面的情况，需要很复杂的"设计"。但无论"设计"如何复杂，总要符合上述程序。又比方说，如何"看到"病毒的形状、粒子的行为等，也是如此。

4. 普遍命题的检验

现在再说普遍命题如何检验。

普遍命题（universal proposition）所陈述的内容并不是可感知的经验事实，而是事物的规律、本质、必然性。因此，要直接用检验知觉命题的办法去检验它，是不可能的。这类命题只能间接地证实。

间接证实的基本途径是什么呢？概括地说，就是运用逻辑规律和物理规律，通过若干推理步骤，一步一步地演绎出一个或若干个知觉命题，然后证实知觉命题。我们通常讲的"实践证明"，分析起来就是这样一种机制。

从待验命题和辅助命题的关系看，这种检验方式可以分成两种基本类型：

第一种类型是待验命题被辅助命题所蕴涵。

设 p 为待验命题（我们需要检验的普遍命题）。检验的办法就是依靠逻辑规律和物理规律，找出一个辅助命题 p_1，使 p_1 更接近于知觉命题，同时有下列关系：

$$p_1 \rightarrow p$$

这样，只要能证实辅助命题 p_1 是真的，那么也就证实了经验命题 p 是真的。

如果 p_1 本身还不是知觉命题，怎么办呢？那就再找一个辅助命题 p_2。就这样一步一步地朝着越来越接近知觉命题的方向找下去，一直找到知觉命题为止。如果写成公式，就是：

$$p_n \rightarrow p_{n-1} \rightarrow p_{n-2} \cdots p_2 \rightarrow p_1 \rightarrow p$$

如果 p_n 是知觉命题，目的就达到了。这时就只需要检验 p_n。如果检验的结果 p_n 是真的，那么 p 就一定是真的。

这里举一个实例：

"地壳是经历了巨大变化的。"（成语说的"沧海桑田"）这个命题 p 不是知觉命题，无法直接检验。怎么办呢？我们可以找到一个更接近知觉命题的辅助命题，例如"有的高山曾是海底"。显然，如果这个命题真，待证命题也就一定真了。

但是，"有的高山曾是海底"也还不是知觉命题，还得再找下去。比如说，我们找到了这样一个命题："有的高山上有海生动物的化石。"这就是知觉命题了。到了这一步，"检验设计"就满足了我们的要求。问题就在于用实践去证实这个知觉命题了。只要这个知觉命题得到了证实，就等于那个待证的命题被证实了。我记得沈括的《梦溪笔谈》里讲过他在远离大海的山上发现了贝壳。后来，人们又在喜马拉雅山上发现了鱼龙的化石。于是，"地球经历过巨大变化"这个命题就得到了证实。

这种类型的检验应该说是一种最理想的检验方式。为什么最理想呢？因为在这种情况下，只要最后找到的那个知觉命题被证实，那么待验的命题的被证实就是确凿无疑的了。理由是：如果一个命题真，那么被它蕴涵的命题就一定真，不可能假。否则不成其为蕴涵关系了。自然科学上有所谓"判决性实验"，有些就属于这种情况。社会科学和一般社会生活里也有这种情况。

但是，这种类型的检验方式有没有问题呢？至少有两个问题：

第一，这种方式能够行得通的机会并不多。因为一般地说，要找到一个蕴涵着普遍命题而又更接近知觉命题的命题是比较困难的。更大量的情况是蕴涵着普遍命题的命题更普遍，更远离知觉命题。所以，这种检验方式并不是在任何情况下都可以用的。从上面的例子不难看出：用这种方式检验的命题虽然也是普遍命题，内容是带规律性的，但它所断定的还是有限的个体。如"地球经历过变化"，断定的是地球，宇宙间就这么一个。如果是 F＝ma 这样的普遍命题，就没有什么知觉命题蕴涵它，这种检验方式就行不通了。

第二，即使在行得通的场合，也还有一个问题：如果知觉命题被证实了当然很理想，可是某些知觉命题因为受当时技术条件的限制，一时既不能证实也不能否证，在这种情况下普遍命题的真假就不能确定了。

现在再说到第二种类型的检验方式。它与第一种方式的途径刚好相反。就是找出一个辅助命题 p_1，使 $p \rightarrow p_1$，换言之，就是从待验的普遍命题演绎出知觉命题 p_1，然后用检验 p_1 的办法来检验 p。用公式表示，就是：

$$p \rightarrow p_1 \rightarrow p_2 \rightarrow \cdots p_{n-1} \rightarrow p_n$$

这种检验方式的适用范围比第一种类型的检验宽广得多，因为所有的普遍命题都可以通过若干步骤演绎出知觉命题（像"道德是绿色的"、"桌子是聪明的"之类的"伪命题"除外）。事实上，人们在自然科学和社会科学中运用的，绝大部分是这种类型的检验。即为了要证实某个普遍命题，就从它一步一步地演绎出被它蕴涵的知觉命题，然后去检验这个知觉命题真不真。例如，要证实自由落体定律、牛顿三大定律，都是用的此法。

但是，这种方法有没有问题呢？也有。主要的就是它的检验结果的确实性大大不如第一种类型的检验。原因很简单，就是逻辑后件真时前件不一定真。例如，从"所有的天鹅都是白色的"可以演绎出"有的天鹅是白色的"，但如果"有的天鹅是白色的"被证实了，是否等于"所有的天鹅都是白色的"也被证实了呢？不，因为这并不能排除发现非白色天鹅的可能性。而只要发现了一只非白色的天鹅，这个普遍命题就不能成立了。事实上黑天鹅已经被发现，有的都进动物园了。

波普尔（K. Popper）看到了这种检验模式的缺点，于是提出了他的证伪主义，认为一切科学原理（普遍命题）都不可能证实，而只能证伪。照这种说法，实践就根本不能起真理标准的作用，这种检验方式就根本没有用了。我认为这种理论是偏颇的。上述的检验模式的缺点，至少可以由以下几个因素弥补：

第一，普遍命题演绎出来的数目是无限多的。因此，这种检验可以从无限多的侧面进行，而且可以无限多次地进行下去。逻辑后件真固然前件未必真，但如果从一个普遍命题演绎出来的各种不同的知觉命题都被证实，没有一个被证伪，而这个普遍命题本身却是假的，这种可能性是极小极小的。罗素曾举过一个例子："天狗吃月是月食的原因"是一个假命题，可是由它演绎出来的命题——"如果敲锣打鼓或放鞭炮，那么天狗就会吐出月亮，月亮就会复明"——却是每一次都可以被"证实"的。罗素的本意是说明单个的实例并不能证实什么。可是，我们知道，从"天狗吃月"这个命题不仅可以演绎出上述命题，还可以演绎出无限多的别的命题，难道这些命题都可以一一被证实吗？显然不能。何况即使不敲锣打鼓放鞭炮，月亮也会复明，这也就从另一个方面证明了敲锣打鼓放鞭炮与月亮复明并没有关系。

第二，客观世界是有规律性、同一性的。自然科学家喜欢叫自然规律的普适性。例如，所有同类的原子的构造和性质都相同，都能吸收和发射出具有特定波长的电磁波。其他同类粒子的构造和性质也相同，不管是在地球上、别的天体上或宇宙空间里都一样。现在发现了动物有一百多万种，植物有几十万种，微生物的种类更多。但不管是什么生物，都是由蛋白质和核酸组成的。世界的这种同一性可以说是宇宙的第一条公理，没有它，人类认识世界就不可能，一切科学就没有存在的余地。如果问：这件事怎么证明？我们目前的回答只能是：通过人类亿万次的实践。假如世界没有规律性、同一性或普遍性，人类的生存和延续就根本不可能。试想：假如万有引力一会儿起作用，一会儿又不起作用；H_2O 一会儿是水，一会儿又成了硫酸；$NaCl$ 一会儿是食盐，一会儿又成了砒霜；人还能生存下去吗？人类不但生存到现在，而且创造出了越来越高的文明，这本身就是对世界存在着同一性的证明。正因为如此，我们有理由把它作为不言而喻的公理，作为认识活动的当然前提。也正因为如此，我们就可以用"分析"的方法来弥补用一个一个的具体实例证实普遍命题的缺陷。所谓"分析"，在这里就是"分析典型"的意思。恩格斯说的"十万部蒸汽机并不比一部蒸汽机更能证明热能和机械能的转化"，毛泽东说的"解剖麻雀"，都是这个意思。我们把一部蒸汽机的道理分析清楚了，一个麻雀的生理构造的道理分析清楚了，也就不必去考察所有的蒸汽机和麻雀了，因为我们根据世界上的事物具有同一性的公理，相信所有的蒸汽机或麻雀的"道理"是相同的。科学实验只要设计得合理，做几次、几十次也就够了，没有必要亿万次地做下去。正因为如此，"理想实验"、"模型实验"都是有效的。当然，这里的条件是要找出"道理"，即规律性的东西。对于一时还说不清道理的事物，这种方法不适用。比如，你不能说我"分析"过一只天鹅，它是白的，所以这就证明了一切天鹅都是白的。这并没有证明。因为你对天鹅为什么是白的并没有"分析"出什么"道理"来，并没有找出它之所以是白的的必然性，并没有说明为什么天鹅不可能不是白的。

第三，当我们要检验的命题所陈述的内容只有两种可能性的时候，这种检验方式是很适用的。比如说，"以太是否存在？"只有两种可能。如果你能证明其中一个可能性是假的，那么同它相矛盾的论断就必然是真的了。从"以太是存在的"（p），可以演绎出"从一个运动着的光源发出来的光在不同的方向上速度是不同的"。（p_n）通过迈克尔-莫雷的实验，证明了 p_n 是假的。p_n 既假，p 就必假；p 假，则非 p 必真，因而"以太是不存在的"这个命题的真实性就得到了证明。

因此，这种检验方式是可行的。事实上直到现在自然科学的实验检验还是用的这种方法。普波的证伪主义的合理因素，就在于抓住了一个事实，即实践证明中确实存在着不确定的一面。实践本身也是历史的、具体的，也总会有它的局限性。列宁说："在这里不要忘记，实践标准实质上决不能完全地证实或驳倒人类的任何表象。这个标准也是这样的'不确定'，以便不让人的知识变成'绝对'，同时它又是这样的确定，以便同唯心主义和不可知论的一切变种进行无情的斗争。"①这段话是很深刻的。全称命题如果它的主语是有穷集，当然可以完全证实；但如果是无穷集，就确实不能排除出现反例的可能。同样，存在命题(特称或单称的)也很难绝对否证，完全驳倒。因此，对于无论以何种方式检验过的命题，都还要由发展着的实践继续检验，加深它的内容，或者修改理论的适用范围，把它作为特例包括到更普遍的理论中去，这种情况在科学史和一般人类认识史上都是经常出现的事。昨天何祚麻同志讲的人类认识物质的历史时已经说明过这个问题，我就不多说了。

---

① 列宁:《唯物主义和经验批判主义》,《列宁全集》第 18 卷，人民出版社 1988 年版，第 144 页。

怎样理解绝对真理、相对真理和实践标准?*

绝对真理、相对真理和实践标准问题，是马克思主义认识论中的重大问题。何祚庥同志在几篇文章①中的论述引起了讨论。我过去也曾就祚庥同志文章中的某些观点提出过一些初步的商榷②。本文拟再谈谈我的意见，并向祚庥同志和其他同志请教。

1. 关于绝对真理和相对真理

祚庥同志对绝对真理和相对真理的概念是这样解释的：

绝对真理是全面完善的认识，它不会为后来的科学和实践的发展所否定。相对真理也是基本上正确反映客观的知识，但这只是不完全的、在一定界限内、一定条件下所映客观现实的知识。这种知识将在科学往后的发展中不断进行修改、补充并日益深化、精确和具体。③

---

* 本文原载《红旗》1964 年第 11 期。

① 何祚庥同志就这个问题发表过三篇文章：（1）《论自然科学研究中有关实践标准的若干问题》(见《红旗》1962 年第 2 期)；（2）《不能离开历史观点理解实践标准》(见《新建设》1962 年第 11 期；（3）《论相对真理与绝对真理的关系》(见《文汇报》1963 年 8 月 6 日第 4 版)。以下在引用这些文章中的文字时，只注明刊物名称和页码，不注篇名。

② 陶德麟：《关于绝对真理和相对真理的几个问题》，载《新建设》1963 年第 2 期。

③ 《新建设》1962 年第 11 期，第 37 页。

要把绝对真理理解为全面而又完善的真理，并把相对真理理解为不甚全面、不甚完善的真理。①

这种说法是把绝对真理和相对真理理解为两种不同的真理，也就是把真理分成了绝对真理和相对真理两类。例如，像能量守恒和转化定律这样的真理就属于绝对真理一类；而像牛顿力学定律这样的真理就属于相对真理一类。

我认为这种说法是不对的。

真理是客观对象在人们头脑中的正确反映。世界上只有一种真理——客观真理。绝对真理和相对真理这两个概念，并不是用来表示两种不同的真理，而是用来表示同一个客观真理的两重不同属性的。不应当说某些真理只是绝对真理而不是相对真理，某些真理又只是相对真理而不是绝对真理；而应当说客观真理从一种意义上说来是绝对真理，从另一种意义上说来又是相对真理。

从什么意义上说来客观真理是相对真理呢?

第一，任何真理总是对一定具体对象的正确反映，这个具体对象总是整个宇宙的一个部分或一个侧面，这个部分或侧面本身是相对的，因而作为它的正确反映的客观真理也就是相对真理。正如毛泽东同志所说的："马克思主义者承认，在绝对的总的宇宙发展过程中，各个具体过程的发展都是相对的，因而在绝对真理的长河中，人们对于在各个一定发展阶段上的具体过程的认识只具有相对的真理性。"②

第二，任何具体对象都具有无限多的方面和联系，具有无限多等级的本质，人们在一定历史条件下获得的正确认识总不可能穷尽地反映出对象的一切，总还有进一步深化和发展的余地，因而，即使仅仅就一个特定的对象来说，人们的认识也只能相对正确地反映它，只能是相对真理。正如列宁所说的："日益发展的人类科学在认识自然界

---

① 《新建设》1962 年第 11 期，第 42 页。

② 毛泽东：《实践论》，《毛泽东选集》第 1 卷，人民出版社 1991 年版，第 295 页。

上的这一切里程碑都具有暂时的、相对的、近似的性质。电子和原子一样，也是不可穷尽的"。①

从以上两种意义来看，任何客观真理都是相对真理，并没有例外。就拿被祚麻同志仅仅看作绝对真理的能量守恒和转化定律来看吧，也是相对真理。一则，它所反映的并不是整个宇宙的一切，而仅仅是自然界的一种特定的对象（各种能量形式之间的联系）；二则，它对这种特定对象的反映也并没有穷尽一切，也还有进一步深化和发展的余地。（恩格斯明确地指出过："我们可以通过新的发现为规律提供新的证据，赋予新的更丰富的内容。"②）

从什么意义上说来客观真理又是绝对真理呢？

第一，尽管真理的内容总是整个宇宙的一个相对的部分，但是这个相对的部分却是绝对的永恒的物质世界的一部分，它具有绝对物的本性，因而人们的正确认识也就具有绝对真理的本性，就是绝对真理的一部分。恩格斯说："对自然界的一切真实的认识，都是对永恒的东西、对无限的东西的认识，因而本质上是绝对的。"③列宁引证狄慈根的话："我们只能相对地认识自然界和它的各个部分；因为每一个部分，虽然只是自然界的一个相对的部分，然而却具有绝对物的本性，具有认识所不可穷尽的自在的自然整体（des Naturganzen an sich）的本性。"④

第二，尽管任何真理都不能穷尽地反映出对象的一切，都有待于深化和发展，但它既然是客观真理，那么它在同它所反映的一定客观对象相符合这一点上就是绝对的、无条件的。列宁说："任何科学的

---

① 列宁：《唯物主义和经验批判主义》，《列宁全集》第18卷，人民出版社1988年版，第275页。

② 恩格斯：《自然辩证法》，《马克思恩格斯选集》第4卷，人民出版社1995年版，第335页。

③ 恩格斯：《自然辩证法》，《马克思恩格斯选集》第4卷，人民出版社1995年版，第341页。

④ 列宁：《唯物主义和经验批判主义》，《列宁全集》第18卷，人民出版社1988年版，第136页。

思想体系……都和客观真理、绝对自然相符合,这是无条件的。"①他在说到马克思的货币流通理论时说:"这个理论和实践的符合,是不能被将来任何情况所改变的,原因很简单,正如拿破仑死于1821年5月5日这个真理是永恒的一样。"②

从以上两种意义来看,任何客观真理都是绝对真理(确切些说,是绝对真理的一部分),也没有例外。就拿何祚庥同志仅仅看作相对真理的牛顿力学定律来看吧,这也是绝对真理。一则,它所反映的对象(宏观物体的低速运动)是绝对的物质世界的一个部分,具有绝对的物质世界的本性;二则,它同它所反映的对象之间的符合也是无条件的、永恒的、绝对的。

由此可见,只有相对性而无绝对性,或者只有绝对性而无相对性的真理是没有的。任何客观真理都同时具有相对性和绝对性,同时既是相对真理又是绝对真理。正因为这样,我们才可以理解为什么"相对真理和绝对真理之间没有不可逾越的鸿沟"③,为什么"绝对真理是由相对真理构成的"④,为什么"无数相对的真理之总和,就是绝对的真理"⑤。如果认为有些真理仅仅是相对真理而不同时又是绝对真理,就无从说明这些真理的客观性(因为"否定绝对真理,就不可能不否定客观真理的存在"⑥);如果认为有些真理仅仅是绝对真理而不同时又是相对真理,就无从说明这些真理深化和发展的必要与可

---

① 列宁:《唯物主义和经验批判主义》,《列宁全集》第18卷,人民出版社1988年版,第137页。

② 列宁:《唯物主义和经验批判主义》,《列宁全集》第18卷,人民出版社1988年版,第144页。

③ 列宁:《唯物主义和经验批判主义》,《列宁全集》第18卷,人民出版社1988年版,第136页。

④ 列宁:《唯物主义和经验批判主义》,《列宁全集》第18卷,人民出版社1988年版,第135页。

⑤ 《毛泽东选集》第1卷,人民出版社1991年版,第295页。

⑥ 列宁:《唯物主义和经验批判主义》,《列宁全集》第18卷,人民出版社1988年版,第122页。

能。这样，就既不能同唯心主义划清界限，又不能同形而上学划清界限。

何况，按照祚麻同志所提出的那些标志来划分绝对真理和相对真理，实际上也划不清楚。我们不妨简略地分析一下：

（1）以"全面"和"完善"的程度为标志。

祚麻同志说，绝对真理是"全面而又完善的"或"十分完善的"，而相对真理则是"不甚完善的"。① 这个标志就非常含混。怎样才算是"全面而又完善"或"十分完善"，怎样又算是"不甚全面、不甚完善"呢？这条界线应该怎么划呢？祚麻同志没有做出说明。"全面"和"完善"本来就是相对的。我们很容易指出一种真理比另一种真理更全面、更完善，可是我们无法指出哪一种真理就全面和完善到了"无以复加"的程度。能量守恒和转化定律是被祚麻同志算作绝对真理的，应该是"十分完善"的了。可是祚麻同志也并没有说它永远不可能再深化和发展。

（2）以是否"在一定界限内、一定条件下反映客观现实"为标志。

祚麻同志说，相对真理只是"在一定界限内、一定条件下反映客观现实"的真理。这句话完全正确。不过我们很自然地会提出一个问题：绝对真理是不是"在一定界限内、一定条件下反映客观现实"的真理呢？如果也是，那么把"在一定界限内、一定条件下反映客观现实"这一点作为相对真理的特点而写到相对真理的定义里去就没有意义了，按照这一点来区分相对真理和绝对真理就区分不清了。如果不是，那就等于说绝对真理是一种超出任何界限、超出任何条件而反映客观现实的真理了。可是我们都知道，这样的"真理"是没有的。如果一定要认为只有这样的"真理"才算绝对真理，那就无异乎否认了绝对真理的存在。

（3）以会不会被"否定"为标志。

祚麻同志说，绝对真理"不会为后来的科学和实践的发展所否定"。这句话也完全正确。不过我们又会自然地提出一个问题：相对

---

① 《文汇报》1963 年 8 月 6 日第 4 版。

真理会不会被后来的科学和实践的发展所否定呢？如果认为相对真理也不会被否定，那么把这一点作为绝对真理区别于相对真理的标志就不合逻辑了，按照这一点来区分相对真理和绝对真理也就区分不清了。如果认为相对真理可以被否定，那就是说相对真理根本不是真理了。正如我们大家都知道的，真理同对象的符合是无条件的，是不会被将来的任何情况所改变的；如果有一种"真理"竟然被科学和实践的发展否定了，那就只能说明它本来就不是真理。

仍以能量守恒和转化定律为例。祚麻同志论证能量守恒和转化定律是绝对真理的唯一理由，就是它"不再会被科学的发展所推翻"。①可是试问：牛顿力学定律会不会被"推翻"呢？如果说也不会被推翻，那就应当承认牛顿力学定律也是绝对真理了；可是祚麻同志不承认它是绝对真理，只承认它是相对真理。如果说：牛顿力学定律可以被推翻(全部地或部分地)，那就应当承认牛顿力学定律全部是错误或者包含着错误了；可是祚麻同志又坚决反对相对真理全部是错误或者包含着错误的观点。这就不能自洽了。

尤其使人难解的是：祚麻同志甚至连能量守恒和转化定律的未来命运也似乎并没有充分的信心，他说："当然，如果有人一定要怀疑在某个遥远的星球上，有着某种能量不守恒的过程，那我们也仍然是没有十分充足的理由来加以反对的。"②这就是说，能量守恒和转化定律在将来是否会遭到如同牛顿力学在相对论和量子力学出现以后所遭到的那样的命运，也不敢断言。既然如此，能量守恒和转化定律同牛顿力学定律在这一点上究竟有什么"质的区别"呢？祚麻同志根据什么把一个仅仅叫作绝对真理，一个仅仅叫作相对真理呢？

总之，如果我们承认把真理分为两类的做法，那么至少应该提出一种能够把两类真理区分开来的标志。可是，如上面所分析的，当我们按照祚麻同志提出的标志来对真理实行分类的时候，我们却碰到一连串的自相矛盾，越分越糊涂。这说明什么问题呢？我想，这说明了

---

① 《新建设》1962 年第 11 期，第 43、43—44 页。
② 《新建设》1962 年第 11 期，第 43、43—44 页。

这样的分类根本行不通。

其实，如果仅仅是论述上的自相矛盾，那还是比较次要的问题，我们还可以改进论述的方法。问题在于：在这种自相矛盾的论述背后，还隐藏着一个更重要的问题，那就是祚麻同志确实认为相对真理是可以被否定的；不过不是全部被否定，而是部分地被否定罢了。固然，祚麻同志并没有写出"相对真理可以部分地被否定"这样的话，但是，从他的大量的论述和所举的例证来看，我们不得不认为他在实际上是这样看的。例如，他在论证能量守恒和转化定律是绝对真理的时候所持的理由，就是这个定律"不再会被科学的发展所推翻"①。这岂不等于说相对真理是不免会被推翻(至少是部分地被推翻)的吗？又如，他说："凡是经过实践检证的科学理论都是客观真理，包含有绝对真理的成分。特别是那些已有大量的科学实践证明为正确的理论，所包含的绝对真理的成分也就越多。这种已经有大量实践为基础的绝对真理的成分，是不会随着科学的发展而消失的。"②这不是明确地肯定了客观真理当中有一部分不会"消失"，而另一部分却会"消失"吗？这不是说相对真理可以部分地被否定吗？

说相对真理可以部分地被否定或推翻，那就要对这一部分可以被否定或推翻的东西的性质做出明确的说明。这一部分东西究竟是什么呢？是错误，还是真理呢？

也许是错误吧。这就是说，相对真理当中是包含着错误的，相对真理就是由绝对真理的成分和错误构成的。有些同志确实是这样认为的，但我认为这种意见不对。我们在这里说的不是一般的认识，也不是一般的科学理论，而正是真理。说认识中或科学理论中包含着错误，这完全可以理解，因为认识中或科学理论中完全可能既有同客观对象相符合的部分，也有同客观对象不符合的部分，前者是真理，后者是错误。但是，说相对真理中包含着错误就不对了。对于一个确定的客观对象来说，真理同错误的界限是绝对的。只有同对象相符合的

---

① 《新建设》1962 年第 11 期，第 43 页。
② 《红旗》1962 年第 2 期，第 23 页。

认识才能叫作真理，同对象不相符合的认识就不能叫作真理。我们怎么能把同对象相符合的部分同不相符合的部分加在一起叫作真理呢？这样做，真理和错误还有什么界限呢？真理和错误这两个概念还有什么确定的含义呢？事实上，祚庥同志也一再申明他并不同意相对真理包含错误的观点，他也说他认为相对真理"仍是正确反映客观实际、不包含错误的真理"①。

那么，也许相对真理中那个可以被否定或推翻的部分也是真理吧。但是这样一来问题就更大了。真理竟然被否定了。同某一个对象相符合的认识竟然与同一个对象不相符合了。列宁不是明明告诉我们：真理同对象之间的符合是不能被将来的任何情况所改变的吗？真理是不会被否定的，被否定了的就不是真理。这不是非常清楚的道理吗？

可见，无论把这一部分可以被否定的认识说成是错误或真理，都是说不通的。那么究竟怎样理解这一部分认识呢？难道世界上有什么既不是错误又不是真理的"中性"的认识吗？

也许祚庥同志说，这一部分认识是"不甚完善"的认识②。但是，这也还是取消不了这样的问题：这种"不甚精确、不甚完善"的认识究竟是否同对象符合？如果"不甚精确、不甚完善"就是指的同对象不符合，那么这种认识就是错误，实际上还是承认了相对真理包含错误。如果"不甚精确、不甚完善"是指不甚深刻，那么这种认识就仍然是真理(一种认识尽管不深刻，但只要它同对象符合，就得承认它是真理)，说这样的认识会被否定，就无异乎说真理会被否定。可见，"不甚精确、不甚完善"的概念仍然不能帮助我们摆脱上述的困难。

从上面的分析可以看出，如果认为相对真理可以部分地被否定，那就二者必居其一：或者是承认相对真理包含错误，或者是承认真理可以被否定。但是，这两种答案都很难令人信服。所以我认为，相对

---

① 《文汇报》1963 年 8 月 6 日。
② 《文汇报》1963 年 8 月 6 日。

真理可以部分地被否定的说法是不正确的。

为什么祚麻同志得出了相对真理可以部分地被否定的结论呢？我认为，这是由于他对科学史上的复杂现象做了不完全恰当的解释的缘故。

一切科学原理都在变化着。这是科学史上的基本事实。但是，如何理解这种变化呢？这是需要具体分析的。我的初步意见是，科学原理的变化(指前进的变化)可以归结为如下四种基本的情况：(1)某一科学原理全部错误，因而在后来全部被否定；(2)科学原理中的错误部分被纠正；(3)科学原理中的正确部分被深化；(4)科学原理中正确部分的适用界限被重新规定(扩张或缩小)。在第一种和第二种情况下，被否定的东西是错误，而错误并不是相对真理或相对真理的组成部分；在第三种情况下，相对真理是变得更深刻了，但原来的比较不深刻的真理也并没有被否定；在第四种情况下，被否定的东西并不是相对真理的客观内容，而仅仅是前人对于相对真理的适用界限的规定，这种被否定了的规定恰恰不是真理，而是错误。由此可见，无论就哪一种情况看，都得不出相对真理可以全部地或者部分地被否定的结论。

拿祚麻同志所举的牛顿学发展为相对论的例子来看吧。从牛顿学到相对论的发展实际上包括两方面的情况：一方面，人们原来以为牛顿力学是适用于一切客体的运动的，后来新的实践表明它只适用于宏观客体的低速运动，而不适用于微观客体的运动或宏观客体接近光速的运动，这就是说，人们发现原来对它的适用界限的规定是错了，需要重新规定；另一方面，人们也发现牛顿力学的公式对于宏观客体低速运动的反映也不如相对论的公式那么精确和深刻。但是，能不能由此得出结论说，作为相对真理的牛顿力学全部地或者部分地被否定了呢？在我看来是不能的。因为从前一个方面来说，被否定了的东西并不是牛顿力学的客观内容，而只是人们对它的适用界限的规定(这个规定是错误，不是真理)；从后一个方面说来，牛顿力学的内容也并没有被否定，只不过是发现了它还不够深刻，因而把它进一步深化和发展了而已。

祚庥同志也说：“在速度缓慢的条件下，牛顿力学仍然作为客观真理而被保留了下来。”①这不就等于说作为相对真理的牛顿力学并没有全部地或者部分地被否定吗？

由此可见，相对真理可以部分地否定的说法，不仅在逻辑上说不通，而且也不符合科学史上的真实情况。

2. 关于实践标准的绝对性和相对性

祚庥同志对于绝对真理和相对真理的看法，是同他对实践标准的绝对性和相对性的看法有密切联系的。

实践是检验认识的唯一标准，这个标准既有绝对性（或确定性）的一面，又有相对性（或不确定性）的一面。这是我们都承认的基本原理，是没有争论的。可是，如何理解实践标准的绝对性和相对性呢？这就有分歧了。祚庥同志对实践标准的相对性是这样说明的：

> 实践标准的相对性，是说：科学研究工作在实践基础上提出的确证只是相对的，它只能在一定范围，一定的近似程度内，一定的意义上，确切地证明某一理论是正确或是错误，或理论中的哪一部分是正确，哪一部分是错误。②

> 科学理论经由实践检验并证明它为正确，而在以后又要加以修改的这种事实，也就是实践标准的这种相对性——完全是历史上合乎规律的现象。③

由此可见，对于那些已有大量科学实践证明它为正确的理论，我们仍应持批判的态度。问题在于人们的实践总是具体的实践，随着实际生活的发展，极有可能出现新的实践条件，在这种新的实践条件下，原来的理论就可能显得陈旧。因此，我们在科

---

① 《红旗》1962 年第 2 期，第 23 页。
② 《红旗》1962 年第 2 期，第 22 页。
③ 《新建设》1962 年第 11 期，第 40 页。

学工作中必须看到实践标准的这种相对性，不应抱迷信的态度。①

我认为这样来说明实践标准的相对性，实际上就抹杀了实践标准的绝对性。为什么呢？因为祚麻同志虽然肯定实践能够"确切地证明某一理论是正确或错误，或理论中哪一部分是正确，哪一部分是错误"，但是他却又认为被实践证明它为正确的理论在以后要加以"修改"。应当指出，这里所说的"修改"，并不是通常所说的深化或发展的意思，而正是部分地被否定的意思。因为：第一，用理论的深化和发展来说明实践的相对性是文不对题的，实践标准所涉及的是理论是不是真理的问题，而不是真理深刻到什么程度的问题；第二，如前分析过的，祚麻同志是主张相对真理可以部分地被否定的。可见，这里所说的"修改"就是部分地被否定的意思。但是，既然被实践证明为正确的理论中竟然有一部分在今后会被否定，会被重新证明为不正确，那么所谓实践能够"确切地证明"云云，岂不成了空话吗？"确切"岂不实际上成了不确切吗？

如果再看看祚麻同志对于实践标准的绝对性的说明，问题就更加清楚了。在他看来，实践标准的绝对性表现在：

> 凡是经过实践检证的科学理论都是客观真理，包含有绝对真理的成分。特别是那些已经大量的科学实践证明为正确的理论，所包含的绝对真理的成分也就越多。这种已经有大量实践为基础的绝对真理的成分，是不会随着科学的发展而消失的。②

> 在实践检证过的相对真理中间总是包含有绝对真理的成分。在相对真理中间哪一部分是绝对真理，实践检证过的真理所适用的范围究竟有多大，所有这些都是历史地有条件的。但是在相对真理中间，只要它为实践检证过，那么在它们中间，总是包含有

---

① 《红旗》1962年第2期，第33页。
② 《新建设》1962年第11期，第43页。

绝对真理的成分。而在科学的进一步的发展中，这种绝对真理的成分就要作为宝贵的财产而继承下来。自然科学的进一步发展，将能为我们指明哪些是完善而哪些是不完善的真理。①

这些话是很费解的。既然承认"凡是经过实践检证过的科学理论都是客观真理"，那就是承认凡是经过实践检证过的科学理论都是同客观对象相符合的了。这当然完全正确。但是紧接着又说，这样的客观真理当中仅仅有一部分不会"消失"，那就是说还有一部分会"消失"了。加在一起就是说：经过实践检验过并且证明其为同客观对象相符合的认识中有一部分将被新的实践证明为同客观对象不相符合！这该怎么理解呢？还不止此。他还认为"在相对真理中间哪一部分是绝对真理"也是"历史地有条件的"，只有等待"科学的进一步发展"来为我们"指明"。这就是说，要想在一个确定的历史条件下把相对真理中会"消失"的部分与不会"消失"的部分加以"指明"也是不可能的了。按照这样的逻辑讲下去，岂不只好承认我们永远无法确切地断定一种认识是不是同对象相符合吗？这怎么能说明实践标准具有绝对性、确定性的一面呢？

祚庥同志对实践标准的绝对性还有一个更具体的说明。他说：

当我们对前人的工作进行批判的审查时，必须对它的实践根据有充足的估计。假如我们的科学实践仍然处在前人的实践所达到的范围以内，那就不能期望在这个范围内推翻任何自然科学上的定律(除非前人工作包含有错误)。②

这段话好像是更强调实践标准的绝对性。可是，分析一下就有问题了。他说的是"假如我们的科学实践仍然处在前人的实践所达到的范围以内，那就不能期望在这个范围内推翻任何自然科学上的定

---

① 《新建设》1962 年第 11 期，第 43 页。
② 《红旗》1962 年第 2 期，第 24 页。

律"。那么试问：当我们的科学实践超出了前人的实践所达到的范围的时候，是不是可以期望在这个范围（"前人的实践所达到的范围"）内"推翻"自然科学的定律呢？按照祚庥同志的说法，当然是可以的了。但是，这种说法并不合乎实际。科学史表明，即令科学实践超出了前人实践的范围，也决不可能在原来的范围内推翻自然科学的定律（假如前人的工作没有错误的话）。例如，尽管今天的科学实践超出了牛顿时代的人们所能达到的范围即宏观低速现象的范围，我们也没有在这个范围内（宏观低速现象的范围内）推翻牛顿力学定律。至于在这个范围以外，又谈不上推翻牛顿力学定律的问题了。可见，祚庥同志的这段话，仍然不过是用另一种方式表述了"相对真理可以部分地被否定"的说法。它不但没有说明实践标准的绝对性，而且恰恰把实践标准的绝对性弄模糊了。

为什么祚庥同志做出了这种难以令人同意的解释呢？这可能是由于他没有把这样两个问题区别清楚：（1）某种认识是不是真理？（2）如果是真理，它的适用界限在哪里？

某种认识是不是真理，就是说它有没有不依赖于人的客观内容，它是不是同一定的客观对象相符合。这个问题，实践能不能确切地证明呢？我认为是能的。恩格斯说："当我们按照我们所感知的事物的特性来利用这些事物的时候，我们的感性知觉是否正确便受到准确无误的检验。"[①]列宁说："人类实践的'成功'证明着我们的表象同我们所感知的事物的客观本性相符合。"[②]毛泽东同志说："要完全地解决这个问题（'理论的东西之是否符合于客观真理性'的问题。——引者），只有把理性的认识再回到社会实践中去，应用理论于实践，看它是否能够达到预想的目的。"[③]这里说的正是"准确无误的检验"，

①　恩格斯：《社会主义从空想到科学的发展》，《马克思恩格斯选集》第3卷，人民出版社1995年版，第702页。

②　列宁：《唯物主义和经验批判主义》，《列宁全集》第18卷，人民出版社1988年版，第141页。

③　毛泽东：《实践论》，《毛泽东选集》第1卷，人民出版社1991年版，第292页。

正是"证明着"，正是"完全解决"，没有任何保留，任何"但书"。不这样也是不可能的。因为如果实践连认识同对象是否符合这件事情也不能确切地证明，那它就根本不能成为检验真理的标准；否认了这一点，就等于否认了实践是检验真理的标准。例如，牛顿力学是不是同一定的客观规律性相符合，是不是客观真理，这件事情，实践是能够而且已经"准确无误"地、"完全"地解决了的，是不会被将来的任何情况所改变的。在这个问题上根本谈不上"仍应持批判的态度"和"不应抱迷信态度"的问题。这正是实践标准的绝对性或确定性的一面。

但是，如果某种认识是真理，那么这种真理所反映的客观规律性存在于何种范围内呢？这一真理的适用界限应该怎么划才合乎实际情况呢？这个问题，实践是不能确切地证明的。列宁说："每一科学原理的真理的界限都是相对的，它随着知识的增加时而扩张、时而缩小。"①正好说明了这种事实。我们当然毫不怀疑，每一次这样的"扩张"或"缩小"，只要是以实践为根据的，总是前进了一步，总是使人们对真理的适用界限的规定更接近于实际情况；但是，无论何种条件下的实践，都不能保证"准确无误"地、"完全"地解决这个问题，都不能保证以后再不发生"扩大"或"缩小"的情况。例如，我们今天对牛顿力学的适用界限的规定，当然要比相对论和量子力学产生以前的那个旧的规定更接近于实际情况；但是，我们也仍然没有充分的根据说我们今天的规定就是"最终的"、永远不会再变动了的规定。如果在今后科学实践的触角伸进了我们今天还不知道的新领域，以致有必要根据新的实践材料对我们今天所规定的界限再做一些"扩张"或"缩小"，也并不是不可能的。这正是实践标准的相对性、不确定性的一面。

正因为祚麻同志把认识是否真理的问题同真理的适用界限问题混淆起来了，因此他就未能正确地说明实践能够确切地证明的是什么，不能确切地证明的是什么。例如，当他以普洛特假说的变化史和从牛

---

① 列宁：《唯物主义和经验批判主义》，《列宁全集》第18卷，人民出版社1988年版，第135页。

顿学到相对论的发展史为例来证明"科学理论经由实践检验并证明它为正确,而在今后又要加以修改"的说法时,就表明了这一点。其实,普洛特假说当中那些后来被"修改"了的东西并不是真理,而是错误;在牛顿力学到相对论的发展过程中被"修改"了的并不是牛顿力学的客观内容,而仅仅是人们对它的适用界限的错误的规定。这些东西都不是"经由实践检验并证明它为正确"的东西,而恰恰是从来没有被实践证明为正确的东西。这些例子正好说明了:凡是真正经过实践检验过并且证明为真理的认识,是只会进一步深化和发展,而决不会被推翻的。

评实用主义的真理论*

实用主义（Pragmatism）是现代资产阶级哲学中一个有很大影响的主观唯心主义流派。它的基本原则是由美国人皮尔士（Charles Peirce）在 19 世纪 70 年代首先提出的；另一个美国人詹姆斯（William James）在 19 世纪末重新提出实用主义的原则，并在 20 世纪初发表了《实用主义》（1907 年）一书，系统地阐发了实用主义理论，正式形成了实用主义流派。美国人杜威（John Dewey）、英国人席勒（Ferdinand Canning Scott Schiller）等是实用主义的发挥者。现在还活跃于美国哲学界的胡克（Sidney Hook）等人仍在继续宣扬实用主义。这种哲学是现代的垄断资产阶级的地位、利益及其政治倾向的一种理论表现。实用主义通过胡适的大力介绍和鼓吹，在中国也有相当的影响。实用主义在理论上容易与马克思主义相混淆，有剖析澄清的必要。

实用主义哲学的核心是真理论（Theory of Truth），即关于真理的理论。本文拟就这个问题对实用主义做一个初步的评论。

实用主义真理论的实质在于否认客观真理，而以"有用即真理"为基本信条。我认为这个理论有三个主要的方面：（1）在真理的定义问题上，以"工具主义"来反对唯物主义的反映论；（2）在绝对真理和相对真理的关系问题上，以相对主义来反对唯物辩证法；（3）在检验真理的标准问题上，标榜所谓"实践标准"来偷运主观唯心主义。这三个方面是一个整体，其中第一个方面是基本的东西，后两个方面是第一个方面的逻辑继续和补充。

---

* 本文原载《江汉学报》1964 年第 3 期。胡克已于 1988 年去世。本文撰写于 1964 年，当时胡克还在世，故本文说他"现在还活跃于美国哲学界"。

1. 在真理的定义问题上，以"工具主义"来反对唯物主义的反映论

什么是真理？这是任何一种真理论首先必须回答的问题，也是真理论的基础和核心。

各派唯物主义对真理定义的表述可以有这样那样的差别，但有一点是共同的，就是都认为真理是不依人们的意识为转移的客观对象在人们头脑中的正确反映。这种反映论的真理观是从唯物主义的基本前提出发的，那就是承认物质世界的客观存在，人们的认识能够反映客观物质世界。实用主义以"有用即真理"的定义来反对唯物主义反映论的真理定义，它的这种"工具主义"的真理观是从主观唯心主义的基本前提出发的，那就是否认不以人们的意识为转移的客观物质世界的存在，否认人们的认识是客观物质世界的反映。为了弄清这种真理观的主观唯心主义性质，我们不得不花一点篇幅来分析一下它的出发点，看看它是怎样否认客观物质世界的存在，怎样否认人们的认识是客观物质世界的反映的。

在实用主义者的言论中，经常可以看到"实在"、"事实"、"客观"、"世界"、"对象"等名词，詹姆斯经常说他总是从"客观的事实出发"，他"始终是一个认识论上的实在论者"①；杜威也宣称"在任何实际研究中我们从来不怀疑世界的存在"②；胡适则更是一贯地标榜要"注重事实，尊崇证验"。如果只从字面上看，真好像他们是承认客观物质世界的了。可是，如果分析一下这些名词实际上指的是什么，就可以知道根本不是那么回事。

詹姆斯说："如果我们开始就假定世界上只有一种原始的素材或质料，一切东西都由这种素材构成，而且如果叫那素材为'纯粹经验'，则认识可以容易地解释为纯粹经验的各部分所会进入的相互间

---

① 詹姆斯：《真理的意义》，第 195 页。
② 杜威：《实验逻辑论文集》，第 302 页。

的一种特殊关系了。这关系本身也是纯粹经验的一部分；其中一端成为主体或知识的承担者、认识者，另一端成为被认知的客体。"①他还说："老实说，什么东西在我们的意识之内而什么东西在我们的意识之外呢？如果我说某种东西在我的意识之外，它却已经在我的意识之内了。"②清楚极了：世界上除了"经验"就没有别的东西，被认知的客体也是"经验"；"意识之外"的东西是没有的，一切都在我的"意识之内"。试问：这不就是贝克莱的"物是观念的集合"和"存在就是被感知"的重复吗？

席勒也说："我们知道这个实在，因为当我知道它时它存在着，离开了那个过程以外到底有什么东西，我是一点也不知道的。"③这也是"存在就是被感知"的复述。

杜威的说法比詹姆斯和席勒的说法要隐晦曲折得多。他说："被认识的对象是作为有指导作用的后果而存在的。"④又说："研究产生它所应付的存在上的变化和改造；变化的结果……是把一个不确定的有问题的情境转变为一个确定的、决定的情境。"⑤这些晦涩的话无非是说，物质世界的"存在"只不过是一种"不确定的、有问题的""存在"，它并不是我们认识的对象，作为我们认识对象的那个"存在"是我们"研究"的结果、"有指导的作用"的结果。那么，当我们不去"研究"它或"作用"于它的时候，它是否存在呢？按照杜威的说法，那就只能是一种"不确定的、有问题的""存在"了。我们都知道，世界是运动着的物质，而运动着的物质的种种形态都有确定的质的规定性。杜威的"不确定的、有问题的存在"究竟是一种什么怪物呢？实际上，这个"存在"就是"不存在"的别名。杜威绕了一个大弯子，归根到底还是要否认意识以外的物质世界的存在。

---

① 詹姆斯：《彻底经验文集》，第 4 页。
② 詹姆斯：《多元论的宇宙观》，第 159 页。
③ 席勒：《人本主义》，第 124 页。
④ 杜威：《确实性的寻求》，第 138 页。
⑤ 杜威：《实验逻辑论文集》，第 159 页。

杜威的中国弟子胡适说得最直率。他说："总而言之，实在是我们自己改造过的实在。这个实在里面含有无数人造的分子。实在是一个很服从的女孩子，她百依百顺地由我们替她涂抹起来，装扮起来。……宇宙是经过我们自己的创造功夫的。"①原来实用主义者心目中的"实在"，就是被我们"创造"出来的！

由此可见，实用主义在本体论的问题上是坚持意识第一性、物质第二性的，它所谓的"存在"、"实在"、"客观事实"等名词，指的就是感觉、经验等，根本不承认意识以外的客观物质世界。这是实用主义真理论的一个基本出发点。

实用主义既然在本体论方面否认了意识以外的客观物质世界，那么在认识论方面就必然要否认人们的认识是客观物质世界的反映，即反对反映论。这只要看一看实用主义者对于什么是观念、什么是思维的问题的论述就昭然若揭了。

詹姆斯宣称，过去的唯心主义哲学家(休谟、康德等人)把"人心"看作一种以认识为任务的"独立的存在"是错误的，他认为"没有一种心理的变迁同时不发生身体上的变迁的"，因此应该用生理现象去解释心理现象，应该承认脑部是一切心理现象的总机关。胡适对这一点非常赞扬，说这是"心理学史上一大革命"，又是"哲学史上一大革命"。② 有些天真的读者也许觉得詹姆斯的这种说法同唯物主义主张的"思维是人脑的机能"是一样的，因而无可非议。其实这是极大的误解。唯物主义说的"思维是人脑的机能"不是指的随便一种机能(例如消化机能、生殖机能等)，而是指的反映客观世界的机能。假如詹姆斯也是这样主张的话，那当然无可非议。但是，假如真是这样，那又算得什么"革命"呢？思维是人脑的机能这个原理，早就被以往的唯物主义哲学和心理学指出来了，这个"命"早就"革"过了，用不着詹姆斯再来"革"了。可见，其所以被胡适叫作"革命"而且是"大革命"，其奥妙并不在这里。奥妙之处在于：詹姆斯在承认思维

① 《胡适文存》卷2，第106页。
② 《胡适文存》卷2，第90页。

是人脑的机能的同时，却否认了思维是客观世界的反映。他"革"了思维的客观内容的"命"，"革"了反映论的"命"。请看他是怎样嘲笑反映论的吧：

> 譬如墙上的钟，我们闭了眼睛可以想象钟的模样，那还可以说是一种摹本。但是我们心里起的钟的用处的观念，也是摹本吗？摹的是什么呢？又如我们说钟的发条有弹性，这个观念摹的又是什么呢？这就可见一切不能有摹本的意象，那"和实在相符合"一句话又怎么解说呢？①

这个反驳我们留待后面再去评论。我们引这段话的目的只在于证明，如果詹姆斯也主张思维是人脑的机能的话，那么在他看来，这种机能绝不是反映客观世界的机能，人们的思维绝不是客观世界的"摹本"。那么思维究竟是什么呢？他认为只能是一个"工作计划"，一个如何改变现实的途径的"指示"，一个"工具"；这个计划、指示或工具的全部意义就在于它能带来"实际效果"或"兑现价值"。② 这就是詹姆斯的认识论的"精华"所在。

杜威把实用主义的认识论发挥得更加细致。他把他对思维的看法叫作"自然主义的思维观"。这种思维观是建筑在两个基本命题上的：(1)思维是作为有机体的人对特定刺激的反应；(2)思维是应付环境的工具。

什么叫作"对特定刺激的反应"呢？按照他的解释，就是：在平常的情况下，人们虽然也接受某些刺激，但并不引起思维；可是，当"经验内部出现冲突的因素"，使人陷入了"疑难境地"的时候，人对刺激的反应就"延迟"了；"延迟"了一会儿之后，就产生了一种"更适当的反应"，这种"延迟的但是更适当的反应"，就是思维。例如，一个人在沿着大路顺利前进的时候，并不产生思维；可是碰到岔路，就

---

① 詹姆斯：《实用主义》，第 109 页。
② 詹姆斯：《实用主义》，第 45、53 页。

陷入"疑难境地"了：走哪一条路好呢？于是反应就"延迟"了；可是经过一番"延迟"之后，终于产生了"更适当的反应"：决定走右边的一条路。这种由陷入"疑难境地"到脱出"疑难境地"的过程，在杜威看来就是思维。

杜威的这种思维观是同反映论特别是辩证唯物主义的反映论针锋相对的。因为：第一，杜威的所谓"特定的刺激"，绝不是我们唯物主义通常所说的"外部刺激"(意识以外的客观对象对我们的感觉器官的作用)，而是指的"经验内部出现"的"冲突因素"，即纯粹是意识范围以内的东西。第二，杜威所说的"反应"，也绝不是指的客观世界在人们头脑中的反映，而仅仅是指的有机体在回答特定刺激时所产生的一切生理变化和行为的总和(他明确地承认他认为思维不仅是"皮质的"，即不仅是人脑的机能，而且"双手双足，各种用具器材，与脑中的变化一样，都是思维的一部分")①。第三，杜威的说法完全抹杀了思维的本质。我们知道，任何动物，甚至单细胞动物，都有对特定刺激做出反应的能力，难道它们都有思维吗？至于"延迟的但是更适当的反应"，那也至少是一切具有中枢神经系统的动物都具有的能力(例如狗在碰到两块骨头的时候就陷入"疑难境地"：先吃哪一块好呢？经过一番"延迟"，它也会做出"更适当的反应"：先吃大的)，难道它们都有思维吗？辩证唯物主义指出，思维是在劳动过程中同语言一起产生的，是在人超出于动物的区别点上产生的。由此可见，杜威对思维的说明，完全是违反科学的谬见。

杜威的思维观的另一个出发点，就是把思维看作应付环境的工具。在他看来，人的生活就像蛆虫在粪窖里滚去滚来，蜜蜂在玻璃窗上爬上爬下一样，都是"应付环境"。不过动物的"应付环境"同人的"应付环境"有"高下的不同"，这种不同就在于"智识程度的不同"。人的"应付环境"比动物高明的地方，就在于人能够思维。所以说，思维乃是人在"应付环境"中"日用必不可少的工具"。②

---

① 杜威：《逻辑经验论文集》，第14页。
② 《胡适文存》卷2，第117—118页。

杜威的这种论点是不能成立的。第一，把人的生活说成同蛆虫和蜜蜂一样是"应付环境"，这是把人降低到动物（甚至低等动物）的水平。事实上，如果说动物只能消极地适应自然的话，那么，人和动物的根本区别恰恰在于人不是消极地适应自然，而是积极地改造自然，而杜威正好把这一点抹杀了。第二，把思维看成"工具"，这就抹杀了思维作为客观世界的反映的本质。固然，思维是指导人们进行实践活动的巨大力量，但它之所以具有这样的力量，正因为它是客观世界的反映。而工具之所以成为工具，却并不一定需要这个特点：菜刀是切菜的工具，茶杯是饮水的工具，它们都不是客观世界的反映。杜威所以要把思维说成应付环境的工具，其目的就在于使人们把思维看成同菜刀、茶杯一样的物品，忘记反映论。无怪乎他在《逻辑》一书中干脆否认了命题的真假之分。他竟然说："既然工具本身不是真的也不是假的，真假就不是命题的特性了。工具只是有效的或无效的，恰当的或不恰当的，经济的或浪费的……"①

由此可见，实用主义在认识论的问题上是反对唯物主义的反映论的。在他们看来，"思维"、"观念"、"认识"等，根本不是客观世界在人们头脑中的反映，而仅仅是一种应付环境的工具。这是实用主义真理观的又一个基本出发点。

把握了实用主义在本体论和认识方面的基本出发点，再来透视它的真理观，就比较容易看清楚了。

实用主义既然认为一切思维、观念、认识都是应付环境的工具，那么在它看来，真理当然也是一种应付环境的工具——一种"好的"或"有效的"工具。为了弄清楚这种工具主义真理观的基本内容，我们不得不把实用主义的典型言论摘引几段：

詹姆斯是这样说的：

我们可以说："它是有用的，因为它是合乎真理的"，或者

---

① 杜威：《逻辑》，第287页。

"它是合乎真理的，因为它是有用的"。①

事实上，真理大半存在于一种信托制度上。我们的思想和信念不拒绝使用它们，就通行无阻，好像银行钞票只要没有人拒绝使用，就总可以流通一样。

我们彼此在真理问题上互相做买卖。②

一个观念能把我们一部分的经验引渡到别一部分的经验，连贯得满意，办理得妥帖，把复杂的变简单了，把繁难的变容易了——如果这个观念能做到这步田地，便真到这步田地，便含有那么多的真理。③

詹姆斯的这些理论在胡适的笔下发挥得更加淋漓尽致：

詹姆斯常说一个新的观念就是一个媒婆，他的用处就在能把本来有的旧思想和新发现的事实拉拢来做夫妻，使他们不吵闹，使他们和睦过日子。……观念成为真理，全靠他有这做媒的本事。一切科学的定理，一切真理，新的旧的，都是会做媒的，或是现任的媒婆，或是已往退职的媒婆。纯粹物观的真理，不曾替人做过媒，不曾帮人摆过渡，这种真理是从来没有的。④

真理原来是人造的，是为了人造的，是人造出来供人用的，是因为它们大有用处所以才给它们"真理"的美中的。我们所谓真理，原不过是人的一种工具，真理和我手里的这张纸，这条粉笔，这块黑松，这把茶壶，是一样的东西：都是我们的工具。⑤

真理所以成为公认的真理，正因为它们替我们摆过渡，做过媒。摆渡的船破了，再造一个。帆船太慢了，换上一只汽船。这

---

① 詹姆斯《实用主义》，第125页。
② 詹姆斯：《实用主义》，第267页。
③ 詹姆斯：《实用主义》，第58页。
④ 《胡适文存》卷2，第100页。
⑤ 《胡适文存》卷2，第101页。

个媒婆不行，打她一顿媒拳，赶她出去，另外请一位靠得住的朋友做大媒。①

由此可见，"工具主义"的真理观可以归结为如下几个要点：（1）真理是人造出来的供人使用的一种工具；（2）一个观念是不是真理，要看它是不是给人带来"福利"，是不是"大有用处"；（3）一个观念是不是真理，要看它能不能把我们各部分的经验连贯得使人"满意"；（4）一个观念是不是真理，要看它是不是"通行无阻"，为大家所接受。

让我们来逐点地加以分析吧：

（1）实用主义者把真理说成是人造出来供人使用的工具，这是哲学史上最庸俗的真理观。首先，把真理看成工具，看成同纸张、粉笔、黑板、茶壶一样的物品，这是由他们把观念、思维等认识形式统统看成工具或物品的观点中直接引申出来的。这种观点的荒谬性，我们在前面已经分析过，这里无须重复。这里需要指出的是，实用主义者所以要把真理说成是工具，其目的在于否认真理的客观内容，因为很显然，如果真理真是像纸张、粉笔、黑板、茶壶一样的人造出来供人用的工具，那么它就是完全以人的意志为转移的了。一把茶壶，我可以用瓷造、铜造、玉造、塑料造，也可以造成圆柱形、六边体形、葫芦形，完全看我的高兴。如果真理也是这样的东西，那就是说，人人都可以"造"出他喜爱的、他认为合用的"真理"来，就像他可以造出随便一种花色品种的茶壶来一样。试问：这样一来真理还有什么不依人们的意志为转移的内容呢？还有什么客观真理呢？辩证唯物主义依据科学、实践和结果指出，真理是客观世界的主观映象（而且是正确的映象）。真理的形式固然是主观的（因为它是客观世界的映象，不是客观世界本身），然而真理的内容完全是客观的（因为它是客观世界的映象，而不是主观自生的东西）。所以列宁说："有没有客观真理？就是说，在人的表象中能否有不依赖于主体、不依赖于人、不

---

① 《胡适文存》卷2，第102页。

依赖于人类的内容?"①真理的内容是不依赖于人的,只有正确地反映了客观世界的认识,才是真理;否则是谬误。实用主义者硬说真理可以根据人的意志随便"造"出来,这是非常荒谬的。我们在前面提到过,詹姆斯曾经极力嘲笑了把真理看作"和实在相符合的意象"的说法,并举例说,关于钟的用处的观念,关于发条有弹性的观念,都不是"摹本"。他自以为这是很厉害的一击。其实,对唯物主义真理观的这种嘲笑倒是十分可笑的。钟的用处是计时,钟的发条有弹性,这是事物的不依人的意志为转移的客观属性。如果你要获得真理,你就只能老老实实地使你的认识成为这种客观事物的客观属性的"摹本",即如实地反映它。假如你不是这样做,而是按照自己的意志去"造"出一个"真理"来,比如硬说钟的用处不是计时而是充饥,发条没有弹性,那么实践就会狠狠地教训你!

(2)实用主义者认为"大有用处"的就是真理,这是"唯利是图"的原则的哲学表述。按照这种谬论,即使是荒诞、迷信、骗人的东西,只要对我"有利"、"有用",都可以称为真理。我是强盗,我用掠夺的办法取得了一批财物,我"成功"了,这办法就是真理;我是骗子,我想个主意骗到了一笔钱,我"成功"了,这主意就是真理。这岂不成了"盗亦有道"的"理论"?我们都知道,在阶级社会里,人们的利益往往是对立的。对一部分人"大有用处"的东西,对另一部分人往往大有害处。实用主义者所说的"大有用处"的就是真理,究竟是指的对谁"大有用处"呢?按照这种理论,帝国主义的侵略政策和战争政策对垄断资产阶级"大有用处",所以它就是真理。马克思主义对资产阶级不但没有"用处",而且"大有害处",所以它就不是真理。詹姆斯明确地承认:"如果上帝这个假设在最广泛的意义上圆满地有效,这个假设就是真理。"②在这里,关于哪一种认识符合客观实际的问题被抛到九霄云外去了,真理同资产阶级的利益完全等同起

① 列宁:《唯物主义和经验批判主义》,《列宁全集》第18卷,人民出版社1988年版,第122页。

② 詹姆斯:《实用主义》,第299页。

来了；资产阶级需要什么，什么就是真理。

也许有些天真的人认为，如果不说对资产阶级"大有用处"的就是真理，而说对广大人民"大有用处"的就是真理，也许不算错误吧？我们说，即使这样"修改"一下，也还是错误的。固然，凡属真理，因为它正确地反映了客观世界的规律性，能够帮助人民正确地认识世界和有效地改造世界，因而它归根到底总是对人民有利。但是，某个认识之所以成为真理，却并不是因为它对无产阶级和广大人民有利，而是因为它正确地反映了客观世界的规律性。换句话说，一个认识不是因为对人民有利才成为真理，而是因为它是真理才对人民有利。

（3）实用主义者认为凡属能把人们的各部分经验连贯得使人"满意"的就是真理。这也不能成立。实用主义者所谓的"满意"，主要是所谓"把复杂的变简单了，把繁难的变容易了"。换句话说，什么说法对我"方便"些，"省事"些，什么说法就是真理，而根本不管哪种说法更符合客观实际些。这是十足的主观唯心主义。列宁在揭露"思维经济原则"的时候一针见血地问道："'设想'原子是不可分的'经济些'呢，还是'设想'原子是由正电子和负电子构成的'经济些'？……只要提出问题，就可以看出在这里使用'思维经济'这个范畴是荒谬的、主观主义的。"[1]他指出："如果真的把思维经济原则当作'认识论的基础'，那么这个原则只能导致主观唯心主义，不能导致其他任何东西。只要我们把这样荒谬的概念搬入认识论，那么不用说，'设想'只有我和我的感觉存在着，是最'经济'不过的了。"[2]列宁的这些话对实用主义也完全适用。我们知道，根据唯物主义的原理，真理只能是客观对象的如实的反映。客观对象有多么复杂，就应当承认它有多么复杂，有多么繁难，就应当承认它有多么繁难。如果只图解释的"方便"和"满意"，随心所欲地把复杂的"变"成简单的，繁难的"变"

---

① 列宁：《唯物主义和经验批判主义》，《列宁全集》第18卷，人民出版社1988年版，第174页。

② 列宁：《唯物主义和经验批判主义》，《列宁全集》第18卷，人民出版社1988年版，第174页。

成容易的，那还有什么真理可言呢？《圣经》上关于地球上的生物都是上帝创造的说法，比达尔文的进化论和现代的基因理论要"简单"得多，"容易"得多，按照实用主义的原则，就应该认为上帝造物说是真理，而进化论和基因理论倒是谬误了。

其实，实用主义者的这种谬说，是同他们的"有用即真理"的基本命题分不开的。他们的所谓把复杂"变"简单，把繁难"变"容易，归根到底，还是要"变"出一套对资产阶级"大有用处"的说法来。所谓"满意"，说到底，就是使垄断资产阶级因为得到"福利"而感到"满意"。一切触犯了资产阶级的利益的思想、理论、学说等，尽管正确地反映了客观实际，资产阶级总是不"满意"的，而按照实用主义的原则，既然资产阶级不"满意"，那当然就不是真理了。问题的实质就在这里。

（4）实用主义者认为凡属能够通行无阻、不为别人所拒绝的，就是真理，就像钞票只要可以流通，就是真钞票一样。这仍然是谬说。一个认识是不是真理，根本不在于人们对它是接受还是拒绝，而在于它是不是反映了客观实际。以人们的接受或拒绝作为真理的标志，这就完全取消了真理的客观性。谁人不知，许多反映客观实际的真理性的认识，因为触犯了某些集团或个人的利益，就要被他们所拒绝，就不能通行无阻，难道这些认识因此就不是真理了吗？有些真理性的认识，在开始被发现的一段时间里，由于群众的经验不足，也可能暂时不为多数群众所接受，也不能通行无阻，难道这样的认识就不是真理吗？历史和现实生活千万次地证明，无数的科学真理，首先总是被少数先进人物所发现、所掌握，而多数人则暂时处于不自觉的状态。在这种情况下，真理就不能"通行无阻"。不错，只要是真理，归根到底总是会为多数群众所接受，但这是长期艰苦斗争的结果，决不像钞票的流通那样简单。而且，一个认识也并不是因为被大多数群众接受才成为真理，而是因为它是真理才终于为大多数人所接受。这是一方面。另一方面，许多歪曲了客观实际的谬说，不但一直在反动统治阶级中"通行无阻"，而且也可能在一段时间内迷惑相当多的群众，在这些群众中暂时地"通行无阻"，难道因此就可以说这些谬说是真理吗？只要这样提出问题，就很容易看出实用主义的这种说法是何等荒谬了。

实用主义者的这种谬说，也是同他们的"有用即真理"的信条分不开的。他们的真正用意是说，只要是对资产阶级"有用"的东西，尽管它完全歪曲了客观实际，资产阶级也应当接受它（就像我们承认一张钞票是法定的钞票一样），而资产阶级一接受它，它就是真理。反之，只要是对资产阶级无用而且有害的东西，尽管它正确地反映了客观实际，资产阶级也应当拒绝它（就像拒绝使用一张不合法的钞票一样），而一拒绝它，它就不是真理了。这是多么得心应手的工具！

2. 在绝对真理和相对真理的关系问题上， 以相对主义来反对唯物辩证法

实用主义者用工具主义的真理定义来反对反映论的（唯物主义的）真理定义，其逻辑的结果，就是要把相对主义作为认识论的基础，否认绝对真理。而对绝对真理的否认，反过来又补充了他们以否认客观真理为特征的工具主义的真理观。

实用主义者极力歪曲 19 世纪以来自然科学上的革命变革。他们把这次变革中表现出来的人类认识的相对性的因素绝对化，作为否定绝对真理的借口。

按照胡适的说法，实用主义这种"新哲学""完全是近代科学发达的结果"。他说，19 世纪的科学的基本观念有一番根本的大变迁，其中有两个重要的变迁同实用主义"有绝大的关系"。一是科学家对科学律例（科学规律）的态度的变迁，一是达尔文的进化论。据说，这两大变迁都证明了世界上只有相对真理，而绝对真理是没有的。[①]

让我们来看看究竟是怎么一回事吧。

首先，我们来看看胡适所说的第一个大变迁，即科学家对科学律例的态度的变迁。

---

① 《胡适文存》卷 2，第 76—83 页。

　　胡适说，从前崇拜科学的人，总以为科学的律例是"一定不变的天经地义"，现在觉悟了，懂得了科学律例并不是什么天经地义，而是"人造的假设"。何以见得呢？胡适举了两个例子。第一个例子是关于天文学的。他说，从前王充认为太阳是挂在天上并跟着天旋转的，这是一种假设；后来有人（按：他实际上指的是托勒密）说地是宇宙的中心，日月星辰绕地运行，这又是一种假设；这两种假设"在当时都被推为科学的律例"。可是后来哥白尼提出太阳宇宙（实际指太阳系）中心说，又是第三个假设。这个假设后来被开普勒、牛顿进一步解释得"格外周密"，把行星的运行说得"最圆满"，没有别的假设比得上它，因此它就成了科学的律例了。"即此一条律例看来，便可见这种律例原不过是人造的假设，用来解释事物的现象，解释得满意，就是真的；解释得不满人意，便不是真的，便该寻别种假设来代它了。"第二个例子是关于数学的。他说，平常的几何学（指欧几里得几何学）认为三角形三内角之和等于两直角，从直线外一点只能作一直线与该直线平行。可是洛巴切夫斯基的几何学说三角形三内角之和小于两直角，从直线外一点可以作无数直线与该直线平行；黎曼的几何学则认为三角形三内角之和大于两直角，从直线外一点不能作出任何与该直线平行的线。"这两派新几何学……都不是疯子说疯话，都有可成立的理由。于是平常人和古代哲学家所同声尊为天经地义的几何学定理，也不能不看作一些人造的最方便的假设了。"①胡适在引证了这套"科学根据"之后总结道："从前认作天经地义的科学律例如今都变成了人造的最方便最适用的假设。""这种对于科学律例的新态度，是实验主义②的一个最重要的根本学理，实验主义绝不承认我们所谓'真理'就是永久不变的天理；他只承认一切'真理'都是应用的假设，假设的真不真，全靠它能不能发生它应该发生的效果。这就是'科学实验室的态度'。"③

----

　①　《胡适文存》卷 2，第 79 页。
　②　胡适把实用主义（Pragmatism）译为"实验主义"。
　③　《胡适文存》卷 2，第 79—80 页。

胡适的这些辩护站得住脚吗？

拿他的第一个例子来看吧。王充的说法，托勒密的说法，都是从来没有被实践证明其为正确的东西，在当时确实只能说是一种假设，而且这种假设在后来又被实践所推翻了，证明了它们从来就不是真理，从来就不是什么科学的律例。至于它们"在当时都（被）推为科学律例"，那只能说明当时的人们"推"错了，并不能说明这两个假设在当时曾经是科学的律例，曾经是真理。哥白尼的太阳宇宙（实际上指太阳系）中心说同以上两种说法是有原则区别的。这种学说起初虽然也是一种假设，但是后来的实践反复证明了它是符合于天体运行的客观规律的真正的科学律例。哥白尼的学说之所以叫作科学律例，并不是因为它比王充、托勒密的学说"周密"些，"圆满"些，而是因为它符合于天体运行的客观规律（一切理论都是模写。如果要说"周密""圆满"的话，那就只能说，对客观对象模写得愈精确，就愈"周密"，愈"圆满"。离开了这个前提谈什么"周密"和"圆满"，就是与真理无关的议论了）。怎么能把经过实践证明了符合天体运行规律的哥白尼学说同经过实践驳倒了的不符合天体运行规律的另外两种学说等量齐观，一股脑儿叫作"人造的假设"，又一股脑儿叫作"科学的律例"呢？用王充和托勒密的说法曾经被推翻为理由，来证明科学律例也都免不了被推翻，这是站不住脚的。科学史告诉我们，凡属真正经过实践检验过并且证明了与一定的客观规律性相符合的科学律例，是不会被推翻的。当然，它的内容必然要继续深化，它的表述形式会进一步精确化，它们适用界限也往往需要重新规定。但无论将来科学如何进步，总不会"证明"太阳不是太阳系的中心，九大行星不是绕太阳而旋转。这一点，确实就是胡适最讨厌的"一定不变的天经地义"。用我们的科学术语来表述，就叫作绝对真理（确切些说，是真理的绝对性）。胡适想从这个例子中得出否定绝对真理的结论，是达不到目的的。

再看他的第二个例子。胡适的意思是说，欧几里得几何学的说法，洛巴切夫斯基几何学的说法和黎曼几何学的说法既然互相矛盾，而又"都有可以成立的理由"，那就可见它们都是"人造的最方便的假设"，因而也就都是真理。其实，这个论据与前一个论据一样站不住脚。以上三种几何学分别反映了不同的空间的客观特性。它们之所以"都有可以成立的理由"，不是因为它们各有各的"方便"之处，而仅仅是因为它们各自符合于它们所模写的客观对象。它们都是实践所证明了的科学真理，并不是什么"人造的最方便的假设"。

其次，我们再来看看胡适所说的第二个大变迁，即达尔文的进化论的发表。胡适说，达尔文证明了物种是变化的，"种类的变化是适应环境的结果，真理不过是对付环境的一种工具，环境变了，真理也随时改变。宣统年间的忠君观念已不是雍正乾隆年间的忠君观念了；民国成立以来，这个观念竟完全丢了，用不着了。知道天下没有永久不变的真理，没有绝对的真理，方才可以起一种知识上的责任心：我们人类所要的知识，并不是那绝对存在的'道'哪，'理'哪，乃是这个时间，这个境地，这个我的这个真理"。① "我们现在且莫问那绝对究竟的真理，只需问我们在这个时候，遇着这个境地，应该怎样对付他：这种对付这个境地的方法，便是'这个真理'"②，"这种历史的态度，便是实验主义的一个重要元素"。③

物种要适应环境而变化，真理也要适应环境而变化。进化论同实用主义的"绝大的关系"原来就在这里！其实，这两件事有什么逻辑联系呢？你既然已经把真理看作"对付环境的工具"了，那么，即使没有进化论又有什么关系呢？难道在进化论出世以前，人们就不知道工具要随着环境的变化而变化吗？直截了当地从工具要随着环境的变化而变化推出真理也要随着环境的变化而变化，不是更"简单"得多，更"容易"得多吗？进化论在这里完全是一个赘物。胡适所以郑重其事把这个赘物硬贴上去，无非是要借重进化论这块金字招牌来抬高实用主义的身价，把实用主义装扮成似乎是以进化论为依据的样子。其次，用"忠君"观念的变化来证明真理的变化也文不对题。"忠

---

① 《胡适文存》卷 2，第 81 页。
② 《胡适文存》卷 2，第 82 页。
③ 《胡适文存》卷 2，第 83 页。

君"是伦理学的范畴，不是认识论的范畴。再次，说"天下没有永久不变的真理，没有绝对的真理"，这是不顾事实的说法。凡属经过实践证明了的真理，在同它所反映的那个客观对象的符合这一点上就是绝对的，就这一点来说就是永久不变的。最后，说否认了绝对真理，"方才可以起一种知识上的责任心"，这也是无稽之谈。否认了绝对真理，也就是认为人的认识中没有任何客观的、可靠的东西，这只能鼓励人们胡思乱想，胡吹瞎说，怎么反而可以引起什么"责任心"呢？其实，胡适说了这么多，无非是要宣扬他的所谓"这个时间，这个境地，这个我的这个真理"，仍然是"有用即真理"的理论的发挥而已。

必须指出，我们同实用主义的分歧，不在于承认或否认人类认识的相对性，而在于对人类认识的相对性作何解释。我们是辩证论者，我们承认真理的相对性。但是我们认为，相对之中有绝对，绝对真理就寓于相对真理之中。我们决不因为承认认识的相对性而否认绝对真理。实用主义者则恰恰相反，他们认为承认真理的相对性就必然否认绝对真理。这就是我们同他们的根本分歧所在。实用主义者否定绝对真理意味着什么呢？正如列宁在《唯物主义和经验批判主义》中反复分析的，否定绝对真理而不否定客观真理的存在是不可能的。实用主义者否定绝对真理的要害正在于否认客观真理。

实用主义者为什么不仅直接地否认客观真理，而且还要通过否认绝对真理来否认客观真理呢？因为这样做有一种特别的"方便"。资产阶级总是要把对他们"有用"的即他们所需要的一切都说成是"真理"；可是在复杂的阶级斗争中，他们的需要也经常变化（当然根本的需要是不变的）：他们时而需要这样，时而又需要那样，因此他们也就必须一会儿把这说成是"真理"，一会儿又把那说成是"真理"，这样，各种"真理"就不免互相矛盾了。那么，这不怕人家说逻辑混乱吗？不怕的。他们只要抬出一条实用主义的"学理"来就可以"圆满"地"解释"这一切了，那就是：真理本来就是随着环境的变化而变化的工具，本来就没有永久不变的天经地义，因此，我早上说的话晚上不算数，也是完全合理的。对于这样一个妙用无穷的法宝，实用主义者能不"满意"吗？

3. 在检验真理的标准问题上，标榜"实践标准"来偷运主观唯心主义

实用主义者宣称他们主张以实践为检验真理的标准。这一点在语词上与辩证唯物主义很容易混淆，应当特别加以分析。

杜威有一个著名的说法，就是真理是"一个计划与其实施之间的符合"，或者"期待与结果之间的符合"。怎么解释呢？例如，一个人出去探险，走进一个大树林，迷了路，走不出来了。这时他坐下来仔细考虑怎样才能走出去。忽然他听到远处有流水的声音，他想流水必定出山，人跟着水走必定可以走出去。于是他打定主意先寻到水边，再跟着水走。这就是他的一个"计划"，他"期待"着按照这个"计划"能够走出去。他按照这个"计划"去"实施"，"结果"是走出去了。这就叫作"计划与实施之间的符合"或"期待与结果之间的符合"，这样的符合就证明了他原来的"计划"或"期待"是真理。

也许有些不了解真相的读者听了这段话会想：我们辩证唯物主义者不是也说实践是检验真理的标准吗？我们不是也说"在实践中达到思想中预想的结果"就是对认识的真理性的证实吗？这样看来，实用主义在这个问题上是不是同辩证唯物主义还有某种接近呢？

如果我们这样去看问题，那就恰恰被实用主义者的障眼法迷住了眼睛，上了当了。这里可以借用列宁在批判马赫主义时说的一句话，即实用主义在这里之"接近"辩证唯物主义，"就像俾斯麦接近工人运动或叶夫洛吉主教接近民主主义一样"①。

列宁在批判马赫主义的时候指出，在考察一个哲学派别对于检验真理的标准问题的论述时，决不可以离开这个哲学派别对哲学根本问题的回答。检验真理的标准问题是一个从属的问题。只有首先回答了

---

① 列宁：《唯物主义和经验批判主义》，《列宁全集》第 18 卷，人民出版社 1988 年版，第 141 页。

什么是真理(有没有客观真理)的问题,才谈得到进一步回答如何检验真理的问题。这是逻辑的必然要求。因此,在估计任何哲学派别对于检验真理的标准问题的论述具有何种意义时,首先就要审查它对"真理"这个概念是怎么定义的,对"有没有客观真理"这个问题是怎样回答的。我们可以把辩证唯物主义同实用主义做一番比较:辩证唯物主义首先是把"真理"的概念定义为正确地反映了客观对象的认识,然后才提出检验某一认识是否真理的问题的。它指出要检验我们的认识是不是正确地反映了客观对象,就得靠实践,即看在实践中能不能达到思想中预想的结果。因此,对我们说来,所谓实践证明了某一认识是真理,其唯一的含义,就是指实践证明了这一认识符合于客观对象,是客观真理。这就是辩证唯物主义对真理标准问题的完整的见解。实用主义的见解又是怎样的呢?它首先不是承认客观真理,而是否认客观真理,在它看来真理仅仅是一种应付环境的工具,而不是客观对象的反映。然后它才指出,"期待与结果之间的符合"是真理的证明。因此,对实用主义来说,所谓实践证明了某一认识是真理,其唯一的含义,就是指实践证明了这一认识是一个"大有用处"的东西,是一个能够给我带来"福利"的东西,是一个有"效用"的"工具",而根本不是指证明了这一认识是客观对象的正确反映,无所谓客观真理。这就是实用主义关于真理标准问题的完整的见解。只要这样一比较,就很容易看出,在真理标准的问题上也同在其他问题上一样,实用主义同辩证唯物主义不仅没有丝毫的"接近",而且是正相对立的。

当然,实用主义者们决不会按照正常逻辑顺序来论述这个问题,因为假如这样做的话,他们的障眼法就无所施其技了。所以他们要千方百计地把水搅浑,掩盖问题的症结。他们的做法就是故意把"什么是真理"的问题同"如何检验真理"的问题混淆起来,用后一问题去顶替前一问题,从而偷运主观唯心主义。在我们看来,实践是证实真理的手段,认识与客观对象的符合才是这个手段所要证实的东西。实用主义者一方面侈谈实践证明了某种认识是真理,一方面却闭口不谈他们所说的被实践证明了的"真理"究竟是什么东西。(是客观对象的正确反映呢？还是别的什么呢？)于是在他们那里就出了这样的同语反复：你问他们："期待同结果之间的符合"证明了什么？他们就回答说：证明了某一认识是真理。你再问他们：什么是真理？他们又回答说：真理就是"期待同结果之间的符合"。结论："期待同结果之间的符合"证明了"期待同结果之间的符合"！这就是实用主义者在真理标准问题上玩弄的游戏。像这样高谈实践是检验真理的标准，不但损伤不了主观唯心主义的一根毫毛，而且还可以给他们披上一件"注重事实，尊崇证验"的科学外衣，使他们在宣扬"有用即真理"的主观唯心主义谬说时更加"方便"，他们又何乐而不为呢？

在玩弄实践标准方面，杜威还有一个著名的说法，即真理就是"以有足够的证据而被接受的东西"①，如此重视"证据"，真好像是坚持"科学试验室的态度"了。可是，首先，他根本没有说明这个"被接受的东西"究竟是什么"东西"：是同客观实在的对象相符合的认识呢，还是人造出来供人用的"工具"呢？他故意避开这个问题。实际上，他指的是后者而不是前者，他的意思无非是说，真理就是以有足够的证据而被接受的一种合用的工具，正像一把茶壶如果能盛茶，不漏水，不割嘴，就有足够的证据认为它是一把合用的茶壶一样，如此而已。这仍然是"有用即真理"的另一种表述方式。其次，即令退一步说，姑且假定所谓"以有足够的证据而接受的东西"就是客观对象相符合的认识，就是客观真理，那么把真理说成是"以有足够的证据而被接受的东西"是不是正确呢？我们说，仍然是错误的。为什么？因为按照这种说法，一个认识只有当实践提供了足够的证据，证明了它符合于客观对象，因而被人们接受了以后，才是真理；而在这以前，它就不是真理了。这是符合事实的吗？我们都知道，许多科学的假说，科学的预见，早在它被实践证明以前就已经是真理，并不是在它被证明以后才是真理的。发表于 1543 年的哥白尼的日心说是在以

----

① 见杜威：《实验逻辑论文集》，第 63 页。

后经第谷、开普勒、牛顿等人的大量工作才得到证明的（包括纠正其中不准确的成分），难道可以说它只是从被证明的时候起才是真理，而在这以前都一直不是真理吗？何况有些真理尽管已有足够的证据，已被实践证实，仍然不被某些人所"接受"，难道因此就不是真理吗？只要这样提出问题，就可以看出实用主义的上述说法是荒谬的，一个认识是不是真理，这是一回事；这个认识是否已经被实践证实为真理，这是另一回事；这个认识是不是被人"接受"，更是另一回事。怎么能把这样三件不同的事混为一谈呢？

玩弄实践标准，在实践标准的旗号下偷运主观唯心主义的真理观，这是现代资产阶级哲学中相当流行的手法。如果一看到谁主张实践是检验真理的标准，就断定他是辩证唯物主义者，那就上当了。在这里，重温一下列宁的论述是很有教益的。列宁在批判马赫所谓"认识是生物学上有用的心理体验"和"只有成功才能把认识和谬误区别开来"这样一些蛊惑人心的提法时指出："在马赫那里，这些论点是和他的唯心主义的认识论并列在一起的，但是它们并不决定在认识论上选择哪一条确定的路线。认识只有在它反映不以人为转移的客观真理时，才能成为生物学上有用的认识，成为对人的实践、生命的保存、种的保存有用的认识。在唯物主义者看来，人类实践的'成功'证明着我们的表象同我们所感知的事物的客观本性相符合。在唯我论者看来，'成功'是我在实践中所需要的一切，而实践是可以同认识论分开来考察的。"①这段话对于实用主义也完全适用。此外，列宁在批判主观唯心主义者彭加勒和勒卢阿的时候写道："昂·彭加勒援用实践标准。但是他只是用来转移问题，而不是用来解决问题，因为这个标准可以作主观的解释，也可以作客观的解释。勒鲁瓦也承认这个标准适用于科学和工业；他只是否认这个标准证明客观真理，因为这样一否认，他就可以在承认科学的主观（离开人类就不存在的）真理

---

① 列宁：《唯物主义和经验批判主义》，《列宁全集》第18卷，人民出版社1988年版，第141页。

的同时承认宗教的主观真理。"①实用主义者也正是这样"承认"实践标准的。他们要否认的只有一点，那就是这个标准能够证明客观真理。只要否认了这一点，他们就可以大胆地高谈"实践标准"，并用这个标准来为主观唯心主义的真理观服务了。

---

① 列宁：《唯物主义和经验批判主义》，《列宁全集》第 18 卷，人民出版社1988 年版，第 305 页。

真理阶级性讨论中的一个方法问题[*]

真理有无阶级性的问题争论至今仍相持不下，原因何在？我想从方法的角度谈些看法。

为了弄清争论的症结，不妨回顾一下争论的缘由。

1. 争论的由来和"困境"的实质

真理有无阶级性的问题在 50 年代①就争论过。大概是因为"动力"不足，不久就冷却了。热烈而比较持久的争论发生在粉碎"四人帮"之后。原因很明显："文革"初期著名的《"五一六"通知》断然宣布了"真理是有阶级性的"，并根据这个"原理"，"彻底粉碎"了"在真理面前人人平等"的"反革命修正主义谬论"，横扫了成千上万的"牛鬼蛇神"。人们劫后沉思，痛感"真理有阶级性"这种说法实在是林彪、"四人帮"推行法西斯专政、推行文化专制主义的理论基石之一。若不驳倒这种说法，不仅过去的事说不清楚，而且后患无穷。理论界的许多同志正是怀着强烈的政治热情和对祖国命运的责任感来批驳这种说法的。为了驳倒这种说法，就努力论证真理无阶级性；而且为了不留尾巴，还特别说明这里的真理是指一切真理，无一例外。稍后，另一些同志提出异议了，他们认为断言一切真理均无阶级性，或者是不顾起码的事实(例如不顾马克思主义这种真理有无产阶级的阶

---

* 本文是作者 1982 年 3 月 1 日至 15 日在教育部举办的全国哲学公共课教师讲习班上报告的一部分。1983 年 12 月 6 日在中山大学以此题做过讲演。

① 指 20 世纪 50 年代。

级性的事实)，或者是不顾起码的逻辑规则(例如既肯定一切真理均无阶级性，又肯定马克思主义这种真理有阶级性)，或者是将导出错误而有害的结论(例如马克思主义不是真理，或马克思主义是真理但无阶级性)，总之不能成立。他们认为应该承认至少在阶级社会里陈述社会关系特别是阶级关系的真理是有阶级性的。可是问题又来了：《"五一六"通知》断言真理有阶级性，恰恰主要是指陈述社会关系特别是阶级关系的真理有阶级性；如果我们也肯定这种说法，驳倒林彪、"四人帮"理论基石的目的岂不落空了？于是大家好像都陷入了困境：只能在"一切真理均无阶级性"和"有的真理有阶级性，有的真理无阶级性"这两种说法中肯定一种而否定另一种，而无论肯定哪一种都有困难——或者不能成立，或者无助于驳倒林彪、"四人帮"的理论基石。事情的症结就在这里。

我认为，如果沿着这样的思路争论下去，只能是一场旷日持久的混战，永远摆脱不了困境。

2. "真的理论"与"理论的真"不可混为一谈

出路何在呢？出路就在于指出这并不是真正的困境，而是虚假的"困境"。这种"困境"的根源是方法不对，不对的关键在于把"真的理论"与"理论的真"混为一谈，正如把"白的天鹅"与"天鹅的白"混为一谈一样。

"真理"这个汉语名词是 truth 的译文。Truth 在西方哲学中有两种含义：一指认识(理论、陈述、命题、论断等)与对象的符合关系(或认识之与对象相符合的性质)①(含义Ⅰ)，一指与对象相符合的认识(理论、陈述、命题、论断等)(含义Ⅱ)。两者判然有别，不可混同。汉语译 truth 为"真理"，极易使人误认为 truth 仅指"真的理论"或"真的道理"，实际上只取了含义Ⅱ，取消了含义Ⅰ。我想倘译

---

① 对 truth 的理解还有"融贯说"、"效用说"等。唯物主义取"符合说"，故此处不论及他说，塔斯基对 truth 的"符合说"做了语义上的澄清。

含义 I 的 truth 为"真",译含义 II 的 truth 为"真理",或可省却许多麻烦。但译法既已通行,亦无更改的必要与可能,只要注意不忘"真理"一词有两种含义,不加混淆,也不碍事。但问题就出在常常把两者混淆了。

关于"真理"有无阶级性的争论中,"真理"一词究竟是取的含义 I 还是含义 II？这场争论的问题是"理论的真"有无阶级性,还是"真的理论"有无阶级性？这是必须首先澄清的。

这场争论的问题是"真的理论"有无阶级性吗？显然不是。因为：第一,有些"真的理论"有阶级性是大家都承认的(至少在马克思主义者看来是这样),不可能发生争论。第二,不仅有些"真的理论"有阶级性是明显的事实(例如马克思主义),而且有些"假的理论"有阶级性也是明显的事实(例如希特勒的法西斯主义)。不争论"假的理论"有无阶级性而偏偏专门去争论"真的理论"有无阶级性,也说不出任何理由。第三,有些"真的理论"有阶级性这种论断早在马克思主义经典文献中以各种不同的方式表述过不知多少次,说这种正确论断是林彪、"四人帮"的理论基石,是显然荒唐的；在争论中也没有人为了清除林彪、"四人帮"的流毒而去否定马克思主义的这个论断。所以很显然,这场争论的问题实际上并不是"真的理论"有无阶级性。

那么,这场争论的问题是不是"理论的真"有无阶级性呢？我认为正是如此。争论的各方尽管分歧很多,但有一点是完全一致的,就是都想驳倒林彪、"四人帮"在真理阶级性问题上的谬论,摧毁他们的理论基石。而他们鼓吹的"真理有阶级性"这种说法中的"真理"是什么含义呢？正是指"理论的真",而非"真的理论"。因为倘指后者,则至多不过是不够全面而已(因为并非所有的"真的理论"都有阶级性),并不能由此引中出法西斯专政所需要的结论。倘指前者,则完全不同：如果"理论的真"有阶级性,那么判定理论(或陈述、论断等)的真假就无须通过实践来检验它是否与客观情况相符合,只要看它出自什么"阶级"之口就够了。林彪、"四人帮"他们既是当然的"无产阶级",他们的一切言论哪怕荒谬绝伦也当然是"真"的；他们要打倒的人既是当然的"资产阶级",这些人的言论哪怕千真万确也当然是"假"的。这就是此说的要害所在。要驳倒他们的理论基石,就应该去驳倒"理论的真"有阶级性的说法,即驳倒"真"有阶级性的说法。事实上争论的各方想做的正是这件事,只不过由于用语的不精确,把事情的实质弄模糊了而已。

问题在于怎样驳倒"真"有阶级性的说法。

有的同志为了驳倒"真"有阶级性的说法,就努力论证"真"没有阶级性。我以为这并不成功。在争论的过程中已经暴露了这种做法的不成功。正确的做法应该是指出"真"有阶级性是一个伪命题(pseudo proposition),也就是一句在科学上、逻辑上无意义的话,即根本不成其为命题因而也无所谓真假的"废话"。没有必要也不应该去肯定一个表面上好像与此相矛盾的说法——"真"没有阶级性,因为这同样也是伪命题。

为什么说"真"有阶级性和"真"无阶级性都是伪命题呢?

"真"和"假"是命题的真值,它标志的是认识(表现为命题、陈述、理论等,这些词的区别在此处无关紧要)的内容与对象(事实)符合与不符合的性质,而不标志任何其他的性质。"阶级性"这个概念如果也用于认识的话,只能是指某种认识的内容反映某阶级的利益或要求。这当然也是认识可能具有的一种性质,但这是与"真"、"假"不同的另一类性质。如果我们说某种认识一方面具有"真"这种性质(指这种认识与对象相符合),一方面具有"阶级性"这种性质(指这种认识反映了某阶级的利益或要求),那么,不论这个论断是否符合实际,它都是有意义的陈述,即都是有真假可言的命题。例如,我们可以指出"爱因斯坦的相对论是真理,又是有阶级性的"是一个假命题(false proposition),但我们必须承认它是一个命题,而不可以说它是一个伪命题(pseudo proposition),不可以说它没有意义。但是,如果我们说"真"这种性质具有"阶级性"这种性质,那就是一个伪命题(貌似命题而并非命题的"废话"),它没有意义,无所谓真假,也不应该去争论它是真是假。这同我们不应该去争论"硬"是"白的"还是"不白的","方"是"重的"还是"不重的","甜"是"脆的"还是"不脆的"……一样。

在这里我得赶紧申明，我说"真"有阶级性和"真"无阶级性都是无意义的伪命题，是指它们在科学上、逻辑上无意义，不是指它们不能造成一定的社会心理效果。事实上，一个伪命题，当人们没有看出它是伪命题的时候，当人们把它误认为命题的时候，是能够产生一定的甚至巨大的社会心理效果的。"真"有阶级性这个伪命题确实产生过"威力无比"的社会心理效果。林彪、"四人帮"正是利用这句"废话"作"前提"，"推"出一系列推行法西斯专政所需要的"结论"的；而这些"结论"又确实迷惑了许多群众，特别是天真的年轻人，造成了大灾难。如果没有这样的"效果"，我们有什么必要花费偌大的气力去批判这句"废话"呢？同样，"真"没有阶级性这种说法也产生了很大的解放思想、振奋人心的效果，因为这至少被许多同志看成是对文化专制主义的理论基石的摧毁性的打击，对"在真理面前人人平等"这一神圣原则的无懈可击的辩护。因此，我并不认为"真"有无阶级性的争论是无谓之举。相反，这场争论的社会意义和政治意义还是应当充分肯定的(这里的"意义"一词与前面说的"意义"含义不同，指的是效果)。但是，我们不能为了取得某种一时看来非常良好的政治效果而牺牲理论的科学性，不能以社会心理的效果作为评判真假的标准。为了"驳倒""真"有阶级性的说法，就去肯定"真"没有阶级性。就如同为了"驳倒""肥胖是聪明的"，就去肯定"肥胖不是聪明的"一样，在方法上是错误的。在理论上站不住脚的说法，终究不会对我们的事业有利。在这方面的教训是够多的了。我们甘冒"咬文嚼字"之讥而不惜细加分辨，原因在此。

3. 回答两个问题

第一个问题：有的同志认为，"一切真理都有阶级性"的说法固然错误而且有害，但"有的真理有阶级性"的说法却正确而且无害。他们举出一些三段论来证明。例如：

> 马克思主义是真理(P_1)
>
> 马克思主义是有阶级性的(P_2)
>
> 有的真理是有阶级性的(P_3)

　　这似乎无可置疑。但仔细分析起来就有问题了。问题在于 P_1 中的"真理"的含义是什么。如果是指"真的理论"，那么 P_3 中的"真理"也必须取同一含义，否则推论不成立。但如果 P_1 和 P_3 中的"真理"都是指"真的理论"，那么这本来就没有分歧，无须争论，因为并没有人在这场争论中否认有的"真的理论"有阶级性，举出这个三段论就是无的放矢。如果 P_1 中的"真理"是指"理论的真"（简言之就是指"真"），那么举出这个三段论倒是有的放矢的，因为这是企图得出"真"有阶级性的结论。可是，能不能得出这样的结论呢？从"形式"上看好像没有问题，而实际上却大有问题，而且问题恰恰出在"形式"上。

　　上面的推理形式是：X 是 A，X 是 B，所以，有的 A 是 B。这种推理形式中的"是"是什么意思呢？无非是以下三种情形之一：一是"等同"，二是"属于"，三是"包含于"。只有当命题的主项和谓项在外延上有上述三种关系之一时，这种推理形式才有效。可是，并非所有以"X 是 A"的形式出现的命题都表示 X 与 A 有上述三种关系之一。例如，有些命题以 X 是 A 的形式出现，只不过表示 X 具有 A 这种属性，或具有 A 这种关系，并不表示 X 与 A 在外延上有等同（重合）、属于或包含于的关系。在这种情况下套用上述推理形式就行不通。"马克思主义是真理"这句话，如果是指"马克思主义是真的理论"，那么主项与谓项在外延上是有从属关系的。但如果是指"马克思主义是真的"，那么主项与谓项在外延上就并没有这种关系，这句话不过表示马克思主义具有"真"这种属性，或者马克思主义与它的对象之间具有符合关系而已。上面的"三段论"是无效的。

有的同志举出这样一个推理为上述"三段论"辩护："鸭梨是甜的，鸭梨是脆的，所以，有些甜的是脆的。"这个辩护并不成功。这个推理之所以貌似有效，是因为汉语常把"甜的"、"脆的"与"甜的东西"、"脆的东西"混用。其实是不可混用的。若说"鸭梨是甜的东西，鸭梨是脆的东西，所以，有些甜的东西是脆的东西"，这完全正确，因为鸭梨是"甜的东西"这个集的子集，又是"脆的东西"这个集的子集，是这两个集的交集。但若说"鸭梨是甜的，鸭梨是脆的，所以，有些甜的是脆的"，则不能成立，因为"甜的"和"脆的"都只是鸭梨的属性，它们与鸭梨之间并不存在子集与集的关系。事实上，"甜"不"脆"，"脆"也不"甜"。正如从"石坚，石白"推不出"有坚为白"一样。

第二个问题：有的同志还举出哥白尼、布鲁诺、伽利略等人的理论受到宗教裁判所迫害的事实来证明真理有阶级性(指"真"有阶级性)。我认为这也是混淆了不同的问题。

说某种理论有阶级性是什么意思呢？无非是这种理论的内容代表了一定阶级的利益，因而为这个(或这些)阶级所支持(同时当然也就为另一个或另一些阶级所拒斥)。这是某些理论的一种社会属性，这种属性与这种理论的真假(是否与该理论所描述的对象相符合)是不同的两回事，不应混为一谈。某些阶级之所以反对某种真的理论，并不是因为它真，而是因为这种理论触犯了他们的利益。如果并不触犯，即使某种理论是真的，他们也没有必要反对。

哥白尼等人的理论受到当时宗教裁判所的迫害是怎么一回事呢？哥白尼等人的理论(指日心说)本身是自然科学理论，它陈述的是自然规律，本来并不代表什么阶级的利益，没有什么阶级性。可是在当时的具体历史条件下，从这个理论必然引申出来的哲学结论却与当时占统治地位的宗教教条相抵触，在这一点上它就严重地触犯了封建统治阶级的利益，他们就不能不把它视为洪水猛兽，非置之于死地不可。至于这个理论的真或不真，倒是与封建统治阶级反对与否没有关系的。事实上，在现代条件下宗教当局已经不反对哥白尼学说，也一般地不反对科学了。他们已认识到与科学为敌对他们非常不利，而与科学讲和倒是势在必行的事。所以 1979 年梵蒂冈教皇约翰·保罗二世就发表讲话，说科学与宗教之间并无不可调和的分歧，1980 年还组织专门委员会"重新审查"了 1663 年天主教宗教裁判所对伽利略的判决，为伽利略(当然也就是为哥白尼的学说)"平反"了。这不就表明了三百五十多年前宗教裁判所反对哥白尼的学说并不是因为它"真"，而是因为它在那时的条件下对它们有害吗？条件变了，不再有害了，尽管还是一样的"真"，他们也不反对了。可见，引起他们反对的正是从理论的内容引出的政治的、宗教的、哲学的、伦理的结论与阶级利益的关系，而与理论的真假无关。

有的同志还引用列宁的一句名言——如果"几何公理要是触犯了人们的利益，那也一定会遭到反驳的"——来证明真理有阶级性。这也站不住脚。列宁在这里特地用了"要是"这个词，并不是说几何学的公理真的触犯了人们的利益，他这句话的意思无非是强调人们的利益对人们承认真理和把握真理的巨大作用而已。事实上几何学的公理并没有触犯什么人的利益，也没有什么人为了捍卫自己的利益而去从事推翻几何学公理的活动。极而言之，即使在某种奇特的条件下真的出现了几何学的公理触犯了人们的利益的情况，因而遭到有些人的反对，那也并不是因为它"真"。

论真理标准、生产力标准与
"三个有利于"标准的关系[*]

　　鸦片战争以来特别是中国共产党成立以来中国人民的解放斗争史，新中国成立50年来的社会主义建设史，都生动地显示了哲学在社会变革中的巨大作用。但是，由于哲学的高度抽象性，它的作用很容易被人忽视。如果说，当社会矛盾把哲学问题推到了历史的前沿，以致不解决就不能推动社会前进的时候，人们还比较关注哲学的话，那么，当这个矛盾已经解决，而新的社会矛盾又还没有提出新的哲学问题的时候，人们就会因忙于实务而忽视哲学。党的十一届三中全会召开以来的二十多年是中华民族走上伟大复兴之路的时期，也是邓小平理论形成科学体系并成为全党全民的指导思想的时期。这种局面的形成本来是与哲学的先导作用分不开的。但是，在人们忙于务实的今天，哲学的这种作用似乎被人们淡忘了。虽然真理标准的讨论大家还在纪念，生产力标准的讨论也有人提及，但毕竟时过境迁，留在人们记忆中的也不过是恢复了两个早已众所周知的常识。现在做实事的人似乎没有闲暇也没有兴趣关注哲学；哲学圈子里的人们也似乎对沸腾的现实生活说不上话，插不上手。我以为这种现象虽然不为无因，但并非好事。小事遗忘了无关紧要，大事遗忘不得。像哲学在我们建党77年来和新中国成立50年来各种大风大浪中的作用，特别是在这二十多年的改革开放中的作用这样的大事，是不能遗忘的；应该反复咀嚼，充分消化，从中体悟出一些有长远意义的道理，使它真正成为全民族永志不忘的宝贵精神财富，避免在新的情况下犯旧的哲学错误。

　　[*] 本文原载《武汉大学学报》(人文社会科学版)1995年第5期。

本文拟回顾新中国成立 50 年来哲学的作用，但着重谈及的仍然是大家已经谈得很多的实践标准、生产力标准和"三个有利于"标准的问题，不过试图按自己的理解从某一视角多做一点分析而已。

1. 实践标准解决认识的真理性问题

现在大家都承认，这二十多年来的巨变是从真理标准问题的讨论发端的。可是，为什么这个"古老"的哲学问题当时会成为影响面空前巨大的讨论焦点？为什么这个早为马克思主义哲学解决了的问题在当时还要费那么大的气力再来"解决"一次？"文化大革命"以后才出世的年轻人至今也很难理解，境外的研究者也很难理解。这不足为奇，因为如果不了解中国历史发展的逻辑是怎样形成了当时那种极其特殊的形势，怎样把这个问题推到了历史的前台，使它具有了全新的意义，是不可能理解这件事的。

中国自 19 世纪中叶沦为半封建半殖民地到 20 世纪 20 年代初中国共产党成立，所有救亡图存的斗争所以未能胜利，除了力量对比的客观原因以外，其共同的主观原因就在于未能准确地把握中国的实际情况(包括中国所处的国际环境)，因而对解决中国问题的道路和中国革命的性质、任务、对象、动力、步骤、前途以及由此决定的纲领、路线、战略、策略等一系列的根本问题没有科学的理解。这种长夜徘徊的苦境由于中国共产党的诞生而发生了根本变化。党用马克思主义的世界观和方法论观察中国的命运，中国革命的面目从此焕然一新，一系列根本问题有了解决的可能。使这种可能变成现实的关键就在于真正做到马克思主义的普遍真理与中国革命的具体实践相结合，也就是毛泽东同志后来概括的"实事求是"。而能否实事求是，说到底是一个思想路线问题，是一个哲学问题。这个问题在党成立以后的一段相当长的时间里并没有在全党范围内解决，尤其没有在领导机关里得到共识；主观主义的思想路线还占着上风，革命的指导一再陷入主观与客观相分裂、认识与实践相脱离的泥沼，使中国革命一再遭到挫折和失败。毛泽东同志的最伟大的功绩，就在于揭露了各种具体形态的("左"的和右的)错误的政治路线、组织路线、军事路线的共同本质——主观主义的思想路线,指出这是一个哲学问题。他抓住了这个要害,发表了《实践论》、《矛盾论》和一系列极富创造性的哲学著作,领导了"整风运动",彻底清算了主观主义,使全党接受了以马克思主义哲学为理论基础的正确思想路线。从此,党和革命队伍才达到了思想上、政治上、组织上的空前统一,迎来了党的"七大",赢得了中国革命的伟大胜利。历史表明,没有毛泽东哲学思想的先导作用,不首先确立实事求是的思想路线,革命的胜利是不可能的。

这本来是付出了巨大代价换来的无上宝贵的历史经验,是永远不应该遗忘的。不幸的是,新中国成立以后的历史却仿佛以新的形式重现了过去的轨迹,一度重犯了重大的哲学错误。

党和毛泽东同志早在新中国成立前夕就指出过,夺取政权的胜利只是万里长征的第一步,以后的路程更长,工作更伟大、更艰苦。毫无疑问,在一个"一穷二白"、人口众多、情况复杂的东方大国里建设社会主义,既无经典可引,又无成例可援,只有靠我们自己把马克思列宁主义、毛泽东思想与实际情况结合起来,在实践中独立探索;在探索的道路上即使思想路线正确,这样那样的失误也是不可能完全避免的。这既不足怪,也不可怕,及时总结经验,继续前进就是了。但是,问题恰恰在于,在党的十一届三中全会以前,我们并没有始终如一地坚持正确的思想路线,毛泽东同志本人晚年也在一些重大问题上违背了自己倡导的实事求是的原则,这就使我们在取得巨大成就的同时又犯了许多本来可以不犯的错误,直到发展成为"文化大革命"这样长时间的全局性的错误,在林彪、"四人帮"的利用下造成了一场浩劫,使党和人民的事业一度陷入了极其危险的境地。

这种悲剧的社会历史原因,党中央在 1981 年的《决议》①中已做了深刻的总结。这里想探讨的是这样一个问题:一个有丰富历史经验的成熟的党为什么竟会犯这种似乎不可理解的错误?"文化大革命"

---

① 指 1981 年 6 月 27 日党的十一届六中全会通过的《中国共产党中央委员会关于建国以来党的若干历史问题的决议》。

这种荒谬绝伦的事为什么竟然能够在一个拥有十多亿人口的大国里发动起来，持续十年之久，并且有那么多的人狂热地投入？为什么在"文化大革命"造成的深重灾难已经洞若观火的时候还那么难于纠正？为什么甚至有些饱受"文化大革命"之苦的同志对彻底纠正"文化大革命"的错误也一时拐不过弯来？这种奇特的现象的原因何在？当然，很明显的直接原因就是我们遗忘了实事求是的思想路线，因而又一次陷入了主观与客观相分裂、认识与实践相脱离的境地。可是，我们党坚持了那么多年、早已深入人心的实事求是的思想路线，怎么竟然会被遗忘了呢？被遗忘的原因是什么呢？我认为，深层的原因就在于作为正确思想路线的理论基础的马克思主义哲学逐渐地被篡改了，以至于形成了一套与马克思主义哲学相反的哲学。所谓"无产阶级专政下继续革命的理论"这样的怪胎就是在这种哲学的母腹中孕育出来的。值得注意的是，这种情况与党在民主革命时期的情况既有相同之处，又有不同之处：那时的"左"、右倾机会主义虽然在实际上奉行的是教条主义和经验主义，是按主观主义的哲学行事的，但是还没有公然提出一套哲学理论来顶替马克思主义哲学，来论证主观主义的合理性；马克思主义哲学的根本原理本身还没有被搅乱。所以，对全党进行马克思主义哲学的教育，从哲学上揭露机会主义的错误还不是特别艰难。例如，当毛泽东同志讲"马克思主义者认为，只有人们的社会实践，才是人们对于外界认识的真理性的标准"①时，并没有人从哲学理论上提出与此相反的标准来对抗；只要把"左"、右倾机会主义的所作所为及其后果与这个标准相对照，其违背马克思主义哲学的实质就彰明较著了。"文化大革命"时的情况则复杂得多。马克思主义哲学的根本原理包括已为大家多年来熟悉了的原理，都已被篡改得面目全非了。例如，"精神万能论"代替了思维与存在的辩证关系的原理；"政治万能论"和"革命万能论"代替了生产力的最终决定作用的原理；"顶峰论"代替了认识过程辩证发展的原理；"天才论"代替了

① 毛泽东：《实践论》，《毛泽东选集》第1卷，人民出版社1991年版，第284页。

认识来源于实践的原理；"阶级真理论"代替了真理客观性的原理；"语录标准论"代替了实践是检验真理的唯一标准的原理，如此等等，实际上形成了一套与马克思主义哲学正相反对的哲学。而这套哲学又以"发展"了的、"最高最活"的马克思主义哲学的面貌出现，经过长时间的反复宣传，加上无休止的政治批判运动，终于使愈来愈多的人误认为这一套才是真正的"马克思主义哲学"，而自己原来学到的马克思主义哲学倒反而是应该清除的错误观点；至于本来就没有受过什么马克思主义教育的天真烂漫的年轻人，当然更以无限的虔诚坚信这一套就是"马克思主义哲学"了。这种伪马克思主义哲学一旦成为具有无上权威的理论，成为人们的信仰，就足以使一切愚昧和疯狂都变成有"哲学根据"的"合理行为"，崇高神圣的"革命行动"；实事求是的思想路线就毁弃无余了。人们之所以在那么长的时间里身在灾难之中还要歌颂灾难的必要性和美妙性，其根本原因就在于此。于是，纠正"文化大革命"的错误就比纠正民主革命时期"左"、右倾机会主义的错误多了一重任务：首先要清除"文化大革命"中形成的伪马克思主义哲学，让广大群众同隔离多年的马克思主义哲学的最起码的道理重新见面。这就是哲学理论上的拨乱反正。而在一系列必须拨乱反正的哲学问题中，真理标准问题又具有统御全局的地位。因为"语录标准"和"权力标准"一旦取代了"实践标准"，就等于从根本上取消了真理的客观标准，马克思主义哲学的根基就荡然无存，一切马克思主义的哲学命题就可以随意歪曲，主观与客观是否符合就成了不值一提的问题，实事求是就成了弥天大罪，迷信就可以堂而皇之地取代科学，连人们的健全常识也没有容身之地了。更何况"语录"还可以断章取义，随意曲解。这样，不仅"无产阶级专政下继续革命的理论"可以顺理成章地炮制出来，而且要炮制出更荒谬的"理论"也毫无困难。所以，要想从哲学理论上拨乱反正，就不可避免地要从真理标准问题着手。这是当时的实际生活的要求，也是理论斗争的客观逻辑的要求。如果不解决这个问题，就不可能挽救中国的社会主义，甚至不可能挽救中华民族。在这种情况下，党的事业的成败、国家的安危、民族的荣枯、人民的祸福与哲学的血肉联系体现得再清楚不过了。

这个任务本来在粉碎"四人帮"以后就提上了日程。但是当时党的主要领导人宣布了"两个凡是"的戒律，把新的枷锁紧紧地套在人们身上。"两个凡是"的要害是什么呢？恰恰就是真理问题上的"语录标准"。只要认可了这个"标准"，"文化大革命"的哲学根据就丝毫也没有触动。"文化大革命"只是被宣布为"胜利结束"了，然而任何纠正"文化大革命"的措施都是违背"语录"的非法之举，新的改革更是寸步难行，中国还是只有沿着"无产阶级专政下继续革命"的老路滑下去。这种严峻的形势迫使真理标准问题更尖锐地凸显出来，成为与祖国的前途和人民的命运生死攸关的首当其冲的问题，迫使人们不能不把理论斗争的锋芒指向"两个凡是"。当时理论界的一批同志对这一点是心中有数的，但是在强大政治压力下无法触动这个问题。在这个关键时刻，刚刚获得"解放"的邓小平同志说话了。他在1977年5月24日一针见血地指出，"两个凡是"不符合马克思主义；① 7月21日他又在十届三中全会上阐述了完整地准确地理解毛泽东思想的必要性。② 他的话以雷霆万钧之力击中了"两个凡是"的要害，人们的思考像汹涌的春潮一样阻挡不住了。1978年，真理标准问题的讨论终于展开。为这场讨论首先鸣炮和精心组织的一些同志起了先锋作用，功不可没。但是，这场讨论的深层动力还是历史抉择的需要。如果没有这种深刻、强烈、紧迫的社会需要，没有反映这种需要的杰出人物邓小平同志和其他老一辈无产阶级革命家的有力支持，没有一批干部群众包括理论工作者的觉悟和参与，这场讨论是不可能在当时开展起来的。通过讨论，确实在广大干部和群众的心目中摧毁了荒谬的"语录标准"，抽掉了"两个凡是"的理论依据，重新确立了实践标准的权威，为恢复被践踏了多年的实事求是的思想路线重新奠定了哲学基础，为十一届三中全会的胜利召开起了开路作用。全会高度评价了这

① 邓小平：《"两个凡是"不符合马克思主义》，《邓小平文选》第2卷，人民出版社1994年版，第38—39页。

② 邓小平：《完整地准确地理解毛泽东思想》，《邓小平文选》第2卷，人民出版社1994年版，第42—47页。

场讨论。邓小平同志在《解放思想，实事求是，团结一致向前看》这篇历史性的讲话中鲜明地指出这场争论的主题"的确是个思想路线问题，是个政治问题，是个关系到党和国家的前途和命运的问题"，"从争论的情况来看，越看越重要"①。那时我们感受到的精神解放的喜悦是很难以笔墨形容的，真好像从阴暗狭窄的囚笼里一步跨到了晴明辽阔的原野，看到了绚丽多彩的新天地。二十年之后回头来看就更清楚了：如果当时不重新确认实践是检验真理的唯一标准这个马克思主义哲学的根本命题，解放思想、实事求是就无从谈起，改革开放就无从起步，祖国的前途和民族的命运就不堪设想，一句话，就没有今天的一切。哲学的先导作用在这里应该说是昭如日月了。

在没有身历其境的年轻同志中有一种看法，认为这场讨论是为了"政治需要"由"上面"导演的，实践标准也不过是马克思主义哲学的常识，没有什么理论价值。我想说这样几点：第一，这场讨论确实与"政治需要"密切相关。但这种"政治需要"正是历史的需要，人民的需要；满足这样的需要正是哲学的天职；哲学的理论价值恰恰取决于满足这种需要的程度。至于说由"上面"导演，事情恰好相反。当时中央的主要领导人是压制这场讨论的，给坚持实践标准的同志扣的帽子之大是吓人的。这些同志是出于对人民负责、对真理负责，不计个人的安危得失，才敢于坚持正确观点的。当然，如果没有邓小平同志和一批老同志的有力支持，以及随后十一届三中全会的明确肯定和高度评价，这场讨论也可能暂时被扼杀，但终究是阻挡不了的。第二，实践是检验真理的唯一标准这个论断是经过两千多年哲学思维的艰苦探索之后由马克思首先做出的深刻的科学论断，并不是常识。要真正理解和讲清这个命题并非易事。例如，在经过一段讨论之后，虽然几乎所有的同志都认为"语录标准"的荒谬性无可置疑，但对实践是检验真理的唯一标准的命题却仍有种种不同的理解。有的认为"唯一"标准的说法太绝对，因为逻辑证明也是检验真理的标准，在纯演绎科

---

① 邓小平：《解放思想，实事求是，团结一致向前看》，《邓小平文选》第2卷，人民出版社 1994 年版，第 143 页。

学中甚至只有这个标准；有的认为经过实践检验已被证实为真理的理论也可以是检验新真理的标准；有的认为实践只是检验真理的方法或手段，认识的对象才是检验真理的标准等，就说明这个问题并非常识，而是需要严密论证的原理。第三，从这个命题早已为人熟知的意义上，固然也未尝不可以说它是常识，正如自然科学的许多定理现在已成为常识一样。但是，当"文化大革命"使许多人（包括一部分领导干部）连常识也"遗忘"了，以致临悬崖而不知勒马，入苦海而不知回头的时候，恢复常识的意义之大就决不在提出新理论之下。当时那场讨论并不是一帆风顺的。有相当一段时间不仅维护"两个凡是"的中央领导人反对，相当一部分干部群众也很不理解，听到实践是检验真理的唯一标准的说法也大吃一惊，也抵触、反感甚至气愤，也认为是"反毛泽东思想"。我就知道有的同志是在得知毛主席也说过同样的话以后才"恍然大悟"，相信这个说法"没有问题"的。"文化大革命"的蛊惑性宣传使人们迷醉之深竟至于此，不恢复这个"常识"怎么谈得上拨乱反正？

2. 生产力标准解决实践的合理性问题

实践标准的重新确立既然解决了这么大的问题，为什么十年之后又兴起了生产力标准的讨论呢？这两个"标准"的关系是怎样的呢？

通常的解释是，实践标准实际上已经内在地蕴含了生产力标准，生产力标准是实践标准在社会主义建设上的体现，在社会历史领域中最彻底的运用、深化和发展。这种解释一般说来也未尝不可，但严格地说是并不准确的。为什么有必要兴起一场讨论来揭示这种蕴含呢？如果实践标准在社会历史领域中的运用、在社会主义建设问题上的运用就体现成了生产力标准，而且是实践标准的深化和发展，那么实践标准和生产力标准就成了一回事，那么两者还有没有各自的独立意义呢？生产力标准又是在哪一点或哪几点上深化和发展了实践标准，在什么意义上是它的深化和发展呢？上述的解释并没有对这些问题做出严密的理论回答，实际上并没有把两者的关系说清楚。而如果不说清楚，就不能真正认清两次讨论的社会背景和理论背景，以及这两个标准各自的意义及其相互关系，并从中总结出理论经验。

对这个问题，我在 1987 年曾阐明过自己的看法。① 现在仍然保持这种看法。

从理论上说，实践标准回答的是认识是否具有真理性的问题；而生产力标准回答的则是实践是否具有合理性的问题。前者判定的对象是真假，后者判定的对象是善恶。这是不同论域的问题，不能混为一谈。正确地解决前一个问题虽然是正确地解决后一个问题的前提，但是解决了前一个问题并不等于当然地解决了后一个问题。有人以为只要是从真理性的认识出发，就必定能引出"善"的行动，即合理的实践，因而只要恪守真理问题上的实践标准，就能保证实践的合理性。其实这是很大的误解。实际上，以某一真理性的认识为依据的实践并不是独一无二，而是有多种可能的选择，可以引出不同的方案的。例如从"水能淹死人"这个真理性的认识出发，有人可以据此造船架桥，修堤筑坝，有人也可以据此投河自杀，甚至谋杀他人。如果说这些极不相同甚至截然相反的实践都合理，就等于宣布实践无所谓合理不合理，就无异乎取消了实践合理性的问题，这显然是悖理的。可是，如果要去判定哪一种实践合理，又拿什么做标准去检验呢？如果拿实践做标准去检验，就等于以实践来检验实践是否合理，这是同语反复，等于什么也没有说。何况事实上也无法操作。试问怎样以实践来检验究竟是乘船过河合理还是投河自杀合理呢？如果说通过实践达到了预期的目的就能证明实践的合理性，那么这两种实践都达到了各自预期的目的，就都应该算合理了。但这就等于没有检验。这并不是因为实践标准不灵了，而是因为用错了场合，好比用尺子去量重量，用磅秤去量长度一样。实践标准本来就只有检验认识真理性的功能而没有检验行为合理性的功能。检验实践的合理性是需要另一种标准的。这种标准取决于人们的价值观。价值观不同，追求的目的就不同，实践合

————————————

① 见《关于生产力标准的几个理论问题》一文，载《武汉大学学报》(社会科学版) 1988 年第 6 期及拙著《中国当代哲学问题探索》第 211—226 页。

理性的界说和判定标准也就不同。这在价值观不同的人们之间是很难统一的。马克思主义以是否有利于生产力的发展作为检验实践合理性的标准，当然首先需要根据对社会发展客观规律的真理性的认识，但是还需要根据以解放全人类为最高理想的价值观；单有前者而无后者是提不出这个标准的。必定有人按照他们的价值观始终不同意这个标准，那也无法强求。但是如果绝大多数人同意这个标准，我们就会有比较一致的社会价值取向，前进的步调就会比较一致，社会主义建设事业的发展就会顺利得多。我认为这就是为什么在实践标准讨论之后还必须开展生产力标准讨论的理论上的原因。

我们说实践标准和生产力标准属于不同论域的问题，不能互相代替，并不是说两者没有联系。问题是怎么说明这种联系。人们做事情的过程无非是了解情况，确定目的，制订方案，然后付诸实践。情况的了解是否符合实际，即对认识对象的判断是不是一个真命题，当然只有实践才能检验。至于以此为据引出的实践的方案本身是否合理，却不能靠实践来检验，就社会历史领域而言归根到底只能靠生产力标准来检验。但是，实践的方案能否变成现实（这与它是否合理是两回事，合理的实践方案和不合理的实践方案都可能变成现实），即"如果采取行动 P，就能达到目的 A"这个命题是不是真命题，又只有靠实践才能检验。正是这两个标准的交替运用制约着实践的合理和成功。这就是两者联系的具体内容，也就是人们常说的真理与价值的统一的具体内容。我认为"实事求是"的原则就应当是真理与价值的统一，它不只是要求我们的认识符合客观实际及其规律性，还进一步要求我们从中引出的实践方案具有合理的价值取向。只有同时做到了这两条，才算是贯彻了实事求是的原则。两次哲学讨论的次序正好反映了两者的统一关系。

以上说的还只是生产力标准论必然要开展的理论原因，更深刻的原因当然还在于社会主义建设现实发展的要求。

生产力标准同实践标准一样，本来也是马克思主义哲学的根本原理，并不是新道理。但是，随着对党的"八大"的正确方针的偏离，生产力标准在"文化大革命"前的一段时间里就已经逐渐被淡化、弱化，被作为社会主义社会"主要矛盾"的"两个阶级、两条道路的斗争"所压倒、所取代；在"文化大革命"中更被冠以所谓"唯生产力论"的名义作为"修正主义"观点遭到猛烈的批判，实际上被否定了。"抓革命，促生产"的口号中虽然也还有"生产"二字，但它已是"革命"的附属物，而抓生产倒成了"压革命"的"罪行"。"宁要社会主义的草，不要资本主义的苗"就是很形象的概括。经过多年的强化宣传，生产力标准也像实践标准一样被人们遗忘了，"以阶级斗争为纲"倒成了深入人心的天经地义。这是一种与马克思主义的价值观根本相反的价值观，发展到极端就与"饿死事极小，失节事极大"的训条颇相类似。这种荒谬的价值观的阴影在人们思想里牢固地盘踞着，是不会随着真理标准的解决而轻易地自行消失的。随着改革的逐步深化，这个理论问题就必然凸显出来，成了非解决不可的现实问题了。

究竟什么是社会主义？在中国究竟应当怎样建设社会主义？怎样才算把社会主义建设好了？这样那样的改革措施是否合理？人们对这些问题的认识是有分歧的。分歧的根源就在于有些同志不以是否有利于生产力的解放和发展为标准，而以别的东西为标准来判定实践的合理性问题。多年来形成的一套社会主义模式给社会主义规定了一系列不可缺少的"特征"，构成了一个评价系统，似乎只有满足了这个评价系统的各项指标才算建设好了社会主义，只有为满足这些指标而进行的实践才是合理的实践。而在这个评价系统中，生产力的发展水平恰恰没有地位，至多只占一个不很重要的地位。用这种眼光看问题，当然就会对许多有利于解放和发展生产力但是不符合旧模式的改革措施疑窦丛生，畏葸不前，抵触反感了。这种实践合理性标准也像当年真理问题上的"语录标准"一样，又成了人们的精神枷锁，使进一步的改革遇到重重阻力。在这种情况下，如果不恢复生产力标准的权威，以此来统一绝大多数人们的思想，就很难步调一致地建设社会主义。生产力标准是马克思主义的经典作家早就科学地论证过，毛泽东同志也精辟地阐明过的。但是，把它同中国社会主义建设的实际紧密地结合起来，同国际国内的经验教训结合起来，赋予它如此丰富的理论内涵、如此重大的实践意义和如此明晰的表述形式的第一人，却是邓小平同志。他从十一届三中全会以来反复地强调，社会主义的根本任务就是发展生产力，解放生产力。国家的富强，人民的幸福，民族的振兴，中国一切问题的解决，共产主义的最终实现，归根到底靠生产力的高度发展；因此，凡属有利于解放生产力、发展生产力的措施就是合理的，反之就是不合理的。生产力标准问题的讨论使人们重新受了一次唯物史观的教育，特别是邓小平理论的教育，绝大多数干部群众对生产力标准的认同度大大提高了。这就使改革开放有了更坚实的哲学依据。党的十三大关于我国还处在社会主义初级阶段的论断以及由此引出的一系列决定，正是绝大多数人接受了生产力标准的结果。在这里，哲学又一次发挥了先导作用。

3. "三个有利于"标准解决发展生产力与坚持 社会主义道路的关系问题

生产力标准的确立既然已经解决了社会主义建设的价值取向问题，为什么几年之后邓小平同志又提出"三个有利于"的标准呢？提出这个标准的必要性何在呢？

这是因为现实生活的进一步发展表明，人们对生产力标准的理解本身仍然存在着这样那样的分歧。根本不同意生产力标准的人们当然不用说了；就是在理论上同意生产力标准的人们中间认识也不尽一致，特别是在把这一标准运用到社会主义建设的具体问题的时候很不一致。这并不奇怪。生产力标准本身虽然并无歧义，但它是整个马克思主义哲学理论体系的有机组成部分，必须同其他原理联系起来才能全面准确地把握它，这就已经很不容易；这个标准又是就归根到底的意义而言的，在具体问题上运用起来往往为许多中间环节所"遮蔽"，运用于改革实践中的复杂问题就更不容易。这就使理解的分歧往往难免。有些分歧无碍于大局，存而不论也未尝不可；但有些分歧就成了人们思想上的一个"疙瘩"，成了加速发展生产力的障碍，不能不解决了。其中最突出的分歧是在发展生产力与坚持社会主义道路的关系问题上的分歧。有些同志并不主张照搬以往的社会主义模式，并不反对把发展生产力放在重要地位，但旧模式的阴影还在头脑里起作用，以致或多或少把发展生产力与坚持社会主义道路对立了起来，把坚持自己所理解的"社会主义道路"看得比发展生产力"更"重要，于是每办一事都要求先争论清楚它是姓"社"还是姓"资"，然后才能决定该不该办；如果这件事被认为姓"资"，即使明明有利于生产力的发展也不能办，办了就是走资本主义道路。这就使生产力标准的首要地位实际上落了空。正是针对这种情况，邓小平同志在 1992 年的"南方谈话"中抓住要害，深刻地回答了与此相关的一系列重大问题，提出了"三个有利于"的标准。他尖锐地指出："改革开放迈不开步子，不敢闯，说来说去就是怕资本主义的东西多了，走了资本主义道路。要害是姓'社'还是姓'资'的问题。判断的标准，应该主要看是否有利于发展社会主义社会的生产力，是否有利于增强社会主义国家的综合国力，是否有利于提高人民的生活水平。"①

"三个有利于"标准的鲜明特点是：

第一，它从根本上纠正了把发展生产力与坚持社会主义道路对立起来的观点。按我的理解，邓小平同志强调不要在具体改革措施上纠缠于姓"社"姓"资"，并不是说在任何问题上都"不问"姓"社"姓"资"。我们的事业就是建设有中国特色的社会主义，中国不坚持社会主义就没有出路，怎么能又怎么会根本"不问"姓"社"姓"资"呢？问题是怎么"问"法。对姓"社"姓"资"的问题要从整个社会和整个国家的全局来看。邓小平同志说得非常明确，我们讲的是发展"社会主义社会"的生产力，增强"社会主义国家"的综合国力。至于有些经济成分（邓小平同志举"三资"企业为例）虽然从所有制来看本身并不姓"社"或者不完全姓"社"，但只要能促进生产力的发展，就没有什么可怕；因为它受到我国整个政治、经济条件的制约，归根到底是有利于社会主义的。如果一见非公有制经济就害怕，想以牺牲生产力发展的办法来"坚持"社会主义，结果只能是适得其反。

---

① 邓小平：《在武昌、深圳、珠海、上海等地的谈话要点》，《邓小平文选》第 3 卷，人民出版社 1993 年版，第 372 页。

第二，它强调了增强社会主义国家综合国力的紧迫性。有的同志以为只要确保公有制，国民经济的发展速度低一些也无关紧要。这种看法忽视了国际国内的紧迫形势。和平和发展虽然是当今世界的两大问题，但是正如邓小平同志指出的，这两大问题"至今一个也没有解决"①。天下并不太平。现在世界上有些人决不会甘心于一个独立的繁荣富强的中国屹立于世界舞台。我国的经济文化科学技术本来就落后于发达国家，自己又耽误了多年，现在如果不抓住机会尽快发展，以增强综合国力，就不能保障社会主义国家的安全，而且也很难使人民在与别国对比中确信社会主义制度的优越性。所以邓小平同志强调："低速度就等于停步，甚至等于后退。"②

第三，它强调了提高人民生活水平的重要性。提高人民生活水平是党进行一切工作的根本目的，也是人民评价社会主义制度优劣的最现实的尺度。"社会主义的本质，是解放生产力，发展生产力，消灭剥削，消除两极分化，最终达到共同富裕。"③过去那种片面强调"一大二公"的长期贫穷的"社会主义"，人民是不会拥护、不能忍受的。十一届三中全会以来的路线所以得到人民的拥护，国家所以能够稳定，就因为改革开放促进了经济发展，改善了人民生活。不提高人民的生活水平，社会主义是坚持不下去的。

"三个有利于"标准告诉人们，我们要解决的并不是要不要坚持社会主义道路的问题，而是如何正确理解社会主义道路，如何把这条道路走通的问题。邓小平同志把话说到底了："不坚持社会主义，不发展经济，不改善人民生活，只能是死路一条。"④

---

① 邓小平：《在武昌、深圳、珠海、上海等地的谈话要点》，《邓小平文选》第3卷，人民出版社1993年版，第383页。

② 邓小平：《在武昌、深圳、珠海、上海等地的谈话要点》，《邓小平文选》第3卷，人民出版社1993年版，第375页。

③ 邓小平：《在武昌、深圳、珠海、上海等地的谈话要点》，《邓小平文选》第3卷，人民出版社1993年版，第373页。

④ 邓小平：《在武昌、深圳、珠海、上海等地的谈话要点》，《邓小平文选》第3卷，人民出版社1993年版，第370页。

　　"三个有利于"标准并不是实践标准和生产力标准之外的另一套标准，但又不是两者的复述或叠加，而是两者的综合和发展。它是把实践标准和生产力标准统一起来，把唯物辩证法、唯物史观和马克思主义认识论的全部原理作为整体贯通起来，把这些原理与国际国内的具体形势结合起来的一种高度浓缩的表述。这三条都是可以用相当精确的统计数据反映的硬指标，非常明晰，非常具体，不易产生歧义，因而运用在改革实践中更有针对性，更好操作，更便于检查落实。邓小平同志在这里没有使用哲学名词，但他正是在从世界观、价值观和思想方法的高度解决使人们困惑的问题，他讲的正是融会贯通了的马克思主义哲学，发展了的马克思主义哲学。党的十四大确立了社会主义市场经济体制，十五大确立了以公有制为主体、多种所有制经济共同发展的基本经济制度，以及这几年来我国的高速稳定持续的发展，都是运用这一标准的结果。这里又一次显示了哲学的先导作用。

　　邓小平理论是科学体系，只有抓住了这个理论的哲学基础，才能完整地准确地理解它、运用它，避免在纷繁复杂的情况下发生误解和片面性。实践标准、生产力标准和"三个有利于"标准就是邓小平理论的哲学基础中最本质的东西，因而是理解邓小平理论的关键。

　　作为科学体系的邓小平理论今后当然也要随着实践的发展而发展。现在我们正在以江泽民同志为核心的党中央领导下高举邓小平理论的伟大旗帜，坚持党的基本路线，把建设有中国特色的社会主义事业推向 21 世纪。这是学习和运用邓小平理论的过程，同时也是通过不断地研究新情况，发现新问题，提出新对策，开创新局面，总结新经验，从而发展邓小平理论的过程。可以预期，到了一定的发展阶段，实践又会提出新的哲学问题要求人们去解决，而哲学问题的解决又将导致社会主义建设的重大进展和突破。马克思主义哲学不是只能夜飞的枭鸟，也将是高鸣报晓的雄鸡。

二、认识论散论

群众路线的工作方法与
马克思主义的认识论 *

群众路线是我们党的根本的政治路线，也是我们党的根本的组织路线。在各项工作中正确地贯彻群众路线，是党在长期的革命斗争中取得伟大胜利的重要保证。把群众路线的工作方法奠立在马克思主义认识论的基础之上，把两者融为一体，创造了群众路线的系统理论，又以此丰富和发展了马克思主义认识论。这是毛泽东同志把马克思主义的普遍真理与中国革命的具体实践结合起来的产物，是对马克思主义理论宝库的前无古人的重大贡献。群众路线问题具有极深刻的理论意义和实际意义，值得从各个方面进行深入的研究。本文只是我在学习了《毛泽东选集》第四卷之后结合毛泽东同志的其他有关论述对这个问题的一些初步体会。

1. 群众路线的工作方法和马克思主义认识论的
统一，实践观点和群众观点的统一

如何使主观认识符合于客观实际，这是一个极为重要的认识论问题。所有的唯物主义者都主张主观是客观的反映。但是马克思以前的唯物主义离开了人的社会性和人的历史发展，不了解认识对实践的依赖关系，不了解认识本身的规律性，因而不能正确地解决主观如何反映客观的问题。这个问题只有马克思主义才第一次给予了科学的解

---

　* 本文原载《新建设》1961 年第 5 期。原文有副标题"读《毛泽东选集》第四卷"。

决。马克思主义指出，不仅人们认识的内容与客观存在是同一的，而且认识本身的发展规律与客观世界的发展规律也是同一的（都服从于以对立统一规律为核心的辩证法规律），认识的辩证法是客观辩证法的反映。人们的主观认识之与客观实际相符合，正是在社会实践的基础上通过辩证法的途径达到的。马克思主义认识论阐明的认识运动的辩证规律是普遍规律，不仅适用于懂得或承认它们的人，而且也适用于不懂得或不承认它们的人。但是，这是不是说任何人都是自觉地遵循着这些规律去进行认识活动的呢？当然不是。如果这样，世界上就没有唯心主义者和形而上学者了。认识运动的辩证规律的普遍性表现在：当人们遵循着这些规律去进行认识活动的时候，就能够经历一定的过程而达到主观与客观的具体的历史的统一，并在实践中实现预想的目的；反之，当人们违反了这些规律去进行认识活动的时候，就会造成主观与客观的分裂，并在实践中得不到预期的结果。我们既不应当因为有人不按照认识运动的辩证规律去认识世界，就否认这些规律的普遍性；也不应当因为强调这些规律的普遍性，就抹杀了按照这些规律与违反这些规律进行认识活动的原则区别。不仅如此，就是在按照认识规律去进行认识活动的人们中间，也还有自觉与不自觉的原则区别。认识活动不自觉地符合了认识的辩证规律，在不了解或不承认马克思主义认识论的人们中间也是常见的（如恩格斯所说的，人们在知道什么是辩证法以前，早就辩证地思维着了）；处在这种情况下的人们也能在许多问题上达到主客观的一致，但是往往要冒更多的风险，走更多的弯路，付出更多的代价，有时还不免陷入唯心主义和形而上学的泥坑，形成主客观的分裂。只有被马克思主义武装起来了的、自觉地按照认识运动的辩证规律去进行认识活动的人，才能最有效地经过正确途径达到主客观的一致（这当然不是说在认识的过程中可以不走任何弯路，不犯任何错误）。由此可见，我们为使自己的主观认识符合于客观实际，不仅不能违反认识运动的辩证规律，而且也不能停留在不自觉的状态，而应当自觉地遵循这些规律去认识世界和改造世界。

但是，怎样才能使我们善于遵循认识运动的规律去认识世界和改造世界呢？为了做到这一点，仅仅懂马克思主义认识论的一般原理还不够，还必须进一步把一般原理具体化为每一个革命干部都能够掌握的工作方法。只有完成了这件工作，才能最有效地解决如何使我们的主观认识符合客观实际的方法问题。毛泽东同志数十年来倡导的群众路线的工作方法，就是对这个问题的光辉贡献。

要理解群众路线的工作方法与马克思主义认识论的统一，首先当然必须理解唯物主义认识论的一般命题：认识来源于客观存在。但是，正如马克思所批评的，旧唯物主义者的主要缺点就在于对客观存在仅从直观的方面加以理解，而不把人们的实践活动也看作客观的东西。之所以实践也是客观的、物质的东西，是因为：第一，人们的实践活动的内容（生产斗争和阶级斗争）取决于一定的社会形态，而一定的社会形态是不能由人们根据主观愿望自由选择的；第二，人们的实践活动的总结果（一定发展程度的生产力，以及和它相应的一定的生产关系）也是不依个别人的意志为转移的。如果说存在决定意识的话，那么就应该指出，决定人们的意识的首先不是一般的存在，而正是社会存在，正是人们的实践活动及其结果。人类的历史是人们的活动创造出来的，人们正是在改造客观世界的实践活动中改造着自己的主观世界，这样，马克思主义就不是停留在认识来源于客观世界这个唯物主义的一般命题上，而是进一步提出认识来源于实践这个辩证唯物主义的命题。把实践的观点引入认识论的领域，这是马克思主义完成的伟大的革命变革。

但是，马克思主义的实践观点与群众观点是不可分割的。因为人们的实践活动，无论是生产活动或其他活动，都不可能彼此孤立地、互相隔绝地进行，而只能以团体为单位、以社会为单位共同进行。纯粹的"个人"实践决不能改变社会存在，决不能创造历史，而且这种离开社会的抽象的"个人"实践并不存在，正如离开社会的抽象的"个人"本身之不存在一样（这里不是一般地否认任何意义下的个人和个人实践。作为群众一员的个人，以及作为群众实践的一个部分的个人实践，是不应当否认的）。因此，实践总是社会的实践，群众的实践。当我们说认识来源于实践的时候，就是说来源于群众的实践。

弄清楚认识来源于实践这个辩证唯物主义认识论的基本命题与人民群众是历史的创造者这个历史唯物主义的基本命题之间有机联系，实践观点同群众观点之间的有机联系，对理解毛泽东同志关于群众路线的理论是至关重要的。

2. "从群众中来"的过程就是由感性认识到理性认识的过程

毛泽东同志对群众路线的工作方法做了如下的经典性的表述：

> 在我党的一切实际工作中，凡属正确的领导，必须是从群众中来，到群众中去。这就是说，将群众的意见（分散的无系统的意见）集中起来（经过研究，化为集中的系统的意见），又到群众中去做宣传解释，化为群众的意见，使群众坚持下去，见之于行动，并在群众行动中考验这些意见是否正确。然后再从群众中集中起来，再到群众中坚持下去。如此无限循环，一次比一次地更正确、更生动、更丰富。这就是马克思主义的认识论。①

为什么说"这就是马克思主义的认识论"呢？因为"从群众中来，到群众中去"的领导方法的基本公式，同毛泽东同志在《实践论》中所阐明的"从感性认识而能动地发展到理性认识，又从理性认识而能动地指导革命实践"的认识论的基本公式是完全一致的。

马克思主义的认识论告诉我们，要完成从感性认识到理性认识的飞跃，有两步工作要做：第一步是在实践中取得丰富的合乎实际的感性材料，第二步是综合感性材料加以整理和改造，使之上升到理性认识，这两步工作就是"从群众中来"的过程。

首先，毛泽东同志经常强调从群众的实践中取得感性材料的重要

---

① 毛泽东：《关于领导方法的若干问题》，《毛泽东选集》第3卷，人民出版社1991年版，第899页。着重点是本文作者加的。

性。他指出，共产党人必须承认一条简单的真理：任何英雄豪杰的头脑不过是"加工厂"，其"原料"或"半成品"只能来自人民群众的实践（或者自己的科学实验）。不论在什么情况下，领导者制定政策或提出意见、计划、办法，都绝对不可以从主观想象出发，而必须从客观存在着的事实出发，从实际出发。"任何一个部门的工作，都必须先有情况的了解，然后才会有好的处理。"①"对于中国各个社会阶级的实际情况，没有真正具体的了解，真正好的领导是不会有的。"②我党历史上各次"左"倾和右倾机会主义的错误之所以发生，从认识论的根源看，首先就是由于那些错误的负责人从来没有系统地掌握过中国社会的实际材料（他们反而荒谬地把重视实际材料贬称为"狭隘经验论"），因而不能不陷入主观和客观分裂、认识和实践相脱离的境地，在实践中一再碰壁。因此，毛泽东同志在总结党的历史经验，清算"左"、右倾机会主义错误的时候，再三再四地强调了"详细地占有材料"的重要性，强调了"没有调查就没有发言权"的真理。他尖锐地批判了那种不收集实际材料，不了解实际情况，却在那里自以为是地发号施令的主观主义作风，指出这是"完全违反马克思列宁主义基本精神的作风"，是"极坏的作风"③，他反复地告诫我们，是不是从实际出发，肯不肯周密地系统地进行调查工作，是一个共产党员有没有党性或者党性是否完全的问题。

怎样才能取得丰富的合乎实际的感性材料呢？毛泽东同志认为，"唯一的方法是向社会做调查"，是"向下做调查"④，此外并无捷径。凡属不肯进行周密调查工作的人，必不能获得丰富的感性"原料"，

① 毛泽东：《改造我们的学习》，《毛泽东选集》第 3 卷，人民出版社 1991 年版，第 802 页。

② 毛泽东.《〈农村调查〉的序言和跋》，《毛泽东选集》第 3 卷，人民出版社 1991 年版，第 789 页。

③ 毛泽东：《改造我们的学习》，《毛泽东选集》第 3 卷，人民出版社 1991 年版，第 797 页。

④ 毛泽东：《〈农村调查〉的序言和跋》，《毛泽东选集》第 3 卷，人民出版社 1991 年版，第 790 页。

必不能造出合用的理性"成品"。这种人如果发议论，一定是无知妄说；如果指导工作，一定要失败。

能不能做好调查工作，首先不是一个技术问题，而是一个根本态度问题，或世界观问题。要做好调查工作，必须从理论上解决知识的来源问题，就是说，必须老老实实地、不折不扣地承认群众的实践是知识的唯一来源，此外再也没有第二个来源，从而把群众当作自己的"可敬爱的先生"，恭谨勤劳地给群众当学生。毛泽东同志说：

> 没有满腔的热忱，没有眼睛向下的决心，没有求知的渴望，没有放下臭架子、甘当小学生的精神，是一定不能做，也一定做不好的。必须明白：群众是真正的英雄，而我们自己则往往是幼稚可笑的，不了解这一点，就不能得到起码的知识。[1]

其次也还有一个方法问题。毛泽东同志认为："东张西望，道听途说，决然得不到什么完全的知识。"[2]要了解情况，"最简单易行又忠实可靠的方法"就是开调查会，即约集有经验的干部和群众进行座谈(开调查会每次人不必多，三五个七八个即够)。"必须给予时间，必须有调查纲目，还必须自己口问手写，并同到会人展开讨论。"[3]毛泽东同志就经常主持这样的调查会。他在第一次国内革命战争时期所写的《湖南农民运动考察报告》，第二次国内革命战争时期所写的《兴国调查》、《长冈乡调查》、《才溪乡调查》等，就是范例。此外，"走马观花"的方法也是这一方法的补充，但必须以开调查会为基本的方法。没有从调查会中得来的基础知识，"走马观花"也会看不懂的。

要获得正确的理性认识，依据的感性材料必须真实而且十分丰

---

① 毛泽东：《〈农村调查〉的序言和跋》，《毛泽东选集》第3卷，人民出版社1991年版，第790页。

② 毛泽东：《〈农村调查〉的序言和跋》，《毛泽东选集》第3卷，人民出版社1991年版，第790页。

③ 毛泽东：《〈农村调查〉的序言和跋》，《毛泽东选集》第3卷，人民出版社1991年版，第790页。

富。因为理性认识只能发现感性材料中实际存在着的内部联系，而不能在感性材料之外去臆造什么"联系"。主观主义者有时候也不是完全不要感性材料，但他们仍然得出了错误的结论，原因是什么呢？原因之一就是他们没有把收集材料当作一件严肃的工作，没有下苦功夫去做，因而他们即使有一点感性材料，也是一鳞半爪、零碎不全的，甚至是不符合实际的。

> 同志们都是知识分子。知识分子往往不懂事，对于实际事物往往没有经历，或者经历很少。你们对于一九三三年制订的《怎样分析农村阶级》的小册子，就看不大懂；这一点，农民比你们强，只要给他们一说就都懂得了。……要使不懂得变成懂得，就要去做去看，这就是学习。报社的同志应当轮流出去参加一个时期的群众工作，参加一个时期的土地改革工作，这是很必要的。在没有出去参加群众工作的时候，也应当多听多看关于群众运动的材料，并且下工夫研究这些材料。①

取得丰富的合乎实际的感性材料，这是"从群众中来"的极重要的一个步骤。然而停留在这一步还不行，还必须对感性材料进行逻辑的加工，使之上升到理性认识的阶段，否则仍然不能通观过程的全体，把握事情的本质，引出规律性的结论。主观主义的错误，不仅表现为从书本出发而不从实际出发的教条主义，而且还表现为不能把感性认识提高到理性认识的经验主义。群众是划分为阶级的，不同阶级对同一问题会有不同的意见；同一阶级中还有先进、中间、落后的不同状态，其意见也不相同；同一状态的人们的意见，有关于这个片面的，有关于那个片面的；有正确的，有不正确的；如此等等。对这些来自群众的分散的无系统的意见，领导者如果不加以整理、分析、批判、概括，使之上升为集中的系统的意见，如何能够据以制定正确的

---

① 毛泽东：《对晋绥日报编辑人员的谈话》，《毛泽东选集》第4卷，人民出版社1991年版，第1320页。

政策呢？因此，毛泽东同志一贯反对那种对群众的意见不加分析的做法。针对 1948 年年初某些地区在土地改革宣传中的若干"左"倾错误，毛泽东同志批评说：

> 在领导者和群众的关系问题上，关于既反对命令主义、又反对尾巴主义的宣传，有些地区是注意了；但在许多地区却错误地强调所谓"群众要怎样办就怎样办"，迁就群众中的错误意见。甚至对于并非群众的、而只是少数人的错误意见，也无批判地接受。否定了党的领导作用，助长了尾巴主义。①

正确的做法应当是怎样呢？他说："凡属人民群众的正确的意见，党必须依据情况，领导群众，加以实现；而对于人民群众中发生的不正确的意见，则必须教育群众，加以改正。"②不但对一般群众的意见应当采取分析的态度，就是对于下面干部的意见也应当这样："下面干部的话，有正确的，也有不正确的，听了以后要加以分析。对正确的意见，必须听，并且照它做。……对下面来的错误意见也要听，根本不听是不对的；不过听了而不照它做，并且要给以批评。"③

整理、分析、批判、概括的过程，就是造概念、下判断、做推理的过程，即逻辑思维的过程。为了通过这个过程而得出正确的结论，必须借助于科学的思维方法，这就是毛泽东同志经常宣传和运用的矛盾分析的方法，即分析与综合相结合的方法。他写道：

> 什么叫问题？问题就是事物的矛盾。哪里有没有解决的矛盾，哪里就有问题。既有问题，你总得赞成一方面，反对另一方

---

① 毛泽东：《纠正土地改革宣传中的"左"倾错误》，《毛泽东选集》第 4 卷，人民出版社 1991 年版，第 1281 页。

② 毛泽东：《在晋绥干部会议上的讲话》，《毛泽东选集》第 4 卷，人民出版社 1991 年版，第 1310 页。

③ 毛泽东：《党委会的工作方法》，《毛泽东选集》第 4 卷，人民出版社 1991 年版，第 1441—1442 页。

面，你就得把问题提出来。提出问题，首先就要对于问题即矛盾的两个基本方面加以大略的调查和研究，才能懂得矛盾的性质是什么，这就是发现问题的过程。大略的调查和研究可以发现问题，提出问题，但是还不能解决问题。要解决问题，还须做系统的周密的调查工作和研究工作，这就是分析的过程。……常常问题是提出了，但还不能解决，就是因为还没有暴露事物的内部联系，就是因为还没有经过这种系统的周密的分析过程，因而问题的面貌还不明晰，还不能做综合工作，也就不能好好地解决问题。一篇文章或一篇演说，如果是重要的带指导性质的，总得要提出一个什么问题，接着加以分析，然后综合起来，指明问题的性质，给以解决的办法，这样，就不是形式主义的方法所能济事。①

这种整理、分析、批判、概括的工作，是必须由领导者亲自进行，而不能由别人代替的。否则，领导者就不能在自己的头脑中完成由感性认识到理性认识的飞跃，就不能有真知灼见，就不能据以制定正确的政策和办法。所以，毛泽东同志屡次强调领导者"亲自动手"，"不要秘书代劳"的必要性。他在1948年写的《关于建立报告制度》的指示中，规定各中央局和分局书记（各野战军和军区首长）每两月亲自向中央和中央主席（军委主席）做一次综合报告，不但要报告各项活动的动态，而且要报告问题、倾向和解决方法，"内容要扼要，文字要简练，要指出问题或争论之所在"②。这种政策性的（不是技术性的）经常的综合的请示报告制度，不但对于坚持民主集中制具有极大的意义，而且也是帮助和督促领导人员经常地分析问题的重要方法之一。

---

① 毛泽东：《反对党八股》，《毛泽东选集》第3卷，人民出版社1991年版，第839页。

② 毛泽东：《关于建立报告制度》，《毛泽东选集》第4卷，人民出版社1991年版，第1265页。

但是，强调领导者亲自动手，并不是说从感性认识到理性认识的上升过程只能由领导者个人完成。如果认为群众只在提供材料上起作用，而在研究材料上没有作用，领导者只是在收集材料的时候需要深入群众，而在整理、分析、批判、概括的时候就不需要深入群众，那是不对的。由感性认识到理性认识的飞跃的完成，并不完全是领导者闭门独思的结果，而往往是领导者同群众一起商量的结果。只有不断地同群众商量，不断地研究群众的实践，领导者才有可能在整理、分析、批判、概括的过程中少犯错误和不犯严重的错误。

把调查同研究作为"从群众中来"的两个步骤，是为了理论分析上的便利。在实际工作中，调查同研究是不能机械地分开的。调查的过程往往同时也就是研究的过程。毛泽东同志常常是把调查研究作为统一的过程来论述的。前面讲到的调查会，固然以收集材料为主要目的，但也不是单纯地记录材料，而是同到会的人展开讨论，共同研究，在可能的情况下还应该做出结论。如果不把调查的过程同时又作为研究的过程，那么收集材料就很难十分丰富并合于实际，收集材料的任务本身也很难完成。

以讨论政策为目的的党委会、干部会等，当然更应侧重于研究。关于如何开好这类会议的方法，毛泽东同志做过许多重要论述，这些论述的基本精神，归结起来是：第一，开会之前要作充分而恰当的准备。一方面，应使全体到会的人员做好思想准备和材料准备。这就是要事先互通情报，交流材料，取得共同的情报知识；要事先通知（像出"安民告示"一样），使到会的人知道要讨论什么问题，解决什么问题；对于复杂的或有分歧意见的问题事先还须有个人商谈。另一方面，领导机关应在开会之前由少数人商量（由一个人负主责），提出问题和分析问题，写好成文的纲要，精心斟酌这个纲要的内容和文字（注意简明扼要，反对不着边际的长篇大论），以便在会议上做报告。没有准备，就不要急于开会。第二，在会上要充分地展开讨论。发言的人应当以典型的材料（不要很多）说明自己的观点，以明晰的观点统率材料；会议的主持者应当充分听取到会人员的意见，对原来的报告做必要的补充和修改。第三，会议要在讨论的基础上得出明确的结论(或做出决议)。第四,会议的次数不可过多,时间不可过长,不可沉溺于细小问题的讨论。只有做到了这些,会议才能真正完成把感性认识提高到理性认识的任务。① 毛泽东同志批判了经验主义的开会方法,"这即是事前毫无准备,不提出问题,不分析问题,不向干部会议做精心准备的、内容文字都有斟酌的报告,而听凭到会人员无目的地杂乱无章地议论,致使会议时间延长,得不到明确而周密的结论"②。

这种方法之所以叫作经验主义的方法,就因为它只能使到会人员的认识停留在感性认识的阶段,而不能使之提高到理性认识的阶段。

以上讲的从感性认识而能动地发展到理性认识的全部过程,就是"从群众中来"的过程,也就是党的政策或领导者意见的形成过程。离开这个过程,任何天才的领导者也不可能进行正确领导。毛泽东同志说得极为深刻:

> 中央领导之所以正确,主要是由于综合了各地供给的材料、报告和正确的意见。如果各地不来材料,不提意见,中央就很难正确地发号施令。③

> 不懂得和不了解的东西要问下级,不要轻易表示赞成或反对。有些文件起草出来压下暂时不发,就是因为其中还有些问题没有弄清楚,需要先征求下级的意见。我们切不可强不知以为知,要"不耻下问",要善于倾听下面干部的意见。先做学生,然后再做先生;先向下面干部请教,然后再下命令。④

---

① 以上各点参看《毛泽东选集》第4卷,人民出版社1991年版,第1331、1343、1442、1444页。

② 毛泽东.《一九四八年的土地改革工作和整党工作》,《毛泽东选集》第4卷,人民出版社1991年版,第1330—1331页。

③ 毛泽东:《党委会的工作方法》,《毛泽东选集》第4卷,人民出版社1991年版,第1441—1442页。

④ 毛泽东:《党委会的工作方法》,《毛泽东选集》第4卷,人民出版社1991年版,第1441页。

为了做到这一点，毛泽东同志认为必须力戒骄傲。因为一骄傲，就不能甘当小学生，知识的源头就断了；一骄傲，背上了包袱，思想的"机器"就开不动，智慧就枯竭了；这样当然不可能做好"从群众中来"的工作，不可能获得正确的认识，并制定出合乎实际的政策或办法。所以毛泽东同志强调地指出：力戒骄傲，"这对领导者是一个原则问题"①。

3. "到群众中去"的过程就是由理性认识到
实践的过程

"从群众中来"的过程，是认识世界的过程，是变客观的东西为主观的东西的过程，这个过程的终点表现为政策的制定。但是，对于领导机关来说，政策的制定还只做了事情的一半，更重要的一半还在于掌握政策，把政策化为群众的行动，依据政策去组织群众的革命实践。这是"到群众中去"的过程，是改造世界的过程，是变主观的东西为客观的东西的过程。

为什么说"到群众中去"的过程更为重要呢？这是因为：第一，政策是理性认识的成果，是就感性"原料"进行"加工"而制成的"成品"。这种认识是否符合于客观实际，"成品"是否合用，在"从群众中来"的过程中是不可能完全解决的，只有回到群众的实践中去加以检验，才能完全解决。如毛泽东同志所说的："政策必须在人民实践中，也就是经验中，才能证明其正确与否，才能确定其正确和错误的程度。"②第二，认识世界的目的在于改造世界，制定政策的目的在于指导革命实践，有了正确的政策，还必须掌握群众，方能成为改造世界的物质力量。毛泽东同志说得好："任何思想，如果不和客观的实

---

① 毛泽东：《党委会的工作方法》，《毛泽东选集》第 4 卷，人民出版社 1991 年版，第 1443 页。

② 毛泽东：《关于工商业政策》，《毛泽东选集》第 4 卷，人民出版社 1991 年版，第 1286 页。

际的事物相联系，如果没有客观存在的需要，如果不为人民群众所掌握，即使是最好的东西，即使是马克思列宁主义，也是不起作用的。"①所以，毛泽东同志十分重视"到群众中去"的过程。

"到群众中去"的过程，同"从群众中来"的过程一样，也是十分艰巨的。领导者有了正确的思想和意见，还必须以恰当的方式告诉别人，方能使这些思想和意见见之实行。如果以为只要政策、意见、办法等本身是正确的，它就会自发地实现，无须进行艰苦深入的宣传组织工作，那是完全不切实际的。

那么，怎样做好"到群众中去"的工作呢？

首先，为使党的政策贯彻到群众中去，必须坚持政策的严肃性。政策本身不正确，固然会在实践中遭到失败；政策本身正确，如果在实行过程中受到了歪曲，也一定要造成坏的结果。毛泽东极端重视政策的严肃性问题，指出"政策和策略是党的生命"②。他说：

> 政策是革命政党一切实际行动的出发点，并且表现于行动的过程和归宿。一个革命政党的任何行动都是实行政策。不是实行正确的政策，就是实行错误的政策；不是自觉地，就是盲目地实行某种政策。……人们的实践，特别是革命政党和革命群众的实践，没有不同这种或那种政策相联系的。因此，在每一次行动之前，必须向党员和群众讲明我们按情况规定的政策。否则，党员和群众就会脱离我们政策的领导而盲目行动，执行错误的政策。③

不严肃地执行党的政策，歪曲党的政策，就是让错误的政策去指

① 毛泽东：《唯心历史观的破产》，《毛泽东选集》第 4 卷，人民出版社 1991 年版，第 1515 页。

② 毛泽东：《关于情况的通报》，《毛泽东选集》第 4 卷，人民出版社 1991 年版，第 1298 页。

③ 毛泽东：《关于工商业政策》，《毛泽东选集》第 4 卷，人民出版社 1991 年版，第 1286 页。

导群众的实践，就是损害革命的利益，这是绝对不能容许的。毛泽东同志严厉地批评了擅自修改中央或上级党委的政策的无组织无纪律的行为。为了在1948年的土改工作和整党工作中严肃地贯彻政策，他规定在干部会议中：

> 必须充分讲明关于这两项工作的全部正确政策，将许可做的事和不许可做的事，分清界限。必须将中央颁布的各项重要文件，责成一切从事土地改革工作和整党工作的干部，认真学习，完全了解，并责成他们全部遵守，不许擅自修改。如有不适合当地情况的部分，可以和应当提出修改的意见，但必须取得中央同意，方能实行修改。①

毛泽东同志这段论述的精神，对于任何工作都是完全适用的。

只是在行动之前讲明政策就够了吗？还不够，还必须在行动的过程中做出不失时机的具体指导。否则，政策的贯彻还是难免要出偏差。所以毛泽东同志又指出：

> 方针决定了，指示发出了，中央局、分局必须同区党委、地委或自己派出的工作团，以电报、电话、车骑通讯、口头谈话等方法密切联系，并且利用报纸做为自己组织和领导工作的极为重要的工具。必须随时掌握工作进程，交流经验，纠正错误，不要等数月、半年以至一年后，才开总结会，算总账，总的纠正。这样损失太大，而随时纠正，损失较少。在通常情况下，各中央局和下面的联系必须力求密切，经常注意明确划清许做和不许做的事情的界限，随时提醒下面，使之少犯错误。这都是领导方法问题。②

---

① 毛泽东：《一九四八年的土地改革工作和整党工作》，《毛泽东选集》第4卷，人民出版社1991年版，第1330页。

② 毛泽东：《关于工商业政策》，《毛泽东选集》第4卷，人民出版社1991年版，第1286页。

其次，为了使党的政策真正贯彻到群众中去，还必须把政策交给群众。毛泽东同志十分强调让政策"最迅速最广泛地同群众见面"的重要性，并且认为"善于把党的政策变为群众的行动，善于使我们的每一个运动，每一个斗争，不但领导干部懂得，而且广大的群众都能懂得，都能掌握，这是一项马克思列宁主义的领导艺术"①。他说：

> 在我们一些地方的领导机关中，有的人认为，党的政策只要领导人知道就行，不需要让群众知道。这是我们的有些工作不能做好的基本原因之一。……在有些同志的工作中间，群众路线仍然不能贯彻，他们还是只靠少数人冷冷清清地做工作。其原因之一，就是他们做一件事情，总不愿意向被领导的人讲清楚，不懂得发挥被领导者的积极性和创造力。他们主观上也要大家动手动脚去做，但是不让大家知道要做的是怎么一回事，应当怎样做法，这样，大家怎么能动起来，事情怎么能够办好？②

因此，他强调指出：

> 我们的政策，不光要使领导者知道，干部知道，还要使广大的群众知道。……群众知道了真理，有了共同的目的，就会齐心来做。……群众齐心了，一切事情就好办了。③

善于把政策交给群众，让广大群众都能懂得，都能掌握，这是马克思列宁主义的领导艺术，是工作犯不犯错误的界限所在。因为党的政策只有在同群众的觉悟水平相适应的时候，才可能为群众所接受，

---

① 毛泽东：《对晋绥日报编辑人员的谈话》，《毛泽东集选》第 4 卷，人民出版社 1991 年版，第 1319 页。

② 毛泽东：《对晋绥日报编辑人员的谈话》，《毛泽东选集》第 4 卷，人民出版社 1991 年版，第 1318—1319 页。

③ 毛泽东：《对晋绥日报编辑人员的谈话》，《毛泽东选集》第 4 卷，人民出版社 1991 年版，第 1318 页。

并化为群众的行动。"当着群众还不觉悟的时候,我们要进攻,那是冒险主义。群众不愿干的事,我们硬要领导他们去干,其结果必然失败。当着群众要求前进的时候,我们不前进,那是右倾机会主义。"①怎样才能使党的政策同群众的觉悟水平相适应,从而避免冒险主义或右倾机会主义的错误呢?这一方面当然是取决于"从群众中来"的过程,即在制定政策的时候要以群众的觉悟水平为依据;另一方面也取决于"到群众中去"的过程,即在贯彻政策的时候要大力进行宣传解释,使政策同群众见面,以便把群众的觉悟水平逐步地提到党的政策的高度。只有当政策为群众所掌握,并在群众的实践中变成了现实的时候,才算完成了"到群众中去"的任务。

从群众中集中起来,又到群众中坚持下去,这是一次循环。能不能说,只要经过这样的一次循环,就可以保证形成正确的政策或意见,并在群众的实践中变成现实呢?事情没有那样简单。要想形成关于一定时期、一定工作任务的正确政策或意见,并见诸实行,需要从群众中来、到群众中去的多次循环(情况愈复杂,任务愈艰巨,循环的次数也需要得愈多)。而且当情况向前推移了、工作任务改变了的时候,又需要在新的条件下继续地反复地循环,就这个意义说,这种循环是永无止境的。在循环的过程中,由于主客观条件的种种限制,这样那样的错误仍然是难免的。以为只要按照"从群众中来,到群众中去"的科学公式办事,就可以保证绝对不犯任何错误,那是一种违反马克思主义认识论的形而上学的幻想。那么,这个科学公式的重要意义何在呢?就在于指出了达到正确认识的唯一途径。这就是说,如果我们严格地按照它去进行工作,就可以不犯方向性的错误,不陷于主观和客观相分裂、认识和实践相脱离的境地,就能够在每一次的循环中使自己的认识提高一步,深化一步;反之,如果违反了它,我们就一定要碰壁。

群众路线是我们党的根本路线,是进行一切工作都必须坚持的。

① 毛泽东:《对晋绥日报编辑人员的谈话》,《毛泽东选集》第4卷,人民出版社1991年版,第1320页。

有的同志觉得，大事需要走群众路线，小事不需要。毛泽东同志认为不对。他认为，即使像报刊编辑部如何消灭错字这样的"小事"，要收到效果，也非走群众路线不可。① 又有的同志觉得，平时可以走群众路线，任务紧急的时候不行。毛泽东同志也认为不对。即使在火线上，也要发动士兵讨论如何攻克敌阵，如何完成战斗任务。② 当然，这并不排斥在若干特殊情况下领导者的临时处置；然而要处置得宜，也非平时坚持先做学生、后做先生的原则，以至已经把情况弄清了不可。

4. "从群众中来"和"到群众中去"都必须正确处理 一般和特殊的关系问题

为了正确地有效地贯彻群众路线，还必须采取一般和个别相结合的方法。毛泽东同志说：

> 从群众中集中起来又到群众中坚持下去，以形成正确的领导意见，这是基本的领导方法。在集中和坚持过程中，必须采取一般号召和个别指导相结合的方法，这是前一个方法的组成部分。从许多个别指导中形成一般意见（一般号召），又拿这一般意见到许多个别单位中去考验（不但自己这样做，而且告诉别人也这样做），然后集中新的经验（总结经验），做成新的指示去普遍地指导群众。③

毛泽东同志的这个概括，是马克思主义认识论中关于一般和特殊

---

① 毛泽东：《对晋绥日报编辑人员的谈话》，《毛泽东选集》第4卷，人民出版社1991年版，第1318页。

② 毛泽东：《军队内部的民主运动》，《毛泽东选集》第4卷，人民出版社1991年版，第1275页。

③ 毛泽东：《关于领导方法的若干问题》，《毛泽东选集》第3卷，人民出版社1991年版，第900页。

的原理在领导方法上的生动运用。无论"从群众中来"或"到群众中去"，都必须正确处理一般和特殊的关系问题，才能符合认识过程的正常秩序，收到预期的效果。

从"从群众中来"的过程（领导者的意见形成的过程）看，毛泽东同志的上述论断告诉我们，必须正确地解决如何形成一般性的指导意见（政策、方针、计划、办法等）的问题。毛泽东同志在《矛盾论》中指出，人们认识的正常秩序，总是首先认识许多个别事物的特殊本质，然后才有可能更进一步地进行概括工作，认识诸种事物的共同本质。一般就寓于特殊之中，离开了特殊就没有一般。如果认为在研究事物的特殊规律之前就可以预先认识事物的一般规律，那就是唯心主义的意见。因此，毛泽东同志认为，不对具体的问题进行调查研究，取得特殊的经验，就不可能有基本的知识："凡不从下级个别单位的个别人员、个别事件取得具体经验者，必不能向一切单位作普遍的指导。"①领导者进行调查研究的过程也就是学习的过程。毛泽东同志把这叫作"指导和学习相结合的方法"②。如果不肯或不善于参加群众的实践并从中总结经验，而喜欢自作聪明发表意见，那么，这种意见一定是脱离实际的空论，这种领导一定是主观主义和官僚主义的领导。但是，另一方面还必须反对经验主义的方法，即认为只有把所有具体工作都参加到，所有的单位都调查到，才能形成一般意见。这是不必要的，也是不可能的。为了了解麻雀的生理构造，并不需要把天下所有的麻雀都解剖一遍，解剖几只就够了。特殊之中有一般。一只或几只典型的麻雀就可以代表一般的麻雀。当然，社会生活中的问题比麻雀的生理构造问题要复杂得多，选择典型也困难得多，然而基本的道理却是共同的。因此，毛泽东同志告诉我们，调查研究的基本方法是典型调查，即有计划地抓住几个单位（不要很多）进行周密的调

---

① 毛泽东：《关于领导方法的若干问题》，《毛泽东选集》第3卷，人民出版社1991年版，第898页。

② 毛泽东：《关于领导方法的若干问题》，《毛泽东选集》第3卷，人民出版社1991年版，第898页。

查，从中引出一般性的结论；取得经验的基本方法也应当是选择两三个单位(不要很多)将所号召的工作深入实施，从中引出一般性的指导意见。这就是突破一点，取得经验，指导全面的方法。毛泽东同志在 1948 年年初指导土地改革工作时指出：“不要全面动手，而应选择强的干部在若干地点先做，取得经验，逐步推广，波浪式地向前发展。”①土改如此，其他工作也都应当如此。

第二，还必须正确地解决一般对特殊的指导作用问题。正如自然科学研究不可能不受一定哲学思想的指导一样，对实际工作的研究也不可能没有一定哲学思想的指导。在调查研究的过程中或指导某项具体工作的过程中，不是受正确思想的指导，就是受错误思想的指导，不是自觉地就是盲目地受某种思想的指导。马克思主义的一般原理和党的方针政策是从实际中抽出来又在实际中得到证明的科学真理，只有以它为指导，才能在具体的研究中区别什么是正确的东西，什么是错误的东西，什么是生长着的新东西，什么是衰亡着的旧东西，什么是主流，什么是支流，才能从特殊的经验中引出正确的结论。相反地，如果不是自觉地以马克思主义的一般原理和党的方针政策为指导，那就可能接受错误思想的指导，这样，即使辛辛苦苦地做了调查研究，也不会得出正确的结论，甚至还会犯方向性的错误。毛泽东同志屡次强调一切调查研究工作必须运用马克思主义的基本观点特别是阶级分析的方法，对一切具体工作的指导必须有明确的政策的观点，共产党人必须经常把无产阶级的世界观拿在手里。这些科学论断都是不可须臾忘记的。

从“到群众中去”的过程(领导者的意见见之实行的过程)看，毛泽东同志的上述论断也告诉了我们两个最根本的原则：第一，任何工作任务，都必须有一般的普遍的号召。一般号召是从个别指导中形成的，但是它一经形成，就成为反映工作全局的一般规律的东西，就包括了各个局部的共同本质，对于各个局部就有指导意义。如毛泽东同志所说的，“不认识矛盾的普遍性，就无从发现事物运动发展的普遍

① 毛泽东：《毛泽东选集》第 4 卷，人民出版社 1991 年版，第 1284 页。

的原因或普遍的根据"①，"懂得了全局性的东西，就更会使用局部性的东西，因为局部性的东西是隶属于全局性的东西的"②。显然，没有一般号召，就不能动员广大群众按照党的政策指出的方向行动。毛泽东同志教导说，共产党员不但要记住各项具体工作的路线和政策，尤其要记住党的总路线和总政策，否则"我们就将是一个盲目的不完全的不清醒的革命者，在我们执行具体工作路线和具体政策的时候，就会迷失方向，就会左右摇摆，就会贻误我们的工作"③。

第二，还必须有个别的具体的指导。一般和个别是对立的统一。一般是一个侧面，个别又是一个侧面。任何一般只能大致地包括一切个别事物，任何个别都不能完全地包括在一般之中。因此，一般的认识，即使是完全正确的，在上述的意义上也还是片面的、抽象的，只有把一般特殊联结起来，才能有全面具体的认识。

毛泽东同志在《矛盾论》中说，有了一般认识之后，还必须以它为指导，向着尚未研究过的或者尚未深入地研究过的新的具体事物进行研究，这样才能具体认识具体事物，才能丰富和发展一般认识的内容，并使一般认识不致成为枯槁僵死的东西。马克思主义的活的灵魂就在于具体地分析具体情况，正是说的要善于把一般同特殊联结起来。把这些原理应用于领导方法，毛泽东同志告诉我们，在领导者的意见见之实行的时候决不可以满足于提出一般号召，而必须"在做了一般号召之后，紧紧地接着从事于个别的具体的指导"。这当然不是说，领导者必须把自己领导下的一切具体工作都亲自做一遍，而是说应该在做了一般号召之后，有计划有目的地选择若干个点（不要很多），亲临现场，详细了解实施过程中的各种实际问题，并亲自指导这些单位的负责人具体地解决这些问题。这样既解决了问题，推动了

---

① 毛泽东：《矛盾论》，《毛泽东选集》第 1 卷，人民出版社 1991 年版，第 309 页。

② 毛泽东：《中国革命战争的战略问题》，《毛泽东选集》第 1 卷，人民出版社 1991 年版，第 175 页。

③ 毛泽东：《在晋绥干部会议上的讲话》，《毛泽东选集》第 4 卷，人民出版社 1991 年版，第 1316 页。

工作，又取得了那些为原来的一般号召所包括不了的新的特殊经验。于是就可以总结新的经验，作为新的指示，去进一步指导群众了。有两种方法不对：一种，只做一般号召，不做具体指导，这是容易使一般号召落空的官僚主义的领导方法；另一种，陷在具体工作里出不来，事无巨细，一概躬亲处理，只当了"演员"，忘记了"导演"的任务，这是经验主义或事务主义的领导方法。这两种方法都同毛泽东同志阐明的科学原理不相符合。

毛泽东同志阐明的关于正确的领导必须从群众中集中起来又到群众中坚持下去的原则，以及在集中和坚持的过程中必须采取一般和个别相结合的方法的原则，是在任何时候进行任何工作都必须牢牢记住和严格遵守的最根本的原则。随着革命实践的发展，这些原则的内容也愈来愈丰富，愈来愈为广大的党员、干部和群众所掌握。今天，当我们面临着日新月异的艰巨复杂的社会主义建设任务的时候，当各项工作中都有一个很大的"必然王国"有待于我们去探索的时候，反复地咀嚼毛泽东同志关于群众路线的论述，切切实实地用来指导我们的行动，这对于帮助我们把各项工作做得更加深入细致，把社会主义建设事业推进得更加迅速，其意义是不可估量的。

直接经验与间接经验[*]

毛泽东同志《实践论》中说："一个人的知识，不外直接经验的和间接经验的两部分。"①如何把这两部分经验恰当地结合起来，对于认识世界和改造世界是很重要的。

"一切真知都是从直接经验发源的。"②因为只有人们在实践活动中由于肉体感官与客观外界事物相接触，因而产生了对客观事物的感觉时，认识才开始发生。否认了这一点就是离开了唯物主义。但是另一方面，所谓"一切真知都是从直接经验发源的"，是就人类知识的总体和最终泉源而言的。如果说到某一个人或某一代人的知识，其中就不仅有直接经验，而且还有间接经验；而且一般说来，直接经验总是少于间接经验。如果忽视了间接经验，以为事事都要直接经验才能取得知识，那就是片面的狭隘的观点。

小时候曾经听到过一个"科学故事"，说牛顿因为看到树上苹果坠地才发现了"万有引力"。假如真有其事，它的意义也要看怎么理解。首先，看到苹果坠地只是一次偶然的直观，并不是科学实验或科学观察，从这一点点感性材料中是做不出什么科学结论的。其次，把这样一个伟大的科学发现完全归因于牛顿一个人的直接经验，而忽视了他从前人和同时代人那里汲取的间接经验，这也不合乎事实。实际

* 本文原载《江汉学报》1962 年第 9 期。

① 毛泽东：《实践论》，《毛泽东选集》第 1 卷，人民出版社 1991 年版，第 288 页。

② 毛泽东：《实践论》，《毛泽东选集》第 1 卷，人民出版社 1991 年版，第 288 页。

上，牛顿所以能在科学上有重大发现，一方面是因为他亲身进行了科学实验和观察，积累了丰富的直接经验；另一方面也是因为吸取了欧几里得以来特别是哥白尼和伽利略以来自然科学的成就，拥有丰富的间接经验。假如牛顿是一个拒绝间接经验的人，他一不读书，二不同别人交换意见，别人做了些什么工作，有些什么经验教训，他一概不管，他能从苹果坠地受到启发，发现万有引力吗？

正如恩格斯在《社会主义从空想到科学的发展》的开头指出的，无论哪一个思想部门的理论创造工作，都必须从已经积累起来的思想资料出发。同样，要正确地解决生产斗争、阶级斗争以及其他实践活动中的实际问题和理论问题(特别是比较复杂的问题)，也要充分地汲取前人已有的经验，单靠直接经验是远远不够的。

毛泽东同志指导中国革命，并在这个过程中创造性地发展了马克思主义的工作，就是把直接经验同间接经验恰当地结合起来的范例。以他的军事理论为例。他的军事理论当然首先和主要地是从我们党所领导的革命战争的直接经验中总结出来的。没有无数次大仗和小仗、胜仗和败仗的流血经验，就不会有毛泽东的军事理论(毛泽东同志在批判轻视直接经验的教条主义错误时，强调地指出了问题的这一方面)。但能不能说毛泽东同志在创造军事理论的时候仅仅依靠了直接经验呢？不能。首先，毛泽东同志在指导革命战争以及总结战争经验时，是以马克思列宁主义的一般原理做指导的，这就是间接经验的东西。其次，他还认真地参照了已有的军事理论，参照了一般革命战争的历史经验，乃至一般战争的历史经验，这也是间接经验的东西。他对这一点是很看重的，他说："一切带原则性的军事规律，或军事理论，都是前人或今人做的关于过去战争经验的总结。这些过去的战争所留给我们的血的教训，应该着重地学习它。"①我们翻开《中国革命战争的战略问题》或者《论持久战》就可以看到，那里除了大量地引用了中国革命战争的战例之外，还相当多地引用了古代和外国的战例。

① 毛泽东：《中国革命战争的战略问题》，《毛泽东选集》第 1 卷，人民出版社 1991 年版，第 181 页。

除了从我们自己的直接经验中总结出来的结论之外，还引用了古代和外国的大量战例，如为了说明劣势军队在优势敌人的进攻面前实行战略退却以便伺机破敌的必要，他援引了春秋时代曹刿论战的故事，列举了楚汉成皋之战、新汉昆阳之战、袁曹官渡之战、吴魏赤壁之战、吴蜀彝陵之战、秦晋淝水之战等我国历史上著名的战例；为了说明抗日战争的有利条件，他把抗日战争同印度的抗英战争、阿比西尼亚的抗意战争、我国太平天国战争和辛亥革命战争等做了对比；他经常引用《孙子兵法》和我国其他兵书上的著名原则，如"知彼知己，百战不殆"、"声东击西"、"兵不厌诈"、"避其锐气，击其惰归"，等等。他还非常重视德国军事理论家和军事历史学家克劳塞维茨的军事理论。从这一点说，毛泽东的军事理论不但是中国革命战争经验的总结，而且也是世界战争史的总结。间接经验的作用在这里是十分显然的。

重视间接经验，可以使我们避免重复前人或别人已经做过的工作，以便把时间和精力节省下来，去做那些非做不可的事情，去进行新的创造。

比如说，在前人或别人的经验中，有些是经过实践证明了的成功的经验或科学的结论。对于这样的间接经验，我们只要接受过来，结合自己的具体条件加以运用就够了，无须另起炉灶，重新做起。有些是经过实践证明了的失败的经验，或者经过科学理论证明了的行不通的做法。对于这样的间接经验，也应该接受过来，结合自己的条件加以研究：如果这种失败是由于彼时彼地的特殊原因所致，而这原因在我们这里并不存在，或者虽然存在但是可以设法消除的话，那么这件事情还是可以做的，在做的过程中再来总结经验。但是，如果这种失败是由于普遍的原因，是不可避免的结果，并且已为科学理论和无数次的实践所证明，那么这样的事情就应该坚决不做。古人说："前车之覆，后车之鉴。"又说："有所不为而后可以有为。"正是这个道理。以前车之覆为鉴，不做那些明明会遭到失败的事情，看来似乎是消极的"不为"，实际上正是积极的"有为"。

由此可见，间接经验无论是成功的或失败的，对善于学习的人说来都是无价之宝。

由于主客观的矛盾永远存在，认识不能一劳永逸地符合客观实际，因此，除非根本不做事，"碰钉子"的事总是难免的。但是碰钉子也有不同的情况：一种情况是，做前人没有做过、自己也没有做过的新事情，既无直接经验又无间接经验，不知道哪里有"钉子"，因而碰了，那是难免的，"吃一堑长一智"就是了。但如果这件事自己虽未做过，但已有间接经验，从中就可以知道哪里有"钉子"，这时如果置间接经验于不顾，明知有"钉子"还要去碰，直到头破血流方信，那就是真正的"狭隘经验论"了。列宁屡次强调，只有用人类创造的全部知识财富来丰富自己的头脑，才能成为共产主义者；毛泽东同志在说到我们的学习任务时也总是同时提到理论、历史和现状三个方面。这些道理都是不能忘记的。

间接经验在实践活动中有非常重大的作用。然而要使这种作用充分发挥起来，还是必须同自己的直接经验相结合。因为任何间接经验都产生于特殊的环境之中，带有彼时彼地的特点，不一定尽合于此时此地的情况。所以毛泽东同志在指出学习间接经验的重要性的同时，又强调必须"从自己经验中考证这些结论，吸收那些用得着的东西，拒绝那些用不着的东西，增加那些自己所特有的东西"①。只有经过这样一番分析批判消化融会的工作，间接经验才可能变为自己的东西，成为有血有肉的活的知识。否则，生吞活剥，机械照搬，即使在别人那里是成功的经验，到了我们手里也可能导致失败。脱离了直接经验来谈间接经验，那是另一个极端，也是不可取的。

强调直接经验和间接经验的辩证关系，反对片面性，是为了鼓舞我们勇于实践，而不是让我们左顾右盼，畏葸不前。如果每做一事，必先遍查典籍，凡前圣所未发、前人所未举的一律不敢开口，不敢迈步，那就是无所作为的庸人和迂腐的学究了。直接经验与间接经验的正确结合也只有在实践中才能达到。因此，把实践放在首要的地位，在实践的过程中去积累经验，增长才干，对我们永远是头等重要的。

---

① 毛泽东：《中国革命战争的战略问题》，《毛泽东选集》第 1 卷，人民出版社 1991 年版，第 181 页。

何谓彻底认识世界？*

——关于不可知论

1. 问题的由来

《学术月刊》1981年第5期刊载的赖金良同志的《是不可知论，还是马克思主义认识论？》一文，开宗明义提出了一个在作者看来非常重大的理论问题：

> 人能不能彻底认识世界？否认彻底认识世界的可能性，是不是不可知论？这个问题，好像已经没有讨论的余地了。因为多年来，在哲学家的讲台上和书本里，都是这样讲或这样写的："不可知论的基本观点，就是否认思维和存在的同一性，否认人们能够认识世界，或者至少是否认人们能够彻底认识世界。"我却认为，这个"定论"未必正确。把"否认人们能够彻底认识世界"和"不可知论"混为一谈，这是背离马克思主义认识论的。①

金良同志特别注明，这里被作为"背离马克思主义认识论"的典型言论加以引证的一段话，出自李达同志主编的《辩证唯物论大纲》（陶按：应为《唯物辩证法大纲》）。我是李达同志指导下的具体执笔

---

* 本文原载《江汉论坛》1992年第2期。

① 赖金良：《是不可知论，还是马克思主义认识论？》，载《学术月刊》1981年第5期。

人。李达同志在"文革"中被迫害致死后，我曾遵照他的遗言对此书做过修订，现在也正在听取各方面的意见对此书再做一些必要的修改。我刚读金良同志此文时是满怀希望的，但反复阅读并认真反省之后，却不能不坦率地说，我不能同意金良同志的上述意见。

金良同志引证的那段话并不是李达同志个人的独特观点，而是恩格斯的著名论断的复述。恩格斯的原话是："……此外，还有其他一些哲学家否认认识世界的可能性，或者至少是否认彻底认识世界的可能性。在近代哲学家中，休谟和康德就属于这一类……"①除非对语法做出奇特的解释，恐怕很难说"否认彻底认识世界的可能性"和"否认人们能够彻底认识世界"有什么"原则区别"，除非对经典作家的大量论述完全无视，恐怕也很难否认经典作家把"否认彻底认识世界的可能性"的休谟和康德的观点叫作"不可知论"（归属于不可知论的一种类型）。《大纲》中的这段话正是恩格斯的上述名言的复述。如果这就叫作"混为一谈"，那就应该首先说是恩格斯"混为一谈"了；如果这就叫作"背离"，那就应该首先说是恩格斯"背离"了。这才合乎逻辑。然而在赖文看来，同一论断，出自恩格斯笔下就是"光辉思想"，出自我国哲学家笔下就成了"背离马克思主义认识论"的错误观点，试问如何自洽？

金良同志似乎觉察到了逻辑上的困难，于是解释说，恩格斯说的"彻底认识世界"的"真实含义"就是"正确地认识世界"，而"现在大家"却把它"理解"成了客观真理可以穷尽。这真是越解释越糊涂了。《大纲》究竟在第几页上有哪句话把这段话里所说的"彻底认识世界"解释成为客观真理可以穷尽呢？《大纲》的全书又在什么地方宣传过这种观点呢？只要稍稍浏览一下这段话的下文，或者翻阅一下全书，本来是极容易弄清楚的。可是不知何故，作者似乎并没有这样做。好在作者说他写这篇文章是为了"和学术界的同行们商讨"，所以我才做如上的几句申明。

---

① 恩格斯：《路德维希·费尔巴哈和德国古典哲学的终结》，《马克思恩格斯选集》第4卷，人民出版社1995年版，第225页。

2. 是语词之争还是实质之争？

关于《大纲》的话无须絮聒了。值得讨论的倒是金良同志提出的一般理论问题：否认彻底认识世界的可能性究竟是不可知论还是马克思主义认识论？金良同志认为，否认彻底认识世界的可能性是马克思主义认识论的"重要思想"，而"我们的哲学家"多年来都犯了大错误，把这个"重要思想"当作不可知论错批了，以至于在讲台上和书本里都宣扬了杜林式的终极真理论。

如此说来，金良同志与我国广大哲学工作者之间的原则分歧真是非同小可了。

我对我国哲学讲台和哲学书本的情况不敢说了解得很全面。管窥所及，觉得我们对绝对真理和相对真理及其相互关系的理解确乎不很一致，有的表述也不无可议之处。金良同志指出这一点我也有同感。大家来共同探讨如何把这些理论问题理解得更正确，表述得更严密，无疑是很有意义的工作。但倘说"我们的哲学家"或我们"大家"不但"多年来"，而且直到粉碎"四人帮"五年之后的今天还在宣扬客观真理可以穷尽的谬论，而造成这种荒唐局面的根源又在于使用了"彻底认识世界的可能性"这个说法，这就未免言过其实了。我认为，金良同志描绘的画面带有虚构的性质，他同"大家"的分歧其实不过是语词上的分歧。

命题的意义与组成命题的语词的含义有关（这里不讨论逻辑上的永真命题和矛盾命题）。语词相同而含义不同，则命题的意义不同。"砒霜是不可吃的"这个命题的真理性多年来为什么没有争论呢？因为大家不但对"砒霜"一词的所指没有不同的理解，并且对"不可吃"一词也约定俗成地理解为"吃下去会使人中毒"的意思。设想现在有位同志不允许对"不可吃"一词的含义做这样的规定，而认为"不可吃"的含义只能被规定为"不可能被吞到肚里去"。于是他就发现：砒霜又不是一座大山或一条轮船，完全可能像吞一包头痛粉似的吞到肚里去，怎么能说"不可吃"呢？由此可见，"砒霜是不可吃的"是背离科学的命题，听任这种传统的错误说法流行，势必使大家误认为砒霜是一种根本不可能因而也就必然不至于被吞到肚里去的东西，从而丧失警惕，导致误食砒霜的严重后果，这可是人命关天的大事！因此，他宣布他同大家之间发生了原则分歧。我想，假如真的出现了这种场面，我们恐怕也只好说：事情没有那么严重，这不过是语词之争，并不是实质之争。只要争论的双方都按照对方给"不可吃"这个语词所规定的含义来理解对方的陈述，"分歧"就立即化为乌有了。事实上，"争论"的双方都同意砒霜并非不可能被吞到肚里去，也都同意砒霜被吞到肚里去会使人中毒，哪里有什么实质性的"分歧"呢？

我觉得金良同志描绘的"分歧"与此有类似之处。

"彻底认识世界"一语在马克思主义经典著作里确实在不同的含义上被使用过。第一种含义是指人的头脑如实地反映客观事物"本身"。在这种含义下，经典作家毫不含糊地把康德的观点概括为"否认彻底认识世界的可能性"，而这也就是不可知论的一种类型（按列宁引证过的恩格斯的说法，是"不可知论的变种"）。康德认为人们只能认识由事物作用于我们而引起的"现象"，却不可能认识处在"现象"的"彼岸"的"物本身"，这个"底"永远不可能"彻"。不仅就整个世界来说是这样，而且对任何一个具体的事物来说也是这样。马克思主义反对这种观点，指出"现象"和"物本身"之间并没有不可逾越的鸿沟，只要我们认识了事物的现象，也就能认识事物"本身"，这里没有什么不可"彻"之"底"。在这个含义上的"彻底认识世界"难道不可以说吗？在这个含义上的"否认彻底认识世界"难道不是标准的康德主义即不可知论，而是什么"马克思主义认识论"吗？当然，"彻底认识世界"在经典著作里也还有第二种含义、第二种用法，那就是指把世界上的一切事物都认识无遗，即穷尽客观真理或达到"终极真理"。在这种含义下，经典作家也同样毫不含糊地反对了"彻底认识世界"的形而上学奢望。这样的论断远不止赖文引证的那一些，还可以引出许多。对此我们并没有"遗忘"或"背离"。我想，只要实事求是地承认"彻底认识世界"在经典作家那里和在我们这些普通哲学工作者那里都在不同的含义上使用过，而又能按照别人使用这个语词时所赋予的含义来理解别人所陈述的命题，赖文作者同大家之间究竟有没有实质分歧就可以一目了然了。如果取第一种含义，那么实质性的问题就是：人们的头脑能不能如实地反映客观世界？人们能不能在表象和概念里形成客观事物的正确映象？我想金良同志和大家都会回答说：能。如果取第二种含义，那么实质性的问题就是：人们能不能把世界上的一切事物都认识无遗？人们对客观世界的反映能不能达到"至矣，尽矣，不可以复加矣"的"终极"状态？我想金良同志和大家都会回答说：不能。这里既没有马克思主义和康德主义之争，也没有马克思主义和杜林主义之争，请问原则的分歧在哪里？

金良同志所以在没有原则分歧的地方发现了原则分歧，发现了大家对马克思主义认识论的"背离"，恐怕是因为他根本不允许别人在第一种含义上使用"彻底认识世界"这个表述（恩格斯例外，有时金良同志本人也例外），即使明明知道别人是在第一种含义上使用这个表述，也硬要按第二种含义曲解别人的论断。这样制造出来的"分歧"，我实在不知道对探讨问题有什么益处。

我说有时金良同志本人也例外，是有根据的。他的文章的中心论点就是"世界是可知的，又是不可知的"。试问这句话里两次出现的"可知"是同义的吗？如果同义，此话当做何解释？怎能使思维正常的人理解它？其实，前一个"可知"就是第一种含义的"彻底认识世界"，后一个"可知"就是第二种含义的"彻底认识世界"，这句话无非是说人们的认识能正确地反映世界，但不能穷尽地反映世界而已。可见作者并不禁止自己在不同的含义上使用"可知"这个语词，即使在同一句话里同时使用也不禁止。可是却不允许别人在不同的含义上使用"彻底认识世界"这个表述，哪怕是在不同的场合分别使用也不允许，违禁者即以"背离"马克思主义认识论目之。这就在逻辑上不能一贯到底，陷于自相矛盾了。

我谈到这些意见，是因为感到把语词之争和实质之争区别一下很有好处，至少有助于减少一些看来激烈非凡、其实无关宏旨的争论。这并不是说一切语词之争都是无谓之举。固然，语词与语词所指称的对象的关系完全是约定的，并无非如此不可的必然性。但在实际使用的时候却不能不照顾到许多社会因素，诸如科学传统、生活习惯之类。假设有人偏要用"牛"这个名词来指称我们通常用"人"这个名词所指称的对象，那么只要定义清楚明晰，议论首尾一贯，也确实不好说他有什么实质性的错误，更不必"上纲"到侮辱人类、吹捧牲畜的"高度"。不过这将造成很多麻烦。至少每当他说到有"牛"字在内的语句时都得事先宣布与众不同的定义，或请别人查阅他自编的专用辞典，否则别人就听不懂他的话，说不定他还会因为触犯了人的尊严而闯下一场祸来。所以我们要劝他不必多此一举。如果他坚持己见，我们同他的争论虽然也还是语词之争，但却并不是无谓之举了。"彻底认识世界"一语的两种含义如果已经造成了类似的麻烦，即使只是语词问题，也有澄清的必要，为此而争论一番也不是多余的。但事实并非如此。经典作家这样用过，我们也跟着这样用了多年，并没有妨碍对马克思主义认识论的理解和阐述，有什么必要为消灭其中的一种含义而斗争呢？

我绝不是主张语词的歧义越多越好。相反，从科学陈述的明晰性的要求考虑，语词的歧义太多并不是好事。一个语词表达几个概念，一个概念用几个语词表达，总是不理想的。在这一点上，人工语言确比日常语言优越。但是，既然目前我们还不可能用人工语言陈述一切理论问题，就不能不考虑到在日常语言范围内完全消除语词的歧义是极其困难的。有时，为了消除歧义造成的困难反而会引起更多的困难，例如要修改以往的文献之类。所以，某一语词如果事实上已形成歧义，那么只要在使用时给以明确的定义，或者在前后文的呼应中使人理解它在此处的含义，不致造成语义的含混（含混与歧义不同），无碍于科学的陈述，也就不必强求"统一"。我觉得在这一方面金良同志似乎注意不够。另一方面，在必要和可能的情况下，当然还是应该力求减少歧义（有的科学部门甚至可以用开国际会议的办法来统一名词的用法），至少不要去增加歧义。对象 O 既叫作 A 又叫作 B，已经够麻烦了，就不必又把它叫作 C；名词 N 既指对象 P 又指对象 Q，已经够费事了，就不必又用它去指对象 R。这倒不是为了怕"传统的耳朵"听了"不舒服"，而是为了不增加困难。我觉得金良同志在这方面也考虑不够。例如，他不满意"未被认识之物"这个传统说法，而提出了"在既定的条件下还不可知的东西"的"新"说法。我很想知道这个"新"说法表达了什么新内容。然而细读之后，我不能不说作者在这里不过是增加了一个同义词。这种增加不但没有使理论的深度得到相应的增加，反而使需要解释的名词增加了一倍。

浅议"主体"*

　　主体问题近年为学者倾注，不为无因。盖哲学流派虽夥，而咸认主客体关系为认识论之核心则一。欲究此关系，则于主体与客体两者必皆有所陈述。我国多年来于主体之研究或有畸轻之弊，学者起而补苴罅漏，固势所必然也。

　　或谓马克思主义认识论之旨趣在求主观符合客观，今以主体研究为事，易陷主观主义。窃谓此说未能得实。主体与主观在西语中虽属一词（subject），其义实殊；主体性与主观主义虽亦易混（亦有译 subjectivity 为"主观主义"者，与 subjectivism 同义），究宜有别。言主体或主体性者未必即为主观主义，讳言主体或主体性者未必即能确保客观原则。旧唯物主义诚重视客观矣，然其逻辑结果恰陷于宿命论或唯心论，此何故哉？盖以其视主体为被动承受之器，不察主体对认识之作用，有悖认识之真实状况与过程，无力指导吾人循客观规律以改造世界，反假唯心主义以可乘之隙也。此旧唯物主义之痼疾，马克思于《关于费尔巴哈的提纲》中固已痛下针砭矣。认识诚客体在主体头脑中之反映，然此所谓反映者，乃主体作用于客体之结果，而断非客体在主体头脑中之机械映象。主体之特性实认识中不可排除之因素，置彼于不顾而欲状认识之实况，使认识臻于"客观"，是求鱼而缘木也。普列汉诺夫尝言，力主客观者未必皆能客观，其中或有人恰为主观主义者。此尤他，盖彼之所谓"客观规律"者，主观精神之别名耳。彼既坚信一己之主观愿望即是"客观规律"，则其主观主义尤甚于他

　　* 本文是本书作者为姜锡润著《论认识主体结构》一书写的序，原载《武汉大学学报》（哲学社会科学版）1993 年第 1 期。

人也固宜。"大跃进"之误，固由过分张扬主观能动性所致，而此种过分张扬亦与未察主体之特性有关。且即在斯时亦未尝不提倡遵循客观规律，甚且有谓人民公社为历史之必然者，何救于主观主义之泛滥乎？教训昭然，不可不察。客主之分，犹如彼己。知己知彼，其说乃周。不察主体而徒言客体，无异重蹈旧唯物主义之覆辙，执此而能得认识之实，未之有也。

然则精研主体必能避免主观主义乎？未可必也。一言以蔽之，循正道则成，陷歧路则败。正道者何？其唯马克思之说乎！夫主体之探究，诚非自马克思始，而马克思实为言之中的之第一人。唯心主义之所谓主体，无论做何玄论，要之不外精神而已。旧唯物主义之所谓主体，虽为血肉之躯，然乃游离于社会历史之外，生物而已，镜面而已。斯二者之言认识，或为主观自生，或为机械摄像，于认识之实况不啻天壤。马克思出，乃谓主体既非脱离肉体之精神，亦非脱离社会之生物，实乃实践于社会关系与历史发展中之人。主体之特性既非与生俱来，亦非一成不变，既非纯由外铄，亦非主观自生，实乃主客体交互作用之果。主体在改造客体之实践活动中改变自身，造就自身。此石破天惊之论，一扫千年迷雾者也。本乎此，则知欲把握主体与客体，皆不能囿于二者自身，必于二者之交互作用中求之。欲深究主体之特性，断不可脱离客体，脱离实践，脱离由实践造就之社会关系及其历史发展。征之当代科学，其理益彰。近有倡言高扬主体性而无视客体之制约，描绘主体性而脱离实践与社会历史者，其辞似新，其义实陈。马克思之后为此，是犹日丽中天而秉烛觅道也。

姜锡润副教授所著《论认识主体结构》，源于其博士论文。付梓前多有增益润色，崭然新作矣。此著以马克思之理论为宗而弘扬之，于主体之内在要素，外在要素，以及主体间之相互关系诸问题，皆能据实深研，条分缕析，多所阐发，而其鹄的则在觅优化主体结构之途，冀有裨于实现改造世界之伟业，诚精思有得之力作也。虽然，此著所论仅问题之一端，待探之域方浩如烟海；即此一端，本著亦仅备一说。且著者攻博士学位于武汉大学时，余忝为导师，切磋有年，难免蔽于门户而不察其疵。倘海内外方家有以匡正之，则受益者不独著者也。

从文化发生学的角度考察认识结构[*]

何萍同志的新著《人类认识结构与文化》即将出版，她希望我在卷头写一些话。我想借这个机会，就有关的问题谈谈个人的看法。

坚持和发展马克思主义哲学是时代提出的课题，是建设有中国特色的社会主义的需要，是发展社会主义的物质文明和精神文明的需要。要坚持和发展马克思主义哲学，首先就不可能不遇到如何理解马克思主义哲学的精神实质的问题。我们从事马克思主义哲学研究和宣传的同志都认为马克思主义哲学的产生"在人类认识史上起了一个空前的大革命"①，也都认为引起这场大革命的关键在于把实践作为包括认识活动在内的全部社会生活的基础。这是没有不同意见的。但是，为什么把实践观点引入哲学就会造成认识史上的大革命？这场大革命的实质内容是什么？它革了什么东西的命？对这些问题就有很不相同的理解和说明了。当然，有些说明的不同只是表述方式的差异，或者是侧重方面的不一，这是无关宏旨的事。但是有些说明的不同则反映了对马克思主义哲学的精神实质的理解上的分歧，这种分歧又必然涉及如何坚持和发展马克思主义哲学这个重大问题。通过研究和讨论弄清这些问题，逐步取得比较一致的认识，看来是很有必要的。

近年来我国哲学界有的同志认为唯物主义与唯心主义的对立只是哲学发展的一定阶段的现象，马克思把实践观点引进哲学后，这种对立就失去了意义，因为马克思主义哲学"超越"了这种对立；在有了

　＊　本文是作者为何萍《人类认识结构与文化》一书所作的序，该书由武汉出版社于1991年出版。

　①　《毛泽东选集》第1卷，人民出版社1991年版，第303—304页。

马克思主义哲学之后还讲物质第一性意识第二性，还讲反映论，就是重复旧唯物主义的观点，太"陈旧"了。对这种说法，我是不敢苟同的。我认为这不符合马克思主义哲学创立和发展的历史过程，不符合马克思主义经典作家本人的陈述，不符合实践和科学揭示的事实。大家都知道，马克思和恩格斯是曾经同费尔巴哈站在一起猛烈地批判了黑格尔的唯心主义和青年黑格尔派中一些人的唯心主义，并由此转变到唯物主义立场的。他们终其一生都充分肯定费尔巴哈在唯心主义的阴云笼罩德国的时候恢复唯物主义应有权威的巨大历史功绩。这是有案可查的事实。诚然，他们从来也没有无保留地赞同费尔巴哈的一切观点，而且很快就同费尔巴哈分手了。马克思在《关于费尔巴哈的提纲》这个"新世界观的天才萌芽的第一个文件"①里确实尖锐地批判了包括费尔巴哈在内的所有的旧唯物主义者，在随后和恩格斯合著的《德意志意识形态》里更详细地批判了费尔巴哈。但是，批判的内容是什么呢？是批判这些旧唯物主义者关于物质第一性意识第二性的论断吗？是批判他们关于认识是存在的反映的论断吗？当然不是。不但在这两个文件里找不到一句话有这样的意思，而且在马克思和恩格斯此后的全部论著里也找不到。相反地，他们以非常明确的语言充分肯定并继续论证了世界的物质统一性、物质是一切变化的主体、意识是物质世界长期发展的产物、意识是人脑的机能和客观世界在人脑中的反映这样一些旧唯物主义者也坚持的基本命题。这并没有什么值得骇怪的。古代和近代的旧唯物主义者对意识是物质的反映的具体论证，从现代自然科学的眼光来看当然有许多错误、粗陋、笨拙之处，甚至现在的中学生都可以轻易地嘲笑他们的"无知"。但这是当时的科学水平的局限性造成的，这种错误并不影响反映论的一般命题的正确性。旧唯物主义者坚持这些命题并不是他们的"缺点"，并不是他们的"愚蠢"之处，而恰恰是他们的正确之处；而那些连"物质世界在任何'精神'出现以前就已存在"、"人类是用头脑思想的"这样的起码事实都不承认，竟把物质的派生物（精神）当成物质的创造主的各派唯

---

① 《马克思恩格斯选集》第4卷，人民出版社1995年版，第213页。

心主义者，尽管在别的方面可能比旧唯物主义者深刻得多，聪明得多，但在这个基本之点上却是绝对错误的，即使是最"新"的唯心主义也一样。物质与意识的关系问题是取消不了的，因而唯物主义与唯心主义的对立这个事实也决不是使用"超越"一类名词就可以不予理睬的。马克思主义哲学就是高级形态的唯物主义的哲学，而决不是"超越"于唯物唯心之上的哲学。

这是事情的一个方面。

事情还有另一个方面，那就是马克思主义哲学确实不同于旧唯物主义，而且这种不同不是无关紧要的不同，而是重大原则的不同。旧唯物主义在物质和意识何者是世界的本原这个问题上坚持的基本论点虽然是正确的，但它们对这个论点的解释是片面的、抽象的、不彻底的。马克思和恩格斯批判包括费尔巴哈唯物主义在内的一切旧唯物主义，并不是因为它们的唯物主义太多，而是因为它们的唯物主义不够；并不是因为它们反对唯心主义太过分，而是因为它们反对唯心主义太不彻底。马克思和恩格斯没有满足于重申唯物主义的起码的基本命题，而是把这个命题向前推进，赋予它更深刻的内容和更广阔的视野，使唯物主义与辩证法有机地结合为一个整体，并扩展到旧唯物主义足迹未到的社会历史领域，从而创立了具有全新性质的、具有科学形态的唯物主义哲学，这就是马克思主义哲学。

要理解马克思主义哲学的这种新的性质，不可不考察它同旧唯物主义的原则分歧，不可不考察马克思恩格斯对旧唯物主义的"主要缺点"的批判。

马克思和恩格斯认为旧唯物主义的"主要缺点"就在于它们都不了解实践活动是全部社会生活（包括精神生活，当然也包括认识活动）的基础，不了解由实践活动造成的人的社会性和历史性。

为什么这个缺点非批判不可呢？因为这不是枝枝节节的缺点，而是严重的、致命的缺点。不批判这个缺点，唯物主义就不可能坚持到一切领域特别是社会历史领域，不可能战胜唯心主义，也不可能成为无产阶级的精神武器。

旧唯物主义者在解释主体与客体的关系问题时，认为主体是作为物质世界的一部分的、具有血肉之躯的"人"，而客体则是不依赖于人的意识(当然也不依赖于唯心主义虚构的所谓"客观"意识)的物质世界。在这一点上，他们确比那些把主体说成脱离物质的"客观"精神或者脱离肉体的"自我"，把客体说成精神派生物的各类唯心主义者正确得多，高明得多；但是在另一点上却很不正确，很不高明。就主体来说，他们所理解的"人"虽然是物质的有血有肉的实体，但却是游离于具体社会关系和历史发展阶段之外的、没有社会性和历史性的"人"，是似乎在任何社会关系中和任何历史阶段上都具有与生俱来并且一成不变的"本性"的"人"。这样的"人"其实只不过是一个抽象的概念，在现实中是找不到的。他们自以为抓住了一个非常"实在"的东西，其实抓到的恰恰是一个在现实中根本不存在的东西。对这种"人"的"本性"做这样那样的研究和描绘，至多不过是对人的生理特征的描绘，或者是以某一时代、某一阶级的人为模特儿的描绘，是没有普遍意义的，是不可能正确地解决主体问题的。就客体来说，他们所理解的"物质世界"也是与人的实践活动没有关系的、没有打上人的活动印记的自然界。这样的自然界是否存在呢？当然存在。不仅现在存在，而且在人类出现以前和人类灭亡之后也存在。这是不可否认的。但是，在人类出现以后同人类发生联系的一部分自然界就决不是与人的实践活动不相干的"洪荒世界"，而是经过实践活动的不同程度的改造，打上了实践活动的印记的自然界，即"人化的自然"。毫无疑问，自然界的这一部分在无限的自然界中只是极小极小的一部分，然而真正决定人的社会生活和历史发展的恰恰是这一部分。不了解这一部分的存在，不把它看作人类实践活动和认识活动的客体，就根本没有抓住现实的客体。何况人类实践活动和认识活动的客体不限于自然界。实践造成的社会关系，实践造成的社会关系的历史发展过程，乃至实践活动本身，也都是客体。这一点就更不在旧唯物主义者的视野之内。他们理解的"客体"也同他们理解的"主体"一样，是貌似"实际"而实则空洞的东西。由于他们抽掉了实践这个基础，他们在考察主体与客体的关系时就只知道现成的主体反映现成的客体，而不知道这种反映只能在实践的基础上实现，更不知道主体在改造客体的同时也改造了自身。他们心目中的主体与客体的关系，无非是空洞抽象的"主体"与同样空洞抽象的"客体"之间的某种单向的机械的关系而已。这当然不是说旧唯物主义者关于主客体关系的全部理论都是毫无意义的胡说。有些杰出的旧唯物者对主客体关系做过许多细致的分析，从一定的侧面揭示了某些真理。只要读一读例如培根、洛克、斯宾诺莎、霍尔巴赫以及费尔巴哈等人的代表作就很清楚了。但是，他们的一切成就和贡献都没有消除上述的根本缺点。正是由于这种缺点，他们无力用唯物主义观点正确地回答一系列必须回答的重大问题，例如认识的发展规律和历史的发展规律问题。在这些问题上，他们的理论反而比某些唯心主义者(例如黑格尔)从错误的前提出发所做的论述笨拙得多，粗陋得多。正是在这个意义上，马克思和恩格斯认为费尔巴哈比黑格尔贫乏得多，列宁认为聪明的(辩证的)唯心主义比愚蠢的(形而上学的)唯物主义更接近聪明的(辩证的)唯物主义。在唯心主义的挑战面前，他们不仅往往捉襟见肘，无力还击，把大片地盘让给了唯心主义，而且在整个社会历史领域中完全陷进了唯心主义，把本来正确的出发点也抛弃了。可见，不了解实践对全部社会生活的基础作用，因而不了解人的社会性和历史性，是旧唯物主义不科学、不全面、不彻底的总根子。马克思和恩格斯对旧唯物主义的批判，就是对这个总根子的批判。

由此看来，马克思主义哲学的产生是人类认识史上空前的大革命，是革了什么东西的命呢？第一是革了唯心主义颠倒物质与精神的关系的命。这个命旧唯物主义革了至少两千多年，一直没有革成功，大片的地盘，包括整个社会历史领域这个至关重要的地盘还被唯心主义的谬论统治着。第二是革了旧唯物主义无视实践活动的意义的命，使唯物主义的原则有了牢固的现实基础和科学依据。这两个方面是紧密关联、不可分割的。造成革命的关键就在于实践观点的引进。由于把实践理解为全部社会生活(包括认识活动)的本质和基础，就找到了打开真理之门的钥匙，把人类认识的立足点提到了前所未有的高度，把以前似乎互不相关的自然观、历史观、认识论、方法论完全统一为一个整体，使一切困扰着历代哲人头脑的似乎玄秘难解的问题有了合理解决的途径，把根本谬误的唯心主义从一切领域里驱逐了出去。这在思想史上确实是一场驱云扫雾、石破天惊的大革命。

当然，马克思主义哲学的产生决不意味着结束了真理，而只是为继续推进真理开辟了正确的道路。人类还很年轻，还有无限辽阔的未知领域需要一代又一代的人做持久的探索。唯心主义和各种错误思潮还在以新的形式同马克思主义继续争论，并且还在影响着群众。现代科学技术揭示的前所未知的现象有待于做出哲学上的正确解释，社会领域的新情况亟须给予科学的理论说明，我们社会主义建设中层出不穷的新经验和新问题等待着我们去总结和研究。这一切都说明马克思主义哲学必须在实践中、斗争中不停顿地向前发展，源源不绝地以新的内容充实自己，丰富自己。同时还应当看到，对人类认识结构的研究还可以而且应当从诸多侧面进行(如生物学、生理学、逻辑学等)，这种研究对深化认识论是绝对必需的，对发展马克思主义认识论也有极其重要的意义。然而仅靠这些研究并不能代替马克思主义哲学揭示的认识的本质，不能把这些成果与马克思主义对立起来。发展马克思主义哲学决不能同坚持马克思主义哲学相对立，决不能离开马克思主义哲学开辟的道路，决不能违背马克思主义哲学的大原则。如果抛弃了人类认识史上这场空前大革命的成果而谈"发展"，无论自认为(或被认为)如何"突破"，如何"创新"，实质上都只能是以新形式重复旧错误。这里用得着列宁的名言："沿着马克思的理论的道路前进，我们将愈来愈接近客观真理(但决不会穷尽它)；而沿着任何其他的道路前进，除了混乱和谬误之外，我们什么也得不到。"①

何萍同志是我指导的首届博士生之一，1988年她取得了哲学博士学位。这本《人类认识结构与文化》是在博士论文的基础上修改而成的专著。在学期间，我曾同她和其他博士生讨论马克思主义哲学体系问题，强调只有读懂了马克思的《关于费尔巴哈的提纲》才能理解马克思在哲学领域中完成的革命，才能把握马克思主义哲学的精神实质，也才能深入马克思主义哲学的思想宝库中发掘无尽的珍宝，并沿

---

① 《列宁选集》第2卷，人民出版社1995年版，第103—104页。

着马克思开辟的道路继续前进：这些年来何萍同志是朝着这个方向努力的。她通过对马克思主义哲学的勤奋钻研，对当代思维研究的成果的批判吸取，有了不少新的收获。这本专著就是她的收获的一部分。在这本专著里集中研究了两个问题，提出的见解是很有意义的。

第一是认识的发生和发展问题。她提出应该从文化—历史的层面进行探讨。这是有针对性的。现在有些论者指责马克思主义的认识论没有跳出旧唯物主义的消极直观的反映论的窠臼，重复了旧唯物主义的反映论，因而是一种落后于现代思维水平的理论。他们主张抛弃任何意义上的反映论，用别的理论来取代"落后"的马克思主义认识论。对这种批评我以为应该分析。不可否认，在以往的某些宣传中，确有把马克思主义的能动的革命的反映论同旧唯物主义的消极的直观的反映论讲成似乎并无原则区别的毛病。例如，有的教材在讲到实践是认识的基础时，虽然也讲到实践是认识的来源，是认识的目的，是检验认识的真理性的标准等，但是对认识的客体和主体本身的状态也是实践的产物，整个认识只能在由实践造成的社会历史环境中进行这样一个区别于旧唯物主义反映论的关键之点却根本没有讲到。虽然也批判了旧唯物主义的反映论是消极被动的（"照镜子"式的）反映论，强调了马克思主义的反映论是积极能动的反映论，但在解释"积极"和"能动"的时候却不过是指人们只有在实践中接触了客观事物才能反映客观事物，而没有讲到"反映"的机制究竟同"照镜子"有何原则区别，而这种区别又同实践的作用有何关系，人在改造客观世界的同时怎样改造了自己的主观世界。这就不免给人一种印象，似乎马克思主义理解的"反映"与旧唯物主义理解的"反映"的区别不过是主动地照镜子与被动地照镜子的区别而已。这确实是很大的毛病。这种毛病的产生，看来还是由于没有吃透马克思主义哲学的精神，犯了"离开人的社会性，离开人的历史发展，去观察认识问题"①的错误。但是，如果把我们这些哲学工作者由于对马克思主义哲学理解不透而出的毛病硬加在马克思主义哲学身上，说成是马克思主义哲学本身的毛病，不

---

① 《毛泽东选集》第1卷，人民出版社1991年版，第282页。

顾马克思主义经典作家本人的大量论述，断言马克思主义哲学同旧唯物主义没有原则区别，都是"落后于现代思维水平"的理论，那就是远离事实了。事实上，有史以来第一次既彻底揭露了唯心主义的荒谬，又彻底地指出了旧唯物主义的粗陋，从而为把握人类认识乃至整个社会生活的本质奠定了坚实的科学基础的，只有马克思主义哲学。马克思主义产生一百多年来，还没有任何一种别的理论达到过这样高的思维水平。是的，现代和当代的有些哲学流派在某些具体问题上确实做出了不少精细的分析，对这些分析中的合理成分理所当然地必须作为人类认识的积极成果加以吸取。但是，从总体上、本质上看，所有这些流派的"思维水平"都比马克思主义哲学低得多，因为他们都不了解或者不愿意了解人的本质、社会历史的本质和认识的本质，至多不过是小处聪明而大处糊涂的理论而已。如果我们看不到这一点，竟以为这些流派的"思维水平"高于马克思主义哲学的"思维水平"，为了不致"落后"而赶快用这些"新"理论来取代马克思主义哲学，那么我们自己的"思维水平"的高度就值得考虑了。何萍同志没有走这条路，她论证了从文化—历史层面探讨认识的发生发展的必要性，我认为这种研究方向是正确的。

第二是思维的创造性问题。人的思维具有创造性是明显的事实。但这种创造性从何而来？这是历代唯心主义者向唯物主义者提出诘难的重大问题之一。旧唯物主义者无力做出合理的回答，因为他们的消极反映论无法解释这个问题。这个问题倒是被唯心主义者做了淋漓尽致的发挥，因为他们可以轻易地把思维的创造性解释为"自我意识"或"绝对观念"之类的本性。在这片天地里唯物主义长期处在被动挨打的地位。其实，唯心主义对思维创造性的发挥不过是在荒谬前提下的发挥，是抽象的非现实的发挥，从根本上说是不合理的。只有从马克思主义哲学指出实践是社会生活（包括认识活动）的基础的时候起，人类才第一次发现了思维创造性之"谜"的"谜底"，把唯心主义从这片天地里驱逐了出去。这当然不是指细节而言。在细节上，思维创造性的问题还有无穷无尽的未知领域需要从多种学科的角度进行探索和研究。但是所有这些研究如果离开了马克思主义哲学奠定的基点，必将是舍本逐末，难免陷于大愚若智、劳而少功的窘境。何萍同志的这本书强调和论证了思维的创造性不是如黑格尔所讲的那种抽象的精神的创造性，而是植根于以实践为基础的人类社会文化中的现实的历史的创造性，这是很有见地的。

这本书是何萍同志在哲学探索长途上的起步之作，有的观点还有待于进一步论证和展开。然而千里之行始于足下，良好的开端是成功的前提。我相信广大读者特别是学术界的前辈必将以热情关注的目光看待这位青年探索者的足迹，给以指点和匡正；也希望何萍同志能以谦虚求实、锲而不舍的精神，坚定不移地沿着马克思开辟的道路走下去。

科学合理性与真理[*]

　　科学对当代人类生活和社会进步的巨大影响已经成为毋庸置疑的事实。科学本身的发展规律，科学发展中提出的科学合理性问题，也理所当然地成为哲学家和科学家共同关注的重大课题。什么是科学？什么是合理性？合理性与理性、非理性的关系是怎样的？千百年来，人们苦苦思索，给出诸多答案。这些答案在一定程度、一定层面上追寻着科学发展和科学发现的实际进程，推动了科学和社会的进步，但是，这些答案往往走向极端，不能自拔，到头来又对科学和社会进步产生消极影响。富有理论建树和研究经验的科学家对此有切身的体会，他们往往从各派哲学中取长补短，为科学实践寻找最好的哲学指南。爱因斯坦曾这样描写科学家：

　　　　从一个有体系的认识论者看来，他必定像一个肆无忌惮的机会主义者：就他力求描述一个独立于知觉作用以外的世界而论，他像一个实在论者；就他把概念和理论看成是人的精神的自由发明(不能从经验所给的东西中逻辑地推导出来)而论，他像一个唯心论者；就他认为他的概念和理论只有在他们对感觉经验之间的关系提供出逻辑表示的限度内才能站得住脚而论，他像一个实证论者；就他认为逻辑简单性的观点是他的研究工作所不可缺少的一个有效工具而论，他甚至还可以像一个柏拉图主义或毕达哥

　　* 本文是作者 2003 年为东南大学马雷教授的《进步、合理性与真理》一书写的序言。该书由人民出版社于 2003 年出版。

拉斯主义者。①

在当代，科学以前所未有的规模和速度发展着，并深刻影响着人类生活的各个方面。科学以不同的形态向我们展示了其复杂而又迷人的面貌，向我们提出了许多令人困惑而又亟待回答的新的哲学问题，特别是科学哲学问题。当代马克思主义哲学工作者应当去关注、研究这些问题，在兼收并蓄各派哲学的合理内核的基础上，做出新的超越性的努力，给出最好的答案，否则会为时代所抛弃，也谈不上坚持和发展马克思主义哲学。

西方科学哲学对科学合理性问题的研究有许多很有价值的成果。特别是 20 世纪以来，逻辑经验主义、批判理性主义、精致否证主义、科学历史主义、科学实在论等科学合理性理论都从不同的侧面透视科学的内在本性、科学的发现、科学的标准、科学的判据、科学的发展和进步、科学的目的等重大理论问题。应当说，这是人类的共同财富，我们决不能对它们采取盲目拒斥、全盘否定的愚蠢态度。但是，我们又应当看到，现代西方科学哲学的诸流派在总体上都有偏离科学发展和科学发现的实际图景的缺陷，都混杂着这样那样的偏见和迷误，都没有唯物辩证法那样广阔的视野，因此，又决不能对它们抱着盲目崇拜、亦步亦趋的卑屈心态。正确的做法应该是在马克思主义世界观的指导下对它们进行研究、分析、鉴别、批判、吸收和改造。同时，还应该独立地提出问题和回答问题，经过艰苦的努力，建立和发展我们自己的以马克思主义哲学为指导的科学哲学，这是坚持和发展马克思主义哲学的庞大工程的一个不可或缺的部分。

马雷教授的《冲突与协调——科学合理性新论》是继《进步、合理性与真理》(人民出版社 2003 年版)之后推出的又一部力作。我们欣喜地看到，作者关于科学的协调合理性的独特观点在新著中全面展开了，呈现在我们面前的是一个令我们耳目一新的系统的科学哲学体系。这个体系批判地吸收了各种科学合理性理论的优点，特别是对当

---

① 《爱因斯坦文集》第 1 卷，商务印书馆 1976 年版，第 480 页。

代美国著名科学哲学家劳丹的科学合理性理论进行批判性的考察，突破了它的狭隘视界，提供了科学哲学超越逻辑模式和历史模式的一种新的更为开放的理论形态。该著为下述观点提供论证和辩护：合理性、进步、真理三者统一于协调。科学的直接目标是增强理论的协调力，间接目标是真理。直接目标是逼近间接目标的手段，只有通过直接目标，才能逼近间接目标。科学是进步的，其进步是合理的。科学是在理论与理论之间的冲突与协调运动中发展的。冲突是科学进步的动力，没有冲突就没有进步。进步在于理论协调力的不断增强。合理性在于协调性，协调是进步的理想状态，是间接逼近真理的手段。一个理论被称为真理，是因为它具有较大的协调力。因此，合理性标准、理论进步标准、真理标准，三者实际上是一个标准，即协调力标准。理论只有在比较中才有优劣之分，才能实现进步。合理性的最高标准与科学发展的实际目标是一致的，那就是具体理论、工作理论和超理论三者高度的对称性协调。这些观点对于我们深入地理解科学和科学理论，深入地理解科学发展和科学发现，深入地理解科学合理性与理性和非理性的关系等哲学问题都具有重要的启示意义。

可以说，马雷教授以其学术眼界、理论创新勇气和开拓精神为我们提供了关于科学合理性的一家之言，提供了中国特色的科学哲学的一个样本。这是与西方学者的真正平等的对话。我从马雷教授的新著中受到不少教益，也相信学术界的朋友们会对这本新著给予应有的重视。

再谈科学合理性与真理问题*

继《进步、合理性与真理》之后，东南大学的马雷博士又推出了他的力作《冲突与协调——科学合理性新论》①。本书是国家社会科学基金项目的成果。我曾遵作者之嘱为此书写过简短的序言。② 当时匆匆命笔，意犹未尽，现再略陈读后所得，以就教于作者和读者。

论及科学问题的哲学大致可以分为两类：一类是以科学的社会的功能和文化意义为对象的哲学，一类是以科学自身的性质和规律为对象的哲学。科学哲学(philosophy of science)属于后者，它的任务是探讨科学知识的性质、方法、评价、结构、目的，等等。科学哲学的滥觞可以上溯到亚里士多德，中经伽利略、培根、笛卡儿等人的发展，到穆勒和休厄尔而奠定了科学哲学的基础，分别成为现代西方哲学中两大学派(逻辑经验主义和历史主义)的先驱。现代西方科学哲学起于 20 世纪 20 年代的逻辑经验主义，以后又相继出现了证伪主义和批判理性主义、历史主义、科学实在论等流派。这些林林总总的流派论及的问题之多，争议之激烈，绝不亚于其他论域的哲学。其中科学发现的途径和程序、科学进步的评价、科学与非科学以及伪科学的划界、科学理论的逻辑结构与经验内容的关系、科学活动中理性和非理性的作用、科学合理性的含义和评价等，都是繁难而重要的问题。现代科学哲学的各派不仅提出了这些问题，而且对这些问题都提出了自

＊ 本文是作者 2004 年为东南大学马雷教授的《冲突与协调——科学合理性新论》一书写的序言的补充，该书由人民出版社于 2003 年出版。

① 商务印书馆 2006 年出版。以下简称"本书"。

② 中国人民大学刘大椿教授也撰写了序言。

已的见解，深化了对这些问题的认识，同时又都存在着一定的片面性，因而没有一种见解不受到对手的诘难和批判。这不是哲学家的"过错"，而是由问题本身的复杂性质和人类认识的辩证发展规律决定的必然现象。现在有人认为科学哲学已经式微，没有多少发展前途，我以为这种断言是短视之论。现在科学哲学在西方不像几十年前那样占据主流地位也许是事实，但这另有社会历史原因，只能表明人们关注的重点和热点有所变化，并不表明科学哲学没有发展余地和广阔前途。科学哲学提出的问题并没有"取消"，也没有"了结"，何况这些问题不仅涉及如何理解科学本身，还涉及更普遍的哲学问题。科学哲学的这种观点那种观点可以过时，这种流派那种流派的地位可以变化，但科学哲学所探讨的问题和追求的目标是不会化为乌有的。问题只在于在前人成果的基础上如何以新的视野和新的方法继续探讨。

我以为这个问题在我国当前有特殊的意义。从历史渊源看，科学哲学是起源于西方、发展于西方的哲学。对我国而言，它确实是一种被"引进"的哲学。我国对现代西方哲学的研究主要是改革开放以后的事。但在短短的时间里，我国哲学家对现代科学哲学的介绍和研究却成绩斐然。不少哲学家在评述中提出了不少新见。但是，据我管窥所及，重要的创新性观点似乎还不多，系统的新理论则更为少见。而这是不可忽视的现象。科学无国界，科学哲学也应当无国界，中国人应当在这个领域里做出自己的独立贡献。这不仅有学术意义，而且对我国有现实意义。我国哲学界现在对科学技术的社会作用的哲学研究很"热"，而对科学自身的发展规律的哲学研究却相对地比较"冷"，其实后者同样与我国的现代化事业中的许多重大问题息息相关，不可忽视。例如，目前关于中医是不是伪科学的争论，至少就涉及科学理论的划界问题、科学发现和辩护问题、科学理论的合理性问题，等等。这些都是科学哲学问题。我国有一批哲学家在这片土地上辛勤耕耘，是极大的好事。马雷教授的这本著作就是这种努力的重要成果之一。

本书集中探讨的是一个在科学哲学中涵盖面很广的总括性的问题——科学合理性问题。按我的理解，本书的探讨至少有几个鲜明的特点：

第一，作者对逻辑实证主义以来相继出现的各派观点做了清晰的梳理，显现了人们对科学合理性问题认识的来踪去迹。作者不仅细致地介绍了各派观点的贡献及其片面性和局限性，阐明了这些流派是在什么背景下出现的，由于什么原因而受到其他学派的批判，在哪些问题上受到什么样的批判，而且对各派观点和别人对这些观点的批判做出了自己的独立批判。通过这些批判使读者很自然地理解问题是怎样一步一步地被人们提出和回答的，作者自己的观点是怎样形成的。

第二，作者选择了劳丹（larry Laudan）的理论作为研究的重点和自己立论的直接来源，这是很有见地的。劳丹的理论虽然也受到其他科学哲学家的多方面的批判，确有不少迷误，但他的基本理论毕竟比前人更有解释力和启发性。作者肯定劳丹理论的合理方面，批判它的迷误方面，把它作为一个继续前进的基地，就使自己的新观点有了丰厚的理论积淀和较高的起点。

第三，更重要的是，作者在劳丹模式的基础上提出了一种新的科学合理性模式——协调力模式。按我个人的解读，这种模式的核心观点是：冲突（包括理论与经验的冲突、理论与理论的冲突、经验与经验的冲突等）是科学进步的动力，没有冲突就没有进步。协调是解决冲突的途径，没有协调就无法消解冲突，走向真理。科学进步就是协调力的增长。因此，科学的本质和任务虽然是追求真理，但消解冲突、追寻协调是走向真理的必由之路，不通过它就无法走向真理。真理是科学的间接目标，而增强理论的协调力则是科学的直接目标。合理性标准、理论进步标准、真理标准三者可以归结为一个标准，即协调力标准。合理性、进步性、真理性三者统一于协调，科学追求真理的过程就是通过不断地消解冲突、追寻协调而由相对真理走向绝对真理的过程。作者认为这一模式在科学哲学的诸多问题上得出了与现行观点完全不同的新看法，[①] 我认为作者这个自我评价是符合实际的。作者对这一模式的论证达到了精审周详的地步，对每一关键性的概念

<hr>

① 见马雷《冲突与协调——科学合理性新论》一书第 3 页。

都给出明晰的定义，对重大的论断都力求做出合乎逻辑的论证，而且辅以典型的实例。行文也生动晓畅，力避艰深晦涩。这就大大增强了理论的说服力。我认为把本书命名为"科学合理性新论"是名副其实的。

像所有的新观点一样，马雷博士的观点也必定会受到质疑和诘难，也会面临冲突和协调的问题。事实上本书也并非对每一问题都做了无可争议的解决，有些问题也已经显露了作者的艰难。但这并不重要。重要的是作者在前人的基础上开辟了新的视野，而这就是我们应当要求于作者的主要之点。

悖论与认识论[*]

悖论是两千多年来一直吸引着而又困扰着哲学家、逻辑学家和数学家的一个巨大的难题。它被称为哲学和心灵的"迷宫"，甚至被称为会导致人类思维崩溃的魔怪。一代一代杰出的思想家为探索和揭示这一秘密呕心沥血，付出了巨大的劳动，提出了林林总总的方案。但它至今仍挥之不去，没有一种方案被公认为最终"解决"了这一问题的结论，谁也无法预料何时才是探索的"尽头"。然而探索过程本身却带来了累累硕果。在无数的方案中，归结起来无非是两种思路：一种是认为悖论是思维的一种病症，找到了病症的原因就可以使患病的机理得到解释，如果再找到治疗的方法，就可以消除病症。另一种方案则认为悖论是事物的矛盾的反映，是"本来如此"和"本应如此"的，不必为它烦恼不安。我个人是不赞成后一种思路的。因为这无异乎断言一切试图解决悖论问题的努力都是"庸人自扰"，"何妨以不了了之"，等于宣布悖论问题是伪问题。至于把公然肯定逻辑矛盾叫作辩证逻辑的做法，我也至今未敢苟同。但前一种思路确实险峻崎岖，没有新的视角和新的方法是难于突破的。王天思教授的《悖论问题的认识论研究》一书把解决这一难题的方法放在描述理论的基础上，应该说是为解决这一难题提供了一条新的思路。天思二十多年前就致力于描述论这一新领域的研究，孜孜以求，深造有得。正是通过这一研究，作者找到了一条探讨悖论问题的新思路，进入了悖论问题研究的前沿，提出了一系列创新性的观点，在《哲学研究》等学术刊物上发

---

* 本文是作者为王天思教授的《悖论问题的认识论研究》一书写的序言，该书由上海人民出版社于 2012 年 8 月出版。

表了重要学术论文，解决了悖论问题研究中一些长期没有解决的重要问题。

首先，本书以辩证唯物主义为指导，在描述的性质和描述规则系统探讨的基础上，揭示了悖论形成的描述根源和形成机制。通过对描述和规定的深层次研究，发现了描述的两个重要性质，提出了描述的指称规则和规定规则。在考察悖论的描述构成的基础上，阐释了悖论的规定的悖理性冲突，揭示了悖理性冲突的机制和模式等，得到一系列重要结论。通过对悖论描述根源的探察，梳理出了构成广义悖论的悖理性描述的主要类型：描述与作为其前提的规定之间的冲突；描述所涉及的规定之间的冲突、粘连和混淆等。

其次，对规定进行了初步探讨。"涉悖规定和悖论的人类学特性"一章展开了对扑朔迷离的规定的系统考察，分析了规定的性质和方式，并对经验的规定和逻辑的规定、有限规定和无限规定、否定概念的规定、涉及理性本身的规定四个层次的规定进行了系统探索。在此基础上，作者给出了悖论的描述定义，并进行了深层次研究，通过对悖论构成要素的分析，刻画了悖论的描述论定义：悖论正是在一定规定的基础上，可以合乎逻辑地推出两个自相矛盾的命题的悖理性描述。本书还由此进行了更科学合理的悖论描述分类，根据规定的性质、冲突的类型和规定的层次进行了悖论的三种描述分类。这种更合理的分类，是对悖论根源探索的自然结果。

再次，把解悖方案的探索从单纯的悖论消解提升到悖论挖掘和积极建构。通过对解悖标准和现存解悖方案的描述论考察及悖论的内涵逻辑解析，从区别和规定以及和辩证法等哲学层面，第一次将悖论问题的解决方案从消解进到建构，初步探索了从消解到挖掘和建构的方案。

最后，在辩证法的高度阐明了悖论和悖论问题的实质，深入探索了描述方案中悖论问题解决的三种情况。由此系统揭示了悖论在人类描述中的意义和作用机理，把悖论看作描述"贝壳"中的"珍珠"，它们显示了描述的奥秘，推动了描述系统的发展，促成了描述方式的转变，促进了规定的更新，提供了认识发展的契机，引发了观念体系的构变。最后得到一个重要结论：我们可以通过有意识地建构悖论推进描述的发展。

本书从描述论出发对悖论问题所进行的深层次研究，不仅将悖论问题的研究推进到一个新的层次，而且对认识论研究的新领域——描述论本身的研究乃至哲学研究具有重要学术价值。由于广泛存在于自然科学、社会科学和各类人文学科中，悖论问题的认识论研究成果不仅对于人类认识和描述的发展，而且对于科学和社会的发展，对于人类认识能力的提高都具有重要理论价值。《悖论问题的认识论研究》对悖论问题的认识论意义进行了挖掘，提出通过有意识地建构悖论推进描述的发展，这已经具有重要哲学意义，但只是探讨悖论问题研究的认识论意义还不够。进而言之，除了着重在认识论层面研究悖论问题，还应当在认识论研究的基础上进一步深化悖论问题的哲学研究。我认为这是天思接下来要做的工作，也是本书的出版将对悖论问题研究构成一种新的推动力的重要方面。

本人的研究领域早已不在这一方面，对这一问题并无多少发言权。只是因为我与天思有师生之谊，乐观其成，才不揣浅陋，贸然作序。我相信学术界会对本书有中肯的评价，天思也会虚心听取方家的意见，补苴罅漏，精益求精，锲而不舍，把研究推向更高的层次。

一本研究精神动力的好书*

马克思主义以前的社会历史理论早就认识到了精神对社会生活和社会发展的巨大作用。中外典籍中的有关论述可以说是汗牛充栋，其中有不少真知灼见，为我们留下了宝贵的思想遗产。但是，马克思以前的社会历史理论对精神现象的说明都有根本性的缺陷：或者是忽视乃至否认了精神的物质根源(各派唯心主义)；或者是低估乃至抹杀了精神的反作用(各派旧唯物主义)。因此，即使是极深刻的论述，也只有片面的真理性。对精神现象的本质和作用做出完全科学的解释，开始于马克思主义的唯物史观。然而作为"自然界的花朵"的精神现象又是世间一切事物中最丰富、最复杂、最变幻多端的对象。要具体地说明一个时代、一个民族、一个国度、一个群体乃至一个个体的精神现象，只限于引用唯物史观的一般原理是不够的。这需要在唯物史观根本原理的指导下从大量的历史和现实的材料出发，进行多年的潜心探索。至于从这些探索的成果中进行理论的再提升和再创造，从而把唯物史观的根本原理进一步具体化，变为更易于运用和操作的理论和方法，那就是更加繁难的工作。正确而深刻地理解和把握精神动力的性质和作用就是关系马克思主义的坚持和发展，关系建设中国特色社会主义事业前途的重大问题。在这个问题上我们是既有丰富经验也有深刻教训的，迫切需要做系统深入的研究。最近出版的骆郁廷教授的《精神动力论》，就是一部值得重视的开拓性的著作。

我以为本书的最突出的优点就是始终贯彻了理论联系实际的方

---

* 本文是作者对骆郁廷教授著《精神动力论》一书的评介，原载《光明日报》2002 年 5 月 21 日。

针，源于生活而又高于生活，发挥了理论的导向作用。本书提出的问题就是实际生活提出的大量普遍存在的现象的集中概括；解决问题的思路也是以马克思主义为指导，处处紧密联系实际；研究的结论也是回到现实生活中去、可以在工作中实际操作的原则和方案。本书既不是就事论事的琐屑之论，又不是不着边际的泛泛之谈，而是熔理论与实践于一炉的深造有得之作。本书把精神动力的研究分为基本依据、基础理论和动力开发三个紧密关联的部分，层层递进，由抽象上升到具体，对精神动力的依据、价值、内涵、本质、结构以及如何开发的一系列问题做了深刻的分析。其中对精神动力的结构和规律的探索是全书的重点，尤见精彩。作者逐一剖析了精神动力的内在本质结构、外部形态结构和层次结构三个层面，得出了精神动力的优化规律的结论，颇多创见。例如，作者在论述精神动力的内在结构时，认为理智动力应当决定情感动力和意志动力，要注意建构以理智动力为主导的精神动力内在结构；在论述精神动力的形态结构时，认为精神创造力决定精神凝聚力和精神约束力，要注意建构以精神创造力为主导的精神动力形态结构；在论述精神动力的层次结构时，认为民族精神动力处于最高层次，决定群体精神动力和个体精神动力，要注意建构以民族精神动力为主导的层次结构。这些见解都具有独创性和启发性。该书还在进行深入探索的基础上，试图揭示精神动力的形成和发展的规律，深入探讨了精神动力的内化规律、共生规律、整合规律、强化规律等。应该说，这些都是发前人所未发的独到见解。作者关于精神动力可能开发、应当开发、如何开发的论述，在当前三个文明建设中至关重要，更是有重大理论价值和实践意义的创见。作者在论述这些见解时还对中外历史上有关精神动力问题的思想资料进行了梳理发掘，有分析地加以评论和借鉴，体现了作者较广阔的空间视阈和历史纵深感。其中把中国历代关于精神动力的理论概括为崇德论、贵仁论、重义论、尚志论、诚信论，对开掘和弘扬我国优秀传统文化、丰富中华民族文化思想宝库都有重大意义。作者把马克思主义关于精神动力理论总结为自觉能动性理论、精神需要理论、主体性理论、精神转化理论、社会合力理论等，对丰富和发展马克思主义精神动力理论，促进以马克思主义为指导进一步深入研究精神动力理论也都具有重要的学术价值。本书概念明晰，逻辑谨严，结构完整，行文流畅，从风格上说也是一本难得的佳作。我认为本书是一本有重要价值的开拓性的理论著作，值得向广大读者推荐。

对认识活动论的新探索[*]

党的十一届三中全会和真理标准讨论以来，我国学术界对认识论的研究空前热烈。我想这也许至少有两方面的原因。一是人们在经历了"文革"的失误和面临着社会主义建设新局面的时候，深感掌握认识规律、端正思想路线的极端重要性。一是改革开放改变了学术上的封闭状态，大量的科学技术成果和西方认识论学说闯进了人们的视野，使人们感到有研究和总结的必要。谁都会看到，这些年来的研究成果无论就数量和水平看，还是就广度和深度看，都超过了以往任何时期。一批中青年研究者的成长，尤其令人喜悦。但在充分看到成绩的同时，我以为也不能忽视问题的方面。我这里指的是在研究热潮中如何坚持马克思主义的基本理论阵地的问题，也就是如何看待马克思主义认识论的地位的问题。这个问题不是杜撰的，而是实际存在的。

人类的全部活动无非是认识世界和改造世界。认识世界的最终目的是改造世界。为了改造世界，不仅需要认识客观世界的规律，还需要认识认识的规律。认识论就是对认识的认识，就是对认识活动及其规律的反思。认识论研究的实际内容和动力就是如此。它是一门古老的哲学学科。马克思以前的各派哲学从不同的侧面对认识活动及其规律做了大量的探索，提供了丰富的成果，构成了人类认识史的一个重要方面。没有这些先行的探索，马克思主义认识论不可能凭空产生。这是毫无疑问的。但是，马克思主义以前的认识论无论提供了多少有价值的成果，就其全体来说都没有抓住认识的本质，认识活动的根本

----

　　* 本文是作者为高文武著《认识活动论》一书写的序，该书由人民出版社于1990年出版。

175

性的"谜底"并没有被揭开，人们还是在迷雾中摸索徘徊。这不是由于马克思主义以前的哲学家缺少智慧，而是由于当时的社会发展程度和哲学家的阶级局限性决定了他们不可能发现和掌握唯物史观，因而他们都不了解人类社会的存在基础、客观结构和发展规律，不了解人的社会性和历史发展。他们总是离开社会实践(其中最基本的是物质生产活动)以及由此决定的历史地发展着的社会关系，抽象地考察"人"，考察"人性"，考察"人的认识"。他们始终不了解认识对实践的依赖关系，或者也肯定实践在认识过程中的作用，但对实践做了唯心主义的错误解释。这就决定了他们不可能把握认识的本质。只有马克思和恩格斯创立的唯物史观第一次提供了揭开人类社会之谜的钥匙，从而也提供了把握人类认识的本质的关键，这才使千年的迷雾为之一扫。把科学地规定了的实践观引入认识论的研究，把唯物辩证法应用于反映论，这是哲学史上的大革命，是石破天惊的大转变。当然，这决不意味着有关认识活动及其规律的一切具体问题都已经解决了。远非如此。认识论领域中还有无数的具体问题有待探索，这种探索过程永远不会终止。马克思主义认识论的产生仅仅是一个开端，然而这是一个伟大的开端。这个开端的意义就在于从根本之点上纠正了以往各派认识论的共同迷误，为认识论的研究奠定了不可动摇的基石，开辟了唯一正确的道路。

现代西方哲学诸流派在认识论领域中的新进展是不可忽视的。有些流派提供了不少有价值的成果，提出了不少有意义的问题。这些都是人类文明发展大道上产生的东西，是人类认识大树上的花果。对这些成果采取盲目拒斥的褊狭态度是错误的。马克思主义认识论当然必须认真地研究它们，批判地汲取、借鉴其中一切合理的成分。这是丰富和发展马克思主义认识论的一个途径，虽然不是主要的更不是唯一的途径。对现代西方哲学的研究，从这个意义说还远远不够。但是我们不能忘记，所有这些流派由于拒绝唯物史观的指导，由于哲学家的阶级偏见，它们无论在某些方面、某些具体问题上取得了多少重要的成果，无论它们的研究精细到什么程度，在总体上对认识本质的把握毕竟不可能达到马克思主义认识论的高度。它们往往明察秋毫而不见舆薪，小处精明而大处糊涂。何况这些认识论学说中间还有大量的混乱和迷误，并非全是积极成果。如果我们看不到马克思主义认识论与非马克思主义认识论的根本区别，在现代西方哲学面前自惭形秽，把马克思主义认识论的基本原理当作"陈旧"的东西而置之不顾，总想搞"视角转换"，那就如同在自然科学研究中想"摆脱"能量守恒和转化定律去另辟"新"路一样，未免聪明过头，走向反面了。先立乎其大者，则其小者不能夺。为人如此，做研究工作我想也应当如此。

应当承认，正如我们对客观世界的认识永远不会完结一样，我们对认识的认识也永远不会完结。我们决不能满足于马克思主义认识论已有的基本原理，而必须沿着马克思主义的轨道不断地拓宽我们的视野，深入各种细节中去，对西方哲学提出的问题，我们也应当做出马克思主义的回答。

高文武同志的这本《认识活动论》，正是在坚持马克思主义认识论的基本方向的前提下进行探索的成果之一。高文武同志曾毕业于山东大学物理系，以后考入南开大学攻读自然辩证法专业硕士学位。取得硕士学位后，他在海军工程学院从事马克思主义哲学的教学科研工作。1985 年，他考入武汉大学哲学系，在我的指导下攻读马克思主义哲学专业博士学位，并于 1988 年获得了博士学位。他受过系统的自然科学和哲学训练，在攻读博士学位期间一面继续从事教学科研，一面构思和撰写博士论文。这本《认识活动论》就是在他的博士论文的基础上修改补充而成的学术专著。在写作过程中，他曾求教于肖前、陈晏清、赵凤岐、高清海、齐振海、夏甄陶诸位教授，受到很多教益。在这本专著中，他以认识过程的第一个飞跃为重点，力图详细地分析认识活动的中介，阐明认识主体怎样通过这些中介而由感性认识上升到理性认识。论述认识的本质时，他力图具体地阐发辩证唯物主义反映论，根据列宁揭示的"人的意识不仅反映客观世界，并且创造客观世界"的原理，较深入地分析了主体与客体在认识活动中相互作用、相互渗透的辩证关系，论证了认识过程是以实践为前提的能动的反映，是反映、建构与改造的统一，是主体改造客体与改造自身的统一。应该说，这些都是他多年严肃研究的成果，对深化马克思主义认识论是很有意义的。当然，本书所探讨的只是一个侧面的问题，还不能说是对认识活动的全面研究，在一本著作中也不可能做到这一点。但是，作为在正确道路上努力探索的一个成果，本书的学术价值是值得肯定的。

认识论研究的一个新视角[*]

　　1978 年真理标准的讨论开启了新时期思想解放的先河，厥功至伟。然而这还是事情的第一步。真理标准回答的是如何判别认识真假的问题，而不是行为即实践本身是否合理的问题。这是两个互相关联而又性质不同的问题，解决了前者并不等于解决了后者。从同一个真理性的认识出发，是可以引出各种各样的甚至截然相反的行动方案，造成不同的实践结果的。人的目的千差万别，不解决实践的合理性问题，即使有了真理性的认识，也并没有解决如何设定实践的预期目的才算合理的问题。而实践的合理性是一个价值取向问题。因此，在真理标准问题取得共识之后，接踵而来的必然是价值问题的研究。这是社会发展深层需要的逻辑反映。我国学术界对价值论的研究（包括评价问题的研究）迅速成为热点，在短时间里就出现了一批引人注目的成果，是势所必至理有固然的。

　　陈新汉教授 1992 年在《哲学研究》上发表了《论评价活动的认识论机制》的论文，1995 年和 1997 年又先后发表了《评价论导论——认识论的一个新领域》和《社会评价论——以社会群体为主体的评价活动思考》的专著，还在《哲学动态》、《学术月刊》等刊物上发表了一系列关于评价论方面的论文，引起了哲学界的重视。我也是这些论著的读者之一，但去年以前没有与作者当面交换过意见。去年 3 月新汉同志到武汉大学参加一个小型学术研讨会，介绍了自己关于民众评价活动的研究成果，给我看了他刚完成的国家社会科学基金项目课题的结

　　[*] 本文是作者为陈新汉著《民众评价论》一书写的序，该书由上海人民出版社于 2004 年 6 月出版。

179

题报告《民众评价论》初稿，表示希望我作序。事后，新汉同志寄来书稿，当时我初读之后觉得受益不少，所以尽管自知对这一领域并无深入研究，还是答应写一些读后感作为此书的序言。时隔一年，新汉同志来信告诉我，上海市马克思主义学术著作出版基金答应资助《民众评价论》出版。我复信说："我答应过写序。因为琐务烦冗，至今未能交卷，深以为歉。承诺过的事不能食言，故仍当如命。"粗读本书的打印本，我以为以下几点是值得特别提出来的：

首先，本书的写作体现了作者关于评价论在认识论中的地位的基本见解。过去我们也认为认识是真善美的统一，但在实际研究中却往往把认识局限于认知活动，即求"真"的活动，很少对认知与评价、审美的关系做系统的理论探讨；而作者在 1992 年出版的《马克思主义认识论与真善美》专著中则把认识活动理解为实践活动的内化，提出了实践活动是为了建构物质形态上的"为我之物"，认识活动是为了建构观念形态上的"为我之物"，后者是真善美的统一。这就决定了认识活动不仅是以求真为目的的认知活动，而且是认知、评价和审美的统一，即求真、求善和求美的统一。作者在 1995 年出版的《评价论导论——认识论的一个新领域》中正是把评价活动作为认识活动的一个重要组成部分来研究的的。这样，就有助于在与认知活动、审美活动的相互关系中来阐明评价活动的内在机制，也有助于阐明评价活动在马克思主义哲学尤其是在马克思主义认识论中的地位。我以为这不仅是研究视阈上的必要拓展，而且是对认识的本质的更准确的描述。作者还指出，评价活动的主体可以是个体，也可以是群体。社会评价活动就是以群体为主体的评价活动。作者在 1997 年出版的《社会评价论——以社会群体为主体的评价活动思考》中，着重研究了社会评价活动得以实现的形式和机制问题，认为以社会群体为主体的评价活动体现为两种形式，即民众评价活动和权威机构评价活动。作者在本书中着重研究了作为社会评价活动的"无机"形式的民众评价活动的机制。作者告诉我，他在另一本著作《权威评价论》（可望在今年出版）着重研究了作为社会评价活动"有机"形式的权威机构评价活动的机制。应该说，作者在这几本著作中阐述的关于认识论和评价论的基本见解，反映了作者步步深入的理论思考和执着追求，是颇有开创性的。

其次，本书遵循和运用抽象和具体相结合的原则和方法，初步建构了一个结构较为严整的民众评价论体系。全书由三篇组成。第一篇从总体上研究民众评价活动何以可能。由此逻辑地推出两个问题，即社会群体作为主体何以可能和民众评价活动作为社会评价活动的现实形式何以可能。这两个问题分别由两章来阐述，并集中到关于民众评价活动的规定。这个规定就成为本书民众评价活动展开体系的逻辑起点。第二篇用四章篇幅阐述了民众评价活动的四种主要类型：社会舆论、谣言、民谣、社会思潮，以大量的历史材料和现实材料为依据，对它们的性质、表现、特点等分别做了细致的分析，提出了对策。然后又在第三篇中从总体上对民众评价活动的机制再予以集中的研究，具体地分析了民众评价活动发生权威作用的机制、民众评价活动合理展开的机制以及对民众评价活动进行引导的机制。这几个机制实际上仍然是民众评价活动展开中的几个环节。显然，本书的这一结构安排及其范畴的推演是遵循了"合—分—合"的顺序，可以说是一个有严密的内在逻辑的理论体系。

最后，本书在建构理论体系的同时努力把理论与社会生活的实际结合起来。例如，在阐述民众评价活动如何在个体评价传播的互动中形成时，作者特别研究了互联网在民众评价活动中的新作用，并就网上热点讨论体现出来的网络作用提出了看法。作者还把对民众评价活动的引导和操纵做了区分，强调解决民众评价活动"悖论"的一个根本途径是言论自由，对哲学上的言论自由和政治上的言论自由及两者的关系做了分析。作者还从民众评价活动的角度对建立社会预警系统进行了思考。其中既有深刻独到的见解，又有丰富多彩的现实材料，读来不仅引人入胜，而且具有重要的现实意义。

从哲学的角度对社会舆论、社会谣言、民谣以及社会思潮等民众的议论形态进行研究是一个新的领域，在这方面需要探讨的问题还很多。本书的见解自然未必处处得当，但作为一位严肃的探索者辛勤劳动的宝贵成果，作为持之有故的一家之言，是可以给人以很多启迪的。

从马克思的两段话说起[*]

近年来，马克思在《1844 年经济学哲学手稿》中的下述两段话不止一次地被引用：

> 但是，被抽象地理解的，自为的，被确定为与人分隔开来的自然界，对人来说也是无。①
>
> 在人类历史中即在人类社会的形成过程中生成的自然界，是人的现实的自然界；因此，通过工业——尽管以异化的形式——形成的自然界，是真正的、人本学的自然界。②

1. 马克思在什么意义上说与人分隔的自然界是"无"?

有的学者认为从马克思的这两段话里可以得出结论：马克思认为在人类社会出现以前，自然界不是"现实的"自然界，是"无"。也就是说，马克思认为那时自然界不存在，或者即使存在也对人没有任何意义。我认为这是误读。如果把这两段话与上下文联系起来读，与马克思在大致同一时期的一系列著作联系起来读，就得不出这样的结论。

---

* 本文原载《现代哲学》2002 年第 2 期。

① 马克思：《1844 年经济学哲学手稿》，人民出版社 2000 年版，第 116 页。

② 马克思：《1844 年经济学哲学手稿》，人民出版社 2000 年版，第 89 页。

第一段话是马克思在揭示黑格尔唯心主义哲学的秘密时说的。在马克思看来，被黑格尔说成造物主、说成"包摄着客体的主体"的"绝对观念"，其实是他从自然界经过一步一步的抽象而得到的逻辑范畴，是抽掉了一切具体内容而获得的空洞形式，是人的自我意识的同义词。不过黑格尔把这个"绝对观念"说成是"自己知道自己并且自己实现自己"的主体而已。黑格尔把他自己在头脑里实际进行过的抽象过程倒过来叙述，把世界的发展过程描述成为"绝对观念"的展开过程，即外化出去而又返回自身的过程。在《逻辑学》里，黑格尔通过存在论（有论）、本质论、概念论，煞费苦心地把抽象过程的各个环节有条理地联系起来。可是，所有这些都还是抽象思维、逻辑范畴，如此漫长的推演过程还是在逻辑范畴内部兜圈子。可是他总不能老停留在抽象范畴里，不能总不谈自然界。于是他就"决心把那只是作为抽象、作为思想物而隐藏在它里面的自然界从自身释放出去，就是说，决心抛弃抽象而去观察一番摆脱了它的自然界"①。也就是由抽象过渡到直观，从逻辑学过渡到自然哲学，让"绝对观念""外化"为自然界。黑格尔既不能不谈自然界，又不能不建立他的绝对唯心主义体系，于是玩了这么一套头脚颠倒的戏法。这就是黑格尔哲学的秘密。马克思揭穿了这个秘密之后，才说了上面引用的第一段话。马克思这段话的意思是说黑格尔的这套戏法其实并不成功。黑格尔想靠转向自然界来摆脱抽象，结果并没有摆脱得了。为什么呢？因为黑格尔笔下的自然界是"被抽象地理解的，自为的，被确定为与人分隔开来的自然界"，其实还是以"自然界"为名的思想物，这样的自然界仍然是思想里的自然界而不是实际存在的自然界，所以马克思才认为它对人来说是"无"了。

这里的关键在于，为什么在马克思看来与人分隔开来的自然界就是抽象的思想物而不是现实的自然界呢？难道马克思看不到在人类出现以前亿万斯年的自然界是实实在在地存在的吗？我以为，这就要联

---

① 马克思：《1844年经济学哲学手稿》，人民出版社2000年版，第115页。

系马克思在本书中以及同时期的其他著作中的大量论述来理解了。马克思(还有恩格斯)肯定了黑格尔对劳动的重视,说他"抓住了劳动的本质,把对象性的人、真正的因而是现实的人理解为他自己的劳动的结果",这是他比费尔巴哈高明得多的地方;但是马克思又指出黑格尔"只知道并承认一种劳动,即抽象的精神的劳动",所以归根到底并没有真正抓住现实的东西。费尔巴哈抓住的是人,并且是作为自然界产物的、有血有肉的活生生的人。这是他比任何唯心主义者高明的地方。他也自以为抓住了最具体、最实际的东西,可以很具体地说明人类社会的一切现象,包括宗教。可是,他笔下的人实际上是从一切社会关系及其历史发展中抽象出来的人,不过是生物学意义上的人。这样的人在现实生活里是没有的。他所描绘的人仍然是一种抽象,并且恰恰是把最重要的、不应该舍象的东西舍象掉了的不合理的抽象。正因为如此,无论是黑格尔还是费尔巴哈,都无法解释现实的人的世界。现实的人的世界是什么?就是人的社会。人的社会是怎么形成、怎么发展的呢?是由于人的实践活动。人的实践活动不是像黑格尔理解的那种所谓纯精神的活动,而是改造物质世界的物质活动,最基本的是人为获取物质生活资料而进行的生产活动。这样理解的实践,才是打开人的世界之谜的钥匙。马克思在哲学领域实现的伟大革命,就在于发现了这把钥匙,从而创立了唯物史观。因此,在马克思看来,要科学地解释人的社会的一切现象,包括精神现象,离开了这样理解的实践就无异于缘木求鱼。而实践当然是人出现以后的事。马克思和恩格斯批评费尔巴哈,说"他没有看到,他周围的感性世界决不是某种开天辟地以来就已存在的、始终如一的东西,而是工业和社会状况的产物,是历史的产物,是世世代代活动的结果,其中每一代都立足于前一代所达到的基础上,继续发展前一代的工业和交往,并随着需要的改变而改变它的社会制度"①。连樱桃树也是几个世纪前由于商业的发展才在欧洲大陆出现,才成为费尔巴哈的"可靠的感性"的对

---

① 马克思、恩格斯:《德意志意识形态》,《马克思恩格斯全集》第1卷,人民出版社1995年版,第76页。

象的。所以，援引人出现以前的自然界，援引与人的实践活动无关的自然界，对于解释人类社会何以如此这般、何以"成为现在这种样子"是无济于事的，因而是没有意义的。正是在这个意义上，也仅仅在这个意义上，马克思说"被抽象地理解的，自为的，被确定为与人分隔开来的自然界，对人来说也是无"。也就是说，按照黑格尔那样理解的自然界（其实不过是一个抽象的概念）对人来说是"无"，如此而已。我以为上面引用的马克思的第二段话——"在人类历史中即在人类社会的形成过程中生成的自然界，是人的现实的自然界；因此，通过工业——尽管以异化的形式——形成的自然界，是真正的、人本学的自然界。"——也应当做同样的理解。

能不能根据以上两段话，就断言马克思根本否认人类出现以前的自然界和人类实践活动所不及的自然界的存在呢？我认为不能这样断言。因为这等于说马克思连人类出现以前自然界已经存在的事实也不承认。马克思怎么可能做出这样违背起码科学知识的论断呢？马克思说得清清楚楚："我的辩证方法，从根本上来说，不仅和黑格尔的辩证方法不同，而且和它截然相反。在黑格尔看来，思维过程，即他称为观念而甚至把它转化为独立主体的思维过程，是现实事物的创造主，而现实事物只是思维过程的外部表现。我的看法则相反，观念的东西不外是移入人的头脑并在人的头脑中改造过的物质的东西而已。"①他和恩格斯在强调实践是"现存感性世界非常深刻的基础"的同时，都毫不含糊地肯定"外部自然界的优先地位仍然会保持着"。②何尝断言过人类出现以前的自然界是"无"呢？如果马克思和恩格斯真是这样断言，那么在他们看来宇宙学、地质学、古生物学的研究对象岂不都是无？难道从大爆炸到人类产生为止的宇宙都是无？人类产生以前的地球也是无？人是从无中产生的？这岂不荒谬之至？实际上，马克思（当然还有恩格斯）从未做过这样的论断。而且，与人类

---

① 《马克思恩格斯选集》第 2 卷，人民出版社 1995 年版，第 111—112 页。

② 马克思、恩格斯：《德意志意识形态》，《马克思恩格斯全集》第 1 卷，人民出版社 1995 年版，第 77 页。

的实践活动无关的自然界固然对说明人类社会何以如此这般没有意义，在这一点上可以把它视为"无"，但并不等于对人类没有任何意义，以致在任何意义上都可以视为"无"。距离我们两百亿光年之远的天体确实与人类的实践活动没有什么关系，它的状况对说明人类社会何以如此这般也确实没有什么意义，但如果说它不是客观存在的自然界的一部分，而是"无"，那就是科学上的笑话了。不宁唯是，人本身还是自然界长期发展的产物。如果没有人类出现以前的宇宙发展史、地球发展史、生物进化史，人类和人类的实践能出现吗？如果断言马克思不承认人类出现以前地球早已存在，那岂不是把马克思说成了连小学生的常识都没有的"科盲"吗？

2. 马克思的唯物主义与旧唯物主义的分歧何在？

这里涉及对旧唯物主义的历史作用如何估计，对旧唯物主义的命题的真理性如何看待的问题。马克思对包括费尔巴哈在内的旧唯物主义的批评非常尖锐。但这种批评的内容是什么？实质是什么呢？是指出这种唯物主义不全面、不彻底，是指出它对说明人的本质、人的社会、人的历史不中用，如此而已。"当费尔巴哈是一个唯物主义者的时候，历史在他的视野之外；当他去探讨历史的时候，他不是一个唯物主义者。"①这可以看作马克思和恩格斯对一切旧唯物主义的总批评。旧唯物主义讲物质的时候，由于没有把历史放在视野之内，它的物质观是片面的、缺乏辩证法的，因而也必然是半途而废的。旧唯物主义的物质概念就没有包括人的实践活动及其产物。这就是马克思对旧唯物主义的物质观必须进行批评的缘故。可是，马克思从来没有批评旧唯物主义对自然界的客观存在的确认。他只是指出它的主要缺点是不了解实践的意义，而没有说它在确认自然界的客观存在这一点上也是错误的。相反，他是在旧唯物主义的这个基地上继续前进，克服

① 马克思、恩格斯：《德意志意识形态》，《马克思恩格斯全集》第 1 卷，人民出版社 1995 年版，第 78 页。

它的根本缺陷的。如果连这个基地都否定了，马克思的哲学凭什么叫唯物主义，马克思凭什么毫不含糊地宣告"我的辩证方法，从根本上来说，不仅和黑格尔的辩证方法不同，而且和它截然相反"呢？

有的学者很忌讳讲物质第一性，甚至忌讳讲物质这个概念，似乎一讲就跟旧唯物主义划不清界限，就把马克思的哲学降低到旧唯物主义的水平了。我认为这是多余的担心。马克思的物质概念与旧唯物主义的物质概念当然是有区别的，它包含了旧唯物主义的物质概念所没有的内容，那就是：(1)人的实践活动本身；(2)实践引起的自然界的变化，即人化了的自然(包括人造的物质客体)；(3)实践造成的一定的生产力；(4)实践造成的一定的生产关系，即社会的经济基础。马克思对旧唯物主义的物质概念所做的这种"增加"，决不只是外延的扩大，决不只是在一袋马铃薯中增加几个马铃薯，而是根本性的变革。这种"增加"使唯物主义的性质、作用和历史地位都发生了巨大的革命性的变化，完成了由旧唯物主义到新唯物主义、由半途而废的片面的唯物主义到彻底的完备的唯物主义的飞跃。新唯物主义和旧唯物主义虽然都讲物质第一性，可是概念的内涵不同，命题的性质也不同，只要把话说清楚就不会划不清界限了。难道新唯物主义和旧唯物主义都讲"人"，就划不清两者的界限了吗？难道为了不致降低到旧唯物主义的水平，新唯物主义就不讲"人"了吗？"人不食则饿死"是一个连原始人也懂得的极其"肤浅"的真理，但它毕竟是真理。不能因为我们也承认这个真理，就说我们把自己降低到了原始人的水平；也不能为了不致把我们与原始人混同起来，就一定要否认这个真理。

有的学者认为把马克思的哲学叫作实践本体论，就"超越"了唯物主义和唯心主义的对立。这里讲的"超越"如果是"绕过"或"避开"的意思，那么我以为"超越"是不可能的。既然叫实践本体论，首先就得对实践的概念下定义，下定义就不可能不触及唯物唯心的分歧问题，因为实践的概念也有唯物唯心的区别。你说的实践究竟是如黑格尔所说的抽象的精神活动呢，还是人类改造自然界的物质活动呢？如果是前者，你的哲学就是唯心主义哲学；如果是后者，你就得首先承认自然界的客观存在这个前提，你的哲学就是唯物主义哲学。列宁提出的"地球在人类出现以前是否存在?""人是不是用头脑思想的?"这样的问题似乎太没有哲学味道,有的哲学家简直不屑于谈论。但这确实是非常厉害的问题,无论用什么办法也"超越"不过去的。不错,马克思的哲学确实超越了旧唯物主义,也超越了唯心主义,但这种超越不是取消了决定唯物唯心对立的那个问题,不是对这个问题置之不理,不做回答,不是抛弃旧唯物主义在回答那个问题时的正确成分,而是在肯定它的正确成分的基础上做出更高的综合。毫无疑问,马克思的哲学的特点、马克思的哲学所造成的革命正在于它把实践看作理解"全部社会生活"的钥匙。可是这并不等于说马克思抛弃了旧唯物主义肯定过的一切命题,把旧唯物主义关于自然界的物质性的论断也抛弃了。一句话,如果只说到旧唯物主义的这个论断为止,当然不是马克思的哲学;可是如果连起码的一般的唯物主义命题也不承认,就更不是马克思的哲学了。

3. 马克思和恩格斯在本体论上有原则分歧吗?

现在有一种颇为流行的观点:我们历来讲的马克思主义哲学都不是马克思的哲学,而是恩格斯的哲学。而恩格斯的哲学的核心观点是与马克思不一致的。马克思的哲学是实践本体论,恩格斯的哲学是物质本体论,两者根本不同。这就是说,恩格斯经常歪曲马克思的哲学(更不用说列宁了),而我们一直把恩格斯的哲学误认为马克思的哲学,所以犯了许多错误。这种观点在国外决不是什么新观点,而是重复了不知多少次的观点。这种观点有事实根据吗?没有。马克思的《1844年经济学哲学手稿》是1844年写的,《关于费尔巴哈的提纲》是1845年春天写的,而马克思和恩格斯合著的《神圣家族》是1844年到1846年写的,《德意志意识形态》是1845年到1846年写的。如果说"手稿"和"提纲"能代表马克思的哲学,那么马克思和恩格斯在几乎同一时期写的两部合著能不能代表马克思的哲学呢?这两部合著的哲学观点与"手稿"和"提纲"的哲学观点有什么根本区别呢?怎么从这两部合著中看出恩格斯与马克思的不一致呢?这两部合著的观点应该算马克思的哲学还是恩格斯的哲学呢？至于恩格斯在 1876 年到 1878 年写的《反杜林论》，更被不少人作为马恩分歧的"铁证"。"世界的统一性在于物质性"的命题被说成与马克思的哲学对立的错误命题。但这是毫无根据的。恩格斯在 1885 年（当时马克思才去世两年）写的《反杜林论》新版序言中把这本著作称为"对马克思和我所主张的辩证方法和共产主义世界观的比较连贯的阐述"，称为"我们的这一世界观"，并且叙述了此书写作的过程：

> 顺便指出：本书所阐述的世界观，绝大部分是由马克思确立和阐发的，而只有极小的部分是属于我的，所以，我的这部著作不可能在他不了解的情况下完成，这在我们相互之间是不言而喻的。在付印之前，我曾把全部原稿念给他听，而且经济学那一编的第十章（《〈批判史〉论述)》）就是由马克思写的，只是由于外部的原因，我才不得不很遗憾地把它稍加缩短。在各种专业上互相帮助，这早就成了我们的习惯。①

如果说马克思在与反马克思主义思潮做斗争的时候，在如此重大的原则问题上竟然认可恩格斯发表不符合马克思主义的观点，连意见也不提，岂非不可思议？当然，恩格斯和马克思毕竟不是同一个人，他们的个人风格有各自的特点，他们的专长和研究的侧重点也有所不同，在斗争中的分工也有所不同，对某些具体问题的见解也会有一些差异，热衷于做这种文章的好事者尽可以就这些差别搜集不少的材料，写出不乏销路的书来。可是事实上，马克思和恩格斯在重大的原则性的理论问题上是没有分歧的。把恩格斯的哲学说成不同于马克思的哲学的另一种哲学甚至相反的哲学，这文章实在是做错了。

没有疑问，我们过去对马克思主义哲学的理解和宣传不是没有缺

---

① 恩格斯：《反杜林论》，《马克思恩格斯选集》第 3 卷，人民出版社 1995 年版，第 347 页。着重号是引者加的。

点错误的，必须做严肃的反思。我在 80 年代①也做过一些反思的工作，包括对 30 年代②以来苏联的马克思主义哲学教科书的缺点的批评，虽然做得很不够。但是我以为，不应当把我们自己理解和宣传上的缺点错误归咎于恩格斯，因为这不仅不公平，而且也不是总结经验教训的正确途径。

---

① 指 20 世纪 80 年代。
② 指 20 世纪 30 年代。

全面准确地理解以人为本的科学含义 *

科学发展观是以胡锦涛为总书记的党中央在新世纪新阶段提出的战略思想，是邓小平理论和"三个代表"重要思想的发展。以人为本是科学发展观的出发点和归宿，需要全面准确地理解。

一

在数千年的思想史上，以"人"为中心的思想体系和论著都浩如烟海。但我们党提出的以人为本，不是任何其他理论体系中的命题，而是一个马克思主义的命题。对这个命题的理解，不能脱离马克思主义的理论体系。

（一）以人为本是马克思主义题中应有之义。马克思由唯心主义向唯物主义的转变过程，以及历史唯物主义的创立过程，就是以对历史、社会和人的问题的关注为基本动力的。1843 年的《黑格尔法哲学批判》及其《导言》，1844 年的《1844 年经济学哲学手稿》，1844 年与恩格斯合著的《神圣家族》，1845 年的《关于费尔巴哈的提纲》，1845 年与恩格斯合著的《德意志意识形态》，1846 年的《哲学的贫困》，1848 年与恩格斯合著的《共产党宣言》，这一系列论著的轴心就是对历史、社会和人的处境的关怀以及人类解放前景的展望。马克思毕生的理论活动和实践活动，包括他撰写《资本论》和晚年研究人类学的活动，都贯穿着为全人类的解放事业而斗争的精神。正是在这一意义上，我们可以说，马克思主义就是关于社会发展和人的发展的科学理

＊ 本文原载《求是》2005 年第 5 期，署名"秋石"。

论，就是关于人类如何得到彻底解放的科学理论。

在关于人的理论问题上，马克思以前的各种理论虽然包含着许多合理的成分，留下了宝贵的思想遗产，但由于时代和阶级的局限性，没有一种理论能够科学地揭示人的本质，指出人的彻底解放的现实道路。在马克思以前，这个问题一直是千古"暗箱"。马克思主义第一次以科学的实践观为钥匙，打开了这个"暗箱"，第一次阐明了造成人的现实处境的经济社会根源以及彻底改变这种处境的科学方法，为人的自由全面发展和人的彻底解放开辟了道路。马克思指出："人的本质不是单个人所固有的抽象物，在其现实性上，它是一切社会关系的总和。""全部社会生活在本质上是实践的。凡是把理论引向神秘主义的神秘东西，都能在人的实践中以及对这个实践的理解中得到合理的解决。"①马克思主义科学地阐明了新兴的无产阶级的历史使命，指明了无产阶级的利益与最广大人民根本利益的一致性，揭示了无产阶级只有解放全人类才能最终解放自己的科学根据。正如《共产党宣言》向全世界宣布的："无产阶级的运动是绝大多数人的、为绝大多数人谋利益的独立的运动。"②

深入领会马克思主义关于人的问题的基本思想，对正确理解我们党提出的以人为本的科学发展观有重要的意义。一切关于人的问题都不是抽象的而是具体的，都是发生在这个现实的时代、现实的社会关系中的问题。一切以"人"的名义出现的问题，都具有与现实的人的利益密切相关的具体内容。解决这些问题的思路和方案也是如此。同样，在我国社会主义建设中的人也是具体的人，不能脱离具体条件和现实可能性而漫无边际地谈论人的问题。不能离开现实条件提出问题，也不能离开现实条件要求解决问题。只有针对实际情况，才能把以人为本的科学发展观落到实处，并随着实践的发展而逐步发展。

（二）以人为本集中体现了中国共产党人的根本宗旨和历史使命。在我们党的思想体系中，以人为本就是以最广大人民的根本利益为

---

① 《马克思恩格斯选集》第 1 卷，人民出版社 1995 年版，第 56 页。
② 《马克思恩格斯选集》第 1 卷，人民出版社 1995 年版，第 283 页。

本，就是无条件地为中国人民和中华民族的根本利益奋斗，为全人类的最终解放奋斗。这是我们党的根本宗旨，是衡量党的一切工作是非得失的根本标准，也是衡量党的先进性的根本标准。在如火如荼的革命战争年代是如此，在轰轰烈烈的建设时期也是如此。毛泽东同志提出的"全心全意为人民服务"和"从群众中来，到群众中去"的群众路线，邓小平同志提出的我们的工作要看"人民拥护不拥护"、"人民赞成不赞成"、"人民高兴不高兴"、"人民答应不答应"，江泽民同志提出的"党的一切工作必须以最广大人民的根本利益为最高标准"，胡锦涛同志提出的"立党为公、执政为民"以及"权为民所用，情为民所系，利为民所谋"，都是对我们党的宗旨的科学概括，无不诠释着以人为本思想的具体内涵。

过去我们党领导人民干革命，为推翻"三座大山"和建立人民政权而进行艰苦卓绝的斗争，是为了最广大人民的根本利益；现在我们党领导人民建设中国特色社会主义，全面建设小康社会，也是为了最广大人民的根本利益。这都是马克思主义以人为本思想的体现。历史经验表明，我们党只有坚持全心全意为中国最广大人民的根本利益服务的宗旨，才能永远是马克思主义的政党，才能永远是领导全国人民的核心力量。这是我们党的生命所系的最根本问题。

(三)以人为本是科学发展观的核心内容。发展是硬道理。离开了发展，中国的一切问题都无法解决。但是，并不是任何意义的发展都是我们需要的。我们需要的是科学的发展。而什么是科学的发展，唯一的衡量标准就是看这种发展是不是符合人们的根本利益。以人为本之所以成为科学发展观的核心内容，是因为在新的历史条件下，我们党只有高度自觉地以最广大人民的根本利益为出发点和归宿，解决一切有关发展的具体问题才有明确的方向，我们的发展观才可能是科学的。

在当前的现实中，有些同志在解决经济社会发展过程中的具体问题时所以发生这样那样的偏差和失误，根本原因是由于以人为本的观念淡薄，甚至发生了严重背离，忘记了发展的目的，成了为发展而发展。比如，有的同志把以经济建设为中心和发展是硬道理理解为只要发展经济，又把发展经济理解为不顾一切地追求 GDP 的增长，结果是浪费了能源，破坏了生态，影响了整个社会经济的可持续发展，归根到底是损害了最广大人民的根本利益，违背了以人为本的宗旨。我们绝不能忘记，我们的一切工作的结果不仅要讲究局部利益，更要注重整体利益，不仅要考虑局部利益，更要维护和发展根本利益，不仅要在当前惠及全体人民，更要在今后惠及子孙后代。我们决不能为了某些所谓"指标"、"数字"、"政绩"等而忘记了以人为本的根本宗旨，更不能为了一时的需要而做杀鸡取卵、竭泽而渔的事。

党中央提出的科学发展观强调的是全面协调可持续的发展。全面发展，就是要以经济建设为中心，全面推进经济、政治、文化的建设，实现经济发展和社会全面进步。协调发展，就是要统筹城乡发展、统筹区域发展、统筹经济社会发展、统筹人与自然和谐发展、统筹国内发展和对外开放，推进生产力和生产关系、经济基础和上层建筑相协调，推进经济、政治、文化建设的各个环节和各个方面相协调。可持续发展，就是要促进人与自然的和谐，实现经济发展和人口、资源、环境相协调，坚持走生产发展、生活富裕、生态良好的文明发展道路，保证一代接一代地永续发展。所有这些，都是为了最广大人民的根本利益，都是为了确保以人为本的宗旨得到切实贯彻。相应地，我们在宪法中增加"推动社会主义物质文明、政治文明、精神文明协调发展"的内容，在统一战线的表述中增加"社会主义事业的建设者"的内容，增加完善土地征用制度的内容，进一步明确国家对发展非公有制经济的方针，明确规定对合法的私有财产进行保护，增加建立健全社会保障制度的规定，增加尊重和保障人权的规定等，无不体现了以人为本的精神。

二

既然以人为本是马克思主义的题中应有之义，既然我们党的宗旨从来就是以人为本的，那么今天为什么又要特别强调以人为本呢？

（一）我们党今天大力倡导的以人为本，具有新的理论内涵。哲

194

学是时代精神的精华。以人为本是历史唯物主义的一个重要原则，这一原则在不同的历史条件下有不同的具体内容。这是因为人民群众根本利益的内容及其实现方式都是历史的、具体的。就我国的情况来说，以人为本在民主革命时期和社会主义建设时期就有不同的内容，在这两个时期的不同阶段也有不同的内容。在民族生存危机极其深重的年代，彻底推翻帝国主义、封建主义、官僚资本主义这三座大山，摆脱压迫和剥削，赢得全民族的解放，无疑就是这个时候最广大人民的根本利益所在；在民族独立以后，致力于不断解放和发展社会生产力，发展国家经济、政治、文化以及社会各项事业，不断满足人民群众日益增长的物质文化生活需要，也就成为最广大人民的根本利益所在。而同样是在社会主义建设时期，同样是着眼于满足人民群众日益增长的物质文化生活需要，我们面对的具体情况和相应的具体任务也必然会随着实践的发展而有所不同，也要与时俱进。今天我们倡导的以人为本的基本内涵，党中央已做了明确的阐述："坚持以人为本，就是要以实现人的全面发展为目标，从人民群众的根本利益出发谋发展、促发展，不断满足人民群众日益增长的物质文化需要，切实保障人民群众的经济、政治和文化权益，让发展的成果惠及全体人民。"这一精辟阐述是当代中国共产党人立足现实国情，放眼世界大势，在深入总结社会主义现代化建设的实践经验的基础上，对以人为本理论内涵做出的科学回答。如果我们不能全面准确地把握这个内涵，并努力转化为行动的指南，以人为本的原则就会落空，甚至南辕北辙，事与愿违。

（二）我们党今天大力倡导的以人为本，具有新的时代特征。改革开放以来，在邓小平理论和"三个代表"重要思想的指导下，我国的现代化建设取得了举世瞩目的成就，实现了"三步走"战略的前两步目标。在新的历史阶段，我们的奋斗目标是要建设惠及十几亿人口的更高水平的小康社会，使经济更加发展、民主更加健全、科教更加进步、文化更加繁荣、社会更加和谐、人民生活更加殷实。这是一个由经济、政治、文化和人的全面发展共同构成的社会发展目标体系，它相对于我国现代化建设的前两步目标来说，是又一次质的飞跃。与此同时，随着经济社会结构的深刻调整和变革，我国的社会阶层构成发生了新的变化，出现了民营科技企业的创业人员和技术人员、受聘于外资企业的管理技术人员、个体户、私营企业主、中介组织的从业人员、自由职业人员等社会阶层。这些新兴社会阶层都是中国特色社会主义的建设者，因此理应与工人、农民一样享有宪法和法律赋予的各项权利。新世纪新形势新任务，都要求我们党必须进一步牢记宗旨和使命，必须十分自觉地把实现好、维护好和发展好最广大人民的根本利益作为各项工作的出发点和落脚点，必须在推动经济社会进步的同时把努力促进人的全面发展放在更加重要的战略地位。

同时，我们还必须清醒地看到，我国初步建立的社会主义市场经济体制目前还不完善，旧体制的弊端也还没有完全消除。在经济社会快速发展的同时，大量的新矛盾、新问题也涌现出来。如城乡差距、地区差距、居民收入差距的扩大，就业和社会保障压力的增加，教育、卫生、文化等社会事业发展的滞后，人口增长和经济发展与生态环境和自然环境矛盾的加剧等，都是重大而紧迫的现实问题。更需要引起注意的是，在我们党的执政实践中，一些党员干部不从实际出发，没有真正把人民群众的整体利益、长远利益和根本利益放在心上，盲目追求所谓"政绩"，迷信"数字出干部、干部出数字"，导致"形象工程"、"豆腐渣工程"等与人民群众切身利益背道而驰的现象屡有出现，这是非常危险的倾向。

对这些问题，我们如果不正视，不提出解决的办法，我们的经济社会就不可能持续地发展，全面建设小康社会战略目标就会受到严重的阻碍，我们党为人民根本利益奋斗的宗旨也将无从实现。科学发展观就是着眼于新形势新任务新要求，针对新情况新问题新矛盾，提出的重大战略思想。这一战略思想使以人为本这一马克思主义的基本观点涵纳了新的时代内容，获得了新的时代意义。

三

马克思主义的以人为本的思想，与西方人道主义思想和中国传统文化中的民本思想有原则的不同，不能混为一谈。同时我们又要有分析地借鉴它们的合理成分，以丰富马克思主义的以人为本的思想。

产生于欧洲文艺复兴时期的西方人道主义反对以神权压制人性，张扬以人为中心，后来发展到鼓吹天赋人权和自由平等博爱，对摧毁腐朽的封建制度和建立先进的资本主义制度起过非常革命的作用。即使在马克思主义产生以后，作为伦理原则，这种人道主义也还有进步作用，否定这种进步作用是错误的。在反法西斯的斗争中，这种人道主义是马克思主义的盟友。许多并非马克思主义者的人道主义者有伟大的济世情怀，真诚地关心人民，为人民的幸福献身，他们的这种精神至今还在鼓舞着千百万善良的人。在我们今天的社会主义社会里，这种人道主义的伦理原则也大有益于社会的和谐和人际关系的友善，大有益于社会进步。这些都是事实。但是，如果作为构建社会主义核心价值体系和社会主义和谐社会的指导思想，就不能不看到这种人道主义的弱点：第一，它所依据的理论基础不是科学的历史观，而是抽象的人性论。抽象人性论的根本缺陷就是离开人的社会性和历史发展来谈论普遍人性，把人性描绘成与生俱来一成不变的东西，不是用历史来解释人性，而是用人性来解释历史，把历史的发展解释成人性的异化和复归。这就无法合理地解释历史，也无法合理地解释人性。而且，这种普遍人性实际上是以资产者的现实要求为模特儿描绘出来的。从根本上说，人权，就是资产阶级的权利；自由，就是商品交换和贸易自由，包括买卖劳动力的自由；平等，就是商品的等价交换原则，包括劳动力买卖的等价交换原则；博爱，就是利益冲突的阶级之间的互爱合作。在这种人道主义看来，最符合人性的社会就是资本主义社会。这种人道主义是以普遍性形式掩盖着的资产阶级意识形态。这当然不是说这些人道主义者人人都是自觉的资本主义辩护士。实际上，某些人道主义者对资本主义制度的弊病也有激烈的批评；这种批评也是真诚的，并不是故作姿态；但从他们的实际眼界来看还是以维护和改善资本主义为前提的批评，并不能科学地解释历史和现实，也不能提供人的解放的现实途径。第二，正因为这种人道主义以肯定资本主义制度的永恒性和合理性为前提，以普遍性的形式掩盖了阶级利益冲突的实际，它也就无法贯彻到底。许多真诚的人道主义者的呼吁和呐喊可以给人们以很大的慰藉、启迪和鼓舞，但并不能指出消除利益冲突的现实办法，他们的善良愿望终究只是愿望而已。至于现在某些资本主义国家的统治者一面鼓吹人道主义，一面又干涉别国的内政，侵犯别国的主权，屠杀别国的人民，那就更暴露了他们的虚伪性。把他们鼓吹的人道主义与我们说的以人为本混为一谈，那就歪曲了以人为本的科学含义。

中国传统民本思想与西方人道主义思想的历史背景和阶级基础不同。它在中国有数千年的历史，源远流长，内容丰富，是中华民族宝贵的思想财富。从《尚书》的"民惟邦本，本固邦宁"，"天视自我民视，天听自我民听"到《管子》的"政之所兴在顺民心，政之所废在逆民心"，从孔子的"仁者爱人"、"泛爱众"、"修己以安百姓"到孟子的"民为贵，社稷次之，君为轻"，都大力宣扬了民本思想。许多伟大的思想家和诗人以"长太息以掩涕兮，哀民生之多艰"（屈原）、"穷年忧黎元，叹息肠内热"（杜甫）的情怀真诚地关心人民疾苦，谴责剥削压迫，揭露贫富悬殊，留下了大量撼人心魄的不朽篇章。这种民本思想对抑制过度的剥削压迫，调节社会矛盾，促进生产力和文化的发展都有极为重要的意义。但是，它同样也有弱点。民本思想的理论基础也是离开人的社会性和历史发展的另一种形式的抽象人性论。无论是性善论、性恶论或其他理论，也都不能科学地解释社会历史和人的本质。在不改变阶级社会结构的前提下，伟大思想家的爱民理想不可能实现；"富者田连阡陌，贫者无立锥之地"、"朱门酒肉臭，路有冻死骨"的状况不可能消除；"己所不欲，勿施于人"、"己欲立而立人，己欲达而达人"的"黄金原则"实际上也很难做到。而且，这种民本思想毕竟还是统治阶级"御民"、"牧民"、"使民"、"用民"、"治民"的方略，是"仁政"和"王道"的依据，根本前提还是维护和改善奴隶主或地主阶级的统治。管仲说的"凡治国之道必先富民，民富则易治也，民贫则难治也"，孔子说的"百姓足，君孰与不足?""君子学道则爱人，小人学道则易使"，归根到底都还是从统治阶级的根本利益着眼的。即使是极有远见、极有作为的明君贤相，也只能把"民"看成是载舟之水，也就是支撑这个统治的基础，而不可能把人民看成历史的主人，让人民当家作主。韩愈说得直截了当："民者，出粟米麻丝作器皿通货财以事其上者也"，"民不出粟米麻丝作器皿通货财以事其上，则诛"。孟子说的"劳心者治人，劳力者治于人"还是"天下之通义"。

马克思主义对人、人权、人性的理解与西方人道主义和中国民本思想有原则的不同。马克思恰恰是从批判对人的本质的抽象议论开始创立唯物史观的。以往的一切张扬人、推崇人的理论，共同的根本缺陷就在于脱离人的社会性和历史性来理解人。在这些理论中被渲染得极为神圣的"人"，只是从特定的历史阶段和社会关系中抽象出来的概念。这样的"人"，正因为被说成属于一切时代和一切社会，所以也就不属于任何时代和任何社会；只是思想家头脑中的幻影，而不是现实的存在。马克思的贡献就在于发现了打开这个"暗箱"的钥匙，第一次指出全部社会生活本质上是实践的，人的本质应当从人的实践活动造成的社会关系中探求，人在改变世界的过程中改变着自己。实际存在的人既不是脱离物质的精神实体，也不仅仅是生物学意义上的物质实体，而是处在一定社会关系中的具体的历史的人。这一石破天惊的发现使思想史上的千年迷雾为之一扫。从此以后，社会历史不再是无规律可循的神秘王国，而是可以用科学方法认识和改变的对象。人的解放也不再是悲天悯人的善良愿望，而是可以通过实践活动逐步实现的目标。这是思想史上最具全局意义和长远意义的成果。在今天无论从哪一个方面研究人的问题，都不应该离开这个正确的观点和方法。离开了这个观点和方法，就如同有了电灯之后还秉烛夜游，不可能准确地把握我们所说的以人为本的科学含义了。

构建社会主义核心价值体系和社会主义和谐社会必须以人为本，这毫无疑问。但我们说的不是抽象的"人"，而是具体的现实的人，也就是生活在我们这个社会里的人；我们要解决的人的问题也不是抽象的问题，而是广大人民和子孙后代利益攸关的一个一个非常现实的问题。离开马克思主义的指导，以人为本就难免流于空谈，解决不了任何现实问题，也消除不了造成种种不和谐现象的根源，构建社会主义和谐社会的目标也将无从实现。

马克思主义"以人为本"的思想在共产党人的实践中应当得到最好的体现和诠释。代表人类社会发展方向的无产阶级是马克思主义的"心脏"，而以实现无产阶级和全人类解放为旨归的马克思主义又是革命无产阶级的"头脑"。共产党人作为无产阶级先锋队，除了无产阶级和广大人民的利益以外没有任何私利可言。《共产党宣言》指出："共产党人为工人阶级的最近的目的和利益而斗争，但是他们在当前的运动中同时代表运动的未来。"以人为本及其蕴含的人类解放的伟大理想，只有在共产党人这里才不再是空洞的口号或愿望，而是可以通过改变世界的实践活动逐步实现的目标。

在以人为本的理解上划清马克思主义与非马克思主义的界限，是为了准确把握我们党提出的以人为本的科学含义，而绝不是全盘否定资产阶级人道主义和中国传统文化中的民本思想。对这些思想，我们在指出它们的阶级属性和理论缺陷的同时，也必须充分肯定它们的历史进步作用。不仅如此，在今天也还必须有分析地吸取和借鉴它们的合理成分，用以丰富马克思主义的以人为本思想的内容。

略论辩证法与和谐问题[*]

和平和发展是现时代的主题，我国正在为构建社会主义和谐社会而奋斗。如何理解和谐的概念，如何理解和谐与辩证法的关系，很自然地成为热烈讨论的重要哲学问题之一。本文拟就几个有关问题提出一孔之见，就正于学术界同人。

一

有的论者认为"传统的"唯物辩证法是以矛盾为中心的"矛盾哲学"，它的思维方式是"矛盾的思维方式"，已不能体现时代精神，必须代之以"和谐哲学"和"和谐的思维方式"，并认为这才是辩证法的"当代形态"。有的论者还认为"传统的"唯物辩证法渊源于西方的辩证法，强调斗争；而和谐哲学则渊源于中国传统辩证法，强调和合，是更高级的东方智慧。我认为提出这种见解是出于对人类命运的关切，是想启迪人们重视建立人与自然、人与人之间的和谐关系，愿望极好。但我认为这种见解在理论上是不能成立的。

这种见解是由反思一度流行的所谓"斗争哲学"发展而来的。众所周知，在"文化大革命"中确有把马克思主义哲学称为"斗争哲学"的事实，而且被视为权威解释。"斗争哲学"在理论上非常错误，在实践上为害甚烈。事实昭然，教训惨重。痛定思痛，对它拨乱反正是

---

　　* 本文原发表于《哲学研究》2009 年第 6 期，列为该期首篇，封面首篇。中国人民大学书报资料中心复印报刊资料 2009 年 9 月 B1·月刊《哲学原理》全文转载。2013 年获湖北省第八届社会科学优秀成果一等奖。

理所当然和完全必要的。但"斗争哲学"究竟错在何处？应该如何拨乱反正？却是严肃的科学问题，只有实事求是地分析才能正确地吸取教训。我认为"斗争哲学"的错误主要有如下三点：

第一，对辩证法的理论内容做了片面的解释，肢解了辩证法的整体性，违背了辩证法的根本精神。辩证法本来是以对立统一规律为核心的没有片面性的发展学说。这种学说反映了一个事实：万事万物内部都具有互相对立、互相排斥的倾向或方面，而这两个方面又是互相依赖、互相联系的。"矛盾"这个名词所指称的就是事物内部的这种关系。"斗争"就是对立或排斥的同义词，同一（或统一）就是依赖或联系的同义词。古代和现代的辩证法思想有精粗深浅的区别，西方和东方的辩证法思想有表述形式的差异，但只要称得上是辩证法的思想，都是承认矛盾双方的斗争性和同一性不可分离的，否则不成其为辩证法。在这个意义上把辩证法叫作"矛盾哲学"是合理的。"斗争哲学"与此不同，它把"斗争"说成矛盾双方关系的唯一内容，抹杀了或取消了矛盾双方的同一性。这就改变了"矛盾"概念的本来含义，无异乎取消了辩证法。

第二，对"斗争"概念的内涵也做了狭隘的解释。"斗争"（struggle）在辩证法中是一个有严格含义的哲学概念，指的是矛盾双方互相对立或排斥的性质，不能按照日常生活中不严格的理解望文生义地滥用。在哲学意义上，矛盾双方的"斗争"即互相对立或排斥的形式和内容都是无限多样的。而"斗争哲学"却把"斗争"等同于"对抗"（antagonism），甚至进一步曲解为"你死我活"的暴力对抗，抹杀了"斗争"形式和内容的丰富性和多样性。

第三，对"斗争"的结果也做了片面的解释。斗争与同一共同发挥作用的最终结果是矛盾的解决（至于又产生新的矛盾那是另一回事）。但矛盾的解决方式也是无限多样的。而"斗争哲学"把"斗争"的结果仅仅归结为一方"消灭"一方，一方"吃掉"一方。这明显地与事实不符。

因此，"斗争哲学"与"矛盾哲学"是根本不同的两种思想。"斗争哲学"不仅不是马克思主义的唯物辩证法，而且也不是任何意义的辩证法。这与传统和现代、西方和东方没有关系。即使是最古老最"传统"的辩证法，无论是东方的还是西方的，都没有对矛盾做如此片面的理解。反对"斗争哲学"，首先就要正确理解辩证法即"矛盾哲学"的本来含义，维护辩证法之所以为辩证法的最本质的东西，在这个基础上才谈得上发展辩证法、创造辩证法的当代形态。如果连辩证法的本来含义都没有弄清楚，就去构建当代形态的辩证法，构建出来的就很难说是辩证法了。这些论者把"矛盾"与"和谐"说成互不相容的概念，认为讲"矛盾"就必然导致"斗争哲学"，必然破坏和谐；要和谐就只有不讲斗争，要不讲斗争就只有不讲矛盾，所以要反掉"斗争哲学"就必须连"矛盾哲学"也一起反掉，以"和谐哲学"代替"矛盾哲学"。我认为这是找错了应该反对的对象。这种"和谐哲学"当然也是一种哲学，但绝对不是辩证法的哲学，更说不上是唯物辩证法的"新形态"。

我认为"和谐哲学"这个名词并不是在任何意义上都不可以用，问题在于赋予它什么含义。如果"和谐哲学"指的是一种并不否认矛盾但以创造条件促进和谐为宗旨的哲学，那么这种"和谐哲学"还是可以成立的。不仅可以成立，而且在承认对立统一规律的前提下把如何促进和谐作为探讨的重点，也符合时代的要求，特别是符合我国建设社会主义和谐社会的要求。但对"和谐"概念的内涵应当给以恰当的界定。我在《马克思主义研究》2007 年第 6 期上对此曾做过一些陈述。和谐(harmony)这个词，无论作为某种理论体系中的概念，或者人们表达美好憧憬的语词，古今中外都早已出现，但解释各有不同。我认为有两类解释是不对的：一类解释是把和谐与矛盾看成互斥的概念，认为和谐就是无矛盾，有矛盾就不能和谐。这在理论上说不通。和谐这个概念本身就是以矛盾的存在为前提的。只要一说到和谐，就至少是指某物与他者之间的某种关系，就是有差异的事物之间(或同一事物内部有差异的方面之间)的某种关系。差异就是矛盾。不首先肯定矛盾的存在，就不知道是什么与什么和谐，和谐这个词就没有意义了。还有一类解释并不把和谐与矛盾看成互斥的概念，但认为凡属矛盾双方共处于统一体的状态都是和谐。这又把和谐的外延过于泛化了。实际上，任何矛盾只要还未消失，就共处在统一体中，即使是斗争非常激烈的对抗性矛盾也是这样。例如，激烈交战的双方，也是共处在统一体中的，否则怎么打仗？如果把凡是矛盾双方处在统一体中的状态都一概叫作和谐，那就等于说无论什么矛盾都和谐，连打仗也算和谐，和谐的概念也就等同于"共处"的概念，没有独立的意义，也没有提出这个概念的必要了。

我认为，和谐不是没有矛盾，也不是所有的矛盾都和谐。和谐这个词是专门用来指称矛盾双方相互关系的一种特殊状态的，这种状态的特点就在于矛盾双方的发展不仅不互相损害，而且还互相促进，即人们通常用"相辅相成"、"共生共荣"、"和实生物"、"互利双赢"之类的语词描绘的状态。

这种状态是可能出现的，事实上无论在自然界和社会生活中都已经出现过。以社会现象为例，在利益有共同点的基础上也可以出现局部的暂时的和谐状态，更不用说在人民利益根本一致的社会主义社会了。正因为如此，我们今天构建社会主义和谐社会才不是空想。① 但是也要看到，这种状态并不是在任何情况下都可以出现的：（1）这要看矛盾双方关系的内部性质如何。有些矛盾有达到和谐的客观可能性，但另一些矛盾的本性却决定了双方不可能和谐，对后一类矛盾讲和谐就没有意义。（2）还要看矛盾所处的外部条件如何。同样性质的矛盾，在某种外部条件下可以由不和谐转化为和谐，也可以由和谐转化为不和谐。（3）还要看处理矛盾的方法如何。同样性质的矛盾，处在同样外部条件下的矛盾，由于处理方法的不同，能否达到和谐的结

---

① 最高典型的和谐社会应该是"每个人的自由发展是一切人的自由发展的条件"的共产主义社会，现在离这种和谐社会的实现还非常遥远。我们现在还处在社会主义初级阶段，要求构建的社会主义和谐社会还只能是相对意义上的和谐社会，即和谐状态占主导地位而且和谐的范围和程度逐步扩大和提升的社会。但社会主义制度毕竟开始为逐步消除人际利益根本冲突的根源、形成社会成员根本利益的一致提供了客观基础，从而使构建社会主义和谐社会成为必要和可能。千里之行始于足下，我们现在把构建和谐社会的任务提上日程并付诸实践是完全必要的。

果也会不同。不加分析地泛谈和谐，在理论上是混乱的，在实践上也是无益的。

这种"和谐哲学"否认斗争的观点在当前特别值得辨析。

首先，这种哲学把"斗争"概念的外延窄化了，与"斗争哲学"一样把斗争仅仅理解为对抗，用"你死我活"、"斩尽杀绝"、"消灭对方"、"两败俱伤"之类的语词加以描绘。这是没有根据的。作为哲学概念的斗争当然包括对抗，但决不限于对抗。从社会现象看，不仅战争、杀戮、打击、灭绝一类的激烈对抗的行为是斗争，争议、讨论、谈判、协商、沟通、说服、劝谏、化解、妥协、让步乃至求同存异等从哲学意义上看也是不同形式的斗争。

其次，这种哲学把"和谐"概念的外延泛化了，似乎不管什么性质的事物之间都可以和谐。这也不符合事实。试问，当年我们进行反法西斯战争的时候，能同希特勒、墨索里尼、东条英机"共生共荣"吗？今天我们进行社会主义建设的时候，能同图谋颠覆社会主义、图谋分裂祖国敌对势力"互利双赢"吗？能同腐败分子和其他犯罪分子"相辅相成"吗？

最后，这种哲学把促进和谐的动力片面化了，只看到同一性的积极作用，而否认了斗争性的积极作用。似乎同一性与斗争性是两个各司其职的"部门"，同一性是专管"建设"、促进和谐的，斗争性是专管"破坏"、妨碍和谐的。要和谐就必须抛弃斗争，一斗争就必定破坏和谐。现在既然要搞建设、讲和谐，斗争性这个"部门"就应该"撤销"了。这也是不实之论。矛盾的同一性和斗争性本来就不可分离，没有无同一的斗争，也没有无斗争的同一。和谐的实现是同一和斗争共同起作用的结果。抽掉了斗争怎么可能实现和谐？我们现在要构建社会主义和谐社会，能不与阻碍和谐、破坏和谐的因素做斗争吗？仅仅去年一年我们做了多少艰苦卓绝感天动地的斗争，没有这些斗争我们能有现在的局面吗？在金融海啸造成的巨大困难面前，我们不是正在为战胜困难而斗争吗？

无论这种否认斗争的观点的主观意图如何，客观上是站不住脚的。

毫无疑问，和谐是我们应该努力追求、精心构建的状态。但正因为要力图实现和谐，就不能不承认矛盾、分析矛盾、解决矛盾，不能不同时看到斗争和同一两个方面，努力创造实现和谐的现实条件。只讲斗争不讲同一当然不对，但只讲同一不讲斗争也同样不对。没有斗争，阻碍和谐的因素就无法消除，和谐就只是海市蜃楼。所以，我认为在反对"斗争哲学"的时候不能走向另一个极端，用"无斗争哲学"来代替"斗争哲学"。这与我们追求和谐的初衷并不一致。

唯物辩证法当然要随着时代的发展而发展，不停顿地丰富自己的内容，更新自己的形式。而且，时代不同，任务不同，辩证法强调的方面也必定有所不同。在这两层意义上，构建唯物辩证法的新形态的说法我都是赞成的。但什么是唯物辩证法的新形态？如何构建唯物辩证法的新形态？尽可以有各种各样的理解、各种各样的说法和做法，也不必急于取得共识。但在我看来，有一点还是应该坚持的，那就是不能抛弃辩证法最核心的东西，不能抛弃矛盾的概念，而矛盾的概念又必须包含同一和斗争。如果离开这一根本之点，那就不是辩证法的新形态，而是非辩证法了。

二

构建唯物辩证法的新形态的思想资源极为广泛，应当涵盖世界文明的一切成果，其中中国传统哲学对我们在中国发展唯物辩证法的事业来说尤其重要。

在谈及构建唯物辩证法的新形态时，人们的目光往往倾注在唯物辩证法产生以后的实践和科学所提供的新材料、新思想。把这一方面作为建构唯物辩证法当代形态的主要途径是正确的，也并无分歧。但是，唯物辩证法产生以前的思想是不是构建唯物辩证法当代形态的源泉，看法就未必一致。有的论者认为，马克思和恩格斯在创造唯物辩证法的时候已经科学地总结了以往思想史上的一切积极成果，这些积极成果已经包蕴在唯物辩证法的理论内容之中，反复咀嚼这些老成果也不会给唯物辩证法增添实质上的新内容，对建构唯物辩证法的当代形态并无裨益。至于中国传统哲学更与马克思主义的唯物辩证法没有

"血缘"关系，唯物辩证法的创立本来就没有吸取中国传统哲学的思想；况且中国传统哲学又是没有受过近代西方科学洗礼的朴素形态的东西，在理论层次上还没有达到近代西方哲学的水平，更远没有达到科学形态的唯物辩证法的水平，就更没有什么值得吸取的东西了。我们至多只能从中国传统哲学中摘取某些古老的命题来印证唯物辩证法的普适性，至于从中吸取什么重要思想以丰富和发展唯物辩证法则大可不必。我以为这种看法是欠妥的。

诚然，马克思的唯物辩证法总结的人类认识史主要是西方认识史，然而中国辩证法与西方辩证法反映的是同一世界的规律，除了各自的特殊性还有普遍性，并非不相干的东西。在不同的民族、国度和不同的历史条件下，辩证法的形式有所不同，强调的方面有所不同，其中的每一方面又都有认识深浅的不同，发挥详略的差异，表述精粗的区别，但反映的都是同一世界的辩证规律。在把人类认识史看作整体的意义上，未尝不可以把中国传统辩证法也理解为唯物辩证法的来源。不仅在创立唯物辩证法的时候是来源，在今天发展唯物辩证法的时候也仍然是来源。主要有三点理由：

第一，中国传统辩证法是在中国这块巨大的东方沃土上生长起来的一朵奇葩，它经过中华民族历代哲人的艰苦探索，源远流长，积淀深厚，博大精深，确实代表了一种有远见卓识的东方智慧，在某些方面达到的高度为西方古代辩证法所不及，甚至也为西方近代形而上学所不及，它是中华民族为人类思想宝库做出的独特贡献，理应作为人类的共同财富，而不应置于马克思主义哲学的视野之外。这不是敝帚自珍，而是当仁不让。正因为中国传统哲学的许多独特的有价值的东西并未全部囊括到唯物辩证法中去，今天就更应该从中吸取智慧，使唯物辩证法的内容更丰富。如果我们只把视线集中于西方，轻视中国自己的宝贵传统，那就好比捧着金饭碗讨饭了。

第二，任何思想都是时代的产物，都带有时代的印记，受到时代的局限。但只要是有价值的思想，就必定包蕴超越时代的内容。后世的人们从自己时代的视角来解读它们，就可能开掘出前所未见的新意义。重读过去也是创新的途径之一。马克思和恩格斯是站在他们那个时代的高度概括前人的思想成果的，我们今天站在我们时代的高度重新概括他们概括过的或尚未概括过的东西，得到的都不限于已有的结论，还会有前所未知的新结论，从而丰富和发展唯物辩证法。忽视这一方面，就会丢失建构唯物辩证法当代形态的一个重要思想资源。我们今天对浩如烟海的中国传统典籍的掌握、挖掘和理解还远远不够，还有大量的宝藏没有进入我们的眼帘；以现代眼光对中国传统辩证法重新解读后，就可能发现蕴含其中而未被前人察知的当代意义。这种新的认识将同当代人类的新实践和科学的新发现一样，为唯物辩证法注入新的血液。

第三，在中国发展唯物辩证法，构建唯物辩证法的新形态，与马克思主义中国化是同一个过程，并且是马克思主义中国化的基础的一环。这对马克思主义在中国的命运，对中国思想文化的走向，对中华民族精神支柱的建立，都至关重要。唯物辩证法中国化的主要动力是中国人民根本利益的需要，主要源泉是中国革命建设实践的经验，这毋庸置疑。但是，要成功地实现唯物辩证法的中国化，创造中国化的唯物辩证法，离开了与中国传统哲学的结合也断然不可。这种结合不是外在的结合，而是与中国传统哲学中相对恒定的一贯精神的内在结合。八十多年的中国革命建设史和中国思想发展史实际上已经回答了这个问题。只有中国化，才能为唯物辩证法提供别的民族所不能提供的内容，为世界做出独特的贡献；也只有中国化，唯物辩证法才能植根于中国土壤、成为中国人民自己的精神财富。要实现唯物辩证法的中国化，除了总结中国人民的实践，还必须吸取几千年中华民族积淀下来的传统文化的珍品，特别是辩证法的睿智。离开了对中国传统辩证法的吸取，唯物辩证法就很难在中国生根，成为中国人自己的哲学。我们要构建的唯物辩证法的新形态，应当是既有世界水平和时代内容，又有中国特色的。

三

从中国传统哲学中吸取构建唯物辩证法新形态的思想资源是一回

事，把中国传统哲学作为中国当代社会主义建设的指导思想又是一回事，不能混为一谈。

各民族的哲学都有自己的优长之处，也有自己的不足。我前面说到中国传统哲学中的辩证法在某些方面达到的高度为西方古代辩证法所不及，也为西方近代形而上学所不及，是说的某些方面，并不是一切方面。中国传统哲学毕竟是前资本主义时代的产物，确实没有经过近代科学的洗礼，细节上不如近代产生的西方哲学精密；也很少有像某些近现代西方哲学那样严密的体系和详细的论证。在总体上与马克思主义的唯物辩证法相比，它还是低一个层次。何况它并不都是精华，也有糟粕。就其现成形态而言，总体上还不能说它就是代表当代人类思维最高水平的哲学，就可以担当起当代中华民族指导思想的重任。能够担当这一重任的还是站在当代思维制高点的唯物辩证法，当然是中国化的唯物辩证法。如果中国传统哲学在近现代能够成为振兴中华民族的指导思想，1840年以后"国粹不能保国"的悲惨历史就无法解释，中国先进分子努力向西方寻求救国救民的真理的可歌可泣的努力就成了无谓之举。

而且，中国传统辩证法就其现成形态而言，也还不能原封不动地直接作为唯物辩证法的组成部分。这就需要首先对它做出当代的阐释，赋予它当代的意义，然后才能吸收到唯物辩证法的体系之中。我们既不能无视或低估中国传统辩证法的意义，也不能把它的意义人为地无限拔高，似乎它囊括了人类的一切最高智慧，在总体上比唯物辩证法的水平还高。

阐发和宣传和合哲学的学者是在抱着一腔济世情怀，寻求一种为当代人类化解冲突、避免毁灭的普世方剂。他们并不否认矛盾和冲突的存在，毋宁说，正是因为看到矛盾和冲突的存在才提出融和矛盾、超越矛盾、消弭危机的和合哲学。他们对中国传统哲学中的合和思想主要是儒家的和合思想做了许多诠释和发挥，许多见解是很有价值的。但我对这种理论仍有原则的保留。我的质疑主要有以下几点：

第一，从理论上说，和合哲学虽然绝不否认矛盾的存在，但却假定了甚至断言了一切矛盾和冲突最后都可以融合。我以为这并不符合实际。事实上，矛盾和冲突发展的结果是无限多样的，除了"融合"之外，至少还有"一方消灭一方"、"新质因素逐渐积累旧质因素逐渐消亡"和"双方同归于尽"等多种多样的形式。无论在自然界和人类历史上都可以举出无数的例证。这不是因为自然界和人类出了什么差错，而是矛盾的性质不同、矛盾所处的条件不同和处理矛盾的方法不同使然，并非仅靠思想的力量所能左右的。只承认一种解决矛盾的形式，就无法解释大量存在的事实。张载说"有象斯有对，对必反其为；有反斯有仇，仇必和而解"，这后两句就大可商榷。如果是非对抗性的矛盾，"有反"就未必"有仇"；如果是对抗性的矛盾，在不具备特殊条件的情况下，"有仇"就未必能"和而解"，除非把"一方消灭一方"和"双方同归于尽"也算作"和而解"。但假如把"一方消灭一方"和"双方同归于尽"也算作"和而解"，那就把"和"的意思泛化到了无边无际，提出这个概念就没有意义了。我在前面说过，"和"（"和合"、"和谐"也一样）只是指矛盾双方共处的一种特殊状态，即矛盾双方不仅共处，而且双方的发展都不仅不损害对方的发展，还有利于对方的发展。我一直不赞成把矛盾双方共处的状态一概叫作"和"，因为任何矛盾，即使是双方斗争非常激烈的矛盾，只要还未消失，就必定共处在统一体中，否则还叫什么矛盾？对战的两军如果不共处在统一体中，双方都没有敌军，他们同谁在打仗？我也不赞成把矛盾双方相对平衡的状态一概叫作"和"。"和"当然是矛盾双方平衡的一种状态，但并非一切平衡状态都是"和"。平衡也有各种各样的具体情况。哪怕是"你死我活"的斗争，也会有"你吃不掉我，我也吃不掉你"的相持状态，这时矛盾双方的力量也是相对平衡的，但这不仅不能叫作"和"，而且往往是斗争最惨烈的时候。如果这一类相持状态也可以叫作"和"，那就可以说现在全世界的绝大多数领域都已经实现了"和"，用不着我们劳神费力地去"构建"了。

第二，从实践上说，和合哲学描绘的究竟是人类憧憬的理想状态还是实际指导人类行为的普适原则？如果是实践的普适原则，在何种条件下能普适到什么范围和程度？也是需要辨析的。作为理想状态，和合无疑是极其美好而崇高的。"道并行而不悖"诚然非常理想，可是在很多情况下实际上是很难做到的。孟子把杨朱墨翟目为"无父无君"的"禽兽"，宁可不避"好辩"之名也决不让它们流行，却是事实。孟子之学与杨墨之学当时虽然也在"并行"，但何尝"不悖"？马克思主义之道与法西斯主义之道又怎能"并行而不悖"？"万物并育而不相害"也是一幅动人的图景，但人类能与艾滋病毒"并育而不相害"吗？"己欲立而立人，己欲达而达人"，"己所不欲，勿施于人"是何等崇高的境界，但千百年来也只能在没有根本利益冲突的群体中实行，而且完全彻底做到的人为数不多(所以才能成为典范而令人膜拜)。孔子也说："修己以安百姓，尧舜其犹病诸!"他承认圣人也很难完全做到。在"富者田连阡陌，贫者无立锥之地"、"朱门酒肉臭，路有冻死骨"、"四海无闲田，农夫犹饿死"、"可怜身上衣正单，心忧炭贱愿天寒"的古代，有多少人真正做到了己立立人、己达达人？原因很简单，就是人类社会至今还确实存在着利益矛盾，有些利益矛盾还是对抗性的。诚然，当今世界面貌已经发生了巨大变化，和平和发展确已成为当代的主题。但这两个主题解决了没有呢？一个也没有解决。阶级、国家、民族、地区、宗教等的矛盾和冲突花样翻新，足以将人类自身毁灭无余。受利益驱使的敌意和杀机仍然占据着许多人的心灵，战争和暴力仍然层出不穷。世界范围的贫富悬殊还在扩大，世界至少有 30 亿人生活在贫困之中，赤贫者不下 10 亿。最近由于资本的疯狂发展而引发的金融海啸正在折磨着各国人民。人类生存的自然环境既在改善也在恶化，发展中国家生存环境的恶化尤其严重。世界还远不是"和睦的大家庭"，"同一个世界"也并没有"同一个梦想"，倒是"同球异梦"的事实大量存在。如果也有某种平衡状态，那也不是"良知"启示的结果，而是各种力量制衡的结果，与我们希望的"和"并不是一回事。要逐步达到名副其实的"和"，还是要在唯物辩证法的指导下面对现实，遵循社会发展的客观规律，以科学的态度承认矛盾，分析矛盾，采取最可行最有效最明智的策略解决矛盾(化解也是解决矛盾的一种方式)。这需要若干代人的极其艰巨的努力，直到马克思和恩格斯预言的"每个人的自由发展是一切人的自由发展的条件"的时候，和合的理想才能完全变成现实。和合不是一厢情愿的事，我不

211

相信当今世界上那些以掠夺和扩张为生存目的的利益集团和霸权主义者会因为受到和合思想的启示而良心发现,改变"思维方式",从全人类的根本利益出发,顾全大局,幡然悔悟,改弦更张,放弃私利而致力于天下为公,世界大同。我也不相信"己所不欲,勿施于人"真的会成为当今全人类实际上一体遵循的"金律"(golden rule)。倘真能如此,那就不仅是"半部《论语》治天下",而且是"一句《论语》治全球"了。坦率地说,我不相信和合思想有那么大的神力。

但是,我这样说,丝毫没有否定和合思想的价值的意思。这是因为,被科学地阐释了的和合思想对当前我国建设社会主义和谐社会还是极有价值的实现资源。对世界大多数人也有启示作用,有助于帮助大多数人意识到人类的根本利益,着眼于长远和未来,知道自己应该怎么做,也知道应该怎么遏制那些陷人类于毁灭的贪婪狂悖的行为。这比宣传"仇必报到底"终究要明智得多,效果也好得多。和合思想的当代价值正在于此。

构建社会主义核心价值体系的指导思想 *

记者：陶教授，您好！党的十六届六中全会通过的《中共中央关于构建社会主义和谐社会若干重大问题的决定》明确提出了构建社会主义核心价值体系这一重大课题，应该如何理解构建社会主义核心价值体系的重大意义？请您谈谈对这一问题的看法。

陶德麟：价值观是人们生活目标和行为方式的导向，任何人的行为都自觉不自觉地受某种价值观的引导。由于人们所处的社会形态不同，在一定社会关系中的地位不同，利益不同，接受的教育和社会影响不同，生活经历不同，以及其他主客观因素的不同，各个阶级、集团、群体的价值观会有很大的差异，同一阶级、集团、群体中的个人的价值观也有差异。但是，无论这种差异有多大，任何社会都必定有核心价值体系作为共同的行为导向，否则社会将陷于分崩离析，无法存在和发展。在不同的社会形态中，核心价值体系是有所不同的。不同的核心价值体系的形成归根到底取决于各种社会形态存在和发展的客观要求，同时也有赖于人们的精心构建。在阶级对立的社会里，占统治地位的意识形态是统治阶级的意识形态。价值体系是意识形态的重要内容，统治阶级的价值体系也必然占统治地位，事实上成为整个社会的核心价值体系。这种价值体系是由统治阶级按照自己的根本利益精心构建起来的，历代统治阶级都把这件事作为巩固统治地位的要务，通过自己的思想家为此做了大量的工作。被统治阶级也有自己的

* 本文原载《马克思主义研究》2007 年第 6 期《名家访谈》栏，原标题为《构建社会主义核心价值体系的指导思想应当是马克思主义——访中国社会科学院马克思主义研究院顾问陶德麟》。

价值体系，但不可能在整个社会中占据统治地位，不可能成为整个社会的核心价值体系，而且会受到主导价值体系的不同程度的影响和制约。

社会主义社会也有自己的核心价值体系。如果没有，社会成员就没有共同的价值取向和行为准则，就会各行其是，步调凌乱，互相掣肘，甚至离心离德，社会主义社会就不可能存在和发展。但社会主义社会与阶级对立的社会不同，剥削阶级的统治已不复存在。社会主义社会的核心价值体系就不再是剥削阶级意识形态的组成部分，而是社会主义社会的经济、政治、文化发展的客观要求的反映，是广大人民的根本利益的反映。人民根本利益的一致性决定了社会主义社会应当是以和谐为总体特征和本质属性的社会，即和谐社会。社会主义的核心价值体系就是构建社会主义和谐社会的行为导向，因而是与构建社会主义和谐社会的任务不可分割的。

记者：唯物辩证法认为矛盾是普遍存在的，构建和谐社会的说法是否与矛盾普遍性的原理有矛盾？我们应该如何理解矛盾与和谐的关系？

陶德麟：构建和谐社会的说法与矛盾普遍性的原理没有抵触。这里有必要对和谐的概念做一些厘清。和谐(harmony)这个词，无论作为某种理论体系中的概念，或者人们表达美好憧憬的语词，古今中外都早已出现，但解释各有不同。我认为有两类解释是不对的：一类解释是把和谐与矛盾看成互斥的概念，认为和谐就是无矛盾，有矛盾就不能和谐。这在理论上说不通。和谐这个概念本身就是以矛盾的存在为前提的。只要一说到和谐，就至少是指两个有差异的事物之间的某种关系，也就是某物与他者之间的某种关系。两个事物既然有差异，不就是矛盾吗？不首先肯定矛盾的存在，和谐这个词就没有意义了。还有一类解释并不把和谐与矛盾看成互斥的概念，但认为凡属矛盾双方共处于统一体的状态都是和谐。这又把和谐的外延过于泛化了。实际上，任何矛盾只要还未破裂，就共处在统一体中，即使是斗争非常激烈的对抗性矛盾也是这样。例如激烈交战的双方，也是共处在统一体中的，否则怎么打仗？如果把凡是矛盾双方处在统一体中的状态都一概叫作和谐，那就等于说无论什么矛盾都和谐，连打仗也算和谐，和谐的概念也就等同于共处的概念，只是语词不同，没有特别的意义，也没有提出这个概念的必要了。

我认为，和谐不是没有矛盾，也不是所有的矛盾都和谐。和谐这个词是专门用来指称矛盾双方相互关系的一种特殊状态的，这种状态的特点就在于矛盾双方的发展不仅不互相损害，而且还互相促进，即人们通常用"相辅相成"、"共生共荣"、"和实生物"、"互利双赢"之类的话描绘的状态。这种状态并不是在任何情况下都能出现的，它的出现需要有严格的条件；但只要条件具备，在自然界和社会中都可能出现。

作为社会现象的和谐，在阶级对立的社会里是否存在呢？我认为在一定条件下也是存在的。如果说在阶级社会里根本没有和谐现象，必定时时、处处、事事都不和谐，那并不符合事实。在阶级社会的生产关系还能促进生产力发展的时候，在不同群体（也包括不同阶级）的利益的共同点超过差异点的时候，再加上其他一些必须具备的条件（例如矛盾双方有协调的愿望并且方法得当），就不仅可以出现社会矛盾相对缓和的稳定现象，而且也会出现局部的和谐现象。这在历史上和现实中都是屡见不鲜的事实。但是，只要阶级对立以及其他利益对立的根源没有消除，这种和谐现象就不可能是社会的总体特征和本质属性，也不可能长久地保持。孟子说："天下之生久矣，一治一乱。"就反映了这个事实。"太平盛世"也只能说有和谐现象，而不能从总体上把这种社会叫作和谐社会（harmonious society）。

那么，我们说的和谐社会是指的什么样的社会呢？从理论上说，和谐社会的最高典型应该是共产主义社会，因为只有到了那时才可能达到"每个人的自由发展是一切人的自由发展的条件"①。现在离这种最高典型的和谐社会的实现还非常遥远。我们现在要求构建的社会主义和谐社会还不可能是最高典型的和谐社会，而只能是相对意义上的和谐社会，即和谐状态占主导地位而且和谐的范围和程度逐步扩大

---

① 《马克思恩格斯选集》第 1 卷，人民出版社 1995 年版，第 294 页。

和提升的社会。构建这样的和谐社会也是十分艰巨的事业，需要几代人的持续努力。我们现在还处在社会主义初级阶段，经济和文化都还很不发达，造成不和谐现象的因素还大量存在，在改革的过程中还会出现新的不和谐因素。因此，不能降低和谐社会的标准，以为实现社会主义和谐社会轻而易举，可以一蹴而就。但是，社会主义制度毕竟消灭了剥削阶级的统治，开始为逐步消除人际利益根本冲突的根源、形成社会成员根本利益的一致提供了客观基础，从而使构建社会主义和谐社会成为必要和可能。千里之行始于足下，我们现在就必须把构建和谐社会的任务提上日程并付诸实践，开始万里长征。这是绝大多数社会成员共同利益的要求，也是社会主义制度的本质属性的要求。要构建社会主义和谐社会，就必须以社会主义核心价值体系为向导，引领社会成员的行为，否则无法逐步减少以至消除不和谐的因素。所以，构建社会主义核心价值体系是构建社会主义和谐社会的题中应有之义，而不是从外部附加的东西。

记者： 科学发展观是统领经济社会发展全局的指导思想，其本质与核心是"以人为本"，这是否意味着对构建社会主义核心价值体系应该以某种张扬人性、推崇人权的理论为指导？另外，"以人为本"与西方的人道主义、中国的民本思想有没有区别呢？

陶德麟： 以什么思想为指导来构建社会主义核心价值体系，是不可回避的问题。有一种意见认为，既然构建社会主义核心价值体系和构建和谐社会都必须以人为本，那么凡属张扬人、推崇人的理论就都可以作为指导思想，我认为这是需要辨析的。这里以西方人道主义思想和中国传统文化中的民本思想为例来谈谈个人的看法。

产生于欧洲文艺复兴时期的西方人道主义反对以神权压制人性，张扬以人为中心，后来发展到鼓吹天赋人权和自由平等博爱，对摧毁腐朽的封建制度和建立先进的资本主义制度起过非常革命的作用。即使在马克思主义产生以后，作为伦理原则，这种人道主义也还有进步作用，否定这种进步作用是错误的。鲁迅在谈到托尔斯泰"敢于向有权力的反动统治阶级抗争"时指出："大家现在又在大骂人道主义了，不过我想，当反革命者屠杀革命者，倘有真的人道主义者出而抗议，这对于革命为什么会有损呢?"①在反法西斯的斗争中,这种人道主义是马克思主义的盟友。许多并非马克思主义者的人道主义者有伟大的济世情怀,真诚地关心人民,为人民的幸福献身,他们的这种精神至今还在鼓舞着千百万善良的人。在我们今天的社会主义社会里,这种人道主义的伦理原则也大有益于社会的和谐和人际关系的友善,大有益于社会进步。这些都是事实。但是,如果作为构建社会主义核心价值体系和社会主义和谐社会的指导思想,就不能不看到这种人道主义的弱点:第一,它所依据的理论基础不是科学的历史观,而是抽象的人性论。抽象人性论的根本缺陷就是离开人的社会性和历史发展来谈论普遍人性,把人性描绘成与生俱来一成不变的东西,不是用历史来解释人性,而是用人性来解释历史,把历史的发展解释成人性的异化和复归。这就无法合理地解释历史,也无法合理地解释人性。而且,这种普遍人性实际上是以资产者的现实要求为模特儿描绘出来的。从根本上说,人权,就是资产阶级的权利;自由,就是商品交换和贸易自由,包括买卖劳动力的自由;平等,就是商品的等价交换原则,包括劳动力买卖的等价交换原则;博爱,就是利益冲突的阶级之间的互爱合作。在这种人道主义看来,最符合人性的社会就是资本主义社会。这种人道主义是以普遍性形式出现的资产阶级意识形态。这当然不是说这些人道主义者都是自觉的资本主义辩护士。实际上,某些人道主义者对资本主义制度的弊病也有激烈的批评,甚至是颠覆性的批评;这种批评也是真诚的,并不是故作姿态;但从他们的实际眼界来看还是以维护和改善资本主义为前提的批评,并不能科学地解释历史和现实,也不能提供人的解放的现实途径。第二,正因为这种人道主义以肯定资本主义制度的永恒性和合理性为前提,以普遍性的形式遮蔽阶级利益和其他利益冲突的实际,它也就无法贯彻到底。许多真诚的人道主义者的呼吁和呐喊可以给人们以很大的慰藉、启迪和鼓舞,但并不能指出消除利益冲突的现实办法,他们的善良愿望终究只是愿望而已。至于现在某些资本主义国家的统治者一面鼓吹人道主义,一

---

① 参见冯雪峰:《回忆鲁迅》,人民文学出版社1953年版,第31页。

面又干涉别国的内政，侵犯别国的主权，屠杀别国的人民，那就更另当别论了。空想社会主义主张的人道主义与资产阶级人道主义的阶级基础不同，它是无产阶级在很不发展的时期对未来社会的本能渴望的反映。但是，这种人道主义的理论基础也是抽象人性论，只不过它认为合乎人性的不是资本主义社会而是他们心目中的社会主义社会而已。它也同样不能科学地解释人的问题，指明人的解放的现实途径。

中国传统民本思想与西方人道主义思想的历史背景和阶级基础不同。它在中国有数千年的历史，源远流长，内容丰富，是中华民族宝贵的思想财富。从《尚书》的"民惟邦本，本固邦宁"，"天视自我民视，天听自我民听"到《管子》的"政之所兴在顺民心，政之所废在逆民心"，从孔子的"仁者爱人"、"泛爱众"、"修己以安百姓"到孟子的"民为贵，社稷次之，君为轻"，都大力宣扬了民本思想。许多伟大的思想家和诗人以"长太息以掩涕兮，哀民生之多艰"（屈原）、"穷年忧黎元，叹息肠内热"（杜甫）的情怀真诚地关心人民疾苦，谴责剥削压迫，揭露贫富悬殊，留下了大量撼人心魄的不朽篇章。这种民本思想对抑制过度的剥削压迫，调节社会矛盾，促进生产力和文化的发展都有极为重要的意义。但是，如果作为构建社会主义核心价值体系和社会主义和谐社会的指导思想，它同样也有弱点。民本思想的理论基础也是离开人的社会性和历史发展的另一种形式的抽象人性论。无论是性善论、性恶论或其他理论，也都不能科学地解释社会历史和人的本质。在不改变阶级社会结构的前提下，伟大思想家的爱民理想不可能真正实现；"富者田连阡陌，贫者无立锥之地"、"朱门酒肉臭，路有冻死骨"的状况不可能消除；"己所不欲，勿施于人"、"己欲立而立人，己欲达而达人"的"黄金原则"实际上也很难做到。而且，这种民本思想毕竟还是统治阶级"御民"、"牧民"、"使民"、"用民"、"治民"的方略，是"仁政"和"王道"的依据，根本前提还是维护和改善奴隶主或地主阶级的统治。管仲说的"凡治国之道必先富民，民富则易治也，民贫则难治也"，孔子说的"百姓足，君孰与不足？""君子学道则爱人，小人学道则易使"，归根到底都还是从统治阶级的根本利益着眼的。即使是极有远见、极有作为的明君贤相，也只能把

"民"看成是载舟之水，也就是支撑这个统治的基础，而不可能把人民看成历史的主人，让人民当家作主。韩愈说得直截了当："民者，出粟米麻丝作器皿通货财以事其上者也"，"民不出粟米麻丝作器皿通货财以事其上，则诛"。孟子说的"劳心者治人，劳力者治于人"还是"天下之通义"。

马克思主义对人、人权、人性的理解与西方人道主义和中国民本思想有原则的不同。马克思恰恰是从批判对人的本质的抽象议论开始创立唯物史观的。以往的一切张扬人、推崇人的理论，共同的根本缺陷就在于脱离人的社会性和历史性来理解人。在这些理论中被渲染得极为神圣的"人"，只是从特定的历史阶段和社会关系中抽象出来的概念。这样的"人"，正因为被说成属于一切时代和一切社会，所以也就不属于任何时代和任何社会；只是思想家头脑中的幻影，而不是现实的存在。马克思的贡献就在于发现了打开这个"黑箱"的钥匙，第一次指出全部社会生活本质上是实践的，人的本质应当从人的实践活动造成的社会关系中探求，人在改变世界的过程中改变着自己。实际存在的人既不是脱离物质的精神实体，也不仅仅是生物学意义上的物质实体，而是处在一定社会关系中的具体的历史的人。这一石破天惊的发现使思想史上的千年迷雾为之一扫。从此以后，社会历史不再是无规律可循的神秘王国，而是可以用科学方法认识和改变的对象。人的解放也不再是悲天悯人的善良愿望，而是可以通过实践活动逐步实现的目标。这是思想史上最具全局意义和长远意义的成果。在今天无论从哪一个方面研究人的问题，都不应该离开这个正确的观点和方法。离开了这个观点和方法，就如同有了电灯之后还秉烛夜游了。

构建社会主义核心价值体系和社会主义和谐社会必须以人为本，这毫无疑问。但我们说的不是抽象的"人"，而是具体的现实的人，也就是生活在我们这个社会里的人；我们要解决的人的问题也不是抽象的问题，而是与广大人民和子孙后代利益攸关的一个一个非常现实的问题。离开马克思主义的指导，以人为本就难免流于空谈，解决不了任何现实问题，也消除不了造成种种不和谐现象的根源，构建社会主义和谐社会的目标也将无从实现。所以我认为，我们今天构建社会主义和谐社会的指导思想应当是正确反映社会发展规律、代表最广大人民根本利益的马克思主义，而不是别的理论。

记者：中国有着几千年的文明史，在革命、建设中也形成了一些光荣的传统，当前，经济全球化使各种文明之间的联系、交往日益密切，构建社会主义核心价值体系应该如何对待古今中外的文明成果及其不同的价值观念？

陶德麟：以马克思主义为指导构建社会主义核心价值体系，决不能排斥人类文明发展大道上产生的各种价值体系中的积极成分。继承这些宝贵的积极成分，本身就是坚持马克思主义指导的不可缺少的内容，而决不是马克思主义指导之外的另一回事。拒绝吸收和借鉴这些积极成分，恰恰是违背马克思主义的。

第一，以往的价值体系中不仅有反映剥削阶级狭隘利益的内容，还有反映一切社会成员共同要求的内容，否则社会成员不可能共同生活，任何社会不可能存在和发展。这些内容我们当然必须继承和发扬。

第二，即使是反映剥削阶级狭隘利益的内容，我们也可以把其中某些成分从原来的思想体系和阶级属性中剥离出来，重新予以诠释、熔铸和改造，赋予新的含义，为我所用。比如，西方人道主义和中国民本思想以及和合思想中就既有反映一切社会成员共同要求的成分，也有反映剥削阶级狭隘利益的成分。前者不待多说，即使仅就后者而论，也仍然是我们今天应当有分析地继承和借鉴的宝贵思想资源。我们要构建的社会主义核心价值体系中的以爱国主义为核心的民族精神和以改革创新为核心的时代精神，社会主义荣辱观，都与这些思想既有原则区别，又有明显的继承关系。离开了继承，在空地上建立的社会主义的核心价值体系就会成为无本之木，决不能使社会成员乐于接受，在全民族生根。

从20世纪50年代后期到"文化大革命"，曾经长时间地混淆了不同的问题，以为凡是从非科学的历史观引申出来的价值标准和伦理原则都一无是处，都是社会主义社会里应当清除的糟粕，把它们一概看成"坏东西"。这在理论上是不正确的，在实践上也造成了严重的危害。这种错误不仅使我们丢失了大量的宝贵思想资源，搅乱了社会生活的共同准则，而且造成了两种貌似相反而实际相通的结果：有人以此指责马克思主义"反人道"；也有人以此把马克思主义等同于或归结为抽象的人道主义。这个教训非常深刻。当然，对于这些思想不能连同它们的阶级局限性和时代局限性一起原封不动地照搬，不能把它们鼓吹到高于马克思主义的程度，而应当按马克思主义的观点和社会主义的要求加以改铸，使之成为社会主义核心价值体系的有机成分。这是增强社会主义核心价值体系的民族性、时代性、群众性和实效性的必不可少的工作。

在这里我还想提出一点看法：以马克思主义为指导构建社会主义核心价值体系，说的是党和国家在制定有关政策、领导这项工作时要遵循的理论原则，并不是要求全体社会成员的价值观都以马克思主义为理论基础，人人都成为马克思主义者。这是办不到的，也是不必要的。如果不顾思想多样性的事实而做这样的要求，反倒违背了实事求是的原则，不符合马克思主义了。凡是有利于社会主义建设事业的繁荣发展、有利于祖国富强和民族振兴、有利于社会和谐的言行，无论言行的主体的价值观的理论基础是马克思主义还是非马克思主义，唯物主义还是唯心主义，世俗观念还是宗教信仰，都应当受到肯定和赞扬。毫无疑问，加强和改善马克思主义的宣传工作，特别是用马克思主义的世界观、人生观、价值观培养教育青年一代是必需的，但是同时必须坚持包括宗教信仰自由在内的思想自由，容许主旋律前提下的思想多样性，包括个人价值观的多样性。以马克思主义为指导的社会主义核心价值体系应当既具有先进性，又具有最广泛的包容性，让全体社会成员都能遵循，都能做到。只有这样，它才可能实际上成为最广大人民为构建社会主义和谐社会而共同奋斗的向导。

关于马克思主义大众化问题 *

胡锦涛总书记在党的十七大报告中号召"建设学习型政党","大力推进理论创新，不断赋予当代中国马克思主义鲜明的实践特色、民族特色、时代特色。开展中国特色社会主义理论体系宣传普及活动，推动当代中国马克思主义大众化"。党的十七届四中全会决议在谈到执政党建设基本经验时，又指出要"坚持把思想理论建设放在首位，提高全党马克思主义水平。不断推进马克思主义中国化、时代化、大众化"。这是一项关系坚持中国特色社会主义道路的战略任务。本文仅就马克思主义大众化的两个问题谈几点认识。

一、大众化与中国化、现代化的关系

首先我想谈谈我对大众化这个概念的理解。大众化与大众性是有区别的。大众性是理论本身的属性之一，是标识理论的所涉及或关注的群众的范围的概念。大众化是使理论为尽可能多的群众所理解和认同的一种工作。①

这个意义上，可以说任何理论都有一定程度的大众性，只不过"大众"的构成和范围不同而已。完全没有大众性的理论就是不代表任何人群的利益和要求也不以任何他人为宣传对象的理论，就是自言自语的理论，这种理论是不存在的。奴隶主阶级、地主阶级和资产阶

---

* 本文原载《红旗文稿》2010 年第 2 期首篇，该刊做了重点推荐。

① "群众"和"大众"都是 mass 的汉译，可以视为同一概念。在中国作者的著述中常常通用，本文也未做区分。

级的理论也都反映了本阶级的利益和要求，还在不同程度上反映了相
关阶级在一定历史条件下的共同利益和要求，也有自己需要面对的人
群，因而也是有一定的大众性的。同时，任何理论也都需要大众化。
这是因为理论都不是大众自发活动的产物，而是少数理论家精神劳作
的产品。如果不经过一番大众化的工作，即使客观上反映了大众的利
益和要求，也未必能为大众所理解。任何阶级的理论家创造理论都不
是为了自娱自乐，决不会满足于把自己的理论变成藏之名山的秘密文
献，而总是要努力在大众中传播宣扬，让大众理解理论、信服理论，
从而征服人心，赢得大众。这也就是大众化的工作。历代统治阶级中
有作为有远见的政治家和思想家没有不高度重视理论的大众化的。他
们创造了许多行之有效的方法，积累了很丰富的经验。这是历代统治
阶级能够成为统治阶级并在一定时期维持统治地位的重要原因之一。
这种历史经验值得我们分析借鉴。

马克思主义与其他一切理论的根本区别不在于有没有大众性，也
不在于需要不需要大众化，而在于大众性和大众化的使命、内容、对
象和范围根本不同。马克思主义理论反映的是前所未有的最先进的阶
级即无产阶级的根本利益，同时也反映了有史以来最广大的人民群众
的根本利益。它不是去论证某种剥削制度比另一种剥削制度更合理、
某个剥削阶级的统治比另一个剥削阶级的统治更优胜，不是去论证某
种剥削制度和阶级统治的永恒合理性，而是以严密的科学道理揭示历
史发展的客观规律，既说明剥削制度在一定历史发展阶段的必然性，
又说明一切剥削制度的暂时性。它向人们展示的远景是经过一系列的
历史发展阶段，最终达到彻底消灭阶级差别，解放全人类。因此它的
大众性具有史无前例的深刻内容和广阔空间，这是任何剥削阶级理论
都不可比拟的。另一方面，它的大众化也与剥削阶级的理论的大众化
有原则的不同。由于马克思主义代表的是无产阶级和最广大人民群众
的根本利益，它不仅不需要像剥削阶级的理论那样去掩盖事物的真相
和本质，而且恰好需要彻底揭露事物的真相和本质。但要使群众理解
它所揭露的真相和本质也绝非易事。马克思主义不是工人运动自发的
产物，而是马克思和恩格斯这样的知识分子创造出来的严整的科学体

系，所以也必须经过艰苦的大众化的工作才能为大众所理解，实现它的大众性，这也就是"理论掌握群众"的过程。离开了大众化的工作，马克思主义理论就不可能掌握群众，转化为物质力量，也不可能在千百万群众的实践中接受考验，总结经验，得到丰富和发展。因此，对马克思主义来说，大众化不是可有可无的附加物，而是由马克思主义的本性和使命决定的题中应有之义，是马克思主义的不可或缺的基本要求。只停留在书斋里和理论家头脑里而不为群众理解和运用的马克思主义，最多也只是不能实现也不能发展的学理，而不是真正意义上的马克思主义。

但是，马克思主义的大众化与马克思主义的中国化和时代化是统一的整体，这三者是不可分割的。离开了中国化和时代化去孤立地谈论大众化，就会使大众化成为抽象的口号。

第一，大众化不能离开中国化。马克思主义当然不是地域性的理论而是世界性的理论，它的基本原理揭示的是整个世界的普遍规律。但是，这些普遍规律就寓于各个国度、民族、地域的特殊发展规律之中，离开了特殊规律，普遍规律也就无从体现。只有把马克思主义的基本原理与各个国度、民族、地域的特殊情况正确地结合起来，实现了普遍和特殊的统一，这些基本原理才能在实际生活中得到实现。马克思主义的世界化和本土化是统一过程的两个方面。马克思主义如果没有世界性的本质，就不可能在各个国度、民族或地区实现本土化；同样，没有成功的本土化，马克思主义的世界性也只能是高悬在空中的一般道理，不能解决各个国度、地区和民族千差万别的特殊问题，不能实际地实现世界化。就中国而言，马克思主义的本土化就是中国化，就是把马克思主义基本原理与中国实际结合起来，解决中国的实际问题，又从而以新的经验丰富和发展马克思主义的基本原理。马克思主义在中国大众化的过程，就是使中国的广大群众掌握和运用马克思主义的过程，同时也必然是马克思主义中国化的过程，也就是中国化的马克思主义形成和发展的过程。事实已经证明，这是中国革命建设取得胜利的必由之路。在民主革命时期，如果没有中国化的马克思主义——毛泽东思想，如果毛泽东思想没有通过大众化而掌握千百万群众，就不可能设想能推翻"三座大山"，把半封建半殖民地的旧中国变成社会主义的新中国。在社会主义建设时期，如果没有中国化的马克思主义——中国特色社会主义理论体系，如果这个理论体系没有通过大众化而掌握十几亿群众，就不可能指引一个经济文化落后的东方大国在极短的时间里取得奇迹般的举世瞩目的成就。

第二，大众化不能离开时代化。马克思主义理论反映了历史发展的规律，特别是反映了资本主义产生以来社会发展的规律。它虽然产生于一百五十多年以前，但它的基本观点不仅没有过时，而且仍然高于其他理论，包括后出的种种理论。它是最深刻地反映了时代特征和时代需要的理论，是真正的现代性的理论。但现代也是一个动态的过程，现代的具体情况也在不断地发展变化。马克思主义理论并不因为它是现代性的理论就可以停滞不前。马克思主义之所以不会过时，之所以能一直站在人类思维的制高点，正因为它与时俱进，随着时代的发展变化而发展，在坚持自己的根本立场观点方法的同时使自己与当前面对的具体情况相适应。就中国而言，我们决不能抛弃马克思主义的根本立场观点方法，决不能抛弃仍然符合当前实际情况的基本原理，同时又决不能停留在马克思主义经典作家已有的一切具体论述上，也不能停留在我们已有的理论上，而必须把马克思主义的基本原理与现代世界不断变化的实际结合起来，与我们中国当前正在进行的社会主义建设事业结合起来，持续地推进马克思主义在中国的发展。这就是马克思主义时代化的工作。我们要做好马克思主义大众化的工作，就要清醒地认识到我们面对的大众是生活在现时代的中国大众。离开了时代的特征，离开了中国大众在现时代的需要，大众化就没有目标，也没有对象，大众也不会关心这种理论，大众化就将成为一句空口号。

中国化、时代化、大众化是相互联系的统一整体，离开了哪一条都行不通。但三者的地位又不是平列的。中国化是统领一切的总问题，它逻辑地蕴含着其他两个方面。但这不是说其他两个方面没有相对独立的意义，不需要作为问题来探讨。大众化就是需要专门探讨的问题。

二、推进大众化的途径和方法

在现代中国如何做好马克思主义大众化的工作，我以为有几个问题值得探讨：

(一) 大众化的内容问题

一般说来，大众性既然是马克思主义的本质属性，大众化又是实现马克思主义大众性的无可代替的方法，那么马克思主义大众化的内容就应当涵盖马克思主义创立以来的全部成果，不能说马克思主义只有一部分需要大众化。但是，就当前我国的具体情况来说，大众化的重点应当是当代的中国化的马克思主义，也就是中国特色社会主义理论体系，因为这是马克思主义中国化最新成果，是党的方针路线的理论基础，是当前中国人民最迫切需要掌握的思想武器。这个理论也是最贴近中国人民大众的需要、最为人民大众密切关注的。毫无疑问，马克思主义的全部经典文本、世界各国马克思主义的发展史等，都应当深入研究，不研究这些也不可能深刻理解当代中国马克思主义的来龙去脉，甚至对马克思主义的原理原则产生误解和曲解。但我们的大众化的侧重点应当是当代的中国化的马克思主义，也就是中国特色社会主义理论体系。

(二) 大众化的对象问题

"大众"这个概念的内涵和外延不是一成不变，而是历史地发展着的。在今天社会结构多元化的情况下，对不同的社会阶层、不同的社会群体的要求应当有所区别；对同一阶层、同一群体的成员还需要根据不同的文化水平、知识结构、职业特点等具体情况有所区别，不能一刀切。对共产党员特别是党的各级领导干部的要求应当是成为马克思主义的坚定的信仰者和实践者，尽可能系统准确地掌握中国特色社会主义理论体系，了解这一理论的源头和形成过程，能运用这一理论分析和解决工作中的新问题，能鉴别和抵制违背这一理论的各种错误思想，有条件的还应当能概括新的实践经验，做出理论创新。对广大群众则应当按照具体情况做出不同的要求，尽可能地使他们懂得这一理论的基本内容和科学根据，懂得只有以这一理论为指导才能实现社会主义理想，实现国家富强和民族振兴。我们不能要求所有的人都成为马克思主义者，但我们可以和应当使最广大的群众理解党的方针政策的理论依据，拥护党的方针政策，齐心协力地共同为社会主义建设事业努力奋斗，把社会的凝聚力发挥到最大限度。

(三) 大众化与通俗化的关系问题

通俗化与大众化都可以用 popularize 来表达，在许多场合作为同一概念也未尝不可。但我以为仍以适当区别为好。大众化是马克思主义理论的基本要求，离开了大众化就丧失了马克思主义的根本，使马克思主义不起作用。而通俗化则可以理解为大众化的形式之一，是特指马克思主义理论的普及工作。当年毛泽东《在延安文艺座谈会上的讲话》中讲到文艺的提高与普及的关系的基本论点，也适用于马克思主义理论，那就是在普及基础上的提高，在提高指导下的普及。在这个问题上，我以为有几点值得注意：

(1) 无论是提高或普及，都离不开大众化。即使是艰深复杂的、需要具有专门的知识准备才能领悟的理论问题，也不在大众化的范围之外。对这些问题的研究和宣传也应当联系实际，有的放矢，力求大众化，而不能脱离实际，闭门造车。对文本的翻译也要力求"信、达、雅"，避免因语言的失当而妨碍人们对原意的理解，产生误导。

(2) 普及的对象毕竟人数最多，普及工作做不好，马克思主义就会在最广大的群众中失去阵地。因此通俗化的工作至关重要。胡锦涛同志在十七大报告中强调"开展中国特色社会主义理论体系宣传普及活动，推动当代中国马克思主义大众化"，是有很强的针对性的。

(3) 有的同志或多或少地认为通俗化是比较低级的、容易的工作，其实不然。把深刻的道理讲得通俗易懂，没有深厚的理论素养、扎实的专门知识、丰富的实践经验和老练的语言文字功夫是不易做好的。高水平的理论家应当多做一些"以通俗的言语，讲亲切的经验"

的工作，当年的李达、艾思奇、杨献珍、冯定等前辈都为此做出了贡献。现在中宣部理论局组编的《理论热点面对面》也很受欢迎。要提倡名家做马克思主义的"科普"工作，"'大家'写，大家看"。

（4）要划清通俗化与庸俗化的界限。通俗化（popularize）与庸俗化（vulgarize）是根本不同的概念。通俗化的要求是使理论的表述显豁易懂而又不损原意。而庸俗化则只能使理论变成粗鄙低劣的东西，变成马克思主义的赝品。庸俗化的东西尽管也可能"易懂"，甚至"有趣"，但它歪曲了马克思主义，根本不能算是马克思主义的作品。当然，为了通俗化，往往需要借助一些形象、比喻、故事、成语甚至俚语等作为辅助，也难免在一定程度上降低论证的严密性，但"底线"是决不能牺牲理论的准确性，不能因为追求易懂而造成"失真"，尤其不能陷入庸俗化。

（5）通俗化也有不同的层次、不同的形式。要根据不同对象的特点有所区别。而且，提高和普及的界限也不是固定不变的，随着大众水平的提高和需要的变化，普及的对象、范围和内容也要与时俱进。李达同志在 1926 年发表的以浅近的文言文写成的《现代社会学》在当时"革命者几乎人手一册"（邓初民语），再版 14 次。艾思奇同志在1934—1935 年写作并发表的《大众哲学》当年发挥了巨大作用，新中国成立前就印行了 32 版。① 今天我们还要很认真地学习这些前辈的精神。但也不能完全照搬他们当时作品的形式，因为时代变化了，大众的构成和需要也变化了。我们需要精心编著一些不同形式、不同风格的通俗读物，以满足不同时期、不同对象的要求。

（四）大众化与语言文字问题

语言文字是理论的载体，理论只有通过语言文字才能表达和传播。在中国要实现马克思主义的大众化，就得下功夫用中国人喜闻乐

---

① 我也是在高中时期从阅读《大众哲学》开始进入马克思主义哲学之门的，也是成千上万受惠者之一。

见的语言文字说话，说中国话（Chinese Language）①。有的同志认为马克思主义是西方文化的产物，而西方的思维方式和语言习惯与中国的根本不同，用中国语言表述马克思主义必定变形走样。我认为这种说法是似是而非的。西方的历史背景和文化传统与中国不同，思维方式和语言习惯与中国也确有差别，这是事实。有不少专家在这方面的研究成果很有价值。但由此推出不可能用中国语言讲马克思主义，那就远离事实了。如果一种理论只能用一种语言表达，那么不同民族之间的文化交流和对话就根本不可能了，要交流对话也只能是一连串的互相误解。这显然不符合已经存在了上千年的事实。更重要的是，用中国语言讲马克思主义不仅可能，而且必要，非如此不能使马克思主义在中国生根。我在这里要借重一位外国人的言论，这个人就是黑格尔。黑格尔在给 J. H. 沃斯的一封信里说得非常精彩："路德让圣经说德语，您让荷马说德语，这是对一个民族所做的最大贡献，因为，一个民族除非用自己的语言来习知那最优秀的东西，那么这东西就不会真正成为它的财富，它还将是野蛮的。""现在我想说，我也在力求教给哲学说德语。如果哲学一旦学会了说德语，那么那些平庸的思想就永远也难于在语言上貌似深奥了。"②黑格尔说得多么深刻，多么尖锐！他毫不含糊地宣布他要"教给哲学说德语"，正是为了使那些并非产生于德国的哲学德国化，在德国大众化。他认为只有这样才可能使那些"最优秀的东西"成为德国的财富；否则不仅不能成为德国的财富，还会是"野蛮"的东西。我想，黑格尔的这段话不仅适用于哲学，也适用于一切社会历史理论，包括马克思主义理论。黑格尔可以"教给哲学说德语"，为什么我们就不可以让马克思主义说中国话呢？佛教产生的历史背景和文化传统与中国也大不相同，可是从东汉传入中国以后形成了那么多流派，不都是说的中国话吗？难道因为它们说中国话就不是佛教了吗？说中国话的佛教不正是中国化的佛教吗？佛

---

① 包括少数民族的语言。

② 苗力田译编：《黑格尔通信百封》，上海人民出版社 1981 年版，第 202 页。

教不是正因为说了中国话，才为中国人所理解，成为中国传统文化的重要组成部分吗？佛教可以说中国话，为什么马克思主义就不可以说中国话呢？事实上，马克思主义所以能成为中华民族的宝贵财富，正因为中国的马克思主义者一直在"教给马克思主义说中国话"，"让马克思主义说中国话"，也就是做了马克思主义中国化的工作，同时也就是做了马克思主义大众化和时代化的工作。这正是中国的马克思主义者的责任，也只有中国的马克思主义者才可能担当起这个责任。

当然，中国话也不是一成不变的，也在发展变化。同为中国语言，现代的中国语言就不仅和古代的文言文不同，而且与五四时期的白话文、与我们中国早期马克思主义者作品的表述方式也有所不同。这是正常现象。此外，在语言发展过程中吸收某些外来的词汇和表述方式也是很正常的。不仅不可避免，而且是丰富和发展中国语言的重要途径之一。事实上我们已经做了很多，而且成绩斐然。但是，任何一种语言都有它长期形成的相对恒定的要素，是不能随便改变的。如果弄得面目全非，就不成其为这种语言，本民族的人也看不懂、听不懂了。以汉语为例，恕我直言，现在有的博士生写的论文可以说是用汉字写的洋文，用汉语说的洋话，比古文和外文都难懂，不仅我看得非常吃力，他们彼此之间也常常因为看不懂对方的文章而叫苦不迭，要中国老百姓喜闻乐见恐怕更是难上加难了。至于生造词句、故弄玄虚的毛病，也颇为常见。我认为这是一种病态。多年前我就曾为此呼吁过①，后来又不避絮聒之讥，多次发文进言，认为此风不可长。看来这种毛病也是古已有之的。苏轼给谢民师写过一封信，其中批评扬雄"好为艰深之词，以文其浅陋"。在他看来，扬雄讲的那点道理并没有那么玄乎，"若正言之，则人人知之矣"。扬雄是不是确有这个毛病，姑且不论，但苏轼讲的这个道理是很对的。他还引用孔子的话："辞，达而已矣。"并说："辞而至于能达，则文不可胜用矣。""文不可胜用"，这是何等难能可贵的境界！有人似乎以为话越说得艰深

---

① 见 1984 年 1 月拙文《谈谈马克思主义哲学的通俗化——读毛泽东致李达同志的三封信》，载《陶德麟文集》，武汉大学出版社 2007 年版，第 270 页。

晦涩，佶屈聱牙，让人不知所云，学问就越大。这是极大的误解。其实恰恰相反，"以艰深文浅陋"最不费力，而用准确明快生动活泼的语言讲清深刻复杂的道理才是最难的。最近读了报道中国台湾的余光中先生在一次讲演中批评"西化汉语"的文章，颇有同感。他举例说，"他是他父亲和母亲的唯一的儿子"这句话就是一句西化汉语，虽然不能说语法不通，但总不如说"他是独子"来得顺当。说"他的思维很有前瞻性"，就不如说"他很有远见"更像汉语。毛泽东一贯重视文风问题，当年他把文风与学风、党风一起列为整风的内容，反对党八股和洋八股，尖锐地揭露了文风不正的危害性，我以为至今还有现实意义。

略论文化建设中的传承与借鉴*

文化建设是"五位一体"的中国特色社会主义事业的总体布局中的一个方面，关系弘扬中国精神、铸造凝心聚力的兴国之魂和强国之魄，至关重要。文化建设中的传承与借鉴，又是这一工作中必须正确认识和处理的一大问题。本文试图就这一问题提出个人的理解，就正于学术界同人。

为避免枝蔓，我想先说明两点：

（1）中外学术界对"文化"这一概念的理解多种多样，定义纷繁。外延可以宽到囊括人类创造的一切物质成果和精神成果，包括器物、制度、知识、信仰、风俗、习惯等；也可以窄到专指精神过程及其成果。我以为不必去评论这些定义的是非，只要作者在论述中首尾一贯地坚持自己的定义，不自相矛盾，让人们懂得他说的是什么，有可能去评论他的思想，这就行了。不过，这些定义虽然歧异很多，至少有三点还是相同的：第一，都把文化理解为人类活动的产物，而不是与人的活动无关的自然物。即使有时也指似乎与人类无关的自然物，实际上也是指经过人类的观察、体验并赋予了意义的自然物。说文化的内容是"人化"，文化的作用是"化人"，大体上还是有共识的。第二，即使是指物质的东西，无论是人造的还是自然的，人们关注的也不是这些物质事物的物理的化学的属性，而是体现在其中的精神内容。①

---

* 本文原载《哲学研究》2013 年第 6 期首篇。《新华文摘》2013 年第 21 期全文转载。中国人民大学书报资料中心《哲学原理》2013 年第 8 期全文转载。

① 联合国教科文组织《保护非物质文化遗产公约》规定的非物质文化遗产（intangible cultural heritage）都有物质载体，如工具、实物、工艺品和文化场所等。

第三，尽管都把文化理解为与经济、政治、社会、生态不同的概念，但都没有把它们看成互斥的关系，更没有理解为逻辑上的上位概念与下位概念的关系。这就使得对文化概念持不同定义的学者和学派之间还是可能有实质性的讨论和交流。本文论及的文化是"小文化"，是专指精神生活过程及其成果。(2)本文探讨的仅仅是文化的共同性的问题，对不同文化门类的特殊规律没有分别论列。

一、传承与借鉴的重要性

文化是人们在改造世界的实践过程中首先是在谋取物质生活资料的实践过程中产生的，是人们生活条件的产物。其所以有这种产物：一是由于人类生活本身的需要。人类生活不是免于冻馁、吃饱穿暖就完事，也不只是追求物质享受的提高，还需要有精神生活，从原始人群到现代社会莫不如此。这是人类区别于其他动物的特征之一。二是由于文化对物质生活和经济政治活动等有巨大的交互作用。没有文化，社会成员就无法交流和共处，就不能延续和发展。没有人类社会固然不可能有文化，但没有文化也就没有人类社会。一句话，没有文化，人就不成其为人。

文化乍看起来似乎最"软"，其实最"硬"。这不是指钢铁或钻石的那种硬，而是指坚韧的生命力、广泛的覆盖力和强劲的渗透力。文化是维系人类共同体(包括民族和国家)的精神支柱，也就是人们通常说的灵魂。任何共同体的文化都会随着生活环境和社会制度的发展变化而发展变化，但总有大量的东西会积淀下来而形成相对稳定的特色。一个民族在世界上能不能留下足迹和留下什么样的足迹，能不能对人类有所贡献和有什么样的贡献，归根到底要看它的文化成就和文化特色。我们中华民族几千年来不知经历过多少艰难困苦和惊涛骇浪，然而我们的文化一直没有中断，而且还承前启后，发扬光大，历久弥新，在历史上留下了光辉的足迹，这有力地显示了文化的伟力。

文化是千姿百态的精神花朵，但归根到底都是人们生活条件和生活式样的创造性的反映。多种多样的文化实际上是两个过程共同作用的结果：一个是人们在既定的物质生活条件的基础上自发地生成的过程；另一个则是社会的强势群体（在阶级社会里就是统治阶级）为了维护自身利益而自觉地建构的过程。这两个过程虽然最终都受物质生活条件的制约，不能随心所欲地"创造"，但后一过程往往更具有影响力，更能在整个社会中起引导作用。历代的统治阶级都把建构主流文化作为维系统治、凝聚人心的生死攸关的大事，为的是使人们认同对他们有利的制度的合法性和合理性，安于和乐于在这种环境中生活。借用葛兰西的话来说，就是建立"文化霸权"（cultural hegemony，"霸权"也可以译为"领导权"）。他们有许多成功的经验。西方资产阶级就是以普遍性的形式建立自己的文化霸权的，到现在也还在全世界扩张这种霸权。这些历史的和现实的情况告诉我们，我们要建设中国特色社会主义，维护中国各族人民的利益，增进各族人民的福祉，也必须强调民族文化的自觉建设。

我们现在要建设的是当代中国需要的文化，是与世界潮流一致而又符合中国国情的文化，也就是中国特色社会主义的文化。建设这样的文化当然必须从中国实际出发，但对"实际"不应做狭隘的理解。要看到不仅现存的物质生活条件以及经济政治状况等是实际，现存的文化本身也是实际，造成现存文化的历史也是实际。任何文化都不可能在"空地"上另起炉灶，而只能在已有文化的基地上建立。当年列宁在与"无产阶级文化派"争论时已经把道理说清楚了。文化传统并不是"明日黄花"，而是现实存在，它就是在我们民族的血管里流淌着的血液，就是每天在我们生活中起作用的实际。想绕过它、不理睬它，是不可能的。离开传承和借鉴而白手起家，文化建设就无异于空中楼阁。问题不在于文化建设要不要传承与借鉴，而在于传承什么与借鉴什么，怎样传承与借鉴。

二、关于中国传统文化

中国传统文化是人类文明史上的奇葩，源远流长，博大精深，具有极伟大的凝聚力和极持久的生命力。先秦的夏商周和春秋战国时期的文化与古希腊的文化东西辉映。秦代以后乃至在汉武帝"罢黜百家独尊儒术"以后，中华文化也仍然灿烂辉煌。在欧洲长达近千年经济文化相对停滞，以致被某些史学家称为"黑暗时期"的中世纪，中国却处在从南北朝到明朝中叶(中经隋、唐、宋、元各代)的社会高度繁荣时期(唐代的首都长安曾是全世界最大的城市)。即使在原来被视为夷狄的民族靠武力"入主中原"的时候，他们的文化也融入了原有的中华文化并为它增添了新的成分，这些民族本身也成了中华民族大家庭的成员。中国传统文化不仅没有中断或消亡，而且越来越繁荣丰富，深入人心，始终是中华民族的精神家园。这不能不说是奇迹。这个奇迹有力地表明了中国传统文化确实是中华民族的母体。中华民族脱离不了这个母体。外来文化要在中国立足，也必须尊重、适应乃至融入中国传统文化，否则不能得到中华民族的认同。以佛教为例，佛教自东汉传入中国后经历了漫长的中国化的过程。我国的许多学者都论述过这个过程。佛教要在中国生根落脚，争取地位，扩大影响，当然不能不与原有的中国传统文化竞争，首先是与儒家和道家竞争；但正因为要竞争，就不能不适应中国的土壤，改造自身，转换理论内容和社会功能，既保持自身独有的特点，又与中国传统文化的共同精神不相抵触，与儒、道互补。佛教在中国也曾多次遇到过"辟佛"的危机。辟佛者最"过硬"的理由就是指责它与中国传统文化特别是儒家文化的根本宗旨不相容。而佛教为自身辩护的理由则是极力证明它不仅不违背中国传统文化，而且还能与中国传统文化互相发明、相得益彰。东晋的佛教领袖慧远给朝廷写的《沙门不敬王者论》就极力论证儒以治世、佛以治心的道理，他说："道法之与名教，如来之与尧孔，发致虽殊，潜相影响；出处诚异，终期则同。"即所谓"内外之道可合而明"，"虽不处王侯之位，固已协契皇极，在宥生民矣。是故内乖天属之重而不违其孝，外阙奉主之恭而不失其敬也"。中国的许多皇帝很尊重佛教，许多高僧，例如北齐的法常，陈隋之际的智𫖮，唐代的玄奘、神秀、慧忠、知玄，五代时后蜀的光业，吴越的德韶，南唐的文遂等，都曾时号"国师"，或者被敕封为"国师"；许多大儒也推崇佛学，出入佛老，就是由于这个原因。再以基督教为例，明朝万历年间意大利的耶稣会传教士利玛窦来中国传播基督教取得很大的成功，除了依靠近代科学技术知识博得人们的信任之外，还与他特别注意与中国传统文化的协调有关。他推崇中国文化，赞扬"中国的伟大乃是举世无双的"，"中国不仅是一个王国，中国其实就是一个世界"。他花费了大量精力学习汉语和中国的礼节习俗，不仅身穿中国儒士的服装，而且运用五经四书来解释基督教的教义，以中文写成了《二十五言》这样的著作。甚至连一些似乎无关紧要的细节他都非常注意，包括回避一些与儒家传统明显抵触的教义，把拉丁文"Deus"（英文 God）这个最关键的名词翻译成中国的《尚书》和《诗经》中就出现过的"上帝"。这是他至关重要的策略，也是他得到许多儒士公卿（如徐光启这样的翰林）的支持和皇帝的信任的原因。

但是，新的资本主义生产方式从欧洲开始发展起来并扩展到全世界之后，中国传统文化确实遇到了残酷的挑战。中国几千年的封建社会①抵挡不住资本帝国主义列强的血与火的冲击，接二连三地挨打，沦为半封建半殖民地。深重的灾难迫使中国人不得不前仆后继地救亡图存。当时先进的中国人千辛万苦地寻找中国落后挨打的根源，由西方的"船坚炮利"想到他们科学技术的先进，再想到他们经济政治制度的先进，再想到他们文化的先进，终于把中国落后挨打的根本原因归结到了中国传统文化的落后。"国粹不能保国"似乎已是不争的事实。五四运动的实质是新文化运动。这场新文化运动是不可避免的，而且对中国确实起了起死回生的伟大作用。道理很明显：中国传统文化无论怎样博大精深，无论有多么灿烂辉煌的历史，毕竟是中国前资本主义社会的上层建筑，它的核心观念在新的历史条件下无法充当观察世界形势和中国命运的思想武器。现在有些人指责五四运动造成了

---

① 有的学者认为"封建"一词的内涵在中国典籍中历来指周代封土建国、封爵建藩的制度，这种制度在秦始皇废封建、置郡县以后即已消失，秦汉以后至明清的地主社会并非本来意义的封建社会，也不同于欧洲中世纪的封土封臣、采邑领主制度的封建社会。此说见冯天瑜教授的《"封建"考论》（武汉大学出版社 2005 年第 1 版）。为行文方便，本文仍采取现在通行的含义。

中国文化"断裂"，遗祸至今，那是忘记了历史，或者曲解了历史。但是，那时的先进分子对旧文化的批判也不是没有缺点。毛泽东在充分肯定五四运动的伟大功绩的同时，也指出过"五四运动本身也是有缺点的"。他批评当时的许多领导人物使用的方法一般的还是形式主义的方法，没有历史唯物主义的评判精神，"所谓坏就是绝对的坏，一切皆坏；所谓好就是绝对的好，一切皆好"①。他们往往把中国传统文化中的最明显的糟粕集中起来加以突出渲染，证明中国传统文化只是我们祖宗留下的"罪孽"，几乎一无是处。例如，胡适就曾把"八股、小脚、太监、姨太太、五世同居的大家庭、贞节牌坊、地狱活现的监狱、廷杖、板子夹棍的法庭"等挖苦为"我们所独有的宝贝"，甚至还殃及骈文、律诗，主张我们要"认错"，"知耻"，承认"百事不如人"。还有人对中医、中国戏曲，乃至汉字也大张挞伐，全盘否定。鲁迅对"国民性"的针砭是有很多非常深刻独到之处，但现在看来也不是很全面。对这种现象我们现在也要历史地看。他们是从中国传统文化里走过来并且深知传统文化的，他们有资格批评中国传统文化。他们的这些说法在当时甚至是故意矫枉过正的，有片面性也可以理解，我们不必苛求先贤。何况他们事实上也并未全盘抛弃中国传统文化。胡适写过中国第一部哲学史(虽然没有写完)，他主张"研究问题，输入学理，整理国故，再造文明"。② 鲁迅写过《中国小说史略》，他写的诗是完全合乎格律的旧体诗，有的还是标准的律诗。他们当时的一些极端的说法后来也逐步改变了。胡适在 1935 年也表示他 1929 年发表的《中国今日的文化冲突》一文中全盘西化的说法不妥，应当改为"充分世界化"。③ 鲁迅则指出："我们从古以来，就有埋头苦干的人，有拼命硬干的人，有为民请命的人，有舍身求法的

---

① 毛泽东：《反对党八股》，《毛泽东选集》第 3 卷，人民出版社 1991 年版，第 831—832 页。

② 见胡适：《新思潮的意义》，《胡适文选》，亚东图书馆 1947 年版，第 55 页。

③ 见胡适：《充分世界化与全盘西化》，《胡适论学近著》第一集，山东人民出版社 1998 年版，第 437 页。

人……虽是等于为帝王将相作家谱的所谓'正史',也往往掩不住他们的光耀,这就是中国的脊梁。这一类的人,就是现在也何尝少呢?他们有确信,不自欺;他们在前仆后继地战斗,不过一面总在被摧残,被抹杀,消灭于黑暗中,不能为大家所知道罢了。"①至于毛泽东,则更明确地指出:"今天的中国是历史的中国的一个发展;我们是马克思主义的历史主义者,我们不应当割断历史。从孔夫子到孙中山,我们应当给以总结,承继这一份珍贵的遗产。"②这是大家都很熟悉的。切断了自己的传统文化的民族不可能创造属于自己的新文化,只能是无家可归的流浪儿。

我们说中国传统文化是中华民族的母体,与张之洞主张的"中学为体"的意思是不一样的。张之洞和当时的一批官员对"西学"的长处是有认识的,他们学习西方资本主义世界的科学技术、教育制度乃至政治制度中的某些实施方法可谓不遗余力,力图"为我所用"。但他们认为中国的封建制度及其意识形态这个"体"是万万不能动的。我们则清晰地意识到,几千年的中国传统文化毕竟是前资本主义社会的产物,其中有不少还是统治阶级有意识地精心建构的产物,有精华也有糟粕,并不全是优秀的成果。即使在当时是符合需要的东西,原封不动地搬到现在也未必仍然符合需要。世界上任何民族的文化其实也都如此,并非只有中国传统文化为然。承认这个事实丝毫无损于中国传统文化的光辉。正如我们热爱养育自己的母亲,并不需要把母亲看成毫无缺点的完人,连她实有的缺点也一起学来;也不会因为母亲有缺点就不承认与母亲的血缘关系;更不会因为我们没有继承母亲的缺点就成了数典忘祖的不肖之子。对中国传统文化的正确态度只能是根据现代世界的全局和中国的实际情况和需要,采取分析的态度,取其精华而去其糟粕,弘扬优秀的成分,摒弃腐朽的成分,也就是批判地

① 鲁迅:《中国人失掉自信力了吗?》,《太白》半月刊 1934 年 10 月 20 日。后收入《且介亭杂文》。

② 毛泽东:《中国共产党在民族革命战争中的地位》,《毛泽东选集》第 2 卷,人民出版社 1991 年版,第 534 页。

继承。这丝毫没有"贬低"中国传统文化的价值，恰恰是充分发挥它的真价值的必由之路。

批判地继承为什么可能，需要从学理上澄清。一切文化现象，无论是以学理的形态或形象的形态出现的东西，无论是哲学、宗教、科学、文学艺术乃至风俗习惯等，都是具体的。而具体的东西都是一般（普遍）与特殊的统一。因此是可能用抽象和舍象的方法把普遍的东西与特殊的东西从具体的东西中区别开来，剥离出来，分别加以处理的。这是思想史、文化史上常见的事实，正因为如此，人类思想史、文化史才可能既有变革性又有连续性，才可能形成文明发展的大道。如果不承认这一点，那就连马克思对黑格尔的批判继承也是不合理的了。否认批判地继承中国传统文化的可能性和必要性，必然导致全盘肯定或全盘否定的错误结论。

这种情况在学术界是存在的。我以为有两种看法失之偏颇：（1）认为中国传统文化几乎囊括了人类一切最优秀的东西，天下之美无不在我，西方近代和现代的哪怕是最先进的思想，中国也早在古代就一应俱全了；一部《周易》就可以解释一切，中国古代的辩证法比马克思的唯物辩证法高明得多。有的人甚至认为峨冠博带和三跪九叩也是必须复兴的国粹，吸收外域文化一概是数典忘祖，捧着金饭碗讨饭。这是遗老心态。这种心态既不能促进中国文化本身的繁荣，更不能使中国文化在人类文明发展大道上产生影响，只能使中国文化在故步自封甚至抱残守缺中走向萎缩。这其实是比"中学为体"还要落后的国粹主义的中国现代版，或者叫新国粹主义。（2）认为中国传统文化全是过了时的老古董，而这个古董又是一个整体，不可能像用刀子分割物体那样区分"精华"和"糟粕"。脱离了整体的所谓"精华"其实已不是中国传统文化，至多不过是借用它的一些语词而已：现在还谈论弘扬中国传统义化的优秀成分有害无益，应该干脆抛弃这个口号。这种人对中国传统文化视同敝屣，毫无自信，骨子里有一种民族自卑感，在西方文化面前自惭形秽，总觉得自己肤色欠白，鼻梁欠高，头发欠黄，觉得过"洋节"也比过"土节""先进"，是国产货也要取个洋名字才显得"时髦"。这是"西崽"心态，其实是文化虚无主义的中国现代版，或者叫作新全盘西化主义。我认为这两种看法仍然是持续多年的对中国传统文化全盘肯定和全盘否定的两种倾向的重现。这两种看似截然相反的观点其实是两极相通的，都否定了批判继承的可能性和必要性，都是不可取的。

但是，批判继承的工作确实非常艰难。一是因为精华与糟粕的区分虽然可能，但实际做起来并不容易，从具体的命题中抽象出普遍的东西与特殊的东西确实不像以刀切物那样简单。例如，中国的"民本"思想、"大同"思想、"和合"思想、"天人合一"思想、"中庸"思想、"和为贵"思想、"大丈夫"精神、"自强不息"精神、"己立立人己达达人"精神、"己所不欲勿施于人"精神、"修己以安百姓"精神、"杀身成仁舍生取义"精神等，都是有特殊的阶级内容和时代内容的。如何保证剥离出来的东西确是在今天还有积极意义的真正的精华，就会遇到许多困难。何况对什么是精华和糟粕还有见仁见智的问题。例如，"三纲五常"一般认为是糟粕，但仔细琢磨一下，"仁义礼智信"能说是糟粕吗？我们今天就不要讲"仁义礼智信"了吗？二是即使把精华与糟粕区分清楚了，也还有如何做出现代诠释的问题。既不能照搬原意，把古人的思想重复一遍；又不能过度诠释，把古人没有的东西强加在古人身上，让古人穿上现代服装。克服这种艰难，正是我们的任务。

三、关于外域文化

吸收和借鉴外域文化是已经存在了几千年的事实。除了极端的国粹主义，在理论上也几乎没有不主张吸收和借鉴外域文化的。我国学者多年来对外域文化的研究和介绍也做了大量有成效的工作。但对如何吸收，如何借鉴，仍有不同的看法和做法。这正是需要探讨的问题。

（1）对吸收借鉴外域文化的重要性需要做更充分的估计，不必顾虑多端，缩手缩脚。中国是世界的一部分，吸收外域文化对建设中国特色社会主义文化来说不是可有可无的条件，而是必不可少的条件。

从历史上看，中华文化本来就是现在中国境内多民族文化长期交融的产物，在以汉族文化为主体的很长的时期里，现在的许多少数民族地区也是当时的"外域"，然而这些文化与汉族文化在当时就有不断的交融，而且在历史的长河中与汉族的原有文化逐渐汇成了异彩纷呈而又有共同精神的中华文化。不仅如此，远在中国人还不知道什么是地球，还没有准确的世界地图的时候就有了与外国的文化交流。我们的汉唐盛世就是典型。这是中华文化繁荣发展的一个不可缺少的重要条件。凡是中国强盛的年代，就有魄力和眼光敢于和善于吸收和借鉴外域文化，不怕被别人"吃掉"。越是这样做，中国也越是强盛，中华文化也越是繁荣。与此相反，凡是国力比较衰弱的年代，就相对封闭，害怕外域文化的进入会"用夷变夏"，丧失了自己的传统。这时候的中华文化也就相对地停滞落后。近代资本主义发展起来以后，中国的统治者还基本上固守着闭关锁国的国策，愚昧地以"天朝"自居，结果是被列强的炮火打得国破家亡，危如累卵。这时先进的中国人才痛切地体悟到不吸取世界的先进文化就不能自立于世界民族之林，是要亡国的。也就是在这种觉醒的推动下中国人学习了西方文化中许多先进的东西，最后经过千辛万苦才"找"来了马克思主义这个救国救民的真理。现在的时代已经进入《共产党宣言》中所说的"世界史"的时代，世界已经是一个"地球村"，一切国家、地区、民族在政治上经济上文化上都不可能孤立地存在和发展，而只能在这个大潮中竞长争高。在文化领域也是如此。文化上的冲突固然客观存在而且往往非常激烈，但文化上的国际交流、民族交流、地区交流也同时客观存在，甚至冲突本身也蕴含着交流。看不到这种趋势，逆潮流而动，将不仅不能繁荣和发展自己的文化，而且还必然不能自保。任何文化都有民族性，同时也必然都有世界性，既不能脱离本民族的土壤，也不能自外于世界文明发展大道。我们的文化建设离不开中国化的马克思主义的指导，离不开中国传统文化的继承，同时也离不开对外域文化的吸收和借鉴。以拒斥外域的文化为"爱国"，恰恰不是爱国而是误国。历史的经验教训不可忘记。

（2）与对待中国传统文化一样，对外域文化的吸收借鉴必须有科学的分析，有我们自己的"坐标"。即使是西方发达国家的文化，无论它显得多么先进，在世界上有多么强势，也是在一定的具体条件下的产物，也有局限性，也是精华与糟粕并存，绝不是人人必须无条件地一体遵奉和全盘照搬的模范。即使在彼时彼地是好的东西，原封不动地搬到中国也未必就好，因为各国的具体情况有所不同。春秋时期的晏婴说："橘生淮南则为橘，生于淮北则为枳。叶徒相似，其实（指果实）味不同。所以然者何？水土异也。"①他的话是有道理的。有人以为鲁迅主张的"拿来主义"就是不分青红皂白地把外国的东西都照搬过来，其实这是极大的误解。鲁迅的《拿来主义》这篇短文是1934年6月写的，那时他已学会了马克思主义的辩证法，对问题的分析是很精彩的。他以一个穷青年得了一所大宅子为譬喻，形象地说明了应该怎样"拿来"的道理。首先是要大胆地把宅子拿来，不要因为害怕它"染污了"自己而不敢进门（那是孱头）；也不要为了表示自己的清白而勃然大怒地放火把宅子烧掉（那是昏蛋）；更不能接受一切，欣欣然蹩进卧室大吸剩下的鸦片（那是废物）。正确的做法是分别处理：把鱼翅当萝卜白菜吃掉，把鸦片送到药房去治病，把烟枪和烟灯送一点进博物馆，其余的毁掉；让姨太太们各自走散。总之是要"运用脑髓，放出眼光，自己来拿"，要"占有，挑选"，"或使用，或存放，或毁灭"，这样，"主人是新主人，宅子也就会成为新宅子"，这才是鲁迅主张的"拿来主义"。我们现在对外域文化的"拿来"，也应该遵循这种以我为主、取我所需、为我所用的辩证分析的态度。对自然科学和技术的东西，可以见先进的就学。没有人会为了表示"爱国"，就用子丑寅卯和甲乙丙丁代替世界通行的数学符号，用油灯而不用电灯。但是学来之后也还要在此基础上自主创新，赶超别人。艺术的东西如音乐、舞蹈、绘画、建筑等当然也可以与中国原有的好东西或并行不悖，或融汇交流。对具有强烈的意识形态性质的东西也不必望而生畏或望而生厌，要看到其中也有值得借鉴的成分，但是更应当细致地予以鉴别，站在我们的立场予以评论和取舍，而不能盲目崇

---

① 见《晏子春秋·内篇杂下》。

拜，奉为圭臬，随声附和，唯马首是瞻。若以这种自卑心态对待外域文化，去"与国际接轨"，其结果就将如邯郸学步，丧失自我，不是把别人的好东西"拿来"，而是连自己的根基也被别人"拿去"了。

（3）在对待各种外域文化的问题中，对当代西方文化的态度应当着重关注。这是因为它是在资本主义充分发展、现代化已经实现了多年的发达国家产生的东西，是经过"转型"而具有"后现代"特征的东西，比古典的和近代的西方文化更具有时代内容，更能反映当前世界的文化动向和当代西方人的精神和情趣，而且其中也确有合理的成分，有可以启发我们思考的东西，有特别值得研究的价值。但也正因为它们五光十色的新奇，就更容易引起人们无分析的崇拜。我认为应当看到两点：第一，晚出的东西是不是必定比早出的东西先进，对先行的东西的"颠覆"、"超越"是不是必定有更多的真善美？这本身就是一个需要具体分析的问题，没有根据做当然肯定的答案。第二，即使这些东西确比原有的东西先进，对中国来说也毕竟是外域的东西，它们产生于与中国不同的土壤，不同的"语境"，它们遇到的问题和对问题的回应与我们的也大有差别，是否适宜于为我所用，如何为我所用，都还大成问题。正因为如此，我们就不能因为它们显得特别新奇而把它们视为当然先进、处处先进，而应当以当代中国人的立场来解读它们，以我们正在进行的中国特色社会主义实践来检验和评判它们，由中华民族的亿万群众来鉴别它们。在西方资本主义发达国家极力扩张他们的文化霸权的今天，我们还要有文化安全的意识，警惕在眼花缭乱中丧失了"自我"。我并不反对原汁原味地介绍现代西方文化。但对中国的文化人来说，仅仅这样做是不够的。更重要的工作是创造自己的文化，传承与借鉴都是为了创造。这种文化是我们民族特有的，又是世界共有的。如果只是拾人牙慧，食而不化，当运输员，办进口商品展销会，不能算有出息，对世界、对人类也没有什么贡献，人家也有理由看不起我们。中国人要对世界说中国话，要提供外国没有的东西，拿这样的东西去与国际"接轨"，为世界文化的总宝库增添新的财富。

四、关于马克思主义的指导

以千百万先烈的生命换来的斗争经验证明，正是马克思主义与中国实际相结合的道路把中国从灾难深重的半封建半殖民地变成了屹立于世界东方的伟大社会主义国家。马克思主义在中国有这么"灵验"，就因为它完成了思想史上最伟大的革命，第一次找到了人类社会历史这个"千古之谜"的"谜底"，为人们提供了正确的世界观和方法论，给了在暗夜中苦求出路的中国人民一盏指路明灯。今天中国的文化建设是中国特色社会主义建设的有机部分，必须坚持马克思主义的指导。离开了马克思主义的指导，中国的文化建设将如无舵之舟，不可能扬帆济海，实现我们的目的。如何坚持马克思主义的指导，我有几点看法：

（1）坚持马克思主义在文化领域的指导，与承认中国传统文化是中国文化的母体是统一的。这里的关键是马克思主义的中国化。马克思主义原本是产生于西方的理论，但它不是地域性的理论而是世界性的理论，它揭示的普遍真理也适用于中国。当然，这些普遍真理不可能对如何解决中国问题提供现成的具体答案，必须与中国实际正确地结合起来才能解决中国的问题。第一代中国的马克思主义者就懂得这个道理，所以他们确定了马克思主义的普遍真理与中国具体实际相结合的方针，开始了马克思主义中国化的事业。这个极其艰苦的事业一直进行了九十多年，在这个过程中也发生过很多失误，走过许多弯路，付出过许多代价，但毕竟取得了伟大的成功，"走"出了一条中国道路。这个过程恰恰没有离开中国文化的母体，而是在这个母体中进行的。在这个过程中锤炼出来的中国化的马克思主义也已经不是外来的东西，而是中国人在自己的土壤里创造的东西，它本身就是中国文化母体的新的有机部分，而且是最先进的部分。以与时俱进的中国化的马克思主义为指导思想，才更能使这个母体在世界文化的百花园里展示健美的姿容，为人类文化的宝库增添异彩。

（2）坚持马克思主义在文化领域的指导，与肯定中国文化的多样性也是统一的。任何民族的文化都有处于指导地位的主流文化，同时也有多样的色彩。没有多样性也就无所谓指导地位。中国也不例外。现在的中国是由五十六个民族组成的大家庭，是有十三亿人口的大国，各个民族、地区、社会群体乃至个人的文化背景、文化要求、文化情趣等都各有特点，又处在改革开放的新时期，文化产品和文化生活的内容和形式都必然有如百花园里的花朵，五彩缤纷，各具风格。这不仅是事实，而且正是文化繁荣的表现。单调的"清一色"则不仅不可能，而且不是好事。马克思主义的指导只能是在方向上引领，而决不能是包办代替。为文化的多样性提供广阔的空间，创造优良的条件，正是坚持马克思主义指导的题中应有之义，这与指导思想的多元化是截然不同的两回事，不能混为一谈。

（3）坚持马克思主义在文化领域的指导，要遵循文化发展的规律。文化发展的规律说到底就是精神生产的规律，精神世界的规律。文化的不同领域、不同门类有各自的特殊规律，不能混同；但也有共同的普遍规律，不能违背。这种普遍规律不止一条（例如精神生产与物质生产发展不平衡的规律等），但我以为最应当注意的是不能以强制的办法解决精神世界的问题。人们对某种东西相信不相信，认可不认可，喜欢不喜欢，都只能通过自己的思考和体验，自己做主，别人不可能代庖。正如外力的强制可能造成婚姻，但不可能造成爱情一样。真善美的东西也只能靠说服、示范和引导，使人们自觉自愿地接受，而不能靠强制。靠强制来解决精神世界的问题，结果只能是适得其反，或者引起逆反心理，或者迫使人们说假话。

（4）坚持马克思主义在文化领域的指导，要加强和改善马克思主义的宣传教育。作为指导思想的马克思主义不能"边缘化"，不能被"架空"，而必须通过有成效的宣传教育落实到尽可能多的群众的心灵之中。不能把这与强制混为一谈。这里有必要对"灌输"的含义做些澄清。有人不加分析地把"灌输"完全当成了贬义词，我认为这是误解。灌输是把人们未知的东西教给人们的必要手段之一。实际上我们从呱呱坠地的时候起就在接受灌输。没有灌输，孩子们怎么会说话识字？怎么会懂得加减乘除？不看书，不听老师讲课，不接受"传道授业解惑"，怎么能在脑子里自发地产生历史学、物理学和化学的起码知识？怎么能掌握音乐绘画舞蹈的技术？"举一反三"、"闻一知十"也要教者有所"举"、受教者有所"闻"才有可能。马克思主义是精湛的科学理论，不经过灌输是不可能"掌握群众"的。列宁对此做过精辟的论证。① 反对灌输的人们的一个误区，就是把符合认识规律的灌输与那种不讲道理的硬灌（indoctrination）画了等号，又把灌输与启发看成只有排斥没有统一的两极。有人把教学上的"启发式"与"灌输式"看成互不相容的"模式"，似乎只能两者择一，也是由于这种误解。为什么不可以有富于启发性的灌输和以灌输为基础的启发呢？硬灌当然必须坚决反对，因为这是变相的强制和压服。但不应当连正确的灌输也反对。当然，即使是正确的灌输也要讲究方法。关键的一条是坚持马克思主义的中国化、时代化、大众化。那种脱离实践照本宣科的空话套话，艰深晦涩故作高深的洋腔洋调，只有论断没有论证的枯燥说教，是不可能为人们喜闻乐见，使人们信服的。只有下功夫探索并解决了这个问题，才能使马克思主义掌握群众，深入人心，得到越来越多的社会成员的认同。营造一种"随风潜入夜，润物细无声"的环境，发挥潜移默化的功效，也是必不可少的。

（5）坚持马克思主义在文化领域的指导，要对人们的文化要求把握合理的幅度。我们不能要求十三亿人都是马克思主义者，也不能要求每个文化产品的内容都体现马克思主义。如果这样要求，反倒违背了实事求是的原则，违背马克思主义了。凡是有利于社会主义建设事业的繁荣发展、有利于国家富强民族振兴和人民幸福、有利于社会和谐的营造和个人素质的提升的作品和言行，无论其世界观是马克思主义还是非马克思主义，唯物主义还是唯心主义，世俗观念还是宗教信仰，都应当得到包容。以马克思主义为指导的社会主义核心价值体系是中国社会主义文化的灵魂，它应当既具有先进性，又具有广泛的包

---

① 1902 年 3 月，列宁在《怎么办？》一书中说，"工人本来也不可能有社会民主主义的意识。这种意识只能从外面灌输进去，各国的历史都证明：工人阶级单靠自己本身的力量，只能形成工联主义的意识"。

容性，让社会成员都能遵循，都能做到。只有这样，它才可能实际上成为凝心聚力的向导。我们当然应当力求文化作品的高雅，但也不必要求一切文化产品都十分高雅。通俗不等于低俗、庸俗和恶俗。人们的生活环境不同，文化水平不同，趣味爱好不同，文化需要也不同。我们要有"阳阿薤露"和"阳春白雪"，也要有"下里巴人"。① 我们的文化产品和文化活动应当各有个性，色彩斑斓，姿态横生，生机盎然，这才叫"百花齐放，百家争鸣"。但是，真善美与假恶丑的区别是不能抹杀、不能颠倒的，弘扬真善美、抵制假恶丑的原则是不能放弃的。这是"底线"。现在有人鼓吹"反叛主流"，"消解崇高"，把崇高的东西一概说成假大空，说"毫不利己，专门利人"是虚假的口号，而自私自利损人利己才是人的真实本性。这些人动辄"恶搞"，把是非、善恶、美丑故意颠倒过来，歪曲历史，歪曲现实，把本应作为楷模的历史和现实中的优秀人物和高尚行为拿来"解构"、"颠覆"、糟蹋、丑化，作为侮辱嘲弄的对象，甚至自我作践，不以为耻，反以为荣，美其名曰这种文化那种文化。有的人把宝贵的优秀作品改编成恶俗的文化垃圾，或者从中"解读"出鄙俗不堪的"深意"。这种"创作"还居然上网、出版，成了一种时髦。这种烂泥污水毒化了人们的心灵，玷污了我们的精神家园，超越了"底线"。当然，十三亿人口的大国，有一些"嗜痂成癖"的人和"逐臭之夫"也不足为怪。但对这种现象不能熟视无睹，听其泛滥。这不是说要用行政命令的方法予以禁止，而是说要用批评的方法予以揭露。在文化问题上讲宽容是必要的。文化建设是精神世界的建设，要让专家和群众、创造者和享受者都有纵横驰骋的广阔空间，所以要讲宽容。但宽容不等于无原则的放纵，不等于不能批评。不许批评倒是对真善美的不宽容，也是对批评本身的不宽容了。只要通过准确细致的批评，让人们认识了这些东西的假丑恶，对它们掩鼻而过，它们也就成不了气候，造成不了多大的危害了。

---

① "下里"和"巴人"是战国时期楚国多数人喜欢的歌曲，虽不很高雅，但并不是恶俗的东西，见《楚辞·宋玉对楚王问》。

（6）文化的繁荣发展离不开创新。但对创新要有正确的理解。第一，不是弄出一种前所未见的东西就一定是创新。不能让假恶丑的东西打着"创新"的旗号招摇过市，也不能鼓励那种并无实质内容的廉价的"创新"（例如生造一个稀奇古怪的名词、弄出一个耸人听闻的说法叫作"创新"之类）。第二，不一定要把已有的东西"颠覆"了才是创新。根本性的变革和一点一滴的改进如果确有高明之处，都是创新。第三，不同领域（科学、文艺等）的创新有各自的特点和规律，不要一锅煮，一刀切。

（7）在我国社会主义市场经济条件下，文化产品的生产和传播越来越离不开市场，市场越来越成为扩大文化消费、满足文化需求的重要途径。当前正在进行的文化体制改革是完全必要的。但是，把这种体制改革简单地理解为产业化、市场化却是误解或曲解。市场对文化的发展有巨大的作用，但发展文化不能完全依靠市场，更不能被市场牵着鼻子走，而必须始终把社会效益放在首位，促进社会效益和经济效益有机统一，努力做到两个效益双丰收。[1] 文化产品是"体"和"魂"的统一，不可能"魂不附体"，也不可能"有体无魂"，问题在于以什么样的"体"附什么样的"魂"。现在已经出现了所谓文化搭台、经济唱戏的说法和做法，实际上把赚钱放在高于一切的地位，而不顾文化产品的精神内容和社会影响。有的地方甚至耗费巨资把低俗的东西、伪造的"古迹"也冠以"文化"的美名招徕生意，谋取利润，还自诩为"创新"。这种不良的现象应该制止。

---

[1] 见云杉：《文化自觉 文化自信 文化自强——对繁荣发展中国特色社会主义文化的思考》，《红旗文稿》2010 年第 17 期。

对马克思主义中国化研究中
两个问题的理解*

近年来学术界对马克思主义中国化的研究出现了空前繁荣的局面，成果累累。有些见解上的差异也很自然，这对于通过切磋交流加深认识大有助益。我认为有些问题涉及马克思主义中国化的理论基础，是一些前提性的问题。本文试图对其中两个问题提出个人的一些商榷意见，请大家指正。这两个问题是：马克思主义中国化的可能性问题；检验马克思主义中国化成败得失的标准问题。

一、马克思主义中国化的可能性问题

马克思主义中国化是一个进行了八十多年还在继续进行的过程，是一个客观事实，现在提出马克思主义中国化的可能性问题是不是多余的呢？我认为并不多余，因为实际上有些论者并不承认马克思主义中国化的可能性，把这个问题明晰地提出来讨论还是必要的。

否定马克思主义中国化的可能性的论点可以大体归结为三种：一是认为中国人学到的"马克思主义"其实并不是"真正的"马克思主义；二是认为中国人即使面对着马克思主义的文本也不可能读懂；三是认为即使中国人读懂了马克思主义的文本也不可能使马克思主义中国

　　* 本文原载《中国社会科学》2009 年第 1 期。《新华文摘》2009 年第 9 期全文转载。中国社会科学院内部学习刊物《学习与参阅》2009 年第 5 期（总第 270 期）全文刊登。中国人民大学书报资料中心《马克思列宁主义研究》2009 年第 4 期首篇全文转载。2013 年获教育部第六届人文社会科学优秀成果一等奖。

化。这三个论点是层层递进的。现在逐一辨析如下：

（一）中国人学到的马克思主义是不是真正的马克思主义？

对这个问题做否定回答的论者首先做了一个预设：只有马克思本人亲笔写的论著才是真正的马克思主义，其他统统不算。他们对文本做了精细的研究，其意图和着力点都在于找出马克思与恩格斯的"根本分歧"，证明恩格斯的理论与马克思的理论从来就不一致。例如，在哲学上马克思是"实践本体论"，恩格斯是"物质本体论"；马克思是"人本主义"，恩格斯是"物本主义"。不宁唯是，就连马克思本人的论著也有时段之分，只有早期和晚期的论著才是真正的马克思主义。至于其他的后继者，例如列宁和斯大林，更与马克思主义无缘。在做了这个预设之后，他们就来考证中国人的马克思主义是从何处学来的。他们发现，中国人的马克思主义是"十月革命一声炮响"从苏俄"送"来的，早期的中国共产党人读的书籍无非是从苏俄介绍来的论著，充其量也只读过恩格斯、列宁和斯大林的几本书，加上苏俄理论家编写的转述马克思主义的书，马克思本人的书读得很少很少，连马克思的《1844年经济学哲学手稿》都还不知道。他们头脑里的马克思主义不仅少得可怜，而且是变形走样的"马克思主义"，与"真正的"马克思主义相去甚远，实际上并不是马克思主义。他们不过是拿着被误解了的"马克思主义"来处理中国革命的一些实际问题，在这个过程中建立了一套自己的理论体系，然后把这个理论体系自称为马克思主义中国化的成果罢了。

我认为这些观点是不能成立的。

（1）把恩格斯的理论排除在马克思主义之外，我认为没有根据。马克思和恩格斯确实是通过不同的道路、经过不同的思想历程才成为合作者的；成为合作者以后他们也有各自的特点，各自的风格，研究的领域也各有侧重，任务也有必要的分工。他们的合作也是共同探索的过程，其中有理论内容上的切磋砥砺，有文字表述上的推敲润色，各人对自己的想法和表述也会经常有所变动。这些都是很自然的事。要从他们在不同情况下发表的论著中找出两人的差别，特别是从手稿文本中找出两人的差别，并不困难；甚至要找出马克思自己与自己的差别、恩格斯自己与自己的差别也不困难。我并不笼统地反对这种寻找差别的研究，因为这种研究对于更细致地了解马克思主义形成的思想历程是有价值的。但是，如果找出这种差别之后刻意做许多文章加以渲染，把这种差别说成马克思和恩格斯的"根本分歧"，否认恩格斯是马克思主义的创立者之一，断言恩格斯的理论不是马克思主义，只有马克思本人亲笔写的论著(而且又只限于早期和晚期)才是马克思主义，那就远离事实了。事实上，马克思和恩格斯自合作以来，在原则问题上是高度一致，没有分歧的。1844年9月至11月写的以批判鲍威尔兄弟为主题的《神圣家族》，1845年9月至1846年夏写的《德意志意识形态》，1848年写的《共产党宣言》，都是他们两人的合著。在这些著作的手稿上确能发现有增添删削之处，但这是在任何合作者的手稿上甚至在同一人的手稿上都常见的事，并不表明有什么"根本分歧"。说这样共同创作共同署名的著作不是两人共同思想的结晶，是说不过去的。1845年马克思写的《关于费尔巴哈的提纲》是由恩格斯在1888年首次发表的，并认为是"包含着新世界观的天才萌芽的第一个文件"，恩格斯在发表这篇手稿时确实做了几处改动，但这种改动并不表明恩格斯与马克思有什么"根本分歧"。有人把《反杜林论》和《自然辩证法》当成恩格斯与马克思"分歧"的"铁证"。然而《反杜林论》的全部原稿是念给马克思听过的，而且经济学那一篇的第十章(《〈批判史〉论述》)还是马克思亲自写的。① 恩格斯指出，这部著作是"对马克思和我所主张的辩证方法和共产主义世界观的比较连贯的阐述"，② 这决不是恩格斯的自我标榜。马克思本人在1880年为《社会主义从空想到科学的发展》(《反杜林论》的一部分)法文版写的前言中就高度赞扬了《反杜林论》"在德国社会主义者中间获得了巨大的成功"。③ 哪里有什么"物质本体论"与"实践本体论"的"分歧"，

---

① 见《马克思恩格斯选集》第3卷，人民出版社1995年版，第347页。
② 见《马克思恩格斯选集》第3卷，人民出版社1995年版，第347页。
③ 见《马克思恩格斯选集》第3卷，人民出版社1995年版，第689页。

"物本主义"与"人本主义"的"分歧"？在事关人类命运的严肃斗争中，在如此重大的理论问题上，如果马克思竟然赞同恩格斯发表歪曲自己思想的论著，还亲自参加写作，还给予高度评价，那就不可思议了。至于《自然辩证法》的写作，是恩格斯为了"确立辩证的同时又是唯物主义的自然观"而刻苦研究自然科学的结晶，是马克思主义哲学的不可缺少的组成部分。① 这部著作虽然在马克思和恩格斯生前没有发表，但恩格斯在1873年写信向马克思详细谈过它的计划和基本构思，马克思从未提出过不同意见。② 在这里谈论恩格斯与马克思的"分歧"也没有根据。

（2）说列宁的理论不是马克思主义，这也是曲解。列宁在当时的新条件下提出的社会主义革命可以在一国首先胜利的理论，以及他在领导社会主义建设的几年中提出的许多设想都是马克思在世时没有提出过的新论断，这是事实。但这些新论断正是他运用马克思主义的根本原理（特别是哲学原理）分析现实的结果，也是无可否认的事实。这与他的具体论断是否全部正确是两回事。马克思本人也有许多具体论断并不正确，但并不能由此得出结论说他在这些问题上没有运用自己的理论，或者他的理论不是马克思主义。有人认为列宁的哲学不是马克思主义哲学，而是旧唯物主义，其主要根据就是《唯物主义和经验批判主义》一书中坚持了认识论上的反映论。我认为应当指出几点：第一，反映论是一切唯物主义（庸俗唯物主义除外）在认识论上的起码的、共同的原则，是唯物主义区别于唯心主义的标志。马克思的认识论与旧唯物主义的分歧不在于是否承认反映论，而在于承认什么样的反映论。马克思说："观念的东西不外是移入人的头脑并在人的头脑中改造过的物质的东西而已。"③"经济范畴只不过是生产的社

---

① 见恩格斯：《反杜林论》三个版本的序言二，《马克思恩格斯选集》第3卷，人民出版社1995年版，第349页。

② 见《1873年恩格斯致马克思》，《马克思恩格斯选集》第4卷，人民出版社1995年版，第614—616页。

③ 《马克思恩格斯选集》第2卷，人民出版社1995年版，第112页。

会关系的理论表现，即其抽象。"①这就是反映论，只不过马克思主义的反映论不是旧唯物主义的消极的、直观的、机械的反映论，而是以实践为基础的积极的、能动的、辩证的反映论而已。以为只要一讲反映论就是旧唯物主义，这恰恰是误解和曲解。第二，即使是旧唯物主义的反映论也不是一切皆错，它在坚持从物质到感觉到思维的认识路线这根本出发点上毕竟比唯心主义的认识路线正确。列宁当时面对的是以对所谓"物理学的危机"的错误解释为借口的主观唯心主义思潮，是连"地球在人类出现以前就存在"和"人是用头脑思想的"都不承认的荒谬理论，这种理论动摇了一切唯物主义的起码的共同原则，在斯托雷平反动年代泛滥成灾，党内一些大知识分子也群起附和，危及党的生存。在那种情况下，列宁理所当然地要突出强调坚持唯物主义的基本路线，强调一切唯物主义的共同原则，有选择地借用一些旧唯物主义反对唯心主义的正确论断来驳斥唯心主义也是必要的。第三，就在这本书里，列宁也决没有把马克思主义的反映论与旧唯物主义的反映论混为一谈，决没有轻视旧唯物主义的消极性、直观性、机械性的缺陷。恰恰相反，正是他突出地强调了辩证唯物主义与旧唯物主义的原则区别，划清了两者的界限，深刻地揭露了旧唯物主义由于不懂辩证法而在与唯心主义的斗争中软弱无力，指出旧唯物主义的物质观必然无法抵挡唯心主义的进攻。也正是他强调了实践的观点是马克思主义认识论的首要的基本的观点，精辟地论述了绝对真理与相对真理的辩证关系、实践标准的绝对性与相对性的辩证关系等一系列的重大问题，与旧唯物主义根本不可同日而语。第四，列宁在1895—1916年写的《哲学笔记》中又发展了自己的思想，那些充满辩证法的精彩分析和论断，例如关于辩证法、认识论和逻辑三者同一的思想，关于辩证法诸要素的思想，关于人的意识不仅反映世界而且创造世界的思想，关于"聪明的唯心主义"（指辩证的唯心主义）比"愚蠢的唯物主义"（指旧唯物主义）更接近于"聪明的唯物主义"（指辩证唯物主义）的思想，关于黑格尔《逻辑学》这部最唯心的著作中"唯心主义最少，

① 《马克思恩格斯选集》第1卷，人民出版社1995年版，第141页。

唯物主义最多"的思想等，更是任何旧唯物主义不能望其项背的。这充分说明了列宁的哲学思想与马克思哲学思想一致而又有所发展，断言列宁的理论不是马克思主义是不能成立的。

（3）斯大林在理论上和实践上都有错误，对中国革命也做过某些不正确的干预，曾经助长过中国党内的"左"、右倾错误，这是事实。但若以此为理由来证明中国人学不到真正的马克思主义，却不是公允之论。我这里只想指出两点：第一，无论列举斯大林多少错误，也说明不了他的理论根本不是马克思主义。人们指责最多的是他的《辩证唯物主义与历史唯物主义》一书（通常叫作斯大林的"小册子"），认为是马克思主义哲学的赝品，而且祸延中国达数十年之久，这不是事实。这本"小册子"是由十二章组成的《苏联共产党（布）历史简明教程》的第四章的第二节，它的任务是向党员简要介绍辩证唯物主义和历史唯物主义的基本观点，而不是全面系统地论述马克思主义哲学，也不可能把马克思主义哲学的丰富思想发挥得很充分。作为这种性质的"小册子"，虽有缺点错误，但并非一无是处，更不能说是马克思主义的赝品。这本"小册子"的缺点错误主要是有不少简单化绝对化的东西，辩证法的精神比较薄弱，其中也确有一些不符合马克思主义的东西。在斯大林个人崇拜时期，这本"小册子"在苏联确实被捧到了不适当的高度，被说成了马克思主义哲学的典范，对苏联哲学界产生了很大的束缚作用。但抓住这一点就断定斯大林的理论与马克思主义根本不相干，我认为并不符合实际。第二，更重要的是，中国人的马克思主义一开始就不是从斯大林那里学来的。李大钊、陈独秀等人早在斯大林的"小册子"发表前二十年就学习马克思主义了。1921 年 9 月中国共产党创办第一个人民出版社的时候，计划出版的书籍有《马克思全书》15 种，《列宁全书》14 种。一年之内实际出版了 15 种，包括《共产党宣言》、《哥达纲领批判》、《工钱劳动与资本》①、《国家与革命》等马克思列宁的原著和《〈资本论〉入门》等书，并无斯大林的著作。中国的唯物辩证法运动在 20 年代末 30 年代初就已经开始

① 即《雇佣劳动与资本》。

了，那时也还没有斯大林的"小册子"。李达在 1929—1932 年翻译成中文出版的 4 本书①，其中有两本就并非来自苏联，来自苏联的两本的出版也早在斯大林的"小册子"之前，而且这些书都有各自的体系，与后来出版的斯大林的"小册子"的体系并不一样。至于这个时期中国人自己写的马克思主义哲学著作，如李达的《社会学大纲》②，艾思奇的《大众哲学》③，毛泽东的《辩证法唯物论提纲》——包括《实践论》和《矛盾论》④，也都发表在斯大林的"小册子"之前。以李达的《社会学大纲》为例，这本被毛泽东称为"中国人自己写的第一本马克思主义哲学教科书"的名著就反映了中国当时的马克思主义者对马克思恩格斯原著已有相当系统的独立研究。这本书在第一篇第一章第二节《唯物辩证法的生成及发展》中论述马克思主义哲学的创立过程时，不仅分析了《论犹太人问题》、《黑格尔法哲学批判》、《英国工人阶级状况》、《神圣家族》、《关于费尔巴哈的提纲》、《德意志意识形态》等马克思和恩格斯的原著，还分析了 1932 年才首次在苏联出版的《1844 年经济学哲学手稿》。这本书在斯大林的"小册子"发表前五年就印行了。怎么能说中国人的马克思主义哲学都是从斯大林那里学来的呢？即使在斯大林的"小册子"1938 年发表之后，它的体系对中国马克思主义哲学（包括教科书的编写）也没有特别重大的影响。事实上，除了 20 世纪 50 年代来中国的苏联专家在讲课时一度采用过这种体系外，中国学者写的马克思主义哲学教科书都没有按照这个体系。这是有书为证的。⑤ 还应该指出的是，对斯大林的这本"小册子"的

---

　　① 　指德国塔尔海玛的《现代世界观》（1929 年 9 月出版），日本河上肇的《马克思主义之哲学的基础》（这是《马克思主义经济理论》一书的上篇，全书 1930 年 6 月出版），苏联卢波尔的《理论与实践的社会科学理论》（1930 年 10 月出版），苏联西洛可夫等的《辩证法唯物论教程》（1932 年 9 月出版）。

　　② 　1935 年作为北平大学的讲义印行，1937 年由笔耕堂书店正式出版。

　　③ 　原名《哲学讲话》，1936 年出版。

　　④ 　1937 年发表。

　　⑤ 　例如艾思奇主编的《辩证唯物主义与历史唯物主义》，李达主编的《唯物辩证法大纲》等。

缺点错误提出尖锐批评的正是中国的马克思主义者。毛泽东 1957 年 1 月 27 日的讲话中就曾尖锐地批评了"斯大林有许多形而上学,并且教会许多人搞形而上学"。他说斯大林在《苏联共产党(布)历史简明教程》中讲事物的"联系"时没有说明联系就是对立的两个侧面的联系;讲事物的内在矛盾又只讲对立面的斗争而不讲对立面的统一和在一定条件下的互相转化。他还批评了苏联的《简明哲学辞典》第四版关于"同一性"的一条"就反映了斯大林的观点","是根本错误的"。"对立面的这种斗争和统一,斯大林就联系不起来。苏联一些人的思想就是形而上学,就是那么硬化,要么这样,要么那样,不承认对立统一。因此,在政治上犯错误。"①那时中国的刊物还公开发表过普通青年学者批评斯大林哲学观点的文章②,可见中国理论界并没有把斯大林的观点奉为圭臬。说斯大林的理论对中国人掌握马克思主义有特别巨大而恶劣的影响,以致使中国人学不到真正的马克思主义,是并无事实根据的。

(二) 中国人能不能读懂马克思主义的文本?

有的论者更进一步,认为中国人即使读了马克思的原著也很难理解马克思主义。理由是,要理解马克思主义,首先就得读懂整个马克思主义的基础——马克思主义哲学。而马克思主义哲学是产生于西方"语境"的学问,是整个西方文化传统发展的产物。西方的文化背景、思维方式、语言习惯都与中国迥然不同,这是一个难以逾越的鸿沟。古希腊哲学就与中国哲学没有共同语言。中国人如果不把自己的思维方式和语言习惯改变得与西方人一模一样,就读不懂古希腊哲学,因而也读不懂全部西方哲学,当然也读不懂马克思主义哲学。中国人要读懂马克思主义哲学,就得首先把自己的思维方式、语言习惯彻底西方化,跨过这个鸿沟,否则即使把马克思的文本摆在面前也读不懂,

---

① 见毛泽东 1957 年 1 月 27 日在省市自治区党委书记会议上的讲话。

② 见陶德麟:《关于"矛盾同一性"的一点意见》,载《哲学研究》1956 年第 2 期。

自以为读懂了其实也是歪曲的，与文本的原意相去甚远。中国人要想跨越这个鸿沟，至少也要在书斋里磨上几十年，直到把自己的思维方式彻底西方化了，才有资格谈论马克思主义。几个急于为中国的救亡图存的实务忙得不可开交的人怎么可能做这件事？不做这件事又怎么能掌握真正的马克思主义哲学？不掌握真正的马克思主义哲学又怎能掌握真正的马克思主义？不掌握真正的马克思主义又哪里谈得上使马克思主义中国化？由此可见，所谓马克思主义中国化，不过是中国共产党人拿着被误解了的"马克思主义"在那里解决一些实际问题，然后把这个过程叫作"马克思主义中国化"而已。于是结论不言而喻：马克思主义中国化其实是虚构的东西，至少到现在还没有这回事，将来即使可能，也是难于上青天的事。

这是从西方解释学的角度更彻底地否定马克思主义中国化的可能性的观点，很容易给人以貌似合理的满足，但实际上是似是而非的。不错，哲学与文化传统的关系无可否认，中西思维方式和语言习惯的差别也是事实。但也不必把这一点夸大到神乎其神的程度。既为哲学，无论"形而上"到什么程度，所论的总还是宇宙人生的大事，概括的总还是有普适性的内容，而不可能是一个文化圈里的秘传暗语，更不可能是哲学家私人的自言自语，否则算什么哲学？那些哲学家的书又是写给谁看的？语言习惯和思维方式当然有民族特征，确实需要一个沟通理解的过程。但各民族之间的生存条件和实践方式也并非毫无共同之处，由此形成的思维方式也不会绝对地扞格不入，不可通约。假如有一天真有"外星人"同我们打交道，我相信他们的逻辑与我们还是相通的。同在一个地球上的人，彼此的思想何至于就不可以互相沟通、互相理解？那鸿沟就真的巨大到几乎不可逾越？倘真如此，现在大家提倡的文化交流和对话等岂非痴人说梦？马克思主义哲学诚然是西方哲学传统的产物，它的思维方式和表述方式也确与中国传统哲学有许多歧异，但它的内容却是世界性的。它的基本原理和基本精神，它在哲学领域里取得的成果和造成的变革，是世界各民族有正常思维能力的人都可以理解的，并不因为中国人一解读就必然面目全非。印度与中国虽然都是东方国家，但文化的差异也并不小。然而产生于印度的佛教哲学从东汉传入中国以后至今将近两千年，在中国形成了许多有中国特色的流派，谁也不会说这些中国化了的佛教哲学就不成其为佛教哲学。佛教哲学如此，马克思主义哲学何独不然？不错，最早接受马克思主义哲学的一批中国人确实不是西方哲学的专家，他们的思维方式和语言习惯当然也与地道的西方人有所不同。但他们也绝非对西方文化一无所知的冬烘先生，而是相当熟悉西方文化的先进知识分子。他们对马克思主义哲学的理解和论述，在今天看来虽然简单一些，肤浅一些，常常有不全面、不深刻、不准确的毛病，对文本也确有一些误读之处。但这是马克思主义中国化的历史过程中不可避免的现象，是符合认识规律的正常现象。这与中国人原则上不可能读懂马克思主义是完全不同性质的两回事。何况马克思主义中国化并不止于起点，它一直在不停顿地发展。在总结中国实践经验的过程中，在进一步研读马克思主义著作的过程中，中国人对整个马克思主义的理解包括对马克思主义哲学的理解也在不断深化。说中国人从来没有读懂过马克思主义，并且不可能读懂马克思主义，是未免言之过甚了。

(三) 中国人能不能使马克思主义中国化？

有的论者再进一步，认为中国人即使读懂了马克思主义，也不可能使马克思主义中国化。理由是，马克思主义本来就是西欧的社会条件和文化背景的产物，是离不开西方土壤的东西。一到中国就必定水土不服，变形走样，不成其为马克思主义了。如果一定要使马克思主义中国化，结果只能是"儒家化"、"封建化"，或者民粹主义化，实际上把马克思主义"化"为乌有，根本不是马克思主义了。

这种说法仍然是陈旧的"马克思主义不符合中国国情论"的另一种说法，在理论上站不住脚。马克思主义虽然产生于西欧，但它的视阈是整个人类历史和世界全局，而不仅是西欧。它不是地域性的理论，而是世界性的理论。马克思主义的根本原理并不只是西欧情况的概括，而是整个世界历史发展过程的概括。特别是它的世界观和方法论，是整个人类认识史的总计、总和与结论，对人类社会是有普适性的。中国的特殊性诚然在马克思主义的原典中找不到具体论述，正因为如此才需要中国化；但中国的特殊性并没有取消马克思主义原理的普适性，倒正是这种普适性的特殊表现和印证。正如桃、杏、梨、梅虽各有特殊性，但并没有取消水果的共同本质一样。我们并不否认马克思主义中国化发生失误的可能，事实上也发生过许多失误，其中有些失误既违背了马克思主义的根本原理也违背了中国的具体实际，今后也不能排除这种可能，但不能由此推出马克思主义根本不可能中国化的结论。

那么，马克思主义中国化会不会使马克思主义走样呢？那要看对"走样"这个词怎么理解。如果认为只有与马克思本人的著作不爽毫厘才算不"走样"，那么"走样"的事实确实存在。但有两种不同性质的"走样"：一种是从根本上背离马克思主义的根本原理，首先是背离它的世界观和方法论，并且朝着倒退方向的"走样"。这是不可取的，因为它是思维水平的降低。一种是坚持马克思主义的根本原理而又有所前进的"走样"。这是极大的好事。不允许这种意义的"走样"，就等于禁止马克思主义随着实践的发展而发展，把马克思主义视为化石，变成教条。如果把这种"走样"也看成罪过，那么第一个难辞其咎的就是马克思本人。马克思的思想也是活的，也是随着实践的发展和他本人认识的发展而发展，绝非一成不变。他的世界观和方法论本质上就是批判的、革命的，不仅批判别人，也经常自我批判，自己也常常"走样"。如果马克思今天还健在，他还会一字不差地复述一百多年前的每一句老话吗？马克思自己可以根据实践和认识的发展做一些"走样"的事情，为什么他的后继者就不可以这样做呢？

黑格尔是肯定理论民族化的可能性的，并且特别重视民族化的意义。他在给 J . II . 沃斯的一封信里说得很精彩："路德让圣经说德语，您让荷马说德语，这是对一个民族所做的最大贡献，因为，一个民族除非用自己的语言来习知那最优秀的东西，那么这东西就不会真正成为它的财富，它还将是野蛮的。""现在我想说，我也在力求教给哲学说德语。如果哲学一旦学会了说德语，那么那些平庸的思想就永远也难于在语言上貌似深奥了。"①黑格尔说的"教给哲学说德语",让哲学"学会说德语",正是为了使那些并非产生于德国的哲学德国化,成为德国的财富。我想,黑格尔的这段话是很正确、很深刻的。它不仅适用于哲学,也适用于一切社会历史理论;不仅适用于德国,也适用于中国。马克思主义所以能成为中华民族的宝贵财富,正因为中国的马克思主义者"教给马克思主义说中国话","让马克思主义学会说中国话",也就是做了马克思主义中国化的工作。如果"让马克思主义说中国话"是根本不可能的事,那么"让圣经说德语"、"让荷马说德语"也同样是徒劳之举,黑格尔就没有理由赞扬沃斯,黑格尔本人的全部工作也都毫无意义。这显然是非常荒谬的。

二、检验马克思主义中国化成败得失的标准问题

马克思主义中国化的成败得失以什么为标准来检验,这也是一个前提性的问题。在这个问题上的不同意见,主要表现在文本标准和实践标准的区别上。其实,这一分歧并不是现在才发生的问题,而是一直贯串于马克思主义中国化的各个历史阶段的一个重大的原则问题,它经历了非常复杂而曲折的过程,与中国的前途命运息息相关。

我认为,离开了对历史经验的回顾和分析,抽象地争论这个问题是不易说清的。

不妨先大略回顾一下中国民主革命阶段的情况。

1840年以后,中国在资本帝国主义的侵略宰割下面临着沦亡的惨祸,历史向中国人民提出了两大课题:一是救亡图存,二是民族复兴。先进的中国人以前仆后继可歌可泣的努力向西方寻找救国救民的方案,为的就是解决这两大课题。救亡图存是民族复兴的前提,尤其迫在眉睫。但是,八十年奋斗牺牲的历史表明,在西方曾经行之有效的种种资产阶级学说和理论都不能帮助中国人认清自己的处境,提供

---

① 黑格尔:《致 J. H. 沃斯的信》,见苗力田译编:《黑格尔通信百封》,上海人民出版社1981年版,第202页。着重号是引者加的。

解放的道路，一一归于失败；直到俄国十月革命的胜利之后，中国人才找到马克思主义这个观察国家命运的有效工具，使中国革命的面貌焕然一新，中国共产党应运而生。中国共产党不是一个学术研究团体，更不是一个专务清谈的沙龙，而是一个有明确纲领的政党，是一个领导实际斗争的司令部。党的使命就是以马克思主义的理论为武器，在中国实现救亡图存和民族复兴两大任务。但是，中国的社会性质和民族特点与产生马克思主义的西欧不同，与已经取得革命胜利的俄国也不同，在马克思主义的原典中找不到解决中国问题的方案，俄国的成功经验也不能照样移植。党要运用马克思主义解决中国问题，就只能在马克思主义的普遍原理指导下考察中国的具体实际，把一般与特殊结合起来，创造出符合中国特点的理论和策略，以指导自己的行动，别无他途。这不是任何人的主观意图，而是历史决定的客观需要。这一客观需要就蕴含着马克思主义中国化的指向和内容。

党从成立之日起实际上就在做着马克思主义中国化的工作。但这并不等于一开始就对马克思主义中国化有明晰而深刻的认识，甚至在很长的时间里也还没有"马克思主义中国化"这个语词。建党前后的三次大论战只是原则上解决了必须和可能用马克思主义改造中国的问题。1920年创办的《共产党月刊》号召"举行社会革命，建设劳工专政的国家"，介绍十月革命的成就和经验，报道国际共产主义运动的消息，号召探讨中国革命的问题。1921年党的"一大"提出的纲领是"以无产阶级革命军队推翻资产阶级"，"采用无产阶级专政，以达到阶级斗争的目的——消灭阶级"，"废除资本私有制"，但对中国的具体实际认识得很少。在列宁领导的共产国际帮助下，1922年党的"二大"正确认识了中国的社会性质，明确了中国革命要分两步走，第一次提出了反帝反封建的纲领。1923年党的"三大"决定全体共产党员以个人名义加入国民党，建立各民主阶级的统一战线。1925年党的"四大"进一步规定了国共合作和工农联盟的方针。这些都表明党在马克思主义中国化道路上正在逐步深化认识、提高水平。但是，当时的党毕竟还是幼年的党，对马克思主义与中国实际两个方面都还知之不多，知之不深，对如何把两方面结合起来更缺乏经验。所以当

1927 年蒋介石叛变革命，形势骤然逆转之际，党对如何在严峻局面下把革命坚持下去就缺乏统一的正确认识和有效的行动方针，还存在着诸多的分歧和争论。党的"五大"也没有解决这个问题。斯大林领导的共产国际极力主张的城市武装暴动的办法并不符合中国国情，在实践中一再碰壁。毛泽东首先提出并实行的建立农村革命根据地和工农武装割据的道路本来是符合中国国情并且行之有效的道路，却因为没有马克思主义著作和共产国际指示的"文本"依据，竟被视为离经叛道的错误，毛泽东还因此受到打击和排斥。1928 年在莫斯科举行的党的"六大"基本正确地总结了大革命失败的教训，在中国社会性质和革命性质问题上又深化了一步，但对中国革命的具体特点、革命的中心问题、党的工作重心等关键问题仍然没有深刻的认识，并没有准确地掌握中国革命的规律；虽然由于事实的教训认可了毛泽东的做法，但也仅仅把它看作一时的策略，还是把依靠工人实行中心城市暴动作为夺取政权的最终方式。在这种思想的影响下，党的领导机关一再发生"左"倾错误，尤以共产国际支持的王明的错误为害最烈，使辛苦聚积起来的革命力量受到惨重的损失，几乎断送了中国革命。1935 年红军长征途中的遵义会议确立了毛泽东的军事指挥权，毛泽东也实际上主导了全党的决策，因而挽救了中国革命，但在组织上还并没有确立毛泽东在全党的领导地位。1937 年抗日战争爆发后党实行了联合国民党抗日的战略转变，开辟了新局面。1938 年共产国际举行"七大"时，国际的领导才认识到"不要机械地把一国的经验搬到别国去，不要用呆板格式和笼统公式去代替具体的马克思主义的分析"，"在解决一切问题时要根据每个国家的具体情况和特点，一般不要直接干涉各国共产党内部组织上的事宜"，① 并对中国共产党有了新的看法，承认了毛泽东在全党的应有地位。在 1938 年 9 月至 11 月党的六届六中全会上，确立了以毛泽东为首的政治局，由他代表中央做了《论新阶段》的报告。马克思主义中国化的概念，就是由毛泽

---

① 见《共产国际第七次代表大会决议》，莫斯科 1939 年版，第 4—5 页。

东在这个报告中正式提出，并给予精辟阐释的。① 他指出：

> 共产党员是国际主义的马克思主义者，但是马克思主义必须和我国的具体特点相结合并通过一定的民族形式才能实现。马克思列宁主义的伟大力量，就在于它是和各个国家具体的革命实践相联系的。对于中国共产党说来，就是要学会把马克思列宁主义的理论应用于中国的具体的环境。成为伟大中华民族的一部分而和这个民族血肉相联的共产党员，离开中国特点来谈马克思主义，只是抽象的空洞的马克思主义。因此，使马克思主义在中国具体化，使之在其每一表现中带着必须有的中国的特性，即是说，按照中国的特点去应用它，成为全党亟待了解并亟须解决的问题。洋八股必须废止，空洞抽象的调头必须少唱，教条主义必须休息，而代之以新鲜活泼的、为中国老百姓所喜闻乐见的中国作风和中国气派。把国际主义的内容和民族形式分离起来，是一点也不懂国际主义的人们的做法，我们则要把二者紧密地结合起来。在这个问题上，我们队伍中存在着的一些严重的错误，是应该认真地克服的。
>
> 当前的运动的特点是什么？它有什么规律性？如何指导这个运动？这些都是实际的问题。直到今天，我们还没有懂得日本帝国主义的全部，也还没有懂得中国的全部。运动在发展中，又有新的东西在前头，新东西是层出不穷的。研究这个运动的全面及其发展，是我们要时刻注意的大课题。如果有人拒绝对于这些作

---

① 毛泽东在《解放》第 57 期发表《论新阶段》的报告时用的是"马克思主义中国化"的概念，这一概念得到了全党的认同，并出现在党的许多领导人的文章中。刘少奇在"七大"修改党章的报告中多次使用了这个概念，并把它解释为"马克思主义的普遍真理与中国革命的具体实践相结合"。但是，由于当时共产国际领导人仍然不认同这一概念，毛泽东在 1938 年出版《毛泽东选集》时把这一提法改成了"使马克思主义在中国具体化"。但实际上中国共产党对这一提法的理解与"马克思主义中国化"是没有区别的，与苏共和共产国际的理解并不一样。

认真的、过细的研究，那他就不是一个马克思主义者。①

毛泽东对马克思主义中国化概念的科学含义的揭示，凝聚着中国共产党人和中国人民用鲜血换来的宝贵经验。经过"整风运动"，转化成了全党高度统一的认识。党的"七大"确认了马克思主义中国化的成果——毛泽东思想为全党的指导思想，很快就赢得了中国民主革命的胜利和新中国的诞生，中国人民救亡图存的历史任务经过109年的奋斗终于胜利完成。毛泽东思想的产生，标志着马克思主义中国化历程中的一次飞跃。实践证明，毛泽东思想就是马克思主义中国化的理论成果，即中国化的马克思主义。

在回顾这段历史的时候，我想至少应该得到这样的启示：

（1）马克思主义中国化这个概念本来就不是从书本研究中产生，而是从中国人民的解放斗争的实践中产生的。这个概念提出的历史背景和条件就决定了它的性质和内容，决定了它是一个标志实践目的、实践过程和实践结果的概念，同时也就逻辑地蕴含了它的检验方式和检验标准。与版本学、校勘学、考据学、训诂学一类的问题不同，检验马克思主义中国化的成败得失不能用汉儒和清代朴学家注经的办法，以某个论断与某个文本是否符合为标准，而只能以实践的结果与实践方案的预期目的是否符合为标准。一句话，应当是实践标准，而不是文本标准。教条主义者与马克思主义者的分歧不在于是否重视文本，而在于对文本的意义和作用如何理解。教条主义者之所以为教条主义者，就因为他们崇奉的是唯文本主义或文本至上主义，以为文本就是无条件的真理，就是检验认识真理性的标准。他们的根本谬误在于不了解一切文本都是思想的记录，都是由概念判断推理组成的认识成果，都是第二性的东西，它们只能是客观实际的反映，只能来源于实践，它们的真理性也只有实践才能确证。马克思主义的经典文本也不例外。这些文本也是马克思主义经典作家根据他们掌握的实际情

----

① 《毛泽东选集》第2卷，人民出版社1991年版，第534—535页。着重点是本文作者加的。

况、针对一定的问题做出的论断；这些论断本身的真理性也要经过实践的检验；经过实践证实的论断也还要由不断发展着的实践继续检验，根据检验的结果保持那些符合新的实际情况的东西，修正和更新那些已经不再符合新的实际情况的东西；在此时此地是真理的论断，在彼时彼地就未必是真理。马克思和恩格斯本人毕生对自己的论断不知做过多少订正，连《共产党宣言》这样的著作都多次以序言的形式做过订正，对革命形势的估计更是做过多次订正。列宁的社会主义一国首先胜利的理论就没有照搬马克思恩格斯的文本，但实践证明了它是真理。如果以文本作为检验真理的标准，就是以尚待检验的认识为标准，等于没有标准。

（2）文本标准与实践标准之争不仅是一个学理问题，更重要的还是一个关系中国人民前途命运的实际问题。中国的教条主义者如果只是在书斋里坐而论道，不问实事，他们怎么看法倒也无关大局。问题在于他们恰恰是实践者，是从事中国革命活动并往往居于领导地位的指挥者，他们的错误就必定要造成灾难，这灾难又得由中国人民承担，这就关系到中国人民的前途和命运，非同小可了。马克思主义中国化的事业从起步到成熟，从历经挫折到终于成功，始终伴随着与教条主义的斗争，绝非偶然。中国的教条主义者奉为真理标准的文本有两种：一是马克思主义经典著作中的论断，二是共产国际的指示。在他们看来，一切都必须符合这两种文本才算正确，否则一概是错误。毛泽东根据中国具体情况得出的结论即使明明在实践中达到了预期的目的，导致了胜利，也是"山沟里的马克思主义"、"狭隘经验论"；而他们的一套尽管在实践中碰得头破血流，把革命搞得倾家荡产，也是"百分之百的马克思主义"。这就是他们的逻辑。毛泽东是最早清晰地意识到这个问题的严重意义的。他在 1930 年写的《反对本本主义》中就一针见血地指出："以为上了书的就是对的，文化落后的中国农民至今还存着这种心理。不谓共产党内讨论问题，也还有人开口闭口'拿本本来'"。"我们说马克思主义是对的，决不是因为马克思这个人是什么'先哲'，而是因为他的理论，在我们的实践中，在我们的斗争中，证明了是对的。""马克思主义的'本本'是要学习的，但是必须同我国的实际情况相结合。我们需要'本本'，但是一定要纠正脱离实际情况的本本主义。"①他尖锐地批评了那种以为"党的第六次全国代表大会的'本本'保障了永久的胜利"的"空洞乐观"的观念，认为这是"思想路线"问题，这种本本主义"如不根本丢掉，将会给革命造成很大损失，也会害了这些同志自己"。② 毛泽东的洞见不幸而言中，民主革命阶段最严重的教条主义错误就发生在此后的几年中，使革命一度危如累卵，直到受到实践的残酷惩罚之后才被迫转变。这种付出了高昂代价的惨痛教训一次一次地表明，马克思主义只能是行动的指南，决不能当成教条，决不能把马克思主义的文本当成检验真理的标准。实践的结果最顽强，最无情，它决不迁就任何文本。文本标准必定导致主观与客观相分裂、认识与实践相脱离。"盲人骑瞎马，夜半临深池"，照此办理是必定要陷于灭顶之灾的。

再回顾一下中国社会主义建设阶段的情况。

新中国的成立标志着党的第一大历史任务——救亡图存的胜利完成，第二大任务——民族复兴即建设社会主义的任务迅速提上了日程。这是一个伟大的历史转折。马克思主义中国化的内容完全不同了。毛泽东在新中国成立前夕和新中国成立初期极其清醒睿智地指出了这一点。他在新中国成立前夕的七届二中全会的报告中，在《论人民民主专政》这篇著名论文中，都再三强调夺取全国胜利"只是万里长征走完了第一步"，"只是一出长剧的一个短小的序幕"，"革命以后的路程更长，工作更伟大，更艰苦"，"务必使同志们继续地保持谦虚、谨慎、不骄、不躁的作风，务必使同志们继续地保持艰苦奋斗的作风"，"学会我们原来不懂的东西"，③"我们熟习的东西有些快要闲起来了，我们不熟习的东西正在强迫我们去做。这就是困难"，"我们必须克服困难，我们必须学会自己不懂的东西。我们必须向一切内行的人们(不管什么人)学经济工作。拜他们做老师，恭恭敬敬

---

① 《毛泽东选集》第1卷，人民出版社1991年版，第111—112页。
② 《毛泽东选集》第1卷，人民出版社1991年版，第115—116页。
③ 《毛泽东选集》第4卷，人民出版社1991年版，第1438—1439页。

地学，老老实实地学。不懂就是不懂，不要装懂"。① 这说明他看到了中国具体实际的内容与革命战争时期已经不同，要完成的任务也不同，马克思主义中国化的事业在社会主义建设的新阶段必须继续发展。他率领全党以万里长征的精神开始了新的探索。探索的头几年曾一度不得不移植苏联的经验，提出过"学习苏联"的口号，但很快就意识到苏联的做法有许多并不符合中国的实际情况，不能照搬。毛泽东领导党和人民走上了独立自主地探索中国社会主义建设规律的道路，也就是在社会主义建设阶段实现马克思主义中国化的道路，在这条道路上走了 27 年，其艰难曲折的程度至少不亚于民主革命阶段。一方面取得了伟大的成绩，积累了宝贵的经验，但也犯了长时间的全局性的错误，"文化大革命"标志着错误的顶端。党的十一届六中全会关于建国以来若干历史问题的决议②对此做了全面的科学总结，这里无须详说了。

这些错误初看起来似乎与文本问题无关。谁都知道毛泽东历来最坚决地反对教条主义，最系统地倡导马克思主义的普遍真理与中国的具体实际相结合，最强调从实际出发。中国革命的胜利就是由此取得的。新中国成立以后他也一直强调这一原则，坚持独立自主地走自己的路。他是从来不搞文本崇拜，不把马克思主义的"本本"当作"圣经"，也不把苏联的一套当作碑帖去临摹的。他的中国特色可谓举世无双，很难说有教条主义之嫌。难道他也会犯教条主义的错误吗？但是，如果仔细回顾一下就可以发现，这 27 年中的失误还是与教条主义有绝大的关系。

（1）中国的社会主义建设离不开马克思主义普遍真理的指导，这毋庸置疑。但是，什么是马克思主义的普遍真理？马克思主义的论著

---

① 《毛泽东选集》第 4 卷，人民出版社 1991 年版，第 1480—1481 页。

② 《中国共产党中央委员会关于建国以来党的若干历史问题的决议（一九八一年六月二十七日中国共产党第十一届中央委员会第六次全体会议一致通过）》，见《三中全会以来重要文献选编》，人民出版社 1982 年版，第 788—849 页。

中的哪些论断是普遍真理？普遍到什么程度？是否符合中国的实际情况？离开了具体实践的检验，是判定不了的。例如，在什么是社会主义的问题上，马克思主义经典作家也确有一些一般性的论断，但他们并没有在实际的社会主义社会里生活过，并没有从事过社会主义社会建设的实践，这些论断是从他们对资本主义的根本矛盾的分析中推论出来的，虽然总体上具有科学的性质，但在具体问题的判断上仍然不可避免地带有设想的性质。这些论断是不是统统符合后来才出现的社会主义社会的实际情况？这本来是一个需要实践检验才能判定的问题。但是，毛泽东却把这些论断当成了不容置疑的真理，不自觉地奉为教条了。他心目中的社会主义的概念有相当一部分就是从经典作家的某些论断中推导出来的，其中就有不符合实际的成分，而他却把这一社会主义的概念当成了不可移易的模式，实际上当成了检验社会主义建设是否成功的标准。为了与这一概念相一致，他又在经典著作中引用了一些论断，还加上他自己的某些误读，一起作为"理论依据"，加以教条化。例如，认为商品交换中的等价交换原则应该作为"资产阶级权利"加以批判，甚至引申到八级工资制也应该批判；认为社会主义改造基本完成后小生产还会每日每时地大批地产生资本主义和资产阶级；认为党内的思想分歧都是阶级斗争的反映；夸大阶级斗争的范围、性质和作用，提出"年年讲，月月讲，天天讲"；把许多符合中国实际的意见都视为导致"资本主义复辟"的"修正主义"，等等。①这些错误的教条主义性质是很明显的。

（2）更严重的是新的教条主义的产生和泛滥。实事求是地看，毛泽东对社会主义建设问题的许多论断，大部分并不是来自马克思主义经典著作的文本，而是他的发挥和创造。其中有非常正确深刻的思想，也有非常严重的错误。由于多年形成的种种复杂原因，他的所有论断，包括错误的论断，也都逐步被视为无可怀疑的真理，并且是马克思主义在中国的新发展，在"文化大革命"中甚至被说成是"马克思

① 参见《三中全会以来重要文献选编》，人民出版社 1982 年版，第 818 页。

主义的当代顶峰"，"最高最活的马克思主义"，"句句是真理"。这样，毛泽东的一切论断就都成了不容置喙的"最高指示"，成了新教条，凌驾于实践之上，成了检验真理的标准和判定方针政策是非得失的标准，而且是唯一标准。这种与最高权力相结合的新教条主义，彻底破坏了马克思主义的思想路线，切断了马克思主义与中国实际的应有联系，堵塞了实事求是的大门，导致了主观与客观、认识与实践的分裂，造成了巨大的灾难。应该承认，即使在这种情况下，毛泽东也并没有公然在理论上提倡文本崇拜和教条主义，相反，他还一再强调人的正确思想只能从实践中来，思想的正确与否只能靠实践来检验；他仍然提倡实事求是、调查研究，严厉批评"形而上学猖獗，唯心主义横行"。他在具体问题的处理上也纠正过一些错误。他的悲剧就在于他没有意识到他自己的论断正在被人神化为教条，新的教条主义已经在全国造成了极其严重的恶果。他后来虽然有所觉察，批评过"顶峰论"和"一句顶一万句"的荒谬，但他并没有从根本上纠正新教条主义，反而在实际上容许了甚至助长了它的泛滥。这种错误使马克思主义中国化的事业受到了严重阻碍，陷入了背道而驰的险境。当然，邓小平说得很公允，造成这些错误的原因极其复杂，不能简单地把这些错误归结到毛泽东一个人身上。① 这个问题与本文要论述的问题无关，为避免枝蔓，此处不加分析。

粉碎"四人帮"以后一段时间，拨乱反正的主要障碍是"两个凡是"。邓小平一语中的："'两个凡是'的观点就是想原封不动地把毛泽东同志晚年的错误思想坚持下去。"②"两个凡是"就是"句句是真理"的翻版，就是新教条主义的继续，要害还是文本标准，也就是以毛泽东的论断为检验真理和判定是非得失的标准。只要还坚持这个标准，真理和谬误就无法区分，"文化大革命"的错误就无法纠正，拨

---

① 邓小平：《对起草〈关于建国以来党的若干历史问题的决议〉的意见》，《邓小平文选》第2卷，人民出版社1994年版，第291—310页。

② 邓小平：《对起草〈关于建国以来党的若干历史问题的决议〉的意见》，《邓小平文选》第2卷，人民出版社1994年版，第298页。

乱反正就寸步难行，社会主义现代化的事业就无从迈步，马克思主义中国化就无从谈起。1978 年的真理标准讨论之所以值得载入史册，就因为它摧毁了新教条主义的依据，恢复了党的实事求是的思想路线，从根本上为马克思主义中国化的事业扫除了障碍，重新开辟了道路。党的十一届三中全会以来的中国社会主义建设的空前伟大的成就，从邓小平理论、"三个代表"重要思想到科学发展观的中国特色社会主义理论体系的形成，就是发端于此。我们清晰地看到，在摆脱了文本标准的束缚之后，党中央是怎样用马克思主义的立场观点方法艰苦地探求中国的实际情况，在马克思主义中国化的道路上胜利前进的。邓小平的英明首先就在于他既坚持马克思主义的立场观点方法的指导而又不搞文本崇拜和文本标准，在新的条件下恢复和发扬了从实际出发的传统。他说："什么叫社会主义、什么叫马克思主义？我们过去对这个问题的认识不是完全清醒的。"①他反复强调："问题是要把什么叫社会主义搞清楚，把怎么样建设和发展社会主义搞清楚。"②他指出："贫穷不是社会主义，更不是共产主义"③，"社会主义的本质，是解放生产力，发展生产力，消灭剥削，消除两极分化，最终达到共同富裕"④，并不提出束缚人们手脚的具体模式。邓小平说的"摸着石头过河"，有人说是经验主义，其实正好是马克思主义的一种通俗形象的说法。"石头"就是指中国的实际情况，"摸"就是在实践中去探索研究，"过河"就是实现社会主义现代化建设的目标。这与民主革命时期毛泽东坚持的实事求是、有的放矢是一个意思，就是要以马克思主义的立场观点方法为指导去弄清中国的实际情况（包括中国所处的时代条件和国际环境），弄清中国社会主义建设必须遵循的规律，从而开辟中国特色社会主义的道路。像当年民主革命时期开辟农村包围城市的革命道路一样，这也就是在社会主义建设时期把马

---

① 《邓小平文选》第 3 卷，人民出版社 1993 年版，第 63 页。
② 《邓小平文选》第 3 卷，人民出版社 1993 年版，第 369 页。
③ 《邓小平文选》第 3 卷，人民出版社 1993 年版，第 64 页。
④ 《邓小平文选》第 3 卷，人民出版社 1993 年版，第 373 页。

克思主义中国化的事业推向前进的工作。这三十年的探索就是在做这件工作。回顾三十年的历程，我们可以清楚地看到探索道路的崎岖，几乎每走一步都有艰难的认识过程，都有"左"的和右的干扰，而这些干扰又都与实践标准和文本标准的分歧有关。有人指责新的方针政策和具体措施违背了马克思主义文本的这一说法那一说法，有人又鼓吹抛弃马克思主义而照搬西方资本主义理论，把这些理论的文本奉为教条。三十年来的探索实践的过程就是不断地排除各种干扰的过程，其中排除文本主义的干扰就占了很大的比重。邓小平提出的"三个有利于"标准，就是针对文本主义的实践标准，就是针对中国的实际情况具体化了的实践标准。如果不按这个标准去检验方针政策和具体措施的是非得失，而按马克思主义论著的文本或者西方资本主义理论的文本去检验一切，我们就会重犯民主革命时期教条主义的错误，中国的社会主义现代化就将不知如何进行，中国特色社会主义理论体系就将永远无法产生，中国今天的大好局面就不可能出现，全面建设小康社会的宏伟目标就将成为泡影，马克思主义中国化也将成为纸上谈兵。我们说从邓小平理论到"三个代表"重要思想再到科学发展观的中国特色社会主义理论体系是马克思主义中国化历程中的又一次飞跃，是马克思主义中国化的新成果，并不是根据文本做出的判断，而是根据三十年来实践的结果做出的判断。

实践的发展过程无止境，马克思主义中国化的过程无止境，实践的检验过程也无止境。中国特色社会主义理论体系是诸多命题组成的系统，命题的层次不一，实践检验的结果又有直接与间接、目前与长远、对这一方面的作用和对那一方面的作用之分，检验必然是非常复杂的动态过程，而不可能毕其功于一役。因此，这个理论体系必然是开放的而不是封闭的，必然会在不断发展的实践中与时俱进，日新又新。这是可以预期的。

本文提出异议的只是以文本为标准来检验马克思主义中国化的成败得失，而绝对不是轻视文本研究意义和作用。文本研究不仅有其自身的学术意义，而且也是马克思主义中国化的不可缺少的组成部分。这至少有两方面的理由：第一，要做好马克思主义中国化的工作，就需要准确地把握马克思主义创始人和其他代表人物思想形成和发展的历程，把握马克思主义理论在全世界的发展历程，正确地总结马克思主义与各国实际结合的经验教训，作为在中国如何运用马克思主义的借鉴。中国是世界的一部分，马克思主义中国化是马克思主义在世界实践和发展的一部分。不了解这些涉及世界全局的问题也就不可能深刻地了解中国实际，而要如实地了解这些情况就有赖于对文本的正确把握。第二，要做好马克思主义中国化的工作，就需要准确地把握马克思主义经典作家在何时何地针对何种情况做出过何种论断，防止和避免对马克思主义著作的误读和误解。如我们在前面指出过的，在马克思主义中国化的历史过程中，由于对马克思主义著作的误解误读而导致的错误也屡见不鲜，造成的危害也不容轻视，这个教训也必须记取。因此，马克思主义著作文本的精确翻译和系统研究是一件必不可少的基础性的工作，今后还需要下大气力解读马克思主义的文本，以求尽可能全面准确地理解和把握原意。现在也比以往任何时候更有条件做好这件工作。马克思主义的文本从来不是教条，只有在被人们当作教条对待的时候才会变成教条。文本研究并不必然导致教条主义。教条主义的产生不是文本研究之过，而是教条主义者对待文本的错误态度之过。在警惕和克服教条主义的前提下，对文本研究无论下多少功夫也只会有益而不会有害，一部分学者专做皓首穷经的工作也是很有意义的贡献。这与把文本当作检验马克思主义中国化的是非得失的标准是截然不同的两回事。我们只是反对以文本为标准来检验认识、剪裁实践，反对以文本为理由限制我们在实践中运用和发展马克思主义，而不是反对文本研究。

践行马克思主义的实践观，
为实现中国梦而奋斗*

中国梦正在激励着中国各族人民开启史无前例的伟大长征。

中国梦就是国家富强，民族振兴，人民幸福之梦。这个梦不是虚幻不实的空想，不在遥不可及的彼岸，而是必定能够实现的理想。其所以如此，就是因为我们找到了实现这一理想的正确道路，这就是中国特色社会主义的道路。正如习近平总书记深刻概括的，这条道路来之不易。它是经过中华民族从5000多年前到近30年来的探索和总结中一步一步地走出来的。这里的决定性的事件，就是中国人找到了马克思主义这个救国救民的真理。

鸦片战争以来，伟大的中华民族在资本帝国主义列强的残暴侵略下陷入了血泪斑斑的苦难深渊，救亡图存的任务迫在眉睫。先进的中国人历尽千辛万苦向西方寻来的各种资产阶级理论和方案，到了中国都一一破产。在长夜漫漫的困境中，中国人找到了马克思主义，建立

* 本文原载《湖北日报》2013年3月27日头版，编者按说："近日，我省首批荆楚社科名家武汉大学资深教授陶德麟撰文，倡导践行马克思主义的实践观，为实现中国梦而奋斗。目前大力倡导马克思主义的实践观，不仅具有重要的理论意义，也具有强烈的针对性。本报自今日起开设'实践观讨论'专栏，欢迎社会各界特别是理论界踊跃来稿，就此展开讨论。"《中国社会科学报》2013年3月29日第4版"特别报道"首篇刊载此文时做了提要。《光明日报》2013年4月16日第4版刊载并在头版头条发表了长篇报道，称此文"一石激起千层浪"。《湖北日报》2013年4月18日头版头条全文转载了《光明日报》报道，并加了编者按。随后，《光明日报》连续报道了全国许多省市和部队理论工作者就此问题展开讨论的情况和相关文章。

了以马克思主义为指导思想的中国共产党，"路在何方"的难题才有了正确的答案，中国的命运才发生了根本改变。经过28年的奋斗，我们建立了新中国；又经过60多年的奋斗，中国才取得了今天这样举世瞩目的成就，成了岿然屹立于世界民族之林的社会主义国家。这是任何人也否认不了的事实。

为什么马克思主义在中国有这么"灵验"？就因为它是科学的理论。马克思主义也产生于西方，但它不是地域性的理论而是世界性的理论。马克思主义的产生是人类思想史上最伟大的革命，它批判地吸取了人类思想史上的优秀成果而又突破了它们的局限性，形成了崭新的世界观和方法论，根本改变了人们的思维方式。它的根本精髓，就是马克思创立的科学的实践观。这一实践观揭示的道理主要是：（1）人类社会存在的基础和发展的动力是以物质生活资料的生产为根本的实践活动。社会发展规律的"秘密"只能到实践中去探求，而不应当与此相反。(2)人类社会的一切"问题"都是在实践中发生的，解决这些问题也只能通过"变革的实践"，而不能停留于"解释世界"。（3）认识是否具有真理性，只有实践才能检验，离开实践的争论是"纯粹经院哲学的问题"。马克思以前的社会历史理论浩如烟海，体系如林，有些理论也包含着局部的真理甚至颇为深刻的真理，但究竟如何理解社会，如何创造历史，如何看待人类的前景，仍然是"斯芬克斯之谜"，没有人能揭穿"谜底"，总的说仍然是一笔糊涂账。马克思的理论一出，就提供了一把开启"暗箱"的钥匙，使人们如拨云雾而见青天。当然，不同的人们由于种种原因，并非都能理解和接受马克思主义，但这是另一个问题；马克思主义至今仍然占据着人类思维的制高点，却是客观事实。

建立在科学实践观基础上的马克思主义理论是普遍规律的反映，它不可能直接对各个不同国家、民族、地区的千差万别的特殊情况和特殊问题提供现成的答案，而只可能提供观察问题和解决问题的世界观和方法论。马克思和恩格斯一再告诫人们，他们的理论只是行动的指南而不是教条。把马克思主义当成包医百病的处方，不问具体情况照抄照搬马克思主义著作的词句，恰恰违背了马克思主义，首先是违背了它的实践观。中国有中国的特殊情况和特殊问题。要解决中国的问题，没有马克思主义的指导不行，不把马克思主义的普遍真理与中国实际正确地结合起来也不行。中国道路是中国人自己"走"出来的，是中国共产党把马克思主义的普遍真理与中国革命建设的具体实际（包括中国的历史传统和中国所处的时代条件和国际环境）不断结合的过程，是全国各族人民共同奋斗的过程。这个过程就是践行马克思主义实践观的过程。要把中国道路走好，就得严格遵循马克思主义的实践观，在各项工作中把它落到实处。

践行马克思主义的实践观，要做到几点：第一，要刻苦学习马克思主义理论，特别是中国化的马克思主义理论即中国特色社会主义理论，学习党的方针政策，学习历史经验，吃透精神，掌握实质，用来武装头脑，提高思维水平，反对没有理论指导的目光短浅的经验主义。第二，要下硬功夫深入实际，调查研究，走群众路线，获取第一手材料，在全面准确地占有材料的基础上进行理论概括，做出符合实际的判断，审时度势，提出有全局眼光和长远眼光而又切实可行的处理方案并付诸实践，防止形式主义和误国空谈。第三，要发扬创新精神，勇于根据日新月异地发展着的实践提出新举措，开拓新局面，防止保守僵化。第四，要在马克思主义实践观的引领下切实整顿党风、学风和文风，反对主观主义，反对党八股和洋八股。第五，坚持实践是检验真理的唯一标准的原理，不唯书，不惟上，把一切判断和措施都交给人民群众的实践去检验，正确的就坚持，错误的就改正。

只要我们始终不懈地践行马克思主义的实践观，我们就有充分的理由树立理论自信、道路自信和制度自信，在中国精神的鼓舞下战胜征途上的任何艰难险阻，稳步地达到我们的目的，使"中国梦"梦想成真。

三、《实践论》浅释

写在前面的话

习近平总书记近年来多次强调学习马克思主义哲学的重要性，他指出："马克思主义哲学深刻揭示了客观世界特别是人类社会发展一般规律，在当今时代依然有着强大生命力，依然是指导共产党人前进的强大思想武器。我们党自成立起就高度重视在思想上建党，其中十分重要的一条就是坚持用马克思主义哲学教育和武装全党。学哲学、用哲学，是我们党的一个好传统。"他要求各级干部"原原本本学习和研读经典著作，努力把马克思主义哲学作为自己的看家本领"①。毛泽东的两篇论文《实践论》和《矛盾论》是中国化的马克思主义哲学中最有代表性、影响最大的著作，理应成为必须研读的范本，其中尤以《实践论》更具有基础的意义。

毛泽东的《实践论》（《矛盾论》也一样）本来就是以中国人民大众喜闻乐见的形式写成的，但由于内容的深刻和涉及知识的广泛，对广大读者仍然需要做一些解释工作。这种解释工作过去已有不少学者以各种方式做过，其中最有影响的著作是李达同志的《〈实践论〉解说》。②毛泽东在 1951 年 3 月 27 日给李达的信中高度评价了这本《解说》，指出"这个解说极好，对于用通俗的言语宣传唯物论有很大的作用"，"应当出一单行本，以广流传"，"关于辩证唯物论的通俗宣

---

① 见习近平 2013 年 12 月 3 日在中共中央政治局第十一次集体学习时的讲话。

② 李达同志的另一著作《〈矛盾论〉说》也受到毛泽东的高度关注并有通信来往，见《哲学研究》1978 年第 12 期。两本《解说》分别在 1951 年和 1953 年由三联书店出版。

传，过去做得太少，而这是广大工作干部和青年学生的迫切需要，希望你多多写些文章"①，毛泽东同志的这些话至今还保持着充分的意义。

李达同志的《〈实践论〉解说》发表已 60 多年了。我在 1959—1963 年也曾为湖北省的干部做过哲学辅导报告，报告的内容也包括对《实践论》的解释，当时印发的讲稿到现在也已 50 多年了。② 现在全国人民正在为实现中国梦的宏伟蓝图而奋斗，国家的发展情况和面临的任务与几十年前相比已发生了极大的变化，读者的情况和要求也与那时有很大的不同。为了有助于广大读者把学习《实践论》与当前的实际紧密地联系起来，用《实践论》的观点做好现在的工作，我们理论工作者在新的条件下继续写一些新的解释性的通俗读物还是必要的。出于这种考虑，我也就不揣浅陋，写了这本小册子，命名为《〈实践论〉浅释》。教育部将本书列入了哲学社会科学研究普及读物项目。这次我将这篇"浅释"收入本书时又做了一些修改。

我在撰写这一"浅释"的过程中又一次深感理论大众化之不易。这种解释性的通俗读物，既要注意学理阐述的精确性，不能违背原文的本意，有损原文的理论深度，尤其不能为了片面追求通俗而陷于庸俗；又要注意行文的晓畅生动，力戒艰深晦涩，使广大干部和青年学生易于看懂，乐于接受。我力求兼顾两头，写得非常吃力。在体例的安排上，我采取了不同于李达同志的《〈实践论〉解说》的方式，没有逐段解说《实践论》的原文，而是按照《实践论》的逻辑体系分成若干问题展开论述。对某些容易产生误解的理论问题，我在解释时多花了一些笔墨。但为了避免枝蔓和烦琐，也只是适可而止。

关于如何学习《实践论》的问题，我也想借此机会谈一点个人的看法，供读者参考。

马克思主义的产生是人类思想史上的一次空前的革命。马克思产生以前的社会历史理论浩如烟海，体系如林，言人人殊。有些理论也

---

① 见《哲学研究》1978 年第 12 期。

② 见《陶德麟文集》，武汉大学出版社 2007 年版。

包含着局部的真理甚至颇为深刻的真理；但究竟如何看待世界，如何看待社会历史，如何看待人类自身的种种问题，如何展望未来，仍然是一个"斯芬克斯之谜"，没有人能揭穿"谜底"，总的说来仍然是一笔糊涂账。马克思的理论一出，就提供了一把开启"暗箱"的钥匙，使人们如拨云雾而见青天。当然，不同的人由于种种原因，并非都能理解和接受马克思主义，但这是另一个问题；马克思主义至今仍然占据着人类思维的制高点，却是客观事实。其所以如此，就因为马克思主义批判地吸取了人类思想史上的优秀成果而又突破了它们的局限性，提供了崭新的世界观和方法论，根本改变了人们的思维方式。这里的关键，就在于马克思主义在肯定世界的物质统一性的前提下对实践的概念做了精确的规定，提出了科学的实践观，对实践在人类认识世界和改造世界的全部活动中的作用做了前所未有的科学论述。离开了这个科学的实践观，我们就无法正确地理解世界，理解社会历史，理解人类的一切活动。

马克思主义就是建立在科学实践观基础上的严密的理论整体。这个整体当然有它的组成部分。哲学、政治经济学和科学社会主义就是它的基本组成部分。这些组成部分都有相对独立的研究对象，是可以而且应该分别研究和表述的。但是，这些组成部分在马克思主义理论体系中绝不是机械地排列或叠加在一起，而是有机地统一在一起的。任何一个组成部分如果离开了整体的统御，都会变形走样，不再是它自己。比如，一个活人的手是身体的部分，只有当它在活人的身体这个整体上的时候它才是手。如果把手从身体上切割下来，它就失去了手的性质和功能，只是名义上的手，至多是一个没有生命的标本了。马克思主义哲学是整个马克思主义的基础，它不能脱离马克思主义理论的整体。同时，马克思主义哲学也有自己的组成部分，如自然观、社会历史观、辩证法、认识论、价值观等，但这些组成部分也构成一个整体，离开了整体也不可能理解部分。使马克思主义哲学形成一个整体的基石是什么呢？就是科学的实践观。由于马克思主义哲学是马克思主义全部理论的世界观和方法论基础，所以科学的实践观也理所当然地是整个马克思主义理论的基石。离开了这块基石，我们对马克思主义哲学乃至整个马克思主义理论的理解就一定会发生偏差。在这个意义上，我认为实践的观点不仅是马克思主义认识论的第一的和基本的观点，也不仅是马克思主义哲学的第一的和基本的观点，而且也是整个马克思主义理论的第一的和基本的观点。可以说，不吃透这个观点就无法学懂马克思主义。因此，我们在学习《实践论》的时候，要看到它虽然是专讲认识论的，但与马克思主义哲学的其他部分乃至整个马克思主义的各个组成部分都有密不可分的关系，必须把它放在马克思主义的整体中来理解。同时，我们还需要进一步学习马克思主义的其他组成部分，学习马克思主义哲学的其他经典著作，力求融会贯通，这样才能日益深刻地把握《实践论》的精神实质，也才能越来越牢靠地掌握马克思主义哲学这个"看家本领"，进一步掌握整个马克思主义理论。

"学然后知不足，教然后知困。"在学习、教学和研究的艰难跋涉中，我越来越深感自己学养之不足。这篇"浅释"只能说是我个人学习《实践论》的心得和体会，恳望得到专家和广大读者的批评指正。

2015 年 9 月 17 日

《实践论》的历史背景和重大意义

毛泽东的《实践论》是一篇阐发马克思主义认识论的论文，写于1937年7月。毛泽东曾以这篇论文的观点在延安的抗日军事政治大学做过讲演。1937年9月曾印过油印本，1940年由延安八路军军政杂志社出版单行本。1950年12月29日在《人民日报》正式发表，收入了《毛泽东选集》第一卷。①

要读懂这一论著，首先要了解它写作的历史背景和写作的目的，以及它的理论意义和实践意义。

一、历史背景

毛泽东是在什么情况下写这篇论文的呢？当时的基本形势是：(1)红军战胜了说不尽的艰难险阻，已经胜利地完成了二万五千里长征，到达了陕北，建立了新的革命根据地。(2)在1935年1月的遵义会议上实际上结束了党的领导机关的几次错误路线在党内的统治。(3)日本帝国主义要变中国为它的殖民地，中华民族到了最危险的时候，民族矛盾已经上升为主要矛盾。(4)由于中国共产党和全国人民的坚忍不拔的努力，迫使国民党接受了"停止内战，一致对外"的主

---

① 毛泽东1937年8月写的阐发唯物辩证法的《矛盾论》也是一篇重要哲学论文，这两篇论文都是毛泽东在延安讲授马克思主义哲学时的《辩证法唯物论（讲授提纲）》的一部分。《矛盾论》在1940年也曾由延安八路军军政杂志社出版单行本。1952年4月1日由《人民日报》正式发表。这篇论文也收入了《毛泽东选集》第一卷。

张，初步形成了抗日民族统一战线。总的说来，当时摆在党面前的迫切而艰巨的任务就是领导全国人民粉碎日本帝国主义的侵略，挽救中华民族的危亡，争取民族解放的胜利，并为争取全国革命胜利做准备。在这种形势下，党有无数的艰巨工作要做，为什么毛泽东恰恰要以极大的努力紧抓哲学教育，写出《实践论》和《矛盾论》这样的哲学著作呢？因为这正是当时非解决不可的最根本的大事。

党从 1921 年 7 月成立起到 1935 年 1 月遵义会议的十三年半的时间里领导了翻天覆地的斗争，经历了国共合作的北伐战争，国共合作破裂后又经历了土地革命战争，建立了农村革命根据地，取得了很大的胜利；另一方面，党的中央领导机关也犯了几次路线错误，使革命受到很大的损失，特别是以王明为代表的、以教条主义为特征的"左"倾路线给革命事业造成的损失最大。这个错误路线使党领导的革命事业在强大敌人的突然袭击下遭到惨重的失败，使辛辛苦苦地积聚起来的革命力量在苏区损失了百分之九十，在国统区损失了几乎百分之百，迫使中央红军不得不实行战略大转移——长征。错误路线的统治使中国革命处于极端危险之中，一直到遵义会议首先结束了当时的领导人在军事路线上的错误，在紧急关头挽救了中国革命，随后又在 1938 年 9—11 月党的六届六中全会上确立了以毛泽东为首的政治局面，中国革命才在正确路线的指引下走上了胜利之途。

这就很自然地产生一个问题：为什么在那么长的时期里中央机关多次犯路线错误？当然，错误路线的代表人物要负责任。但是事情并不那么简单。如果错误的原因仅仅在于领导人，那么更换领导人不就解决问题了吗？可是事实上，以毛泽东为代表的正确路线早在 1927 年大革命失败以前就形成了，许多同志却不认识，反而常常受错误路线的蒙蔽。以毛泽东为代表的正确路线却被某些领导人讥笑为"狭隘经验论"和"山沟里的马克思主义"，毛泽东本人还多次受到排斥和打击。有的人头一次拥护右倾错误，第二次又拥护"左"倾错误；或者头一次反对错误路线很坚决，第二次自己又支持另一种错误路线。于是领导人虽然多次更换，错误路线还是居于统治地位。党是实行民主集中制的，如果党内大多数人能够识别和抵制错误路线，它是当不了家的。可见，革命遭到惨重挫折的根本原因还是大多数干部和党员的马克思主义水平还不高，还不能识别什么是正确路线，什么是错误路线；还不懂得怎样把马克思主义的根本原理与中国实际正确地结合起来，使马克思主义中国化，形成符合中国特殊条件的方针路线和政策。当然，经过多次血的教训，许多党员对某些领导人在政治上军事上的具体错误已经逐步有了不同程度的认识，否则不可能有遵义会议的成功。但是当时多数党员还不能把政治上组织上军事上的路线错误提到理论的高度来认识。如果不提高全党的马克思主义水平，形成马克思主义的思想一致，今后仍然难免受机会主义的袭击。正如后来毛泽东1945年4月24日在中国共产党第七次代表大会的政治报告中总结的："掌握思想教育，是团结全党进行伟大政治斗争的中心环节。如果这个任务不解决，党的一切政治任务是不能完成的。"①

思想教育要抓什么问题呢？毛泽东在1935年12月做了《论反对日本帝国主义的策略》的报告，深刻地批判了机会主义的政治路线的错误；接着，在1936年冬天又写了《中国革命战争的战略问题》，深刻地批判了机会主义军事路线的错误。这些都是完全必要的。但是在毛泽东看来，这还没有揭露出错误路线的根子。错误路线可以在政治上、军事上、组织上以及其他各种问题上表现为多种多样的具体形态，但是如果从世界观和方法论的基础上分析起来，都有一个共同的根子，那就是思想路线上的主观主义。主观主义的特点就是主观与客观相分裂、认识与实践相脱离，可以说是万变不离其宗。正确路线同错误路线的最深刻最本质的区别，就在于正确路线是建立在马克思主义认识论的基础上的，是以主观和客观相统一、认识和实践相统一为特征的；而错误路线是建立在唯心主义和旧唯物主义认识论的基础上的，是以主观和客观相分裂、认识和实践相脱离为特征的。党内一切问题中最本质的问题是思想路线问题，是认识论问题，是哲学问题。只有用马克思主义认识论把全党武装起来，使全党同志不仅懂得错误

① 毛泽东：《论联合政府》，《毛泽东选集》第3卷，人民出版社1991年版，第1094页。

路线的个别形态的具体错误，而且从世界观和方法论的高度懂得一切错误路线的共同错误，全党才有能力识别和抵制任何形态的路线错误。因此，必须把最基本的哲学问题放在思想教育的最前列，使全党在哲学上真正认识各种形式的错误路线错在哪里，会造成什么后果，如何纠正。只有这样，才能为中国革命的胜利做好思想上的准备。

《实践论》就是在这样的历史条件下，为了从根本上解决正确路线和错误路线的矛盾而写作的战斗文献。1942 年的"整风运动"，就是把《实践论》的思想变为全党的共同思想的一次思想教育运动。这是中国革命事业成败攸关的转折点。

二、重大意义

《实践论》的第一个重大意义，就是保卫了党的理论基础，从哲学上彻底揭露了一切错误路线的根源，解决了理论与实践相统一的问题，在全党真正确立了马克思主义的普遍真理与中国具体实践相结合的根本指针，为中国革命的胜利提供了根本保证。

1840 年鸦片战争以后的八十多年，中国人民为了救亡图存，做了前仆后继可歌可泣的斗争，付出了鲜血和生命的代价；中国的先进人物经过千辛万苦向西方寻找救国救民的理论和方案，都解决不了中国的问题，一次又一次地归于失败。这是因为当时从西方学来的那些理论，本质上都是资产阶级为夺取统治和巩固统治而创造的理论，也就是为资本主义制度的合理性、优越性和永恒性做辩护的理论，对已经惨遭资本主义列强的残暴侵略、沦为半封建半殖民地的中国来说是对不上号的。直到"十月革命一声炮响"，马克思主义传入了中国，成立了中国共产党，才拨云雾而见青天，中国革命的面貌才焕然一新。为什么中国人学马克思主义"一学就灵"呢？因为马克思主义虽然也产生于西方，但它不是站在狭隘的资产阶级立场为资本主义辩护的理论，而是站在无产阶级立场揭示资本主义发生、发展和必然走向灭亡的理论；同时也是有史以来第一次科学地揭示了整个人类社会发展规律的理论。它提供了正确地观察问题和处理问题的科学的世界观和方法论，因而它能够成为革命人民锐利的思想武器。但是，马克思主义是普遍规律的反映，是普遍真理，不可能直接对不同国家、民族、地区千差万别的特殊情况和特殊问题做出具体的判断，提供解决问题的现成答案。对中国这样情况极为特殊的半封建半殖民地的东方大国来说，如何才能取得革命的胜利，在马克思主义的书本上是找不到可以照搬照抄的具体方案的。十月革命的经验也因为俄国与中国的情况不同而不能照搬照抄。因此，中国共产党人只能把马克思主义的普遍真理与中国革命的实际结合起来，自己开辟道路，也就是马克思主义中国化的道路。毛泽东把马克思主义普遍真理与中国革命实际的关系形象地比作"矢"与"的"的关系，指出必须"有的放矢"。可是还在幼年时起的中国共产党内（更不用说党外了）真正理解并善于以马克思主义之"矢"射中国革命之"的"的人是不多的，只有毛泽东和理解、支持他的一部分党员做到了这一点。当时居于领导地位的一些人往往放"箭"没有对准"靶"，结果是使革命事业受到惨重的损失，一度危如累卵。血的教训反复表明，要不要把马克思主义的普遍真理与中国实际相结合作为进行一切工作的根本指针，确实是关系中国革命事业生死存亡的首要问题。

但是，这个真理要让全党都懂得，就要从学理上加以论证，说明为什么非这样不可。《实践论》和《矛盾论》做的就是这件工作。《实践论》告诉了我们这样一些马克思主义认识论的根本原理：（1）什么是正确认识，什么是错误认识？只有符合客观实际的认识才是正确认识，才算真理；不符合的就是错误认识，就是谬误。如果一个路线、方针、意见、办法不符合客观实际，不符合客观对象的规律性，那么无论它引证了多少经典，说得多么天花乱坠，都是错误的。（2）认识正确与否会导致什么后果？只有正确认识才能引导我们在实践中达到预想的目的，获得胜利和成功；而错误认识一定会使我们在实践中碰壁失败。（3）怎样才能取得正确认识？只有在马克思主义普遍原理指导下通过实践，对我们所处理的事务做周密系统的调查研究，找出固有的而不是臆造的规律性，作为行动的向导，别无他途。靠书本，靠主观臆想，靠片面的零碎经验，都不行。（4）拿什么做标准来检验认识是否正确？唯一的标准就是实践，就是看实践的结果是否达到了我们预期的目的。(5)正确的认识还要不要发展？客观实际是发展变化的，认识也必须随着客观实际的发展变化而发展变化，才能保持主观与客观的具体的历史的统一，否则原来的正确认识也会变成错误认识。世界的发展没有止境，认识的发展也没有止境。这就是《实践论》告诉我们的最根本的道理。用这些道理把全党武装起来，马克思主义的普遍真理与中国具体实际相结合的根本指针才真正在全党思想上生了根，给正确路线奠定了坚固的理论基石。我们都看到，由于《实践论》的发表以及在《实践论》精神指导下的"整风运动"的成功和"七大"的召开，形成了党在思想上的空前统一，接着就取得了革命的胜利，建立了新中国。

《实践论》不仅解决了思想路线问题，而且还解决了工作作风的问题。党的著名的三大作风，即理论联系实际的作风、密切联系人民群众的作风和批评与自我批评的作风，都是在《实践论》的精神指导下形成的。

《实践论》的第二个重大意义，是对中国革命的经验做了高度的哲学概括，丰富和发展了马克思主义的认识论，为马克思主义的理论宝库增添了新的财富。

第一，《实践论》在马克思主义发展史上首次以最简短的篇幅系统深刻而又通俗生动地阐发了马克思主义的认识论的根本原理。

马克思主义认识论的根本原理是马克思主义的创始人早就奠定了的。但是他们对认识论的原理的论述大都是贯穿在对具体问题的分析之中，分散在各有关著作之中，或者以警言的形式写在读书笔记之中。有的论著篇幅也比较大。马克思曾经计划过写阐述唯物辩证法的小册子，用以教育广大党员和工人群众，但是没有来得及做。《实践论》和《矛盾论》的发表可以说是完成了他的夙愿。《实践论》的鲜明特点是：(1)全面系统。以不到一万字的篇幅把认识论的最关键的问题都讲到了，体系严密，结构紧凑，使人读了能把握到马克思主义认识论的精髓。(2)深刻丰富。它不但概括了人类几千年来的认识成果，概括了马克思主义创始人的基本思想，而且概括了前人从未经历过的中国革命的极其丰富的特殊经验，是中国化的马克思主义的范例。(3)生动形象。它用的是中国人民群众喜闻乐见的语言，在理论分析时常常引用大众熟知的或易懂的实例和比喻。这些特点决不能只看成是形式问题、技巧问题，而应当看成是涉及理论如何掌握群众，如何把哲学变成群众手中的锐利武器的问题。这正是马克思主义的根本要求。

第二，《实践论》为党的群众路线奠定了科学的理论基础。《实践论》和毛泽东后来的一些关于认识论的著作，把认识论与党的群众路线联系起来，融为一体，论证了认识的"从实践中来，到实践中去"与领导工作中的"从群众中来，到群众中去"是同一个过程，指出"这就是马克思主义的认识论"①。这就把马克思主义哲学具体化为人人都能掌握的工作方法了。这在马克思主义发展史上也是新的贡献。

第三，《实践论》对中国两千多年来知行问题的争论做了科学的总结。中国哲学中的知和行的关系就是认识和实践的关系，两千多年来一直是哲学探讨和争论的重要内容。对知行概念的理解问题，知行的先后问题，知行的难易问题等，中国哲学都积累了丰富的思想资源，与西方哲学对认识论的探讨和阐述既有相通之处，又有独立的特色。《实践论》虽然没有直接论及中国哲学，但实际上吸纳了其中的精华部分，而又克服了这些成果的局限性，这从另一个角度使《实践论》具有更鲜明的中国特色。毛泽东把"论认识和实践的关系——知和行的关系"作为《实践论》的副标题，就蕴含着这一层意思。②

今天我们正在为实现中国梦而奋斗。毛泽东在新中国成立的前夕就指出过，革命以后的路程更长，工作更伟大、更艰苦。我们现在面临的新情况、新问题比民主革命时期复杂得多。正如习近平总书记指出的："马克思主义哲学深刻揭示了客观世界特别是人类社会发展一

---

① 毛泽东：《关于领导方法的若干问题》，《毛泽东选集》第3卷，人民出版社1991年版，第899页。

② 参阅李维武著《辩证唯物论的知行统一观——重读毛泽东〈实践论〉》，人民出版社2014年版。

般规律，在当今时代依然有着强大生命力，依然是指导我们共产党人前进的强大思想武器。我们党自成立起就高度重视在思想上建党，其中十分重要的一条就是坚持用马克思主义哲学教育和武装全党。学哲学、用哲学，是我们党的一个好传统。""我们党在中国这样一个有着13亿多人口的大国执政，面对着十分复杂的国内外环境，肩负着繁重的执政使命，如果缺乏理论思维的有力支撑，是难以战胜各种风险和困难的，也是难以不断前进的。党的各级领导干部特别是高级干部，要原原本本学习和研读经典著作，努力把马克思主义哲学作为自己的看家本领，坚定理想信念，坚持正确政治方向，提高战略思维能力、综合决策能力、驾驭全局能力，团结带领人民不断书写改革开放历史新篇章。"①毛泽东的《实践论》就是必须学习和研读的重要著作之一。

---

① 习近平：《各级领导干部要把马克思主义哲学作为看家本领》。见 2013年 12 月 3 日习近平在中共中央政治局集体学习时的讲话。

辩证唯物主义认识论是关于
认识规律的科学理论

一、辩证唯物主义认识论引起的根本变革

《实践论》是一篇阐述认识规律的论文，讲的就是马克思主义的认识论，也就是辩证唯物主义的认识论。① 因此，学习《实践论》应当首先对辩证唯物主义认识论的总特点有一个概括的了解。

认识论就是以认识为研究对象的哲学理论，是对认识的认识。认识论主要研究这样一些问题：认识的来源问题：人的认识是从哪里来的？是主观自生的，还是客观世界的反映？认识的能力问题：人认识世界是否可能？能认识到什么程度？认识的过程问题：人的认识是怎样进行的？有什么规律？认识的真理性问题：什么是真理？什么是谬误？检验认识的标准问题：以什么为标准去判定认识是真理还是谬误？认识的功能问题：认识能对人的活动起什么作用？能对改造世界起什么作用？……这些问题，两千多年来一直有许多哲学家在研究。他们写了很多书，讲了很多道理，这些都是认识论。这些各种各样的认识论也是一代一代的思想家对认识的性质和规律的探索和总结，都对认识论的深化和发展做出了贡献，有的还提出了很深刻的见解，做出了很大的贡献。对这些贡献应当作为宝贵的思想遗产批判地继承，而不能置之不顾，一笔抹杀。如果没有这些先行的思想资料的积累，

---

① 在毛泽东著作中，"辩证唯物论的认识论"、"马克思主义的认识论"是同义词。

马克思主义认识论也不可能凭空产生。可是，马克思主义产生以前的认识论从总体来看都不能说是科学的理论。这不是因为那些哲学家不够聪明，而是因为他们都受着历史条件的限制：主要是当时生产规模的狭小限制了他们的眼界，科学发展的不足限制了他们的认识水平，加上剥削阶级的立场使他们带有这样那样的偏见。所以他们当中即使最杰出的人物也只能发现片面的真理，并不能全面深刻地把握认识的本质和规律。这些认识论的著作和见解浩如烟海，但从世界观和方法论的高度概括起来无非是两种：一种是唯心主义的，一种是形而上学唯物主义的(马克思称它们为"旧唯物主义"①)。只有当社会发展到了资本主义时代，产生了大工业之后、代表新兴无产阶级根本利益的马克思主义才创立了科学的认识论。

马克思主义的认识论是辩证唯物主义的认识论，是马克思主义哲学这个整体的有机部分。它既与一切唯心主义的认识论对立，又与一切旧唯物主义的认识论有原则的区别。要懂得马克思主义认识论，就要把这两条界限划清楚。毛泽东在《新民主主义论》中讲到文化与政治、经济的关系时引用了马克思的两句名言："不是人们的意识决定人们的存在，而是人们的社会存在决定人们的意识。""从来的哲学家只是各式各样地说明世界，但是重要的乃在于改造世界。"②然后接着说："这是自有人类历史以来第一次正确地解决意识和存在关系问题的科学的规定，而为后来列宁所深刻地发挥了的能动的革命的反映论之基本的观点。"③这里讲的"意识"比认识的外延要广泛些，但认识也是意识，意识与存在的关系的规定也适用于认识。所以马克思主义的认识论也是"能动的革命的反映论"。懂得了什么是反映论，就同

---

① 马克思：《关于费尔巴哈的提纲》，《马克思恩格斯选集》第 1 卷，人民出版社 2012 年版，第 136 页。

② 后一句中译文现已改为"哲学家们只是用不同的方式解释世界，而问题在于改变世界"。马克思：《马克思恩格斯选集》，人民出版社 2012 年版，第 140 页。

③ 毛泽东：《新民主主义论》，《毛泽东选集》第 2 卷，人民出版社 1991 年版，第 664 页。

唯心主义的认识论划清了界限；懂得了什么是能动的革命的反映论，就同形而上学唯物主义的认识论划清了界限。我们现在分两层来说明：首先说明什么是反映论，然后说明什么是能动的革命的反映论。

二、能动的革命的反映论

(一)反映论

反映论是一切唯物主义认识论的共同原则。为什么唯物主义的认识论叫作反映论呢？就是因为它首先肯定物质是客观的、不依赖于意识而独立存在的世界的本原，而把意识(包括认识)理解为客观的物质世界的种种事物在人们头脑中的反映。马克思在批评黑格尔把观念看成"现实事物的创造主"的时候说得很清楚："我的看法则相反，观念的东西不外是移入人的头脑并在人的头脑中改造过的物质的东西而已。"①

"反映"这个词在这里带有比喻的性质，这个比喻并不完全恰当(因为认识比照镜子式的反映复杂得多，这一点我们在后面还要说明)，但对理解问题是有帮助的，所以经典作家常常把认识比作"反映"、"映像"、"摄影"、"复写"、"模写"等，都是同一个意思。按列宁的说法，认识就是"客观世界的主观映像"。一切唯物主义都承认物质世界是第一性的、本原的东西，意识是第二性的、派生的东西，因而也就把客观的物质世界看作认识的唯一来源，而把认识看作物质世界种种事物在人们头脑中的映象。就以照镜子为比喻吧：镜外之物是第一性的，镜中之相是第二性的。物不依赖于相，相却依赖于物。相是物的反映。没有镜外之物就没有镜中之相，镜子不能自己生出相来。认识也是这样。认识的对象(客观事物、客观情况)是第性的，认识是第二性的。客观事物不依赖于认识，认识却依赖于客观事物。认识是客观事物作用于我们头脑的结果。任何认识，无论是感

---

① 马克思：《〈资本论〉1872 年第 2 版跋》，《马克思恩格斯选集》第 2 卷，人民出版社 2012 年版，第 93 页。

觉还是思维，都不是从天上掉下来的，也不是人们头脑里自生的，而是客观世界在人们头脑中的反映，根源都在客观世界。比如，我们头脑里的山川草木房屋车船的观念，就是这些客观存在的事物的反映。即使是抽象程度很高的概念，例如数学上的概念，也不是头脑凭空创造出来的，而是从客观实际事物中抽象出来的。一、二、三、四的数目字，就是从现实的一个指头两个指头、一棵树两棵树、一头牛两头牛等实际事物当中抽象出来的。有些观念似乎在客观世界中并没有"原型"，例如牛头马面、狮身人首、三头六臂之类的观念。可是只要一分析就可以看出，这些观念的"原材料"还是来自客观世界，不过经过了加工、组合、变形而已。又如宗教的观念，也是客观存在的反映。恩格斯说："一切宗教都不过是支配着人们日常生活的外部力量在人们头脑中的幻想的反映，在这种反映中，人间的力量采取了超人间的力量的形式。在历史的初期，首先是自然力量获得了这样的反映，而在进一步的发展中，在不同的民族那里又经历了极为不同和极为复杂的人格化。"①实际上不是神创造了人，而是人按照自己的形象创造了神。我们看，每一个民族的神像穿的都是本民族的服装，中国的玉皇大帝穿的就是中国皇帝的服装。鬼神世界也是等级森严，也有一套类似国家机器的东西。这些东西也是现实社会情况的"幻想的反映"。神的"万能"，不过是人对"万能"的渴望的反映。现实生活中常常会出现一些非常荒唐的观念，乍看起来似乎莫名其妙，但实际上也仍然是客观存在的反映，不过不是正确的反映，而是歪曲的反映罢了，就像哈哈镜里的映象一样。

总之，我们的一切认识，无论是具体的还是抽象的，简单的还是复杂的，正确的还是错误的，它们的最终来源都在客观物质世界。如果一个婴儿一生下来就闭目塞听，同客观世界根本绝缘，就根本不可能有任何认识了。这就是一切唯物主义都坚持的基本观点。列宁说过，做一个唯物主义者，就要严肃地、坚决地承认外间世界。又说，

① 恩格斯：《反杜林论》，《马克思恩格斯选集》第3卷，人民出版社2012年版，第703页。

承认理论是模写，这就是唯物主义。这是一条从物到感觉和思想的认识论路线，即反映论的认识路线。

这个道理，在一切不抱唯心主义成见的人看来是不难理解的。工人农民不怀疑工作对象的客观存在，军队打仗不怀疑敌我双方的战斗力和地形地物的客观存在，医生看病不怀疑病情病因的客观存在。可是事情并不那么简单。思想、观念这种东西一旦从客观世界产生之后，就有相对的独立性了。人们往往就忘记了它们的来源，把它们当成独立自在的东西，当成第一性的东西了。这就忘了本，颠倒了事实，陷入了唯心主义。

例如，人的感觉本来是客观实际事物的种种属性作用于人们的感觉器官，在人们头脑中的反映。颜色的感觉是怎么来的？是一定频率和波长的电磁波作用于人们的视觉器官，在人们头脑里产生的效应，是客观事物的属性的反映。其他的感觉（声音、气味、滋味、形状等）也是客观事物的不同属性作用于人们的不同感觉器官的反映。可是唯心主义者不这么看。英国18世纪初有个大哲学家贝克莱就认为，首先存在的是我的感觉和观念，物质世界的事物倒是我的感觉和观念的产物。例如有个苹果在这儿，按照我们的常识当然不会怀疑这个苹果存在于我们之外。可是贝克莱说，我凭什么说这个苹果存在？无非是我有了一些形状、颜色、香味、甜味等的感觉，所以苹果无非是"观念的集合"；说苹果"存在"无非就是说它"被感知"。中国宋代的大哲学家陆九渊主张"心即理"，"吾心即是宇宙"。中国明代的大哲学家王守仁（王阳明）也有类似的说法，他说"心外无物、心外无事、心外无理"，事物如果不被我知觉，就不存在。深山里的花是因为被我看见才"一时明白起来"，假如没有被我看见，这些花就与心"同归于寂"，不存在了。这就把"我"的感觉和观念说成了本原的、第一性的东西，客观存在的事物反倒成了派生的、第二性的东西，把真相弄颠倒了。如果把这种观点贯彻到底，就得认定从日月星辰到我的食物住房亲人朋友也都是我的感觉或"心"的产物，连生育我的父母也只是我的一堆感觉，如果不被我"感知"就不存在了。这就成了"唯我论"。这一类的唯心主义我们称之为"主观唯心主义"。

再如概念这种东西，本来是人们从对客观事物的感觉和印象中经过思维的抽象形成的，根源在客观世界。"树"的概念是怎么来的？首先是客观世界里存在着千千万万棵各种各样的具体的树，人们接触了它们，感觉到了它们，然后把各种各样的树的差别忽略掉，把它们的共同的本质属性抽象出来，概括起来，用一个名词来标志它，这才形成了"树"的概念。这是概念产生的实际过程。可是人们有时候会把这个实际过程弄颠倒了，这也会陷入唯心主义。例如，古希腊有个大哲学家柏拉图提出了理念论，他认为世界上真实存在的并不是人们可以感觉到的具体事物，而是一些概念(他称为"理念")；而具体事物只是"理念"的"影子"或"摹本"。比如，我们看到的许许多多的猫，许许多多的床，都是"猫"和"床"的理念的影子。一个一个的猫，一张一张的床都是会消失的，可见它们是虚幻的。而"猫"和"床"的理念却是永存的，理念才是真实的，才是本原。再如，后来的德国大哲学家黑格尔的庞大的哲学体系是建立在"绝对精神"(或绝对观念)的基础上的。他认为绝对精神是先于物质世界而存在的，绝对精神由于自身矛盾的推动不断地从一个范畴发展到一个范畴(也就是概念)，把自己"外化"成了自然界，这才有了人和人的认识。又经过一系列的发展，绝对观念才在黑格尔的哲学中完成了对自己的认识。在他看来，第一性的东西并不是独立于精神之外的物质世界，而物质世界倒是精神的产物。中国宋代大哲学家朱熹主张"理在气先"。① 他认为："未有天地之先，毕竟也只是理。有此理，便有此天地。"像这类把抽象概念看成在物质世界出现之前就"客观"地存在着并且是万物的创造者的唯心主义，我们称之为"客观唯心主义"。

无论是主观唯心主义还是客观唯心主义，都把精神、意识说成了第一性的东西，颠倒了认识与认识对象的实际关系。

在这里需要说明，我们这样分析唯心主义的错误，绝不是说中外哲学史上的唯心主义哲学理论的全部内容都是一无是处的胡说，更不

---

① 在中国古代哲学中，"气"一般是指构成天地万物的极小的物质，不是我们现在物理学里讲的气体。"理"则一般是指道理、规律、概念等。

是说唯心主义哲学家是傻子、疯子或骗子。实际上，许多唯心主义哲学也包含着非常深刻的合理内容，对促进人类认识的发展起过重要的积极作用，也是世界文明大道上的有价值的成果。马克思恩格斯一方面深刻地批判了黑格尔哲学的唯心主义前提，同时又对黑格尔哲学中包含的辩证法思想做了很高的评价，并批判地吸收了它的合理成分。列宁也说过"聪明的唯心主义"（指有辩证法思想的唯心主义）比"愚蠢的唯物主义"（指旧唯物主义）更接近于"聪明的唯物主义"（指辩证唯物主义）；在黑格尔的《逻辑学》这部最唯心的著作中"唯心主义最少，唯物主义最多"。我们要指出的只有一点，那就是唯心主义在物质与意识何者是世界的本原这个前提问题上的根本错误，以及由此决定的它们在认识论的出发点上的根本错误。这是不能含糊的。

　　唯心主义的错误有它的认识根源、阶级根源和历史根源，如果碰到比较精巧的唯心主义，要识别它们的根本错误也不是那么容易。没有学过唯心主义哲学的人，甚至自以为不同意唯心主义哲学的人，在实际生活中也往往犯唯心主义的错误而不自知。比如前面讲的党的历史上犯路线错误的人，他们在理论上是并不信奉唯心主义的，他们自认为是马克思主义者，而且是"百分之百"的马克思主义者。可是他们犯错误的时候实际上是按唯心主义的认识论路线去看问题、办事情的，是违背反映论的。我们自己一不小心也可能违背了反映论。我们不要以为在理论上不信奉唯心主义哲学的人就能保证不犯唯心主义性质的错误。

　　要避免唯心主义性质的错误，最起码的要求就是要随时随地自觉地坚持反映论的道理，老老实实地承认客观实际，努力使我们的认识符合客观实际。哲学上叫作物质世界或客观存在的，在实际生活中就是实际情况、工作对象、工作环境、群众要求、生产力发展水平等，总之是我们意识以外的一切。而哲学上叫作思想或认识的，在实际生活中就是路线、方针、政策、意见、计划、方案、办法等，总之是我们意识里的东西。后者应当符合于前者。比如我是医生，我就得承认病情是第一性的，诊断是第二性的，诊断要符合病情，不能不顾病情闭着眼睛开处方；我是新闻记者，我就得承认事实是第一性，报道是第二性的，报道要符合于事实，不能信口开河；我是企业的经理，我就得承认企业的生产条件、生产能力和市场状况等是第一性的，经营计划是第二性的，计划要符合于客观条件，不能盲目决策；我是军事指挥员，我就得承认敌我双方的力量对比和地形地物等情况是第一性的，作战计划是第二性的，计划要符合于情况，不能瞎指挥。这就叫作按反映论的道理办事。恩格斯说唯物主义不过是按照事物的本来面目了解事物，而不给以任何外来的附加，就是这个意思。毛泽东经常说的"实事求是"，"从实际出发"的原则，他引用的民间谚语"看菜吃饭，量体裁衣"、"到什么山上唱什么歌"，也是这个意思。离开了反映论，就是离开了唯物主义，陷入了唯心主义，在实践中非碰钉子不可。

但是，我们要十分注意，反映论只是一切唯物主义认识论的共同原则，① 对辩证唯物主义认识论来说，还只是起码的、初步的原则。如果只说到反映论为止，还不是辩证唯物主义的认识论。如果把辩证唯物主义的认识论仅仅归结为反映论，那就把它降低到了旧唯物主义的水平。辩证唯物主义的认识论当然也是反映论，但它不是随便一种反映论，而是能动的革命的反映论。

(二) 能动的革命的反映论

能动的革命的反映论就是以科学的实践观为基础的、辩证法的反映论，它与旧唯物论的反映论是有原则区别的。这种原则区别集中地表现在旧唯物主义"离开人的社会性，离开人的历史发展，去观察认识问题，因此不能了解认识对社会实践的依赖关系，即认识对生产和阶级斗争的依赖关系"②。而辩证唯物主义认识论则第一次从人的社会性和历史发展出发，揭示了认识对实践的依赖关系，认为"实践的

---

① 这里讲的唯物主义不包括庸俗唯物主义。庸俗唯物主义把意识也看成物质，认为意识是人体分泌出来的一种特殊物质。对这种"唯物主义"来说根本无所谓"反映"的问题，它不是反映论。在这里我们也无须去分析它。

② 毛泽东：《实践论》，《毛泽东选集》第 1 卷，人民出版社 1991 年版，第 282 页。

观点是辩证唯物论的认识论之第一的和基本的观点"①。

这里需要说明两个要点。

第一，实践观点。

前面已经说过，旧唯物主义认识论把物质世界理解为认识的客体（或对象），把人理解为认识的主体，认为认识是客观物质世界在人们头脑中的反映。这是对的。但是，它们都不了解人的社会性和历史性，因此把认识的主体和客体以及两者的关系都看成了与实践无关的东西，这就错了。费尔巴哈在旧唯物主义者当中算是最杰出的了，他的唯物主义曾经极大地影响过马克思和恩格斯，成为马克思主义的直接来源之一。可是他也不了解人的社会性和历史性。当然，他批判了唯心主义把认识的主体和客体都说成脱离物质的精神，指出认识的主体不是什么离开了肉体的意识（如唯心主义所说的"自我"、"绝对精神"之类的东西），而是有血肉之躯的人；认识的客体也不是精神的产物，而是不依赖于精神的物质对象。这是他的一大功绩。可是他心目中的"人"却是与社会关系无关、与历史发展无关的，只不过是生物学意义上的一个"类"。在他的心目中，无论什么历史时代和什么社会关系中的"人"都是同样的"人"。他自以为他抓住的是实实在在的人，而实际上他心目中的这种一般的"人"恰恰是一个抽象的概念，而不是现实存在的人。实际上，人与动物的根本区别正在于人具有社会性和历史发展性，而动物没有。若干万年前的动物与现在的动物至多也只有生理上的微不足道的变化，而没有什么"社会"的变化和"历史"的发展；人却完全不同，只要经过几十年、几百年甚至几千年，人所处的社会关系就会发生极大的变化，构成一部社会发展史。现实存在的人，比如张三李四，总是处在不同时代的人，不同社会关系中的人，或者在同一社会关系中处于不同地位的人，他们的生活方式，他们的认识环境、认识方式也都在不断地变化。费尔巴哈理解的那种脱离了社会和历史的抽象的"人"，在天地间是找不到的。与此同样，

---

① 毛泽东：《实践论》，《毛泽东选集》第 1 卷，人民出版社 1991 年版，第 284 页。

费尔巴哈对作为认识客体的物质世界理解也离开了社会性和历史性，看不到在不同的社会关系中和历史发展阶段上的物质世界也不是一成不变的老样子，从洪荒之世到现代社会的物质世界也在不断地变化，认识的对象也因社会历史条件的不同而不同，自然界经过人的改造也打上了人的印记，其中的部分也成了"人化了的世界"。这样，费尔巴哈对认识的主体和客体的理解都落了空。他尽管想坚持唯物主义，驳倒唯心主义，可是并没有做到。这种两头落空的尴尬状态的要害，就在于他不了解人的社会性和历史发展，因此也就没有把造成人的社会性和历史发展的根源——实践放在眼里。他"仅仅把理论的活动看做是真正人的活动，而对于实践则只是从它的卑污的犹太人的表现形式去理解和确定"①。他不了解实践对自然界、人类社会和人的认识的决定意义。费尔巴哈的唯物主义尚且如此，其他的旧唯物主义就更不用说了。假如我们今天拿这种脱离了人的社会性和历史发展因此不了解实践对认识的决定意义的旧唯物主义的观点来观察认识问题，那就甚至连孔夫子这位古代的大圣人为什么不知道汽车也不知道股份公司都无法解释了。

与旧唯物主义不同，马克思主义的认识论把实践理解为认识的基础，认为只有从实践的观点出发，才能科学地理解认识问题，进行认识活动。

（1）从认识的主体看，作为认识主体的人固然是自然界的产物，但是人们并不是像普通动物一样靠本能消极地适应自然，而是通过实践积极地改造自然，也就是按照自己的需要进行着生产活动；在生产活动中造成一定的生产力，结成与一定的生产力状况相适应的生产关系；在生产关系的基础上又形成了政治、文化等上层建筑。现实存在的认识主体不是上不着天下不着地的抽象的"人"，不是只有血肉之躯而无社会历史性的普通动物世界中的一个"类"，而是在实践的基础上生活在不同历史发展阶段并具有不同社会属性的具体的人。由于

---

① 见马克思：《关于费尔巴哈的提纲》，《马克思恩格斯选集》第 1 卷，人民出版社 2012 年版，第 133 页。

在发展着的社会关系中所处的地位不同，人们就分成具有不同利益的集团(在阶级社会中最主要的是不同的阶级)，并进行着交往，有联系也有斗争，特别是阶级斗争起着最重大的作用。在不同的历史时期、不同的社会关系中处在不同地位的集团乃至个人，社会属性是不同的，认识也是有差别的。这才是人的本质。离开了社会关系的总和，离开了造成这种总和的实践，去谈论人的本质，这"人"就成了一个空洞的名词。

(2)从认识的客体(对象)看，作为认识对象的自然界并不是同人们的实践活动无关的。人类出现以后的自然界已经越来越多地打上了人类实践的印记，地球也已经"人化"了。正如恩格斯所指出的："人的思维的最本质的和最切近的基础，正是人所引起的自然界的变化，而不仅仅是自然界本身。"①何况人的认识对象决不限于自然界。人们的社会存在，人们的物质生活条件，也是人的认识对象，而这些正是人们的实践活动造成的。而且，实践本身也是客观的物质活动，也是认识的对象。

(3)从认识的过程看，认识固然是客观事物在人们头脑中的反映，但是只有当人们通过实践活动去改造那些事物的时候，才能接触那些事物的现象，暴露那些事物的本质，使那些事物反映到头脑中来，取得对那些事物的认识。人们进行认识活动的目的，又正是为了改造客观事物。认识的正确与否，也要靠在实践中能否实现预期的目的才能判定。

总之，在辩证唯物主义认识论看来，实践是认识的来源，是认识的目的，又是检验认识的标准。《实践论》指出："辩证唯物论的认识论把实践提到第一的地位，认为人的认识一点也不能离开实践，排斥一切否认实践重要性、使认识离开实践的错误理论。"②"离开实践的

---

①　恩格斯：《自然辩证法》，《马克思恩格斯选集》第 3 卷，人民出版社 2012 年版，第 922 页。

②　毛泽东：《实践论》，《毛泽东选集》第 1 卷，人民出版社 1991 年版，第 284 页。

认识是不可能的"①，这就把问题说透了。

第二，辩证观点。

与实践观点紧密联系着的是，旧唯物主义的认识论不了解认识的辩证法性质，不能把辩证法应用于考察认识的发展过程，仅仅把认识理解为直观的、消极的、被动的反映。正如列宁指出的："形而上学的唯物主义的根本缺陷就是不能把辩证法应用于反映论，应用于认识的过程和发展。"②

首先，它不理解认识与客观存在的辩证关系，只看到认识的内容是被存在所决定的，而看不到认识对存在的巨大的反作用，也就是看不到认识一旦反映了存在就能够通过实践改造存在，变革存在。换句话说，它只看到物质变精神，而看不到精神变物质；只看到客观规律性，而看不到主观能动性；只是在那里说明世界，而拿不出改变世界的方法论，而且说明世界也还是说而不明。

其次，它不理解认识运动的辩证规律，不了解认识是一个基于实践的由浅入深、由片面到全面的辩证过程，而简单化地把认识看成一次完成的动作，如同镜面对外物的反映可以一次完成一样。

最后，它也不理解认识过程的诸因素、诸环节(如感性认识和理性认识、真理和错误、绝对真理和相对真理等)的辩证关系。

在这些问题上，有些具有辩证法思想的唯心主义反而比旧唯物主义讲得深刻得多，黑格尔的哲学就是最好的例子。列宁为什么说旧唯物主义是"愚蠢的"唯物主义，还不如"聪明的"唯心主义更接近于辩证唯物主义？就是指的这一点。旧唯物主义的这个缺陷，是与它的第一个根本缺陷(没有实践观点)分不开的。

与旧唯物主义不同，辩证唯物主义的认识论在唯物主义的前提下把辩证法应用于反映论，充分揭示了认识的辩证规律。

---

① 毛泽东：《实践论》，《毛泽东选集》第 1 卷，人民出版社 1991 年版，第 284 页。

② 列宁：《哲学笔记》，《列宁全集》第 55 卷，人民出版社 1990 年版，第 311 页。

（1）唯心主义不承认认识是客观存在的反映，固然是错误的；旧唯物主义看不到认识对客观存在的反作用，也是错误的。实际的情形是：首先，人们通过实践使客观存在的事物反映到头脑中来，形成思想、理论、计划、方案，这是变客观的东西为主观的东西的过程，也就是物质变精神的过程；然后，人们依据这样的思想、理论、计划、方案去实践，去改造客观世界，把它们变成现实，这又是变主观的东西为客观的东西的过程，也就是精神变物质的过程。在这个意义上，认识不仅反映世界，还可以创造世界。我们之所以高度重视理论对实践的意义，就是因为理论不仅来源于实践，而且对实践有巨大的反作用，能够指导实践，并通过实践造成世界的变化。辩证唯物主义认识论之所以叫作能动的革命的反映论，而不是消极的直观的反映论，正是由于这一点。

（2）人们对客观事物的认识不是像旧唯物主义理解的那种一次完成的动作，而是充满矛盾的辩证运动的过程。列宁说得很清楚："认识是思维对客体的永远的、无止境的接近。自然界在人的思想中的反映，要理解为不是'僵死的'，不是'抽象的'，不是没有运动的，不是没有矛盾的，而是处在运动的永恒过程中，处在矛盾的发生和解决的永恒过程中。"①《实践论》说得更简洁明了："客观过程的发展是充满着矛盾和斗争的发展，人的认识运动的发展也是充满着矛盾和斗争的发展。"②辩证唯物主义认识论依据对立统一规律解决了认识过程中的诸因素诸环节如感性认识和理性认识、分析和综合、归纳和演绎、真理和谬误、绝对真理和相对真理等的相互关系问题，从而科学地揭示了认识过程的规律性。

根据以上的分析可以看出，马克思主义以前的认识论，无论是唯

---

① 列宁：《哲学笔记》，《列宁全集》第 55 卷，人民出版社 1990 年版，第 165 页。

② 毛泽东：《实践论》，《毛泽东选集》第 1 卷，人民出版社 1991 年版，第 295 页。

心主义的也好，旧唯物主义的也好，都有根本缺陷。马克思创立的辩证唯物主义认识论是有史以来唯一全面正确地揭示了人类认识的本质和规律的科学的认识论。

我们并不否认马克思以后一百多年来各种其他派别的认识论也从不同的视角、不同的侧面对与认识论有关的种种问题提供了不少有价值的成果，值得我们认真研究，有分析地吸取，以发展辩证唯物主义的认识论。但是，从总体上看，这些理论都仍然存在着马克思以前的唯心主义和旧唯物主义认识论的共同缺陷，都没有达到马克思创立的辩证唯物主义认识论的水平。

(三)认识对实践的依赖关系

1. 实践概念的科学内涵

要理解辩证唯物主义认识论，首先要准确地把握马克思主义哲学中的实践概念的内涵及其特点。如果我们不弄清楚这个问题，而按照唯心主义或旧唯物主义论的解释来了解这个概念，就不能正确地把握认识依赖于实践的原理，从而也不能正确地把握全部辩证唯物主义认识论。因此，我们有必要首先对实践的概念做一些说明。

"实践"这个名词并不是马克思首先使用的，在古今中外的各派哲学中早就不知出现多少次了(在中国哲学中通常称为"行")。这也是很自然的事，因为凡是讲认识论的都不能不谈实践，都离不开也绕不过这个概念，都不能不对这个概念做出自己的解释，对它的内涵和外延做出自己的规定。马克思主义产生以前的各派哲学都对这个问题做了许多论述，对实践概念的解释千差万别，可以说是各说各话。但总的说来各家各派都没有跳出唯心主义或旧唯物主义的窠臼。唯心主义者经常使用"实践"这个名词，并且往往十分强调"实践"的重要性。但是他们所谓的"实践"是指的什么呢？主观唯心主义者所谓的"实践"实际上是指主体头脑中的精神活动，甚至主要是道德修养活动，如主张"知行合一"的王阳明说的"一念发动处即是行"。照这种说法，我"想"做什么就是实践了。客观唯心主义者讲的"实践"则是指所谓独立于人脑之外的"客观"精神实体的活动。例如，黑格尔所谓的"实践"就是指"绝对观念"发展的一个环节。照他的说法，不是人们通过实践取得逻辑观念，倒是逻辑观念通过人们的实践来实现自己了。辩证唯物主义的实践概念与这些看法是根本不同的。

辩证唯物主义认识论对实践概念的规定有三个根本特点：

（1）实践是人们有目的地改造世界的物质活动。

从古到今，人的一切活动说到底就是两件大事：认识世界和改造世界。改造世界就是实践。人与动物不同。动物与自然界的关系是适应关系，它们只能靠本能适应自然界，而不能提出计划、方案来按照自己的需要改造自然界，更谈不上改造它们之间的"相互关系"。有些动物的活动好像也能"改造世界"，例如蜘蛛能结网，蜜蜂能建蜂房。但它们的这种活动只是靠本能的驱使，而不是靠事先确定的目的和计划的指引。它们的活动不能叫作实践。而人的特点恰恰是能够事先根据自己的需要和客观的条件确定预期的目的，设计方案，然后照此行动，来改变世界的现状，使头脑中的构想变成客观存在的实际事物。马克思曾经打过一个很生动的比喻：蜜蜂建蜂房的本领使人间的许多建筑师感到惭愧。但是，最蹩脚的建筑师从一开始就比最灵巧的蜜蜂高明的地方，是他在用蜂蜡建筑蜂房以前，已经在自己的头脑中把它建成了。即使是发展水平很低的原始人，也能够有意识有目的地改造世界——既改造自然界，又改造人与人的相互关系。这种改造世界的活动才是实践。有人提出一个疑问：既然实践是在目的的指导下进行的，那也就是说实践是在意识的指导下进行的了，怎么又说实践是客观的物质的活动呢？这是不是自相矛盾呢？20 世纪 50 年代我国理论界曾经有学者为了保证实践的客观性、物质性，甚至还主张把"目的"从实践的概念中"排除"出去，以"净化"这个概念。其实这是出于一种误解。实践是不能没有目的指导的，排除了目的的指导就不成其为实践。马克思在《资本论》第一卷讲劳动过程时指出："他不仅使自然物发生形式变化，同时他还在自然物中实现自己的目的，这个目的是他所知道的，是作为规律决定着他的活动的方式和方法的，他必须使他的意志服从这个目的。"①可见马克思并没有把目的从"劳动"的概念中排除出去(劳动当然是实践)。但是，会不会因为实践有目的的指导，它就不是客观的物质的活动了呢？绝对不是这样。理由很简单：因为人的目的一旦在自然物中得到了"实现"，它就"物化"了，或者说把自己的主观性"扬弃"了，因而作为劳动结果的东西就完全是客观的了。例如，一位木工师傅在做桌子的全过程中都不能不抱有明确的目的，比如说是做一张八仙桌还是做一张写字台，用什么材料，做成什么样子，多大尺寸，这个目的每时每刻都支配着他的动作，要是把这个目的一"排除"，他的动作就乱套了，成了无意义的动作，那能叫劳动，叫实践？那还能做出桌子来？可是实际上，他在目的的指导下运用工具(无论是手工工具也好，机器也好)的每一个动作都造成了材料的变化，这种变化全是客观的、物质的过程；而当他把桌子做成了的时候，他的目的就"物化"在这张桌子里了，这张作为"实践的结果"的桌子就完全是客观的物质的东西了，它的客观性并不比太阳或月亮的客观性少一分一毫。这就说明了实践虽然离不开意识的指导，但它仍然是客观的物质的活动。

(2)实践是社会的历史的活动。

人的实践是在意识(目的和计划等)的指导下进行的，是自由自觉的活动。但这种"自由"、"自觉"并不是随心所欲。一切实践活动都只能在一定的社会关系中进行，而社会关系又是有历史性的。不同时代的人，处在不同社会关系中的人，具有不同社会地位和不同处境中的人，他们无论如何自由自觉，也不可能不受一定的社会关系和历史发展阶段的影响和制约。他们提出的实践的目的、实践的内容、实践的手段和实践的方式是各各不同的。古代人不可能提出制造计算机的目的，也不可能提出制造宇宙飞船的计划。人本身是有社会性和历史性的，人的实践也是有社会性和历史性的。只要谈到实践，就必定是在一定历史发展阶段上和一定社会关系中的具体的实践，超历史超

①　马克思：《资本论》，《马克思恩格斯文集》第5卷，人民出版社2009年版，第208页。

社会的"实践"只是一个空洞的名词，实际上是不存在的。

（3）实践是群众的活动。

实践活动的主体是人，这是一望而知的事实。人有"个人"与"群众"之分。每一个"个人"都是"群众"的一员，任何个人的实践都是群众的实践的一部分，都不可能离开群众的实践而孤立地进行。即使看起来好像是"纯粹个人的活动"，实际上也不可能在与世隔绝的环境里孤立地进行。道理很简单：一个"个人"要进行实践活动，他首先要生存，要活着。要活着就不能像一般动物那样穴居野处，而必须有供衣食住行之用的物质生活资料。这些物质生活资料是生产出来的，生产活动不可能只由他一个人进行，而只能由结成一定社会关系的群众来进行。离开了群众，个人就无法生存，谈不上实践，也谈不上其他活动。至于他的知识和技能，他的所见所闻，也是从社会得来的。他的活动无论怎样"纯粹"，也还是离不开他人，也就是离不开群众的社会历史活动，并且客观上还是这个活动的组成部分。至于群体的活动当然就更不用说了。再则，决定社会性质和发展规律的也是群众的实践。群众是划分为不同的集团的（在有阶级存在的社会中最主要的是阶级），他们的实践目的和方向是有所不同甚至是互相矛盾的，在既有合作又有冲突的过程中会形成"合力"，正是这种"合力"决定着社会历史发展的方向和规律。有些个人，由于所处的地位、自身的特殊条件以及其他种种原因，对社会历史发展起的作用特别大，因此被视为杰出人物。否认杰出人物的特殊作用是不对的。但是，真正创造社会历史、决定社会历史的发展方向和规律的不是杰出人物个人的活动，而是亿万群众的实践。当杰出人物处在社会关系中的某种特殊地位的时候，他们的活动可以造成一些特殊事件，可以在不同程度上影响社会历史的外貌，局部地改变社会历史的进程，加速或延缓社会历史的发展。正因为如此，就很容易给人一种印象，似乎社会历史就是某个或某些杰出人物创造的；没有这个人或这些人，社会历史就会完全改观，而群众不过是杰出人物手里的材料，群众的实践反倒无关紧要。这正是唯心主义历史观错误的认识根源之一。实际上，杰出人物的作用无论多么大，也不可能改变潜藏在深层的社会历史发展规律。

把握了以上三个特点，我们才可能对辩证唯物主义的实践概念的科学内涵有正确的理解。

那么，辩证唯物主义的实践概念的外延是什么，是指的哪些活动呢？

首先是生产活动。那就是人们制造并使用劳动工具来改造自然物、以满足自己的需要的活动，也就是谋取物质生活的资料的活动。《实践论》把它叫作"最基本的实践活动"，叫作"决定其他一切活动的东西"。为什么这样说呢？因为第一，"全部人类历史的第一个前提无疑是有生命的个人的存在"。① 人首先要吃、要喝、要穿、要住才能生存，才能从事政治、科学、艺术、宗教等的活动。无论怎样伟大的政治家、科学家、艺术家，不吃饭、不穿衣、不住房子，能生存吗？能搞政治活动、科学活动和艺术活动吗？这是非常简单明了的道理。可是要吃、喝、穿、住，就得有物质生活资料，而这些东西是不能从天上掉下来的，只能靠人自己运用工具去改造自然界，把它们生产出来。所以说，假如没有生产活动，人就无法生存，整个人类社会就根本不能存在，其他一切活动也都谈不上了。第二，人类其他一切活动的内容，归根到底也是由生产活动决定的。人们的政治、法律、宗教、艺术等的活动包括些什么内容，具有什么样的形式，就是由一定的经济制度决定的；而为什么一个时代、一个民族会有那样的经济制度，说到底，又是由前人和当代人生产实践的总成果——生产力发展水平所决定的。所以，《实践论》告诉我们，"马克思主义者认为人类的生产活动是最基本的实践活动，是决定其他一切活动的东西"②。

但是，人们的实践活动不限于生产活动一种形式，还有与物质生

① 《马克思恩格斯选集》第 1 卷，人民出版社 2012 年版，第 146 页。
② 毛泽东：《实践论》，《毛泽东选集》第 1 卷，人民出版社 1991 年版，第 282 页。

活密切联系的各种政治生活文化生活。① 由于人们在社会关系中所处地位的不同,物质利益和处境的不同,风俗习惯和信仰的不同,以及其他种种不同,总是会划分为不同的群体,在阶级社会中主要是划分为不同的阶级。不同的利益群体与群体之间、个人与个人之间、个人与群体之间,交往的内容和形式极其多样,既有相互联系也有相互斗争,这就是社会活动。这种活动也会引起社会关系的变化,也是实践的重要内容。在阶级社会中,最重要的一种实践活动是阶级斗争,离开了阶级斗争,阶级社会里的种种现象就不能得到说明。阶级斗争对认识的影响也特别深刻。正如《实践论》告诉我们的,"各种思想无不打上阶级的烙印"②。此外,为了一定的目的而进行的调查研究也是社会实践的重要活动。

为了服务于生产实践和社会其他实践,人们还要从事科学实验。科学实验是人们为了揭示前所未知的客观事物的属性和规律,或者检验某种假说的正确与否而主动设置的操作。近现代科学的发展就是建立在科学实验的基础上的,所以被称为实验科学。离开了科学实验的基础,科学理论和技术应用都绝不可能在短短的几百年中发展到今天这样的广度和深度。科学实验是要变革研究对象的。即使是似乎没有变革研究对象的某些观察活动和调查活动,也改变了研究者与研究对象之间的关系,并不只是停留在头脑里的精神活动。所以科学实验也是极为重要的实践,而且科学和技术(技术是科学的应用)的作用随着社会的发展而起着越来越重要的作用,已成为第一生产力。

《实践论》指出:"人的社会实践,不限于生产活动一种形式,还有多种其他的形式,阶级斗争,政治生活,科学和艺术的活动,总之社会实际生活的一切领域都是社会的人所参加的。"③

---

① 毛泽东:《实践论》,《毛泽东选集》第 1 卷,人民出版社 1991 年版,第 283 页。

② 毛泽东:《实践论》,《毛泽东选集》第 1 卷,人民出版社 1991 年版,第 283 页。

③ 毛泽东:《实践论》,《毛泽东选集》第 1 卷,人民出版社 1991 年版,第 283 页。

实践概念的内涵和外延都说清楚了，现在再来看实践在认识过程中的地位和作用。

2. 实践是认识的动力

是什么力量在推动人们进行认识活动？有的人认为是人类天生的求知欲。其实这是很肤浅的看法。求知欲也不是先天的本能，更不是无缘无故地产生的。人类要生存和发展，就得通过实践去处理与自然界的关系和人与人的关系，以满足自己的需要。正是为了达到这个目的，才有认识的必要。认识的最终动力是实践。①

以人们对自然现象的认识为例，在欧洲整个古代只有三门自然科学：天文学、数学、力学。天文学的产生和发展是由于当时的畜牧业和农业需要确定季节；数学的产生和发展是由于当时的农业生产需要丈量土地、衡量容积、计算时间，同时也由于天文学发展的需要；力学的产生和发展是由于当时水利、建筑、造船、航海等方面的需要。欧洲中世纪自然科学衰落的原因，除了宗教压迫之外，根本的还是在于生产的停滞。文艺复兴时期自然科学又"复活"了，到了工业革命时期更是飞速发展，那是因为新兴的资产阶级要靠科学技术来开发新的生产领域，提高生产效率，降低生产成本，改进产品质量，提高市场竞争能力，以追求最大限度的利润。我国的科学技术在历史上从先秦时期起就曾经长期处于领先地位，做出过很多重要贡献，远不止现在流传的"四大发明"。② 但是近代以来却比西方发达国家落后了很远。原因何在呢？有各式各样的解释。③ 有的学者也列出了许多条各方面的原因。但是，根本的原因还是延绵了两千多年的封建制度到了

① 毛泽东：《实践论》，《毛泽东选集》第1卷，人民出版社1991年版，第283页。

② 著名英籍科学史家李约瑟花费近50年心血撰著的多卷本《中国科学技术史》对此做了论述。

③ 李约瑟曾经在1930年提出过问题："尽管中国古代对人类科技发展做出了很多重要贡献，但为什么科学和工业革命没有在近代的中国发生？"这个问题被人们称为"李约瑟难题"。

后期已经固化和停滞，统治者又实行闭关锁国的政策，不知世界大势，以天朝自居，对发展生产力的重要性和紧迫性没有什么认识也没有多少措施，与欧洲文艺复兴以后的情况恰好相反。等到1840年以后遭遇到资本主义列强的"坚船利炮"的侵略而沦为半封建半殖民地的时候，才意识到自己的落后而不得不救亡图存。中国人民为此付出巨大的牺牲，谋求建立能够促进生产力迅速发展的道路。直到中国共产党学会了以马克思主义为指导领导人民进行革命斗争并建立了新中国，才找到了正确的道路。全世界都看到，新中国成立以后短短的几十年，特别是改革开放后的三十多年，中国的科学技术得到了举世瞩目的长足发展，在许多领域达到了西方国家花了几百年才达到的水平。尽管现在我们的科学技术总体上比西方发达国家还有很大的差距，但发展的趋势和前景可以预期。正如恩格斯早就说过的，社会上一旦发生了技术上的需要，就会比十几个大学更加把科学推向前进。这是千真万确的。

人们对社会现象的认识也是在实践的推动下发生的。人们生活在一定的社会之中，要生存和发展，就不仅要处理人与自然的关系，还必须处理人与人的关系，因此不能不对社会关系有所认识。以理论形式出现的各种社会学说，也是为了解决社会实践所需要解决的问题而产生的。有些理论家自己并没有意识到这一点，或者不愿意承认这一点，而往往把自己的学说看作或者说成是单纯为了追求真理而进行的活动。实际上，只要看看不同时代的理论著作所论述的内容，就可以看出这些理论家关注的总是他们时代的实践提出的问题，只不过由于他们自己在社会关系中所处的地位不同，代表的利益不同，个人的经历和所受的教养不同，以及其他种种原因，使他们对这些问题的看法不同罢了。近现代的社会学说谈论的问题都是资本主义出世以后才提出的，在古代的社会学说中不可能论及这些问题，就是因为那时的社会还没有产生这些问题，当然也就不可能提出这些问题去推动人们进行认识。

说实践是认识的动力，并不是说每一个具体的认识活动都是直接为了实现某种实践的目的而进行的。实践对认识的推动，可以是直接的，也可以是间接的。有些科学探讨同实践需要之间存在着许多中间的、过渡的环节，这些中间环节有时非常复杂，以致使人们不容易看清楚科学探讨与实践需要之间的联系。有些高度抽象的基础理论研究甚至使人看不出有什么技术上的应用价值，能解决人们生活中的什么实际问题，好像与实践的需要无关。但是，这只是孤立地来看某一个研究课题的时候才会如此。如果把各门学科联系起来，作为人类认识世界的整体活动来看，还是会发现，即使是这样的认识活动归根到底也还是被实践的需要所决定的。因此，我们在强调理论联系实际、为实践服务的同时，也必须高度重视基础理论研究的重要性，不能把这些研究看成与实践需要无关的"脱离实际"的无用之举。过去在这个问题上我们有过简单化的教训，应该吸取。

3. 实践是认识的来源

实践不仅是认识的动力，而且还是认识的来源。认识的内容正是实践决定的。前面说过，人的认识是客观世界的事物及其规律在人的头脑中的反映，而不是头脑里自生的东西。人的头脑好比"加工厂"，没有"原材料"就生产不出产品来。这"原材料"从哪里来？只能来自客观世界。可是外界的"原材料"是怎么进到这个"加工厂"里来的呢？它们不会自己跑进来，而要靠我们把它们"搬运"进来。这"搬运"的办法就是实践，而且只能是实践。只有当我们去进行生产劳动，去进行社会变革，去进行科学实验的时候，一句话，只有当我们动手动脚地去改造客观对象的时候，我们的肉体感官（眼、耳、鼻、舌、身）才能够与客观世界的各种事物的各个方面接触，才能够使它们反映到我们的头脑里来。如果我们闭目塞听，坐着不动，就不可能得到任何事物的认识。我们并不否认灵感、直觉、幻想、顿悟等的存在，而且承认这些现象往往在认识过程中起很大的作用，这种事例在生活中和科学史上也屡见不鲜。但要看到，这些现象的发生也是由于人在某一领域的长期实践，积累了大量的实践经验和足够的知识，对问题做苦苦思索的结果。一个与物理学的研究不相干的人即使看到苹果从树上落地，也不会"顿悟"出万有引力定律。《实践论》告诉我们："一个闭目塞听、同客观外界根本绝缘的人，是无所谓认识的。"①宋代诗人陆游有两句诗："纸上得来终觉浅，绝知此事要躬行。"可以说是朴素地体会到了实践是认识的来源的道理。鲁迅也谈过他吃荔枝的经验。他说他起初吃过罐头荔枝，干荔枝，由此推想到新鲜荔枝的滋味。可是后来到了广东实际吃过新鲜荔枝以后，才发现根本不是原来想象的那么回事。要学游泳，就得下水，光听体育老师讲课，看"游泳术教材"，是学不会游泳的。"望梅止渴"这句话，只对吃过梅子、亲身体验过梅子的酸味的人才有效。根本没有吃过梅子的人，见了梅子也不会流出口水来。没有实际作战的经验，只会"纸上谈兵"的人，不会真正懂得打仗的规律，这样的人一遇到实际的战争就要打败仗。《三国演义》里的马谡之所以丢了街亭，并非因为他笨，也并不是因为他没读过兵书，相反，他倒是"自幼熟读兵书，深通韬略"的。为什么他一出马就碰了那么大的钉子呢？就因为他没有指挥战争的实际经验，一下子就指挥那么大的战役，恰恰又碰到实际作战经验非常丰富的对手司马懿和张郃。这种例子，无论在古代和现代都多得很。《实践论》反复强调："你要有知识，你就得参加变革现实的实践。你要知道梨子的滋味，你就得变革梨子，亲口吃一吃。你要知道原子的组织同性质，你就得实行物理学和化学的实验，变革原子的情况。你要知道革命的理论和方法，你就得参加革命。"②"无论何人要认识什么事物，除了同那个事物接触，即生活于(实践于)那个事物的环境中，是没有法子解决的。"③

根据这个道理，毛泽东一贯强调亲自参加实践、在实践中学习的极端重要性。他在《中国革命战争的战略问题》中写道："读书是学

---

① 毛泽东：《实践论》，《毛泽东选集》第1卷，人民出版社1991年版，第290页。

② 毛泽东：《实践论》，《毛泽东选集》第1卷，人民出版社1991年版，第287—288页。

③ 毛泽东：《实践论》，《毛泽东选集》第1卷，人民出版社1991年版，第286—287页。

习，使用也是学习，而且是更重要的学习。从战争学习战争——这是我们的主要方法。没有进学校机会的人，仍然可以学习战争，就是从战争中学习。革命战争是民众的事，常常不是先学好了再干，而是干起来再学习，干就是学习。"①毛泽东就是师范学校毕业的，没有上过军事学校，可是他是伟大的军事家。我们国家有不少杰出的将领也没有进过军事学校；即使是进过军事学校的，他们的军事才能也主要是从尔后大大小小的战争实践中锻炼出来的（包括胜仗和败仗），是"身经百战"的结果，是总结了丰富的实际作战经验的结果。我们在中国搞社会主义建设，当然要靠马克思主义的理论指导，还要借鉴别人的经验，但是说到底还得靠我们中国人自己总结的经验。可是我们自己的经验从哪里去取得呢？坐着不动，经验是不会产生的。如果等经验足够了再干，那就永远也干不成了。毛泽东说过，这种经验不能用坐着不动的方法去取得，而只能用走进社会主义革命建设的实践中学习的方法去取得。对于干部的培养，不应当采取前怕狼后怕虎的态度，而应当让他们做，在做的当中得到经验教训，增长才干。我们这三十多年改革开放的方针政策，我们的中国特色的社会主义道路，都不是也不可能是从书本上搬过来的，而是在马克思主义的一般原理的指导下密切联系中国和世界的实际，一步一步地"走"出来、"闯"出来的。邓小平当年提出"摸着石头过河"，有人说是经验主义，这是曲解和误解。其实"摸着石头过河"正是对认识来源于实践的一种通俗形象的说法，是富有中国特色、符合中国国情的改革方法。"石头"就是指中国的实际情况（当然包括中国所处的国际环境）及其规律，"摸"就是在实践中去探索研究，获得真知。"过河"就是实现社会主义现代化建设的目标。当然，"摸石头"不是没有指导思想的瞎摸，它和加强顶层设计是辩证统一的，推进局部的阶段性改革开放要在加强顶层设计的前提下进行，加强顶层设计要在推进局部的阶段性改革开放的基础上来谋划。要加强宏观思考和顶层设计，更加注重改革的系统

---

① 毛泽东：《中国革命战争的战略问题》，《毛泽东选集》第 1 卷，人民出版社 1991 年版，第 181 页。

性、整体性、协同性，同时也要继续鼓励大胆试验、大胆突破，不断把改革开放引向深入。① 这与民主革命时期毛泽东开辟农村包围城市的革命道路一样，也就是在社会主义建设时期把马克思主义中国化的事业推向前进的工作。

那么，这是不是说，每一个人都只能从自己亲身接触过的东西里得到认识呢？不是的。这就涉及直接经验和间接经验的关系问题。一个人亲自接触过接触了某个事物，取得了对这个事物的直接经验，他就开始了对这个事物的认识。但是对任何个人来说，毕生的精力和活动时间、活动范围都是有限的，哪能事事直接经验呢？何况有些事情对一定的个人来说是难于取得直接经验的，有些事情甚至不可能取得直接经验(例如古代的历史)。如果不是直接经验过的就不能知道，那我们每个人的知识岂不是都太贫乏了吗？实际上，我们还是可以知道这些事情的。从哪里知道？从书籍文献上，从媒体上，从古代遗物的考证中，从与他人的各种交往中，都可以知道。特别是现在到了网络时代，大数据时代，新的技术每时每刻都会给我们提供海量的信息。我们还可以设计"模拟实验"，去认识那些在以往的技术条件下根本无法接触的现象。"秀才不出门，全知天下事"，在技术不发达的古代是一句空话，在现在却有相当的真理性了。对于认识的形成和发展来说，直接经验和间接经验这两个方面都要重视，只重视直接经验而不重视间接经验，是很愚蠢的。事实上在人的知识仓库里还是间接经验的东西居多。人类文明发展大道上积累起来的浩如烟海的知识我们都应当吸取。那么，这是不是说认识有两个来源，或者许多来源呢？也不是。对我来说是间接经验的东西，对别人还是直接经验。从人类认识的总体来看，从源头上看，认识归根到底还是从直接经验中来，从人的亲身实践中来的。直接经验好比"源"，间接经验好比"流"。而且，我们之所以能够接受某种间接经验，也还是要以相当的直接经验为基础，从自己的直接经验中考证这些间接经验，否则还

---

① 见习近平 2012 年 12 月 31 日在中共中央政治局第二次集体学习时的讲话。

是不能真正理解这些间接经验的。

总而言之，人的认识只能有一个来源，就是实践。任何英雄豪杰，他的思想、意见、计划、办法只能是客观世界的反映，其来源只能是前人、别人或自己的实践。离开了实践，就断了认识的源头，一切都说不上了。"巧妇难为无米之炊"。没有实践经验之"米"，就做不出思想认识之"饭"。人与人有先天素质的差别，确有智力特别高的天才人物，这是不可否认的事实。但即使是这样的天才人物，他们的认识也不是从娘胎里带来的，而是出生之后从实践中学来的。如果他们不勤奋学习，努力实践，并善于总结，他们也无从得到真知，他们的天才条件也就归于无用，只能成为无所作为的庸人。世上没有"生而知之"的人，只有"学而知之"或"困而知之"的人。《实践论》指出："马克思、恩格斯、列宁、斯大林之所以能够作出他们的理论，除了他们的天才条件之外，主要地是他们亲自参加了当时的阶级斗争和科学实验的实践，没有这后一个条件，任何天才也是不能成功的。"①毛泽东反复强调，知识的问题是一个科学的问题，任何的虚伪和骄傲，调皮和取巧，都是不行的。只有做一个尊重实践的老实人，才能获得真知。尊重实践，就是尊重唯物论，尊重辩证法。

既然实践是认识的唯一来源，那么很自然的，从实践与认识发生的秩序来说，就只能是实践在先，认识在后。对于一定的客观过程，只有经过多次的反复的实践，认真地总结实践经验，才能摸到它的规律，提出正确反映这一过程的理论、计划、方案等。人们只能在"行"的过程中逐渐地"知"，并且只有反复地"行"才能深刻地"知"。我们对中国新民主主义革命的认识，对社会主义建设的认识，都是经过了长时间的实践，付出了很多代价，不断地总结正反两面的实践经验，才逐步成熟和完善起来的。党的十八大提出的"五位一体"的总布局，就是经历了多年的社会主义实践的产物，它也还必定会随着实践的发展而继续发展。在认识问题上没有一蹴而就和一步到位的

---

① 毛泽东：《实践论》，《毛泽东选集》第 1 卷，人民出版社 1991 年版，第 287 页。

捷径。

有的读者也许会问：如果总是实践在先，认识在后，那我们岂不是永远只能做"事后诸葛亮"吗？这不是否认了科学预见吗？不，不是这样的。实践在先，认识在后，说的是认识的来源问题；科学预见，说的是认识在实践的基础上产生之后对实践的作用问题。这是不同的两回事。就认识的来源来说，对某物的认识只有在一定的实践提供了相当的经验材料之后才能产生出来，这就是实践在先、认识在后的道理。不承认这条道理，就不是唯物主义的观点。但是，就认识对实践的作用来说，我们又必须看到，一定的认识既然在一定实践的基础上产生出来了，它又可以指导实践，不仅可以说明现在，还可以预察将来，跑到实践的前面去。不承认这条道理，就违反了辩证法，成了旧唯物主义的消极反映论了。只有同时承认以上两个方面，才是辩证唯物主义认识论的观点。

那么，为什么在实践的基础上产生出来的理论又可以跑到实践的前面去呢？

首先，在一定的实践的基础上产生出来的认识（如果它是正确认识的话）反映了一定事物的客观规律性，我们在认识了这种规律性之后，就可以把这种认识应用于同一事物，指导对这一事物的实践。规律是事物中或事物间必然的稳定的联系，是有重复性的，并不是出现一次就完了。只要那个事物还存在，或者继续出现，那个事物的规律也就不会消失。所以，只要认识了某一个事物的规律，下一次再碰到同一事物的时候我们就知道如何处理了。比如说，天花这种凶恶的疾病曾经在几千年里对人类造成极大的危害，人们长期不知道它的规律，因此造成过无法治疗也无法预防的后果。可是经过长期的医疗、实验、观察等的实践，爱德华·詹纳医生在1798年发明了种牛痘的方法，把预防天花的难题解决了。又经过多年的研究，到20世纪70年代末，在地球上彻底控制了天花。1980年世界卫生组织（WHO）宣布了这一结果，并在全世界停止了普遍种痘。到现在世上再也没有发现天花的病例。显然，从认识的来源上说，人们对天花的认识无疑是在实践之后发生的。如果没有关于医治天花的长期科学实践，就不可能对天花的规律有任何科学的认识。可是，人们既然在实践的基础上认识了天花的规律，也就能够根据这种认识，找出预防天花的办法了。这不又是认识跑到实践的前面去了吗？我们常常说，某人做某项工作是"内行"。什么叫"内行"？无非是因为他做这项工作的时间长了，实践经验丰富了，认识了这项工作的规律，所以遇到同样的工作他就知道如何去处理了。这样的情况在我们的实际生活中是天天可以碰到的。

其次，在一定的实践的基础上产生出来的认识（如果它是正确认识的话）既然反映了一定事物的规律性，它就不仅可以预见同一事物再次出现时的情况并加以处理，而且还可以预见尚未出现的另一事物的大体情况。这又是为什么呢？这也没有什么奇怪。客观世界本来是一个相互联系、相互制约的整体，是一个合乎规律的发展过程。任何一个事物都不是无缘无故地发生的，而是由前一个事物的发展过程准备好了，并从前一个过程中发生出来的。因此，很自然的，我们既然知道了前一个事物的规律性，也就能够大体上推断出由它发展而来的另一个事物的情况。马克思恩格斯在世的时候还没有社会主义国家，他们并没有在社会主义国家里生活过，也不可能有建设社会主义的实践经验；可是他们深刻地研究了资本主义的实践，科学地分析了资本主义的固有矛盾和发展规律，预见到了资本主义发展为社会主义的必然趋势，创立了科学社会主义理论。这就是科学预见的范例。毛泽东的《论持久战》是在抗日战争进行了十个月的时候写的，他怎么能够对此后战争的发展趋势和总体结果做出那么准确的预见？这也是因为他对中日双方的基本特点以及当时的国际形势有了规律性的了解，所以能够预见未来。当然，对下一个过程的预见，只能知其大略，知其概要，要像算命先生自夸的那样造出一本"流年"来是不可能的。要认识下一个过程的全部具体内容，还是只有等到下一个过程实际上发生了的时候才有可能。比如，我们今天对社会主义的认识，就比马克思恩格斯当年预见的具体得多，也比我们自己在社会主义建设初期的预见的具体得多，在不少问题上还有重大的发展和订正。这些都是社会主义实践的结果。

由此可见，实践在先的原理和科学预见并不抵触。不但不抵触，而且是相辅相成的辩证关系。科学预见之所以可能和可贵，正因为认识来源于实践，否则只是无根据的臆测或空想，而不是科学预见了。"事后诸葛亮"这个称号，往往带有讽刺的意味。当然，有一种人，在别人干事业的时候冷眼旁观，别人出了一点毛病他又说风凉话，表示自己的高明，对这样的"事后诸葛亮"讽刺一下也未尝不可。可是一般地反对做"事后诸葛亮"就不妥了。从马克思主义认识论的观点看来，一定的认识总是只能产生在一定的实践之后，从这个意义说，任何人都只能是"事后诸葛亮"。但我们又不仅仅是"事后诸葛亮"。如果我们认真地总结实践经验，摸到了事物的规律，我们就能够有科学的预见性，变成真正的诸葛亮了。《三国演义》上写诸葛亮的"料事如神"有时写得太夸张，鲁迅批评说是"状诸葛之多智而近妖"。其实诸葛亮在很多问题上有预见，并不是靠什么仰观天象、掐指一算之类的办法得来的，而是因为他比较善于总结实践经验，摸到一些事物的规律，所以才能对许多事情有相当准确的预见性。"诸葛一生唯谨慎"①，不是说他胆小怕事，不敢作为，而是说他能虚心体察客观情况，重视实践经验，避免主观武断。事实上，诸葛亮本人也是先做"事后诸葛亮"，然后才成为真正的诸葛亮的。所以说，我们是可以而且应该做诸葛亮的；但是为了做真正的诸葛亮，首先就得老老实实地先做"事后诸葛亮"，就是说首先要虚心体察客观情况，认真总结实践经验，努力探索客观规律，别的"捷径"是没有的。

4. 实践是检验真理的唯一标准

当我们认识了某个事物之后，就发生一个很重要的问题：这个认识到底是不是正确地反映了这个事物的实际情况及其规律性？是不是真理？我们凭什么判断它是不是真理？这就是检验认识的真理性的标准问题，可以简称为真理标准问题。这个问题在哲学史上争论了两千多年，有各种各样的说法。但是在马克思主义以前是没有人真正解决

---

① 这是明代思想家李贽赞扬诸葛亮并用以自勉的对联的上联。下联是"吕端大事不糊涂"。

了这个问题的。我们试举出几种有代表性的观点来看看：

第一种：以"圣人"的意见为标准。汉代的扬雄说："万物纭纷，则悬诸天；众言淆乱，则折诸圣。"就是说，如果大家对一个问题的看法不一，争论不休，请个"圣人"来评判就行了，"圣人"说谁正确就是谁正确，"圣人"的话就是检验真理的标准。在中国，在很长的时间里通常是以孔夫子的意见为标准的，凡是合乎孔子之言的就是对的，违背孔子之言的就是错的。不管什么看法，只要找到"子曰"做根据就好像驳不倒了。在中世纪的欧洲，通常是以"圣经"为标准的。哪怕是千真万确的真理，只要同"圣经"抵触，就是邪说谬论，就是大逆不道，还要把坚持真理的人抓到宗教裁判所去审判甚至处死。布鲁诺就是因为坚持和捍卫哥白尼的太阳中心说而在 1600 年被处以火刑，烧死在罗马的鲜花广场上的。过了三十多年，伽利略也受到宗教裁判所的审判。用这种标准来检验认识的真理性是荒谬的。无论怎样才智出众的杰出人物，包括被推崇为"圣人"的人物，他们的认识是不是真理也还需要检验，怎么能成为检验真理的标准呢？

第二种：以多数人的意见为标准。就是说，多数人同意的就是真理，多数人不同意的就不是真理。这看起来好像比前一种主张"客观"一点，其实同样是不对的。对某种事物的认识是不是真理，是不能按赞成的人数的多少来判定的。多数人的意见也是头脑里的东西，也还是一种认识，它本身是不是符合客观实际也还需要客观的检验，怎么能成为检验真理的标准呢？何况只要考察一下人类认识的历史就会发现，真理在开始的时候总是只能为少数先进分子所发现、所坚持，然后经过曲折的过程，包括艰苦的斗争，才能一步一步地为多数人理解和承认，乃至得到公认。真理掌握群众是一个过程，这个过程的结果往往不是"少数服从多数"，而是"多数服从少数"。达尔文提出进化论的时候，不但宗教界骂他，许多不了解情况的普通人也骂他，坚持维护达尔文学说的赫胥黎也被人攻击谩骂，人们说他违背了圣经，侮辱了人类。爱因斯坦的相对论发表的时候多数科学家并不理解，也有许多著名的科学家反对。毛泽东对中国革命的正确认识在一段时间里也没有为党内多数人所接受。然而事实上这些都是真理。

当然，我们说多数人同意的不一定是真理，也并不是说多数人同意的就一定不是真理，更不是说少数人坚持的就一定是真理。我们只是说不能以同意人数的多少作为评判真理的标准。真理在开始的时候通常是为少数人所发现，这是事实；但只要是真理，归根到底总是要为多数人所承认的，这也是事实。不过即使如此，一个认识也并不是因为被多数人所承认才是真理，恰恰相反，因为它是真理才终于被多数人所承认。

第三种：以"我"的意见为标准。这一派人认为凡事都要"求之于心"，"以吾心之是非为是非"。这些人不管"圣人"不"圣人"，也不管"多数"不"多数"，主张凡事要自己用"心"去想一想，凭"良知"去判断是非。这种主张在当时是有提倡独立思考、反对盲从迷信的进步作用的。可是这个主张本身同前两种一样荒谬。这等于说：我认为什么是对的就是对的。这不是主观主义到家了吗？如果每个都自以为是，都认为自己的意见就是真理，结果就只能是"公说公有理，婆说婆有理"，哪里还分得清谁是谁非呢？

第四种：以"实用"或"效果"为标准。这个主张是实用主义提出来的。实用主义认为，一个观念，只要它"有用"，能够带来"利益"，它就是真理，否则不是真理。实用主义的创始人之一詹姆斯就认为"上帝"这个观念之所以是真理，就因为"上帝的观念至少能给人以安慰的效果"，"至少可以给我们以休息日的利益"。胡适在中国宣传实用主义的时候说得更直截了当："真理原来是人造的，是人造出来供人用的，是因为它们大有用处，所以才给它以真理的美名的。我们的所谓真理，原不过是人的一种工具。真理和我手里这张纸、这支粉笔、这块黑板、这把茶壶是一样的东西，都是我们的工具。"照这样说，要检验一种认识是不是真理，就看它是不是"有用"了。可是对谁有用，有什么用呢？一个投机商打个歪主意发了一笔横财，这歪主意对他"有用"极了；一个骗子靠撒谎骗到了一笔钱，这谎言对他有用极了。按照实用主义的"标准"，那就都该算"真理"了。按照这种标准，我就可以把一切对自己"有利"的东西都说成"真理"。这不是为混淆是非大开了方便之门吗？

说到这里，我们要注意在这个问题上辩证唯物主义认识论与实用主义的原则区别。毛泽东很注意这个问题。他在 1954 年 12 月读了李达批评实用主义的两篇文章后写给李达的回信中建议说："在批判实用主义时，对实用主义所说的实用和效果，和我们所说的大体相同的名词，还需加以比较说明，因为一般人对这些还是混淆不清的。"①首先，辩证唯物主义认识论讲真理标准当然也讲实用和效果，但它是以肯定认识对象的客观存在为前提的，认为真理就是客观存在的对象在人们头脑中的正确反映，就是与这个对象相符合的认识。在实践中达到了预期的目的，产生了预期的效果，就是对认识与对象相符合的证实。实用主义则根本不承认认识对象的客观存在，它所说的真理也不是认识对客观对象的反映，而是像纸笔黑板茶壶一样的"人造"的"工具"，只是一种"东西"，只要这种"东西"对我"有用"就是真理，无所谓与客观对象符合不符合的问题。其次，辩证唯物主义认识论当然也认为真理有用，这有用的含义就是因为真理性的认识符合客观对象的实际情况及其规律，因而能够指导人们做出正确的行动。实用主义则不管认识与对象是否符合，只要能给人带来"利益"和"效果"就是"有用"，而"有用"就是"真理"。这就是两者的根本区别。

以上举的只是几个典型的例子。此外，还有以概念是否清楚明晰为标准的，以认识是否合乎以往的理论为标准的，以对方是否同意为标准的，还有像中国的庄子那样主张"此亦一是非，彼亦一是非"，干脆否认任何标准的，各种各样。所有这些，总的说来都是《实践论》批评的"依主观上觉得如何而定"②，都是主观标准，实际上等于没有标准。

辩证唯物主义认识论第一次科学地解决了这个问题。马克思在 1845 年写的《关于费尔巴哈的提纲》第 2 条里说：

---

① 载《哲学研究》1978 年第 2 期。

② 毛泽东：《实践论》，《毛泽东选集》第 1 卷，人民出版社 1991 年版，第 284 页。

人的思维是否具有客观的(gegenständliche)真理性，这不是一个理论的问题，而是一个实践的问题。人应该在实践中证明自己思维的真理性，即自己思维的现实性和力量，自己思维的此岸性。关于思维——离开实践的思维——的现实性或非现实性的争论，是一个纯粹经院哲学的问题。①

恩格斯和列宁对马克思的这个思想又做了多次的发挥，这里不一一列举了。毛泽东在《实践论》里是这样写的：

马克思主义者认为，只有人们的社会实践，才是人们对于外界认识的真理性的标准。实际的情形是这样的，只有在社会实践过程中(物质生产过程中，阶级斗争过程中，科学实验过程中)，人们达到了思想中所预想的结果时，人们的认识才被证实了。②

这里说得很清楚，只有人们的社会实践才是检验真理的标准，也就是说实践是检验真理的唯一标准，此外没有别的标准。

为什么说在实践中达到了预想的结果，认识的真理性才被证实了呢？

当我取得了对某个对象的认识的时候，是变客观的东西为主观的东西的过程。这时候，我的认识是不是同对象相符合，是无法判定的。为什么呢？因为认识是主观的东西，是我头脑里的东西，是不可能直接同头脑外面的客观对象相比较的，不比较也就无法判定这两者是否符合。要使不能相比较变成能够相比较，有什么办法呢？唯一的办法，就是把我头脑里的东西又变成头脑外面的东西，也就是变主观的东西为客观的东西。这就是说，按照我对客观对象的认识去设计一

①　马克思：《关于费尔巴哈的提纲》，《马克思恩格斯选集》第 1 卷，人民出版社 2012 年版，第 134 页。

②　毛泽东：《实践论》，《毛泽东选集》第 1 卷，人民出版社 1991 年版，第 284 页。

套计划和方案，并且预期按照这个计划去实践会得到什么样的结果；然后把这套计划方案付诸实践，去引起客观对象的实际变化，造成一定的结果。这个实践的结果就不再是头脑里面的思想，而是客观存在的事物了，拿这个结果去同原来预期达到的结果相比较就完全可能了。如果比较的结果是一致的，那就证明了我的计划方案是正确的；而我的计划方案又是根据我对客观对象的认识制订的，计划方案的成功实现就证实了我对客观对象的认识是同这个对象相符合的，是真理；否则不是真理。在这种情况下，用来评判我的认识是否真理的标准就不是主观的东西，而是作为实践结果的客观的东西了。这才真正是客观标准。① 一个建筑师的设计究竟对不对，最终还得看按照这种设计建成的建筑物是否经得起实践的考验。在中国革命过程中，到底是毛泽东的认识正确还是王明等人的认识正确，不能靠引经据典来评判，也不能靠一个时期中有多少人同意来评判，而只能靠中国革命实践的客观结果来评判。那些犯路线错误的领导人也有一套"预想"，他们尽可以自认为这套"预想"是"百分之百的马克思主义"，可是根据这种"预想"去进行实践活动的时候，所得到的结果（这是不以任何人的意志为转移的客观存在）却老是同他们"预想"相反，"事与愿违"。这就证实了他们的认识不符合客观实际，不是真理。而按照毛泽东的认识去进行中国革命的实践，得到的结果却与预想的结果相符合，这就证实了毛泽东对中国革命规律的认识符合客观实际，是真理。

在说到实践是检验认识的唯一标准的时候，要注意这个标准的绝对性和相对性。

实践标准有它的绝对性。凡是根据一定的认识制订了实践的方案，又在实践中实现了预想的结果，就证实了这个认识与对象的符合。这一点是绝对的。否则这个标准就靠不住，不成其为标准了。

---

① 详细论证可参阅陶德麟著《实践怎样检验认识？》和《认识的对象是检验真理的标准吗？》两文，载《陶德麟文集》，武汉大学出版社 2007 年版，第 166、180 页。

可是，我们也要看到实践标准还有它的相对性。这表现在两个方面：第一，任何对象总是在一定社会历史条件下的具体的对象，实践也总是在一定社会历史条件下的具体的实践。所谓实践证实了某种认识与对象相符合，是说具体的实践证明了认识与这个具体对象相符合。如果社会历史条件变了，对象的特点也变了，原来的那个认识就也得跟着变，才能在新的条件下与变化了的对象相符合。这时就得由新的实践来证明新的认识与新的对象相符合。如果对象变了，你还以为原来的老实践证明过的老认识会与新对象相符合，那就弄错了。第二，真理是有它的适用范围的。即使是经过实践反复证实了的真理，如果超出了它的适用范围，也会变成谬误。例如，经典力学的理论只适用于宏观低速的范围，当人们的认识推进到微观领域和高速（接近光速）领域的时候，经典力学就不适用了，就要由相对论和量子力学来代替了。这就是实践标准的相对性。有些人为什么犯经验主义的错误呢？原因之一，就是没有看到实践标准的相对性的一面，以为过去的实践证实过的真理对变化了的条件来说也还是真理，把它盲目地搬到新的条件下来了。①

讲到实践是检验真理的唯一标准的时候，有必要讲清楚逻辑证明与真理标准的关系。② 在 1978 年全国展开真理标准大讨论期间，有一部分学者虽然正确地批判了"文化大革命"期间形成的以毛主席语录为检验真理的标准的错误，但对"实践是检验真理的唯一标准"的命题在理论上还有存疑，认为"唯一"二字说得太绝对，忽视了逻辑证明也是检验真理的重要标准。其实这是一个很大的误解。毫无疑问，逻辑证明在认识过程中有巨大的、不可缺少的、不可代替的作用。这一点我们在下面还会做出说明。但是我们现在需要回答的问题

---

① 详细论证可参阅陶德麟著《怎样理解绝对真理、相对真理和实践标准?》一文，载《红旗》1964 年第 11 期；《陶德麟文集》，武汉大学出版社 2007 年版，第 125 页。

② 详细论证可参阅陶德麟著《逻辑证明与真理标准》一文，载《哲学研究》1981 年第 1 期；《陶德麟文集》，武汉大学出版社 2007 年版，第 151 页。

并不是逻辑证明有没有作用，而是它有没有作为检验真理的标准的作用。这是两个不同的问题，不能混为一谈。在辩证唯物主义认识论看来，逻辑证明虽然极为重要，但它并没有证实认识与对象是否符合的功能，因此它不可能像实践一样，成为检验真理的标准。

我们现在谈论的逻辑证明，指的是由前提、推论和结论组成的演绎推理。如果前提是真命题，推论的规则普遍有效，结论就是真命题。这并没有问题。问题在于，我们根据什么判定前提的真呢？靠逻辑本身行吗？不行。

我们先考察一下前提的情况。

作为前提的命题（可以是一个，也可以是多个）无非是两类：一类是纯演绎科学（例如数学）中的公理和定理；另一类是经验科学（如物理学、化学、生物学）中陈述规律的命题。

纯演绎科学中作为前提的公理能不能由逻辑来证明它（或它们）是真命题呢？不能。这是因为：任何演绎系统的基本要求就是不自相矛盾，而要不自相矛盾，就会至少有一个命题在本系统中得不到证明（也得不到否证）。假如我们在某一演绎系统中用甲命题证明乙命题，乙命题证明丙命题，一直证明下去，那么甲命题本身又靠什么命题来证明呢？如果靠本系统中的任何命题来证明，都陷入了循环证明，等于没有证明。可不可以借助于另一个演绎系统的命题来证明甲命题呢？也不行。因为有些系统与这个系统不相干，或者互相矛盾，显然无法证明（例如用非欧几何系统中的命题来"证明"欧氏几何系统中的命题，用有穷集合的公理来证明无穷集合的公理）。即使有别的系统可以证明本系统的命题，那个别的系统到头来又必定会重演在本系统中发生的情况，又必定会有一个命题得不到证明。这就陷入了无法摆脱的"无穷后退"的困境，公理的证明问题还是不能在逻辑的范围内解决。只有当由这些公理推导出来的结论被应用于特定领域的实践并得到了预期的结果时，公理的真实性才得到了证实。

再看经验科学中的情况。经验科学中作为前提的命题本来就是从实践中（主要是从科学实验中）总结出来的，其真实性是已经得到了实践证实的，无须逻辑证明，逻辑也无法证明。经典力学中的 $F = ma$

是不是真命题，逻辑是无法判定的，因为 F≠ma 也并不违反逻辑，从逻辑上看不出它有什么错误。正如"猫是吃老鼠的"和"老鼠是吃猫的"这两个命题都不违反逻辑，不可能以逻辑上判定两者的真假一样。这类认识的真假也只有通过实践（包括实验、观察和实际调查）才能判定。

可见，逻辑证明的第一个要素——前提的真理性就无法由逻辑本身来保证，它怎么能成为检验真理的标准？

我们再分析一下推论的情况。

推论是必须遵守逻辑规则的（例如传统形式逻辑中的同一律、排中律、矛盾律等），否则推论不能成立。但这些逻辑规则是怎么来的，它们本身是不是正确，又靠什么来检验呢？如果靠逻辑来检验，就得运用这些规则本身，那就是自己检验自己，等于没有检验。这显然是不行的。实际上，这些逻辑规则是人类经过千百万年的实践，把客观世界的普遍关系反映到头脑中来，并抽象出它们最一般的共同点才形成的。比如同一律（A 是 A，或者表述为如果 P 那么 P），就是一切事物都有相对的稳定性这样一个客观事实的反映。如果人们不遵守它，就无法行动，无法生活。比如原始人打猎的时候发现一头野牛，就必须认定它是野牛。如果在认为它是野牛的同时又认为它是一棵树，这打猎就没法进行了。今天你要吃桌上放着的一个馒头，你就得认定它是馒头，如果同时又认定它是一块石头，你就没法吃了。"野牛是野牛"、"馒头是馒头"这样的事在人们的实践中被体验过亿万次，于是就在人们头脑里抽象出"A 是 A"这样的固定的"格"，具有公理的性质，这就是"同一律"的来源。一切逻辑规则都是这么来的。它们的有效性不是（也不可能是）由逻辑来证明，而是由亿万次的实践来证实的。

逻辑推理规则形成之后，能不能成为检验认识真理性的标准呢？也还是不能。因为这些规则反映的只是各个命题之间的逻辑蕴涵关系，至于命题本身是不是与客观实际符合，是不是真理，它是管不了的。爱因斯坦有两段话说得很精彩："'真实'这一概念与纯几何学的论点是不相符的，因为'真实'一词我们在习惯上总是指与一个'实在的'客体相当的意思；然而几何学并不涉及其中所包含的观念与经验客体之间的关系，而只是涉及这些观念本身之间的逻辑联系。"他又说："几何观念大体上对应于自然界中具有正确形状的客体，而这些客体无疑是产生这些观念的唯一渊源。"①爱因斯坦并不是辩证唯物主义者，但他的这些话完全符合辩证唯物主义的道理。"所有的狗都是哺乳动物。所有的蛇都是狗。所以，所有的蛇都是哺乳动物。"这个推理的小前提和结论都明明不符合客观实际，明明不是真理，但这个推理完全遵守了逻辑推理的规则，不能说有逻辑错误。怎么可能以逻辑推理规则为标准来判定这些命题不是真理呢？还有一层，从假的前提出发，遵循逻辑推理的规则还可以推出真结论来。例如："所有的蛇都是哺乳动物。所有的狗都是蛇。所以，所有的狗都是哺乳动物。"这个推论的两个前提都是不符合客观实际的假命题，但按照推理规则得出的结论却是一个符合客观实际的真命题。我们怎么能从逻辑推理的规则看出这两个前提是假命题，结论却是真命题呢？从这一点也可以看出逻辑推理的规则不能成为检验真理的标准。

逻辑证明不能成为检验真理的标准，严肃的科学家都是清楚的，在科学史上的实例俯拾即是。以爱因斯坦的相对论为例。爱因斯坦的狭义相对论就是从两个被视为公理的命题出发的（光在真空中速度不变，与光源的运动无关；在相对做匀速而无转动的直线运动的诸坐标系中一切物理定律等效）。但是，第一，这些公理之所以能被提出，首先还是由于研究人员"受到经验数据的启发"，并不是离开经验凭空构想出来的。第二，这些公理的真实性要在实践中受到检验。例如狭义相对论的第一个公理就是在迈克尔逊-莫雷的著名实验中才得到证实的。第三，这样建立起来的理论体系（它由一系列相互联系的命题组成）究竟是否符合实际，是不是真理，逻辑并不能回答，只有实践才能回答。例如广义相对论是得到了水星近日点的移动、光线在引力场中的偏转、光谱线的红向移动的观测证实的。在得到证实以前，

① 爱因斯坦：《狭义与广义相对论浅说》，杨润殷译，上海科技出版社1964年版，第3页。

爱因斯坦本人也并不认为他的理论就一定是符合实际的真理。他在1916年还写道："无论如何在未来的几年中将会得出一个确定的结论。如果引力势导致的光谱线红向移动并不存在，那么广义相对论就不能成立。另一方面，如果光谱线的位移确实是引力势引起的，那么对于此种位移的研究将会为我们提供关于天体的质量的重要情报。"①后来亚当斯(Adams)通过对天狼星的伴星的观测证实了谱线红移，这才使广义相对论的真实性得到了一个实践上的验证。爱因斯坦完全理解，"理论有存在的必要的理由乃在于它能把大量的个别观察联系起来，而理论的'真实性'也正在于此"②。至于在化学，生物学、人类学等经验自然科学和各门社会科学中的定理和原理是不是真理的问题只有实践才能判定，就无须一一说到了。

还有一种诘难说：数学定理难道不是真理吗？它们不是由推导来证明并且仅仅是由推导来证明的吗？

数学的来源、对象和本质是很复杂的问题，直到今天也还在激烈争论。这些争论在这里不必赘述。这里需要指出的是：在什么意义上我们说数学定理是真理？我们认为，说数学定理是真理(truth)，除了指它们与客观世界的量的关系或空间关系相符合以外，没有别的意义。那么，数学定理是不是正确地反映了这种客观的关系呢？这恰恰是数学推导本身所不能证明的。为什么呢？因为数学的原始论据是公理，推导所遵循的是逻辑规则。公理本身是否与客观现实符合，逻辑规则本身是否普遍有效，推导尚且不能证明，它又怎么能证明由公理推导出来的定理是否与客观现实符合呢？我们在前面引用的爱因斯坦的话说得很明白："几何学并不涉及其中所包含的观念与经验客体之间的关系，而只是涉及这些观念本身之间的逻辑联系。"③这些话是完

---

① 爱因斯坦：《狭义与广义相对论浅说》，杨润殷译，上海科技出版社1964年版，第102页。

② 爱因斯坦：《狭义与广义相对论浅说》，杨润殷译，上海科技出版社1964年版，第102页。

③ 爱因斯坦：《狭义与广义相对论浅说》，杨润殷译，上海科技出版社1964年版，第3页。

全正确的,不仅适用于几何学,而且原则上也适用于其他门类的数学。数学推导所证明的,只是数学概念之间的逻辑联系,公理和定理之间以及定理和定理之间的逻辑联系。至于这些概念、公理和定理与客观世界的客体(或关系)是否符合,即是否真理,数学推导是没有证明也不能证明的。只有把这些概念、公理、定理应用于各门经验科学和技术的应用,经过千百万次的实践,才能解决这个问题。

这样说来,逻辑证明对检验真理岂不是没有任何作用了吗?不,并不是这样。我们说逻辑证明本身不是检验真理的标准,并不是说它在检验真理的过程中没有任何作用。相反,它的作用是巨大的,不可缺少的,而且是不可代替的。

第一,结论的真实性虽然已被蕴涵在前提之中,在前提被实践证实的同时就已被实践证实,但前提与结论的蕴涵关系并不是可以一望而知的。当它还没有明晰化的时候.人们并不容易认识到这种关系的存在。即使知道了前提是真的,也未必就知道结论是真的。在欧氏几何中"平行线内错角相等"的命题蕴涵着"三角形三内角之和等于两直角",但是如不经过一番推导,即使知道了前一命题的真,也未必知道后一命题的真。同样,即使知道了方程式 $X^2-7X+12=0$ 正确地反映某种客体间的关系,是真的,但是如不经过一番演算,也未必能一眼看出 $X=3$ 或 $X=4$ 是真的。像这样极简单的蕴涵关系尚且如此,复杂的蕴涵关系就更不用说了(有的蕴涵关系要经过几千几万甚至几亿次的推论才能揭示出来,这种推论要靠计算机才能完成)。逻辑能够把前提和结论的蕴涵关系明晰地揭示出来,把虽然已被证实但还不为人们所知的真理确切地陈述出来,这对于达到检验真理的目的来说就决不是可有可无的。没有它的辅助,已被实践证实了的真理也往往不为人们所知道、所确认。正如一个人的犯罪行为虽已查实,如不经过合乎逻辑的推论就不能确认此人是罪犯一样。

这里顺便说到,有的学者认为逻辑证明根本不能提供任何新知识。这种看法我个人未敢苟同。诚然,演绎推理(包括逻辑证明)的结论是被前提所蕴涵的,从这一点说,演绎推理确是同义反复(tautology)。但是,关于前提的知识并不等于关于结论的知识。演绎推理能把蕴涵在前提中的结论揭示出来，使人们知道前所未知的东西，这也就是提供了新知识。如果不能提供新知识，那就无异乎说只要承认了为数不多的几条公理就等于精通了某门演绎科学，一切演绎科学的著作就都成了废话集了。

第二，在如何组织实践的检验上，逻辑的辅助作用也不可缺少。如果我们要用实践来检验一个命题的真假，就不能不碰到这样的问题：用什么实践来检验？通过什么途径来检验？是直接检验这个命题还是通过检验别的命题来检验它？这就需要进行一番"设计"。要使"设计"能达到有效地检验命题真假的目的，除了借助于已有的经验知识以外，还少不了运用逻辑。即使检验最简单的经验命题，也必须如此。例如，我们要检验"这个梨是甜的"这个命题真不真，该怎样检验呢？当然，吃一口就是了。但是，我们怎么知道恰恰是用'吃'这种实践去检验这个命题，而不是用别的实践（例如把梨砸碎、把梨扔到水里等）去检验呢？这是因为我们从以往的实践经验中知道了这样一种必然关系的存在："X 是甜的，当且仅当 X 被人吃并且人产生甜的味觉。"把这个关系式用于梨味的检验，就得到："如果我吃这个梨并且我尝到甜味（前件），那么这个梨是甜的（后件）。"于是我们的任务就变成了去检验"如果我吃这个梨并且我尝到甜味"这个前件是否真。而这个前件又是"我吃这个梨"和"我尝到甜味"的合取；只有这两个命题都真，前件才真。于是我们的任务又变成了分别去检验这两个命题的真假。首先，我们用行动保证"我吃这个梨"是真的。然后，如果我的味觉没有毛病，因而可以确定"我尝到甜味"也是真的，那么"我吃这个梨并且我尝到甜味"就是真的。前件既然真，后件也必真。这样，"这个梨是甜的"的真实性就被证实了。像这样最简单的经验命题的检验尚且离不开逻辑，复杂一些的经验命题当然更是如此了。如果要用实践来检验一个普遍命题的真假，其"设计"的复杂，需要调动的逻辑手段之多，就更不用说了。很显然，没有逻辑的辅助，一个待检验的命题摆在我们面前，我们也会不知道用什么实践、通过什么途径来检验它。

第三，在如何确定实践结果对检验真理的意义上，逻辑的辅助作用也是不可或缺的。实践的结果总是某种客观的事实。这种事实说明了什么呢？它是不是确实证实了我们想要证实的命题呢？要确定这一点，一方面要检查我们的检验"设计"是否合乎逻辑，一方面还要对实践结果进行逻辑上的分析，也就是说，要仔细检查表述实践结果的命题与待检验的命题之间是否确有逻辑联系，以及这种联系的意义如何。常常有这样的情况：我们想用实践来证实命题 P 是真命题，而实践的结果 Q 所实际证实的并不是 P 而是 P^1，而我们却认为 P 已经由 Q 得到证实。这就弄错了。这种错误，有时大科学家也不能免。巴斯德的著名实验本来并没有证明生命在任何条件下都不能由无生命的东西产生，而他却误认为证明了，就是一个例子。

总之，逻辑证明在检验真理过程中不是不起作用，而是起着不可缺少的重大作用，对这种作用应该充分估计。但是，不管它的作用多么重大，就其性质来说也还是一种辅助作用，它不是也不能是检验真理的标准，因为在确定认识与对象是否符合这一点上，实际的"判决"者并不是逻辑，而是实践。我们说逻辑证明不是检验真理的标准，其意义正在于此，也仅在于此。

认识过程的辩证规律

上面我们解释了《实践论》中对认识对实践的依赖关系的论述。那么，认识在实践的基础上是怎样进行的，具体过程是怎样的，有什么规律呢？这是必须进一步弄清楚的问题。因为只有了解了认识具体过程和它的规律，才能自觉地按照规律去进行认识活动，在实践中达到预期的目的。《实践论》的第 6 段到第 24 段就是论述这个问题的。

人们对任何一个具体事物的认识，包括两个在实践基础上互相联系着的过程。第一个是从实践中来的过程，也就是客观事物及其规律反映到头脑中来形成思想的过程(毛泽东常说的"物质变精神"的过程)。第二个是到实践中去的过程，也就是以前一过程中得到的思想为指导去进行改造客观世界的实践活动，并在实践中检验这些思想是否正确的过程(毛泽东常说的"精神变物质"的过程)。下面我们先解释第一个过程：从实践中来的过程，也就是从感性认识到理性认识的过程。这是《实践论》第 6—18 段论述的内容。

一、从感性认识到理性认识

"从实践中来"的过程包括感性认识和理性认识两个不同的阶段。第一个阶段是感性认识。

人们在实践活动中，肉体感官(眼、耳、鼻、舌、身)同客观对象相接触，客观对象的外部特点和属性就通过肉体感官和相应的神经系统传达到我们的大脑里来，首先就形成了感觉。例如，从物体上发出来的一定频率的电磁波同我们的眼睛相接触，刺激我们的视觉器官，通过相应的神经传达到大脑中来，就产生各种颜色的感觉（我们人类对高于紫光频率和低于红光频率的电磁波是看不见的；但仍然可以通过仪器间接地感知）。由物体的震动产生的机械波即声波同我们的耳膜相接触，刺激我们的听觉器官，并通过相应的神经传达到大脑里来，就产生声音的感觉（人类虽然不能直接"听到"超声波，但也可以通过仪器感知）。嗅觉、味觉、触觉也是这样形成的，这些都叫感觉。感觉是物质对象作用于人们感觉器官的直接结果，是意识与客观世界联系的第一步，是认识的起点。不经过感觉这扇"大门"，客观对象就不可能进入头脑，认识就不可能发生。许多感觉综合起来，形成关于一个事物的完整的形象，叫作知觉。例如，把苹果的形状、颜色、气味、滋味等感觉（圆的、红的、香的、甜的等）综合起来，就在头脑中形成了苹果的形象，这就叫作知觉。知觉是可以在人们离开了对象之后在头脑中再现的，这种保存在头脑中的知觉就叫作表象。知觉和表象又可以合称为印象。《实践论》中讲的感性认识，就是感觉和印象的总称。感性认识的产生离不开实践。不通过实践接触某种事物，就不可能产生对这一事物的感性认识。其次，人的感觉能力的变化也是实践造成的。现代人的感觉辨别能力比原始人的敏锐得多。有专业实践经验的人对特定事物的感觉能力比常人也敏锐得多。例如，操作车床多年的工人对车床的印象、音乐家对乐曲的印象就与常人有很大的不同。

"从实践中来"的过程的第二个阶段是理性认识。

认识并不停留在感性认识阶段，还要继续前进。人们在实践过程中，反复地接触某一类事物，积累的感性认识材料相当多了，人们就会在头脑中把物的表面的、偶然的、个别的特点撇开，而抽出它们内部的、必然的、共同的东西了。这时候在我们的头脑里就发生了一个突变（飞跃），产生了概念。概念与感觉和印象是有质的区别的。概念反映的已经不是事物的表面现象和外部联系，而是事物的本质、事物的内部联系、事物的规律了。例如，我们在接触了很多苹果、香蕉、梨、桃等之后，去掉它们各自的个性，而把它们的共性抽象出来，就形成了"水果"的概念。一个一个的苹果、香蕉、梨、桃等是看得见、摸得着的,是可以感知的,而"水果"的概念却只有思维才能把握。但"水果"的概念只要是经过科学的抽象形成的,它就不是空洞的东西,而是一切具体的水果中客观存在的共同本质的反映,有了概念之后,人们就可以进一步运用概念去做判断和推理。例如,水果是富于营养的,吃水果是有益于身体的,等等。《实践论》中讲的理性认识,就是概念、判断、推理的总称。

《实践论》为了说明由感性认识到理性认识的发展,举了五个例子。第一个例子在第7、8两段。第7段讲考察团先生们到延安后的印象,即感性认识阶段;第8段讲考察团先生们运用概念、判断和推理的功夫得出结论,即理性认识阶段。另外,从第11段到第14段又举了四个例子:无产阶级对资本主义社会的认识,中国人民对帝国主义的认识,战争的指挥员对战争规律的认识,革命工作人员对一项新的工作的认识。这些在原文上写得很清楚,不必重复了。现在我们要着重解释的是《实践论》对感性认识和理性认识的关系的论述。

感性认识和理性认识是认识过程的两个阶段。这两个阶段的关系如何,是哲学史上争论很激烈的问题,也是与我们的实际生活关系很密切的问题。《实践论》告诉我们,要正确把握两者的关系,必须抓住两个要点:第一个要点是理性认识依赖于感性认识;第二个要点是感性认识有待于上升到理性认识。这两个要点是理解感性认识与理性认识相互关系的关键。忘记了任何一个要点,就必然要离开辩证唯物主义,陷入唯心主义或旧唯物主义。

先说第一个要点:理性认识依赖于感性认识。

从认识发生的秩序来说,感性认识是第一阶段,理性认识是第二阶段;必须先有感性认识,才可能有理性认识。这个秩序是不能颠倒的。为什么呢?因为理性认识所揭示的事物的本质或内部联系本来就客观地存在于感性材料之中,不过在感性认识的阶段,这种本质和联系还没有被发现、被揭示罢了。理性认识所做的工作,绝不是离开感性认识去臆造事物的本质和内部联系,而只能是在感性材料之中去发现和揭示它们。如果我们不首先取得感性认识的材料,我们从什么地方去发现事物的本质和内部联系呢?所以《实践论》强调说,离开了感性认识，理性认识就成了"无源之水，无本之木"，成了主观自生的靠不住的东西了。

《实践论》批评了哲学史上的一个派别——唯理论。① 这一派的特点就是只承认理性认识是可靠的，而认为感性认识是不可靠的。在这一派哲学家看来，感觉是靠不住的，不仅不是客观世界与认识联系的起点和必经的通道，反而是阻挠这种联系的屏障。17 世纪法国的哲学家笛卡儿就是这样主张的。他认为一切人们见到的东西都是可以怀疑的，不能作为认识的基础。只有"我在怀疑"这件事是无可怀疑的。我在怀疑就是我在思想，所以他提出了"我思故我在"的论断，认为只有从这个无可怀疑的原理出发才能推演出真理。其他唯理论者的基本见解也是大致如此。他们举出了很多证据来证明感觉不可靠。例如，一个小木棒，本来是直的，把一半插入水中，我们看起来就成了弯的；在冬天里，我们用手去摸一块铁，会觉得比一块木头冷些，其实铁和木头的温度是一样高的。这不是感觉"欺骗"了我们吗？因而他们得出结论说，感觉是相信不得的，感性材料再多也没有用。要取得可靠的认识，唯一正确的办法是从最可靠的、绝对无可怀疑的"公理"出发，用逻辑的方法去"推演"出一套道理来。实际上，感觉是不是真如他们所说的那样不可靠呢？不是的。他们举的例子并不能证明他们的观点。例如，木棒插在水中看起来是弯的，这是因为从木棒的上半截发出的光波是通过空气这个媒介投射到我们的眼睛里来的，从木棒的下半截发出的光波则是先通过水再通过空气投射到我们的眼睛里来，空气的折射率与水的折射率是不同的，我们的感觉正好反映了这个客观实际，怎么能说不可靠呢？木头和铁都有导热的能力，但是铁导热快，木头导热慢。如果我的手在冬天接触铁时，手上的热很快就传走了，所以觉得冷些；接触木头时，手上的热就传走得慢些，所以觉得温暖一些。这种不同的感觉正确地反映了木头和铁的不同的导热性能，又怎么能说不可靠呢？当然，这并不是说人就不会产生错觉，个别人产生错觉是可能的。问题在于：第一，尽管个别的

① 唯理论也译为理性主义。

人可能产生错觉，但全人类的感觉总起来说还是可靠的，总不能说全人类的感觉都是错觉。如果真是这样，大家都把火当成水，把沙子当成米饭，把悬崖陡壁当成康庄大道，那岂不是连吃饭、走路都无法进行了吗？那就不要说改造世界，就连像一个普通动物一样活下去都有困难，人类早就灭亡了。人类能够生存、发展，而且有成效地按照自己的需要改造世界，这件事实本身就证明了感觉是可靠的。第二，个别人的错觉也不是无法纠正的，可以通过自己的其他感官或别人的帮助得到纠正，也通过仪器得到纠正。所以总的说来，感性认识是客观事物的正确反映。否认感性认识的可靠性是没有根据的。

唯理论也有唯物主义和唯心主义之分。唯心主义的唯理论根本不承认物质世界的客观存在，当然也不承认感性认识是客观事物的反映。这种理论虽然看重理性认识，却把理性认识看作主观的心理活动。① 这种错误很明显，不去说它了。《实践论》中着重分析的是唯物主义的唯理论。唯物主义的唯理论承认理性认识是客观世界的规律性的反映，是靠得住的，从这一点说，它是唯物主义的，所以我们说它还有片面的真理性。可是它不承认理性认识来源于感性认识，认为只有理性认识靠得住，而感性认识靠不住，因此人们要获得真知，不仅不需要去取得大量的感性认识，反而应该避开感性认识的干扰和遮蔽，从先天的不证自明的原则出发去做推论，这就错了。从这一点说，它又背离了唯物主义，陷入唯心主义了。《实践论》指出，这一派的错误就在于颠倒了事实。他们不懂得理性认识所以"靠得住"，正因为理性认识是来源于感性认识的。试问：如果理性认识不是从感性认识来的，而是从天上掉下来的，或者是脑子里自己长出来的，怎么会靠得住呢？怎么会成为客观事物的正确反映呢？从来没有接触过任何具体的水果的人，不可能有"水果"的概念。一个人如果生下来就闭目塞听，没有任何感性认识，同时也就不可能有理性认识，更不用说有反映客观规律的正确的理性认识了。

《实践论》批评唯理论，针对的是我们党内的教条主义错误。教

---

① 例如莱布尼茨的唯理论。

条主义的错误大体上属于唯物主义的唯理论的性质。教条主义者在理论上不一定是唯理论哲学的信奉者。王明一类教条主义者还自认为是"百分之百"的马克思主义者。他们也相信马克思主义的理论是客观规律的正确反映。可是,有两个问题他们搞糊涂了:一个问题是,马克思主义经典著作里写的那些反映客观规律的道理是从哪儿产生出来的?是马克思主义经典作家的天才头脑凭空创造出来的吗?他们并没有这么说,可是实际上是这样认为的。他们不了解这些理论之所以能正确地反映客观规律,正因为也仅因为马克思主义经典作家亲身参加了革命实践,总结了人民群众的革命斗争经验,总结了人类文明发展大道上的一切优秀成果而得来的,而所有这些成果都是前人和今人以大量丰富的感性材料为基础才产生的。马克思说:"研究必须充分地占有材料,分析它的各种发展形式,探寻这些形式的内在联系。只有这项工作完成以后,现实的运动才能适当地叙述出来。"①马克思在这里说的"材料"当然不限于感性材料,但包括了感性材料;即使是理论材料,源头也还是感性材料。没有这些感性认识的源头,就不可能有任何认识成果,也不可能有马克思主义。马克思写《资本论》花了四十年的时间还没有全部完成,他搜集的材料可以说浩如烟海。列宁为写《帝国主义论》搜集的材料之丰富也是惊人的。如果他们不做详细占有材料的工作,能写出反映客观实际的书来吗?显然是不可能的。再一个问题是,中国革命的理论和路线应当从哪儿产生出来?教条主义者实际上是认为,只要把马克思主义著作中讲的一般原理照搬过来,往中国的情况上面一套就行了。他们不了解,中国革命的理论的路线只能在马克思主义的一般原理的指导下,从中国革命的实践经验中总结出来,首先是要占有大量确切的感性认识的材料。他们不去认真地搜集和整理中国的政治、经济、军事、文化等各方面的具体材料,也不肯认真地去研究这些材料,只凭书本,把书本上的公式拿来到处乱套,当然非失败不可。例如,关于如何对待中间力量的问题,

① 马克思:《〈资本论〉第一卷 1872 年第 2 版跋》,《马克思恩格斯选集》第 2 卷,人民出版社 2012 年版,第 93 页。

斯大林有一个公式，说在各种不同的革命时期，基本的打击方向应当是使当时的中间势力陷于孤立。其实，斯大林的这个公式只能说在有些情况下是正确的，并不是在任何情况下都正确。可是教条主义者却不管中国的实际情况，硬把这个公式搬到中国来，把民族资产阶级当成"最危险的敌人"来加以"孤立"。结果并没有孤立真正的敌人，反而把自己孤立了，做了大蠢事。又如在旧中国的具体条件下，工作的重心只能放在农村，建立农村革命根据地，以农村包围城市。而中国的教条主义者却照搬经典著作的词句和共产国际在一段时期里的指示，在条件不成熟的时候去夺取大城市，结果也是碰得头破血流。教条主义者似乎是很"重视"理性认识的，但是实际上却剥夺了理性认识的作用，使理性认识落空了。因为他们否认了感性认识，否认了认识过程的正常秩序，企图越过认识过程的第一阶段而直接跳到第二阶段去，企图不要感性认识而凭空取得理性认识。这样的"理性认识"，当然只能是主观自生的靠不住的东西了。在以上两个问题上，中国的教条主义者都经过唯理论的思路陷入了唯心主义。《实践论》说："任何知识的来源，在于人的肉体感官对客观外界的感觉，否认了这个感觉，否认了直接经验，否认亲自参加变革现实的实践，他就不是唯物论者。"①又说："如果以为理性认识可以不从感性认识得来，他就是一个唯心论者。"②所以说："认识开始于经验——这就是认识论的唯物论。"③毛泽东早在 1930 年 5 月为了反对当时红军中存在的教条主义思想，就写了《反对本本主义》一文，提出"没有调查，就没有发言权"的著名论断。当时的教条主义者反对这句话，说这是"狭隘经验论"。其实，这句话正是马克思主义认识论。如果你对某一件事情没有调查，没有取得感性认识，你也就不可能有什么理性认识。如果你

---

① 毛泽东：《实践论》，《毛泽东选集》第 1 卷，人民出版社 1991 年版，第 288 页。

② 毛泽东：《实践论》，《毛泽东选集》第 1 卷，人民出版社 1991 年版，第 290 页。

③ 毛泽东：《实践论》，《毛泽东选集》第 1 卷，人民出版社 1991 年版，第 290 页。

一定要发言，还不是信口开河，瞎说一通吗？这种"无知妄说"比不说还坏得多。毛泽东批评有的人到一个地方什么情况也不了解，一下车就哇啦哇啦地发议论，这也批评，那也指责，他断言这种人是十个有十个要失败的。

这里有一点需要说明：我们说必须先有感性认识然后才能有理性认识，是就整个认识长河的发源而言的。至于个人对某个具体事物的认识，倒不一定非从感性认识开始不可。先从书本上取得理性认识也是常有的事。比如，学习物理学的定理，并不需要你从亲身的实验中去重新发现这些定理。学习其他的理论也是同样的道理。但是，有两点要明确：第一，书本上的理性认识也是前人和别人从感性认识即实践经验中总结出来的。这经验对你来说是间接经验，对前人和别人来说仍然是直接经验。从认识的长河来看，还是先有感性认识然后才有理性认识，感性认识和理性认识的秩序还是不能颠倒。第二，你从书本上取得的理性认识也还要经过你自己的实践经验的印证，乃至补充和修正，你才能真正掌握和运用，才能成为你的真知。所以理性认识依赖于感性认识的原理还是颠扑不破的。

再说第二个要点：感性认识有待于上升到理性认识。

感性认识是认识的起点，好比一个"大门"，不通过这个"大门"，客观对象就无法反映到头脑里去。但是，感性认识有一个大缺点，就是只能反映事物的表面现象，而不能揭示事物的内在本质。如果认识仅仅停留在感性认识阶段，就抓不住事物的规律性，就不能自觉地、有效地去处理事物，也没有预见性。《实践论》告诉我们，"这个概念、判断和推理的阶段，在人们对于一个事物的整个认识过程中是更重要的阶段，也就是理性认识的阶段。认识的真正任务在于经过感觉而到达于思维，到达于逐步了解客观事物的内部矛盾，了解它的规律性，了解这一过程和那一过程间的内部联系，即到达于论理的认识"。[1] 这就

---

[1] 毛泽东：《实践论》，《毛泽东选集》第 1 卷，人民出版社 1991 年版，第 285—286 页。这里的"论理"即是逻辑(logic)的另一种译法，"论理的认识"就是逻辑的认识，即理性认识。

是说，仅仅停留在感性认识阶段就是没有完成认识的真正任务，好比加工厂有了一大堆原材料却没有加工为产品，炊事员有了米却没有做成饭一样。因此，必须由感性认识上升到理性认识。

《实践论》批评了哲学史上的一个派别——经验论。① 这个派别与唯理论相反，只承认感觉经验(感性认识)的可靠性，而不承认理性认识的可靠性。这一派也有唯物主义和唯心主义之分。唯心主义的经验论认为，感觉就是一切，根本不承认感觉之外的客观物质世界的存在。这种观点我们在讲反映论时已经分析过了，这里不重复。②《实践论》着重批判的是唯物主义的经验论。唯物主义经验论的主要代表是十七八世纪英国的一批哲学家。③ 这一派承认感觉经验是客观世界的反映，而且是认识的唯一可靠的来源。他们反对盲从、武断、迷信，主张要获得正确的认识必须搜集事实材料，进行实际的观察和实验。这些观点在反对唯心主义的斗争中起过进步作用。他们的错误就在于看轻了理性认识的意义，看不到理性认识是比感性认识高一个层次的更深刻的认识。按照他们的看法，认识的作用无非是把感觉经验系统化、条理化，进行归纳，结果还是停留在事实的表面。这一派的形成与那时的自然科学的思维方式有关，反过来又影响了自然科学。当时的自然科学家多数是唯物主义的经验论者。他们是完全相信感性认识的可靠性的，极端重视感性材料。但他们往往只顾埋头进行实验，搜集事实，钻在材料里出不来，不能去发现潜藏在现象中的本质联系，找出事物的规律。他们认为只有看得见摸得着的东西才是真实可靠的；他们贬低抽象思维的意义。他们当中有些人甚至希望"看到"时间、"嗅到"空间。他们不知道客观事物本来就有现象方面和本质方面，本质是潜藏于现象之中的，是感觉不到的，只有思维才能把

---

① 经验论也译为经验主义。"经验"一词有两种含义：一是指感性认识，特别是感觉；一是指全部从实践中得到的认识(例如我们常说的中国革命建设的经验等)。此处的"经验"是取前一种含义，专指感性认识。

② 例如贝克莱和休谟的经验论。

③ 主要代表人物有培根和洛克。

握。我们能看到日月的升降，星辰位置的变化，但谁也不可能"看"到天体运行的规律，我们不能因为"看"不到这些规律就说抽象思维不可靠。科学的任务恰恰在于透过现象抓住本质，揭示事物发展的规律。只是把感觉材料搜集起来，作一番归纳，作一些表面的说明，而不去发现事物的本质，不去揭示事物的规律，不提供理性认识，那算什么科学呢？我们在这里并不是说这些经验论者事实上没有进行思维，没有发现任何规律。在他们的头脑里没有产生理性认识，如果真是这样，他们也就不可能有任何科学发现，成不了科学家了。我们批评是他们在理论上对感性认识与理性认识的关系的片面解释。这种"一味吹捧经验、极端蔑视思维"的片面理解使他们在有些场合甚至会犯很低级的错误，闹很多笑话。这种错误有时连在某些领域作出过贡献的科学家也不能免。例如与达尔文同时发现生物进化论的华莱士、化学元素铊的发现者克鲁克斯就是例子。他们相信"招魂术"和"降神术"，相信"神媒"。为什么相信呢？是因为一些江湖术士用类似变魔术的手法欺骗了他们，例如让他们亲眼看到神灵的"照片"，看到神从天降的"场面"，他们就认为既然是亲眼得见的经验事实，也就当然可靠，于是就上当受骗了。他们迷信到了极点，甘愿受骗，即使在江湖术士的骗术露了馅以后他还要找出种种借口为这些骗术辩护，自我欺骗，坚持不改。克鲁克斯甚至还带着仪器和工具（弹簧秤和电池等）郑重其事地去亲自研究唯灵论。正如恩格斯讽刺的，他带了那么多仪器，可就是没有带"一颗抱怀疑态度的有批判力的头脑"。经验论者自认为只相信感觉经验就是科学的态度，而没想到蔑视理性思维正是反科学的态度。正如恩格斯指出的，蔑视理性思维的人也在思维，但他们的思维是在错误哲学指导下的错误的思维，这种错误的思维常常使他们受到惩罚，"连某些最清醒的经验主义者也陷入最荒唐的迷信中，陷入现代唯灵论中去了"①。这实在是人类认识史上一个极有价值的教训。

---

① 见恩格斯：《自然辩证法》，《马克思恩格斯选集》第 3 卷，人民出版社 2012 年版，第 890 页。

《实践论》批评哲学史上的经验论，针对的是革命队伍中的经验主义错误。革命队伍中的经验主义的思想实质上同哲学史上的唯物主义的经验论差不多。尽管他们当中很多人并没有读过经验论的哲学著作，也谈不上信奉经验论的哲学理论。有许多干部很辛苦地做过大量的实际工作，很有实践经验，这本来是极可宝贵的东西。如果自觉地把这些感性经验总结起来，使它们上升为能够反映事物规律性的理性认识，那就不是经验主义，而是辩证唯物主义了。经验主义者之所以为经验主义者，不是因为他们看重感性经验，更不是因为他们拥有的感性经验太多，而是因为他们看轻了理论，看轻了理性认识，不懂得使感性认识上升到理性认识的必要性。其结果，他们的认识就只能停留在感性认识的阶段，不能了解事物的规律性，看不到事物的发展前途，而只能成为盲目的庸俗的事务主义者。他们的调查报告也往往是罗列现象的"账本"，提不出实质性的问题，摸不到事情的规律。经验主义者重视经验、重视感性认识是对的，但是因为他们不懂得理性认识的重要性，结果就限制了感性认识，使本来很可宝贵的感性认识归于无用。在党内教条主义思想统治的时期，经验主义者是教条主义者的附庸，常常被教条主义者牵着鼻子走。教条主义者有一套"理论"，能引经据典，好像学问很大，样子很吓人；经验主义者没有这个本钱，可是他们也有一套本钱，这就是一口满装着各种感性经验的"百宝箱"。教条主义者今天这样说，明天那样说，他们都可以从箱子里拿出一些经验材料来"证明"。一个出观点，一个出材料，合作得很好。正如毛泽东多次指出的，教条主义者如果没有经验主义者做他们的助手，就不会造成那么大的声势，弄得一度流毒全党，使中国革命遭到那么大的损失。所以《实践论》批评的主要锋芒固然是指向教条主义的，但是同时也批评了经验主义。

教条主义和经验主义，是从不同的两个极端发生的东西，是主观主义的两种形式：一个是轻视感性认识，否认理性认识依赖于感性认识；一个是轻视理性认识，否认感性认识有待于上升到理性认识。"两极相通"，两者的共同点都是割裂了感性认识和理性认识的统一，因而都陷入了主观和客观相分裂、认识和实践相脱离的境地。

毛泽东说，一切比较完全的知识都是由感性认识和理性认识两个阶段构成的，对于个人来说，单纯的书本知识和没有经过总结的实践经验都是不完全的知识，教条主义者和经验主义者都只有不完全的知识。一般说来，做实际工作而没有系统地学习过理论的人比较容易犯经验主义的毛病，缺乏实践经验的人比较容易犯教条主义的毛病。怎么补救呢？毛泽东指出的方向是：使书本知识和实际经验结合起来。"有书本知识的人向实际方面发展，然后才可以不停止在书本上，才可以不犯教条主义的错误。有工作经验的人，要向理论方面学习，要认真读书，然后才可以使经验带上条理性、综合性，上升成为理论，然后才可以不把局部经验误认为即是普遍真理，才可不犯经验主义的错误。"①

以上说的是感性认识和理性认识各自的重要性和两者的相互关系问题。接着还有一个必须解决的重要问题，就是如何从感性认识上升到理性认识的途径和方法问题。

从感性认识上升到理性认识是一次质的飞跃。这个飞跃是通过什么途径和方法实现的呢？唯一正确的途径和方法，就是在实践的基础上对感性材料进行整理和改造。要使这种整理和改造的工作得到成功，必须满足两个要求：第一是感性材料要十分丰富而且合于实际；第二是要有科学的思维方法。有不少干部有这样的苦恼：自己辛辛苦苦地、诚心诚意地下去搞调查研究，结果得出的结论还是不对头。这是什么缘故呢？是调查研究不灵了吗？不是的。这里的问题，是出在他们违反了上面两个基本要求中的一个，或者是两个都违反了。

先说第一个要求：感性材料十分丰富而且合于实际。

理性认识是在感性认识的基础上形成的，如果感性材料本身就零碎不全，或者不合实际，甚至是错觉，由此得出的结论当然不可能正确。有的人在做出错误结论的时候，往往并不是毫无"事实"根据的，相反地，他们还自以为是经过了调查，有"事实"为据的（否则他也不

---

① 毛泽东：《整顿党的作风》，《毛泽东选集》第 3 卷，人民出版社 1991版，第 818—819 页。

会那么自以为是和振振有词了）。问题在于他们所说的"事实"不过是一鳞半爪、零碎不全的材料，或者是不合实际的材料，他们就根据这些材料做出了对所考察的对象的全面的结论。以管窥豹，看到的只是豹皮上的"一斑"。这"一斑"虽然也是事实，但不是全面的事实；若把这"一斑"当成了"全豹"，那就错了。"井底之蛙"看到的天只有井口那么大，这也是事实，但若它以此为据断言这就是天的全部，那就错了。"以偏概全"，"攻其一点不及其余"，说的就是这种毛病。

要获得十分丰富而且合于实际的感性材料很不容易。只有以满腔的热忱深入实际中去，深入群众中去，进行艰苦深入的调查研究工作，才能做好；而昂首望天，蜻蜓点水，道听途说，雾里看花，是得不到丰富可靠的感性材料的。有人以为感性认识反映的不过是暴露在事物表面的现象，很容易取得。其实不然。例如，我们在走路的时候，我们前面的地上有蚂蚁，这本来是一眼就可以看到的现象。可是，如果我们只顾昂着头大踏步前进，不肯低头去看看地面，就看不见脚底下的蚂蚁。无论是调查一个企业、一个工厂、一个社区，都只有蹲下来聚精会神地非常过细地多方面地接触各种各样的人、各种各样的事物，才能真正获得丰富可靠的感性材料。有了这样的感性材料做基础，我们想问题、下结论才有坚实的根据。调查研究出问题，往往出在这个环节上。我们不少人在这方面有许多深刻的教训。

再说第二个要求：思维方法合乎科学。

感性材料十分丰富可靠了，能不能就能保险得出正确的理性的认识呢？还不能保险。因为感性认识毕竟只是"原材料"。如果"加工"的方法不对头，做出来的"成品"还是不会合格的。因此，在取得了十分丰富可靠的感性材料之后，还要有科学的思维方法。科学的思维方法有很多要素，比如归纳与演绎的统一、分析与综合的统一、历史与逻辑的统一等，在这里我们不必一一详述。《实践论》用"去粗取精，去伪存真，由此及彼，由表及里"十六个字深刻而又通俗地说明了科学的思维方法的最主要的特点。这是我们要特别注意领会的。

首先是要"去粗取精，去伪存真"，即在实践的基础上，对足够丰富的感性材料进行整理。在实践中获得的感性材料既然要求十分丰富，就难免很庞杂，并不是任何材料对揭示事物的本质都有意义。如果不分精粗、不分真伪，把得到的一切感性材料统统作为造概念、下判断、做推理的基础，就会妨碍认识事物的本质。因此，首先必须"去粗取精，去伪存真"。所谓"粗"，就是那些对于揭示事物的本质没有意义的材料。所谓"精"，就是那些对于揭示事物的本质必不可少的材料。例如，对于揭示帝国主义的本质来说，像帝国主义国家的某个统治者的个人出身和性格这样的材料就并不重要；而垄断资本的利润的增长，劳动者的收入在国民收入中比例的下降，资产阶级国家机器的加强，扩军备战的加紧，对外侵略扩张的加剧等的材料，则是具有重大意义的。去掉那些没有意义的材料，留下那些有意义的材料，这就叫作"去粗取精"。其次，感性材料不一定都是可靠的，还要反复鉴别，去掉不实的材料，去掉错觉，留下可靠的材料。这就叫作"去伪存真"。"去粗取精，去伪存真"属于整理材料的工作。做完了这一步工作，还不等于已经达到了理性认识，还必须"由此及彼，由表及里"，也就是在已经证实的普遍真理的指导下运用我们的思考能力对整理过的材料进行改造。"由此及彼"，说的是探求这一材料同那一材料之间的内在联系，也就是马克思说的"分析它的各种发展形式，探寻这些形式的内在联系"①（例如把某些人高唱的"人权"、"民主"、"自由"等言论同他们在国内外的实际行动联系起来考察，判明它们之间的内在联系等）；"由表及里"，说的是透过事物的表面现象（也包括那些能够说明问题本质的假象）而揭露事物的本质。只有完成了这一步工作，才算达到了理性认识阶段。

在当今互联网异军突起的年代，"大数据"成了覆盖全世界各个角落的事实。现在人们坐在计算机前得到的信息可以比以往多亿万倍，各种材料像海啸的波涛汹涌而来，可以在很短的时间里塞满人们的头脑。这一方面为人们掌握丰富的材料提供了前所未有的方便，另一方面也因为这些材料精粗混杂，真伪难辨，给加工材料时的鉴别和

---

① 马克思：《〈资本论〉第一卷1872年第2版跋》，《马克思恩格斯选集》第2卷，人民出版社2012年版，第93页。

去取造成了前所未见的困难，以致有的专家为此撰写了应如何对待这些大数据的"取舍之道"，把"删除"作为处理这些数据的重要方法。①这说明"去粗取精，去伪存真，由此及彼，由表及里"的原则在当代不仅没有过时，而且更加重要。

十八大以来，习近平总书记多次强调各级领导干部要努力学习掌握科学的思维方法，归结起来有辩证思维、系统思维、战略思维、法治思维、底线思维、精准思维，等等。这些都是在改革开放的新条件下对《实践论》中论述的科学思维方法的具体化和新发展。我们今天学习《实践论》，就要把这些新发展与《实践论》论述的基本原则融会贯通起来加以理解和运用。

说到这里，我们又不得不谈谈在这个问题上我们与实用主义的区别了。胡适提倡过一种方法，叫作"大胆地假设，小心地求证"。这个方法曾经在我国知识分子中有很大的影响，被许多人当作科学的方法。这个方法从字面上看似乎很有道理，无懈可击。假设和求证是科学史上常见的方法，而且科学家做假设的时候也确实需要有突破成说的勇气，需要"大胆"；求证的时候也确实需要十分严密，需要"小心"。但是，仔细分析一下胡适的具体论证，特别是看看他在某些重大问题上怎样运用这个方法，就发现问题了。科学的假设(例如自然科学里的假说)是要以十分丰富、合乎实际的感性材料为依据才能提出的，这是首要的前提；离开了这个前提，光靠"大胆"是没有用的，往往越"大胆"越犯主观主义。科学的求证也要以实践的客观结果为标准，光说"小心"也是没有用的。胡适在1920年4月发表的《我们走哪条路?》的文章里反对把帝国主义和封建主义作为革命对象，认为"我们真正的敌人是贫穷，是疾病，是愚昧，是贪污，是扰乱。这五大恶魔是我们革命的真正对象"，②他断言帝国主义和封建主义根本不存在，是"向壁虚造的一些革命对象"，"好像捉妖的道士先造出

---

① 见维克托·迈尔·舍恩伯格著的《删除：大数据取舍之道》等著作。
② 《胡适论学近著》，山东人民出版社1998年版，第347页。

狐狸精山魈木怪等名目，然后画符念咒用桃木宝剑去捉妖"。① 从1840 年鸦片战争到那时八十年间帝国主义列强对中国的残酷侵略，中国人民前仆后继可歌可泣的反抗斗争，那么丰富的铁的事实，他统统视而不见。这样的"假设"也真够"大胆"的了。他"求证"了没有呢？也"求证"了，而且非常"小心"。例如，他说："帝国主义为什么不能侵害美国和日本？为什么偏爱光顾我们的国家？"②这就是他的"求证"。如果我们去读一读这篇文章，就知道这种"大胆地假设，小心地求证"是怎么一回事了。③ 这是以科学的外貌出现的主观主义。我们要坚持的科学思维方法是建立在马克思主义的世界观和方法论的基础之上的，不能与实用主义混为一谈。我们有些实际工作者往往也不自觉地用上了这种"大胆地假设，小心地求证"的方法。他们做调查研究的时候往往先抱着一个主观成见，甚至在调查之前就在心里把结论做好了；下去之后就专门搜集那些似乎能够支持那个成见的材料。这并不困难。客观事物很复杂，为了证明任何一个哪怕是很荒谬的观点，要找到一两件"事实"做"证据"也是不困难的。至于别的材料他们就视而不见，听而不闻。如果我们陷入了这种情况，即使再多做些调查研究，结论也还是错误的。我们要想对事物得到正确的理性认识，就要反对这种大胆的主观主义的假设、小心的主观主义的求证的反科学的方法。

二、从理性认识到实践

说到这里，我们还只说完了人们对于某一具体事物的第一个认识过程，即由感性认识到理性认识的过程，也就是物质变精神的过程。这是认识过程中的一个重大的质的飞跃。但是，《实践论》指出："如

---

① 《胡适论学近著》，山东人民出版社 1998 年版，第 346—347 页。
② 《胡适论学近著》，山东人民出版社 1998 年版，第 339 页。
③ 我们在这里不涉及对胡适治学得失的整个评价问题。我们对胡适的学术成就不是全盘否定的。

果只到理性认识为止，那末还只说到问题的一半。而且对于马克思主义的哲学说来，还只说到非十分重要的那一半。马克思主义的哲学认为十分重要的问题，不在于懂得了客观世界的规律性，因而能够解释世界，而在于拿了这种对于客观规律性的认识去能动地改造世界。"①又说："认识从实践始，经过实践得到了理论的认识，还须再回到实践去。认识的能动作用，不但表现于从感性的认识到理性的认识之能动的飞跃，更重要的还须表现于从理性的认识到革命的实践这一个飞跃。"②

为什么说从理性认识到实践是认识运动的更重要的一半呢？

首先，这是因为，理性认识只有回到实践中去，才能实现认识的目的。

人们不是为认识而认识的，认识的目的是指导实践，是改造世界。无产阶级认识世界的目的和任务，就是为了人们的福祉而革命地改造世界。理性认识哪怕再正确一些，如果只是停留在头脑里或口头上，或者束之高阁，并不用它去指导实践，那就不会引起世界的任何变化，不会对改善人类的生存状况起任何作用。马克思说："哲学家们只是用不同的方式解释世界，而问题在于改变世界。"③这是马克思主义哲学以及整个马克思主义理论的最根本的特点的体现。实践不仅是认识的来源，而且也是认识的归宿。如果仅仅承认认识要从实践中来，而不承认认识必须回到实践中去，那仍然不是马克思主义的观点。

其次，这也是因为理性认识只有回到实践中去，才能得到检验和发展。

理性认识是对感性材料进行加工所得的"成品"。可是，这个理

---

① 毛泽东：《实践论》，《毛泽东选集》第 1 卷，人民出版社 1991 年版，第 292 页。

② 毛泽东：《实践论》，《毛泽东选集》第 1 卷，人民出版社 1991 年版，第 292 页。

③ 马克思：《关于费尔巴哈的提纲》，《马克思恩格斯选集》第 1 卷，人民出版社 2012 年版，第 140 页。

性认识是不是真正符合客观世界的规律性呢？这个"成品"是否合用呢？这个问题，在由感性认识上升到理性认识的过程中是没有完全解决也不可能完全解决的。理性认识也有片面的，也有错误的。但当它还停留在头脑中的时候是看不出来的。只有让这种理论回到实践中去，按照这个理论去制订计划和方案，付诸实践，看实践的结果是否与预想的目的相符合，才能判定这种理论是否正确。许多错误的或不完全的理论，只有经过实践才能发现它们错在哪里，如何纠正。如果不经过这一阶段，连认识正确不正确的问题都还没有解决，怎么能说认识过程已经完成了呢？同时，理论回到实践中去，不仅为检验理论所必需，也为发展理论所必需。因为即使是正确的理论，归根到底也还是实践经验的总结和概括，只有让理论回到实践中去，随着实践的发展而发展，才能保持理论的真理性。这一点我们在后面还要详述。

由此可见，由理性认识到实践的过程即精神变物质的过程，是整个认识过程的继续，是又一次质的飞跃，而且是更重要的飞跃。

把第一个过程同第二个过程联系起来，就得到这样一个公式：物质—精神—物质，也就是由感性认识到理性认识，又由理性认识到实践。这叫作对于一个具体对象的认识过程的一次循环。

那么，经过这样的一次循环，能不能保证对于一个具体事物的认识一定正确呢？还不能。《实践论》第20段就是讲这个问题的。《实践论》指出，人们在认识世界和改造世界的时候，常常要受到种种客观条件和主观条件的限制，认识不符合或者不完全符合客观世界规律性的事是常有的，也就是说，错误是难免的。认识的对象越是复杂，认识过程中的错误就越是难免。现在我们来分析一下这个问题。

首先，从取得感性认识的过程看，尽管我们力求取得十分丰富而且合乎实际的感性材料，但是真正做到毫无遗漏，完全正确，决不是轻而易举的事。这一方面是因为客观过程本身往往还没有发展到把它的面貌鲜明地呈现在人们面前的程度，使人们一时还不可能取得某些方面的感性材料，掌握事物的全部现象；另一方面也由于人们本身不能不受到许多条件的限制（本人的具体知识的限制，本人所处的环境给予他眼界上的限制等），以致对于客观上已经暴露出来了的现象也不一定能够完全把握，甚至会发生某些错觉而自己不知道。因此，在实践的初期，感性认识不十分丰富，不完全正确，是很难免的。

其次，从由感性认识上升到理性认识的过程看，尽管我们力求按照科学的思维方法去思考，防止主观性、片面性和表面性，但是，真正做到这一点也很不容易。特别是片面性的毛病，常常容易发生，在实践的初期甚至可以说是不可避免的。为什么呢？因为客观事物总是矛盾的统一体。在一定的时期内，矛盾的双方往往并不是同样鲜明地摆在我们面前，让我们一目了然，一览无余。相反地，它要经过一段比较长的过程才能充分显现出来。在这以前，有时甲方比较突出，乙方就容易被忽视；乙方比较突出，甲方又容易被忽视。只有经过不断地纠正片面性的过程，也就是反复实践的过程，才能做到比较全面。何况比较复杂的事物是由许多矛盾组成的，各对矛盾之间又有复杂的关系。因此，在认识过程中，尤其是在认识一个从未接触过的新事物的时候，认识不完全符合于客观实际更是难免的。

最后，即使感性认识十分丰富和合乎实际了，看问题的方法也正确了，由此得出的理性认识也合乎世界的规律性了，那么是不是就可以保证分毫不差地把原定的理论、计划、方案实现出来呢？还没有那么简单。在由理性认识到实践即由精神变物质的过程中，还是可能发生失误的。为什么呢？至少有这样几方面的原因：第一，正确的理性认识无非是客观过程的规律性的反映，因此，它只能反映最基本最主要的东西，不可能包括一切细节。但是在事物的发展过程中，细节也会起作用。必然性总是通过无数偶然性的事件为自己开辟道路的，常常还会发生一些无法在事先预料的事件（包括我们常常说的突发性事件）。这些偶然性事件会使事物必然性的实现过程出现种种曲折，甚至还可能局部地改变事物发展的进程，出现暂时倒退的情况。所以，按规律办事，也仍然只能使我们保持正确的方向，不犯类似"缘木求鱼"、"南辕北辙"那种根本性的错误；至于在具体问题上的具体错误，还是难免发生的。认识对象越是复杂就越是如此。第二，在有广大群众参加的活动中（例如某项社会改革、某项建设工程等），领导者或专家认识了事情的规律，不等于群众也同样认识了规律，而事情是要群众去做的，必须使群众也有了正确的认识(至少是理解和认可正确的认识)才能真正把事情做好。这就不仅要通过宣传说服，而且还要通过群众的切身经验。这也是一个艰巨的过程，在这段时间中发生这样那样的错误也是很难避免的。

由上面的分析就可以明确一个十分重要的道理：如果我们指望仅仅经过"从感性到理性认识，又从理性认识到实践"的一次循环，就能达到主观和客观相符合，从而在实践中达到预期的目的，一般说来是不切实际的。所谓不犯任何错误的"神人"，"百发百中"的射手，不打一次败仗的"常胜将军"，古往今来都是没有的。你想学会骑自行车，也难免要跌几次跤子；你想学会游泳，也难免要呛几口水。科学上的发现和技术上的发明，都是科学家经过多少次实验和试验的失败才最后成功的。"失败为成功之母"，"吃一堑长一智"，说的就是这种情况。对于任何一个具体事物的认识，都需要经过"从感性到理性认识，又从理性认识到实践"的多次循环，多次反复，不断地总结经验，纠正错误，才能逐步达到主观认识与客观对象的一致。而且这种一致往往也只能是大体一致，即使在严密的自然科学和技术中，也不是绝对没有丝毫误差。《实践论》说："社会的人们投身于变革在某一发展阶段内的某一客观过程的实践中(不论是关于变革某一自然过程的实践，或变革某一社会过程的实践)，由于客观过程的反映和主观能动性的作用，使得人们的认识由感性的推移到了理性的，造成了大体上相应于该客观过程的法则性的思想、理论、计划或方案，然后再应用这种思想、理论、计划或方案于该同一客观过程的实践，如果能够实现预想的目的，即将预定的思想、理论、计划、方案在该同一过程的实践中变为事实，或者大体上变为事实，那末，对于这一具体过程的认识运动算是完成了。"①毛泽东在这里两次用了"大体上"三个字，这是非常重要的。

我们在分析主观主义的时候，说凡是主观主义都会造成主观同客

---

① 毛泽东：《实践论》，《毛泽东选集》第1卷，人民出版社1991年版，第293页。

观不相符合。这是正确的。可是如果把这句话倒过来，说凡是发生主观与客观不相符合的情况都是主观主义造成的，那就不对了。主观主义造成的主客观不相符合的根源是错误的世界观和方法论，是违背了认识规律，导致了主观与客观分裂、认识与实践脱离的结果。主观主义者如果不从根本上纠正世界观和方法论的错误，那就不可能"吃一堑长一智"，失败就不会是"成功之母"，只会一错到底，越陷越深。这与遵循认识规律而在认识过程中发生的不可避免的错误是不同性质的两回事。如果不分青红皂白地把主观与客观不相符合的情况一概看成主观主义，那就只能得出全世界没有一个人不是主观主义者的荒谬结论了。认识过程中不可避免的错误只要善于总结，就会是正确的先导和走向真理的阶梯。当然，即使确实是主观主义性质的错误，也不是不能改正的。抛弃了世界观和方法论的根本错误，也可以回到正确的道路。有的人为了避免犯错误的风险，就不敢工作，尤其不敢做开创性的工作，宁愿占着工作岗位而无所作为，尸位素餐，这种态度本身就是一大错误。正确的态度应该是在科学理论的指导下，在顶层设计的统一安排下大胆地、勇敢地去工作，去开创新局面，去"闯"出一条路来。发现了错误改正了就是。

辩证唯物主义认识论的"错误难免论"不是为错误做消极辩解的理论，而是以科学的态度对待错误的理论。它的目的是让我们学会分析错误的性质和原因，尽可能地减少错误，从错误中总结经验，推进认识，求得真理。懂得这个道理，对我们正确地回顾历史、分析现状、展望未来都有重要的意义。中国的新民主主义革命的胜利，毛泽东思想的形成，是经过了极其艰苦的探索，克服了许多错误才实现的。新中国成立以来社会主义建设的成就，中国特色社会主义理论的形成，也是如此。我国社会主义建设有改革开放前后两个时期。改革开放前的时期是党面临着全新的情况，开始把马克思主义与中国实际"第二次结合"的时期。在旧中国的基地上如何建设社会主义，与当年如何把旧中国变成新中国的事业一样，也是既无书本可抄，也无成例可援的全新的事业，全靠中国共产党领导人民通过实践去重新探索。我们在改革开放前的探索中，一方面取得了巨大的成就，为中国的社会主义建设事业奠定了制度基础和物质基础(包括以"两弹一星"为代表的尖端科学技术取得重大突破);一方面也犯了许多错误,包括阶级斗争扩大化、在所有制问题上急于求纯和在经济建设上急于求成的错误,特别是"文化大革命"这样全局性的、长时间的严重错误,使党的探索进程遭受严重挫折,给党、国家和各族人民带来严重灾难。党的十一届六中全会通过的《关于建国以来党的若干历史问题的决议》已经做出了科学分析和客观评价,包括对毛泽东本人所犯错误的分析和评价,现在也还在实践中继续加深认识。改革开放以来,党提出社会主义初级阶段理论,确立了党在社会主义初级阶段的基本路线,深刻揭示了社会主义的本质,第一次比较系统地初步回答了在中国这样一个经济文化比较落后的国家如何建设社会主义、如何巩固和发展社会主义的一系列基本问题,形成了中国特色社会主义理论,提出了中国梦的长远构想和"五位一体"的战略部署,成功地开创了建设中国特色社会主义的道路,取得了举世瞩目的成就,道路越走越宽广。在这个阶段也出现了诸多新的矛盾和引起群众普遍关注的问题,如腐败问题、不作为或乱作为的问题,贫富差别拉大的问题,生态环境破坏的问题等,都有待克服也正在克服。现在有人把改革开放以前和以后两个时期完全割裂开来,绝对对立起来,看不到或者故意抹杀两者之间的历史联系,或者全盘否定前者,或者全盘否定后者。这都是违背辩证唯物主义认识论的。

三、认识无限发展过程的总规律

(一)认识发展的无限性

人们对一个具体事物的认识经过多次循环,达到了与这个事物的规律性符合或者大体上符合,我们对这个事物的认识运动就算是完成了。可是,能不能说我们的认识就可以到此止步了呢?不能。《实践论》指出:"然而对于过程的推移而言,人们的认识运动是没有完成的。任何过程,不论是属于自然界的和属于社会的,由于内部的矛盾和斗争，都是向前推移向前发展的，人们的认识运动也应跟着推移和发展。"①对这段话可以从以下三个方面来理解：

第一，我们的认识对象不限于一个特定的事物，世界上还有数不尽的事物有待于我们去认识。这些事物都有它们各自的特殊性质和规律，对我们来说都是前所未知的新事物。对原有事物的认识并不能代替对这些新事物的认识。要取得对每一新事物的认识，还必须按认识的规律重新开始，别无他途。

第二，事物的本质（规律性）还有层次和等级之分，我们对它的本质的认识也有深刻程度之分。对一个事物本质的认识虽然正确了，但很可能还不够深刻，还需要从第一级的本质向第二级的本质以至更深刻的本质继续前进。

第三，尽管我们对一个具体事物的认识正确了，可是这个事物本身不能永远照老样子存在下去，它是必然要向前推移变化的。如果它变了，我们认识还停留在原处，守着老皇历不变，那就要由原来的主客观符合变成不符合，由正确变成错误了。比如，我三岁的时候照了一张相，正确地反映了我三岁时的形象。可是后来我变成成年人了，还说那张照片是我现在的形象的正确反映，把这张照片贴在我现在的身份证上，那就不行了。认识的情形也与此相仿佛。客观事物向前推移变化了，认识也得跟着推移变化。如果没有跟上去，就叫作思想落后于实际。在一般情况下，思想落后于实际是常有的事。发现了落后及时跟上去就是了。这就叫与时俱进。但如果一贯地落后，并把这种落后情况固定起来，不想改变，那就会犯保守僵化的错误。当然，如果客观事物还没有变到另一个阶段去，我们的思想跑得太快，把现在还没有出现的情况当成已经存在的事实，把将来才能做的事提前到现在就去做，那就会犯盲目冒进的错误。这两种情况都会导致主观与客观的分裂、认识与实践的脱离。

《实践论》告诉了我们一个非常重要的道理，那就是"主观和客

---

① 毛泽东：《实践论》，《毛泽东选集》第1卷，人民出版社1991年版，第294页。

观、理论和实践、知和行的具体的历史的统一"的道理。① 任何真理，任何正确认识，总是对客观对象的如实的反映，而任何客观对象是具体的、在一定历史条件下存在和发展的。因此，我们要求的主观和客观的统一，是认识与对象的"具体的、历史的统一"。离开了这一点来谈论主观与客观的统一是没有意义的，这样的理论无论讲得多么天花乱坠，也只是空对空的"无对象的理论"，只是徒有理论的外貌而没有实际内容的空谈。在民主革命阶段，我们的认识就要符合民主革命阶段的实际；在社会主义革命和社会主义建设阶段，我们的认识又要符合社会主义革命和社会主义建设阶段的实际；做一件具体工作，我们的认识就要符合这个工作对象的实际；这个对象的发展过程向前推进了，我们的认识也必须向前推进。把一个过程认识清楚了，另一个新的过程又有待于我们去认识。这样才能保持主观和客观的具体的历史的统一。作为认识对象的客观过程的发展变化永远没有完结，认识运动也就永远没有完结。这就像一条"长河"，后浪催前浪，永远没有止境。② 为什么毛泽东在《实践论》里要指出马克思列宁主义并没有结束真理，而是在实践中不断地开辟认识真理的道路？为什么在新中国成立的前夕他就指出我们革命的胜利还只是万里长征的第一步，以后的路程更长更艰苦？为什么从改革开放到提出"中国梦"以来中央反复强调我们的改革开放只有进行时没有完成时？就是基于这个道理。

(二) 绝对真理与相对真理

说到这里，我们还得谈谈绝对真理与相对真理的关系问题。

真理是客观对象在人们头脑中的正确反映。世界上只有一种真理——客观真理。绝对真理和相对真理这两个概念，标志的并不是两

---

① 毛泽东：《实践论》，《毛泽东选集》第 1 卷，人民出版社 1991 年版，第 296 页。

② 毛泽东：《实践论》，《毛泽东选集》第 1 卷，人民出版社 1991 年版，第 295—296 页。

种不同的真理，而是同一个客观真理的两重不同属性，也可以叫作真理的绝对性和相对性。不应当说某些真理只是相对真理而不是绝对真理，某些真理又只是绝对真理而不是相对真理；而应当说客观真理从一种意义上来说是相对真理，从另一意义上来说又是绝对真理。

从什么意义上来说客观真理是相对真理呢？

第一，任何真理总是对一定具体对象的正确反映，这个具体对象总是整个宇宙的一个部分或一个侧面，这个部分或侧面本身对整个宇宙来说是相对的，因而作为它的正确反映的客观真理也就必然是相对真理。

第二，任何具体对象都具有无限多的方面和联系，具有无限多等级的本质，人们在一定历史条件下获得的正确认识总不可能穷尽地反映出对象的一切，总还有进一步深化和发展的余地，因而，即使仅仅就一个特定的对象来说，人们的认识也只能相对正确地反映它，只能是相对真理。

从以上两层意义来看，任何客观真理都是相对真理，并没有例外。

从什么意义上来说客观真理又是绝对真理呢？

第一，尽管真理的内容总是整个宇宙的一个相对的部分，但是这个相对的部分并不是人们臆造的，而是客观存在的。认识对象的客观存在这一点是绝对的。即使这个对象消失了，但它曾经存在过仍然是不可否认的事实。承认了真理的内容的客观性，也就等于承认了真理的绝对性。

第二，尽管任何真理都不能穷尽地反映出对象的一切，都有待于深化和发展，但它既然是客观真理，那么它在与客观对象相符合这一点上就是绝对的、无条件的，否则它就不是真理而是谬误了。正如列宁说的："任何科学的思想体系……都和客观真理、绝对自然相符合，这是无条件的。"[1]

---

[1] 列宁：《唯物主义和经验批判主义》，《列宁全集》第18卷，人民出版社1988年版，第137页。

从以上两层意义来看，任何客观真理也都是绝对真理，也没有例外。

有的读者可能因为毛泽东在《实践论》中说过"在绝对真理的长河中，人们对于在各个一定发展阶段上的具体过程的认识只具有相对的真理性"①，就以为毛泽东只承认真理的相对性而不承认真理的绝对性。但这是误解。误解的原因是没有理解绝对的东西总是寓于相对的东西之中，而不可能脱离相对的东西而孤立存在。相对之中就有绝对，绝对就在相对之中。毛泽东在"只具有相对的真理性"之后紧接着就指出了"无数相对的真理之总和，就是绝对的真理"②就说明了这一点。如果每一个相对真理都没有绝对性的一面，那它们的总和也就不可能是绝对真理了。

由此可见，只有相对性而无绝对性，或者只有绝对性而无相对性的真理是没有的。任何客观真理都同时具有相对性和绝对性，同时既是相对真理又是绝对真理。正因为这样，我们才可以理解为什么"相对真理和绝对真理之间没有不可逾越的鸿沟"，为什么"绝对真理是由相对真理构成的"，为什么"无数相对的真理之总和，就是绝对的真理"。如果认为有些真理仅仅是相对真理而不同时又是绝对真理，就无从说明这些真理的客观性；如果认为有些真理仅仅是绝对真理而不同时又是相对真理，就无从说明这些真理深化和发展的必要与可能。这样，在理论上就既不能同唯心主义划清界限，又不能同旧唯物主义划清界限，在实践上也会背离辩证唯物主义认识论科学方法的指导。

《实践论》最后写了这样一段话：

通过实践而发现真理，又通过实践而证实真理和发展真理。

---

① 毛泽东：《实践论》，《毛泽东选集》第 1 卷，人民出版社 1991 年版，第 295 页。

② 毛泽东：《实践论》，《毛泽东选集》第 1 卷，人民出版社 1991 年版，第 295 页。

从感性认识而能动地发展到理性认识，又从理性认识而能动地指导革命实践，改造主观世界和客观世界。实践、认识、再实践、再认识，这种形式，循环往复以至无穷，而实践和认识之每一循环的内容，都比较地进到了高一级的程度。这就是辩证唯物论的全部认识论，这就是辩证唯物论的知行统一观。①

这就是对辩证唯物主义全部认识论的精辟概括。

_____

① 毛泽东：《实践论》，《毛泽东选集》第 1 卷，人民出版社 1991 年版，第 296—297 页。

四、附　录

参加 1978 年真理标准讨论会的前前后后[*]

今年①是真理标准大讨论和党的十一届三中全会三十周年。三十年不过是历史的一瞬，然而这三十年改革开放实践引起的变化对我们祖国前途和民族命运具有决定意义。这一变化的发端就是真理标准大讨论。这场大讨论的历史是不能淡忘的。许多当事人已经发表了不少回忆文章，从不同的角度介绍了这场讨论。我只是参与这场讨论的普通一兵，同理论界的一批同志一起尽了一点微薄之力。十年前我在一个会议上介绍过一些亲身经历的情况②，但没有见诸文字。今年有两家报纸要来就这次讨论的情况采访我，这才又一次引发了我的回忆。除了回答采访的问题外③，我想借此机会提供一些并非众所周知的情况，算是对其他文章的一点补充吧。

灾难·沉思·觉醒

我参加真理标准大讨论可以说是历史的安排，这与我的经历有关。

"文化大革命"前我是武汉大学哲学系的青年讲师，是李达同志的学术助手。1961 年毛主席委托李达同志编著《马克思主义哲学大纲》时，我被指定为主要执笔人，与其他几位青年教师在李达同志指

---

* 本文原载《马克思主义哲学研究》2008 年辑。

① 文作于 2008 年，故文中称"今年"。

② 指 1998 年 5 月 14 日在南京大学举行的全国高校纪念真理标准讨论二十周年学术研讨会。

③ 见《楚天都市报》2008 年 1 月 9 日 T2—T3 版《纪念改革开放 30 周年大型系列报道之一——凝思》，《穿越丛林的响箭》一文。

导下兢兢业业地工作，总想尽最大的努力完成好毛主席委托的任务。可是，正当上卷送审稿完成的时候，"文化大革命"突然爆发了。由于错综复杂的政治原因，为传播马克思主义毕生奋斗的李达同志竟被打成"武汉大学三家村黑帮总头目"，遭到残酷批斗，两个多月就含冤去世了。他领导的毛泽东思想研究室被打成"反毛泽东思想的黑窝"，他重新创办的武大哲学系有12位教师被打成"黑帮分子"。我作为他的助手，当然在劫难逃，年仅35岁就被打成了重要的"黑帮分子"，运动一开始就被日夜批斗，勒令交代"罪行"，与武大的一百八十多名"李达三家村黑帮分子"一起被押送到武汉附近的东升公社去劳动改造。1967年年初，武大的部分师生对李达"三家村"案提出了质疑，发动了翻案活动，我和哲学系的余志宏、李其驹、萧萐父、康宏逵几位干部和教师也参加了为李达同志翻案的活动，随后就背上为"反革命"翻案的罪名被打成了所谓"5·16分子"，受到更残酷的打击，全家老小都受到牵连，老母挨批斗，岳父岳母去世，妻子坐单身牢房，两个还在上小学的女儿受到种种歧视，惨苦不堪。我在农村劳动改造了八年，坐过单身牢房，受过各种形式的逼供，干过各式各样摧残性的体力劳动，有几次险些丧命。直到1974年李达同志在毛主席和周总理干预下平反后，我的"罪名"无论怎样也不能成立了，我才因病调回学校，恢复了党的组织生活和讲师的名义，被安排在政治理论教研室给工人理论班讲课。但是我在当时学校军工宣队领导人心目中仍然是有严重问题的人，讲课不过是另一种监督改造的形式，课讲得再好也是不能表扬的。这种处境一直延续到粉碎"四人帮"以后两年也没有根本改善。

在十年"文革"的惨苦环境中我在想什么呢？起初我是被打懵了，只觉得天昏地暗，看不到光明。我不服，但想不清楚到底是怎么回事。我想，李达同志在那样艰难困苦的环境中为坚持马克思主义战斗了几十年，他是"坏人"吗？成千成万的老革命，成千成万对祖国人民做出巨大贡献的各界人士，成千成万的善良的老百姓，都是"坏人"吗？我自己是"坏人"吗？我无论如何也接受不了。在人们高唱"全国山河一片红"的时候，我感受到的却是人民的苦难和祖国的沉沦。我精神上的痛苦远远超过肉体上的痛苦。我被迫一边劳动改造，一边学习当时权威理论家们宣传的"最高最活的马克思主义"。但这种"马克思主义"却让我越学越无法理解。一方面讲"实事求是"，一方面又大搞假材料，制造大批的冤案；一方面批英雄史观，一方面又狂热地鼓吹个人崇拜；一方面讲认识需要在实践中多次循环往复，认识过程中错误难免，一方面又说领袖能"洞察一切"，领袖的话"句句是真理"；一方面说"马克思主义并没有结束真理"，一方面又说在我们这里已经到了"顶峰"；一方面说生产力是社会发展的最终决定力量，一方面又猛批"唯生产力论"，鼓吹精神万能论和上层建筑决定论；如此等等，不一而足。这些连健全常识都无法接受的谬论能叫做马克思主义吗？我怀疑了，愤怒了，感到受了极大的欺骗，人民也正在受着欺骗。这样下去，不仅我个人"永世不得翻身"，整个中国的前途也将不堪设想。我当时虽然不敢吭声，但心里却逐渐明白了：也许中国正在歧路上彷徨。我从迷惘和绝望中苏醒过来，朦胧地看到了希望，相信中国人民不会听任国家就此沉沦，中国的局面总有一天会改变。我在 1974 年偷偷写下的一首小诗可以代表当时的心情：

> 临歧自古易彷徨，我到歧前不自伤。
> 心境长随天上月，如环如玦总清光。

1976 年 10 月粉碎了"四人帮"，举国一片欢腾，我自然也兴奋了一阵，但很快就被打进闷葫芦里了。一则我的处境并没有实质性的改善，学校领导还是"文革"中的原班人马，他们还是把我当作异类。二则过了不到四个月（1977 年 2 月 7 日），《人民日报》、《红旗》杂志和《解放军报》就发表了社论，宣布了著名的"两个凡是"，等于说"文革"并没有错，错的只是林彪、"四人帮"歪曲了"文革"。"文革"的运动是"结束"了，"文革"的理论基础、路线方针还是不能触动，还要继续贯彻，乃至"文革"造成的冤假错案也不能平反。可是，按"文革"的老路走下去，中国还有希望实现周总理生前提出的四个现代化吗？中国还有光明的前途吗？我的心情郁闷依然，不能不进一步思考问题的症结究竟何在。

　　1977 年 9 月，中国社会科学院给我发来了请柬，要我去北京参加纪念毛主席的《实践论》和《矛盾论》发表四十周年的理论讨论会。我整整 11 年没有跟外界发生联系，以我的处境，收到这样的请柬自然非常惊喜。可是当时武大还是军工宣队领导，他们不同意我去。经过抗争，他们因为毕竟拿不出站得住脚的理由，只好勉强同意，但特地派一位"可靠"的教师跟我"一道"去，这"意义"不说自明。

　　9 月 20 日我到了阔别多年的首都，下午 2 时到《红旗》杂志社隔壁的会场参加大会。我迟到了一天，会议已经开始。可是到会的师友们看到我来了都极其热烈地鼓掌欢迎，有的同志噙着热泪紧握我的手说："你受苦了！""想不到我们还能见面！"那种劫后重逢的感人场面是我终身不能忘记的。哲学界的许多知名人士都到会了，还有部队的同志、大庆油田的同志，新华社、各大报社、杂志社、出版社、北京市委宣传部、教育部的同志共三百多人。军事科学院副院长郭化若同志在发言中特别讲到，他在延安的时候毛主席对他说过，李达同志的《社会学大纲》毛主席读了十遍，称赞这是中国人自己写的第一本马克思主义哲学教科书；李达同志的《经济学大纲》毛主席也读了三遍半，也准备读十遍。奉命"陪同"我去的那位教师后来也主动地对我说，他见到那种场面也非常感动，受到很大的教育。我们也成了朋友。

　　会议期间，我与邢贲思、赵凤岐、陈筠泉、陈中立等同志交流了思想，看法完全一致。那时邓小平同志刚刚恢复党内外一切职务①，我们还不知道他在两个月前就尖锐地批评了"两个凡是"②，但我们对"两个凡是"的错误是有认识的。我们谈到，给全民族造成浩劫的"文化大革命"怎么竟然会在一个十亿人口的大国里形成骇人听闻的

---

　　① 1977 年 7 月中共十届三中全会通过决议恢复邓小平同志党内外一切职务。

　　② 1977 年 5 月 24 日，邓小平同志在同中央两位同志谈话时批评了"两个凡是"，见《邓小平文选(一九七五——一九八二)》，人民出版社 1983 年版，第 35 页。

狂热，持续十年之久？为什么中央主要领导人现在还不觉悟？"文革"的畸形的历史会不会重演？怎样才能防止重演？我们当时的看法是，造成"文革"的原因虽然非常复杂，不止一端，一时也说不清楚，但有一点是清楚的，那就是"文革"的一套"理论"所起的误导作用。这套理论以超等"革命"的面貌把广大群众特别是毫无经验的青年学生的思想完全搞乱了，成了把人们引入迷途的符咒。不从根本上驳倒这套"理论"，就谈不上纠正"文革"的错误，防止"文革"的重演或变相重演。而这套错误"理论"的根子正在哲学，正如民主革命时期"左"、右倾错误路线的根子在哲学一样。要驳倒"文革"的错误理论，就必须从哲学入手。我们当时认为，影响最大的错误哲学观点有两个：一个观点是《"五·一六"通知》提出的在真理问题上无产阶级与资产阶级没有平等可言。按照这种观点，一个判断是不是真理，不看它是否符合实际，而看它是出自"无产阶级"之口还是出自"资产阶级"之口；而谁是无产阶级和资产阶级，又是由"中央文革"钦定的。这就根本取消了马克思主义关于真理的科学概念，可以由掌权者任意妄断了。另一个观点是检验真理的标准不是实践，而是领袖的"最高指示"。这就根本篡改了马克思主义关于真理标准的科学论断，实际上没有标准了。只要认可了这两个哲学观点，"文革"的全部"理论"都可以顺理成章地炮制出来，甚至要炮制更荒谬的"理论"也毫无困难。所以，我们痛切地感到，只有下功夫驳倒这两个荒谬的哲学观点，摧毁"文革"全套理论的哲学基础，才能从根本上挣脱"两个凡是"的枷锁。我也就是在那时打下了思想基础，下决心为祖国和人民的利益而斗争，再一次受到打击也在所不惜。但是，"两个凡是"是当时中央的最高领导人坚持的，几乎成了不可逾越的政治栅栏。谁想跨越这个栅栏，很可能又是"反革命"了。在那种气候下，要找到突破这一禁区的方法，真是谈何容易！

参加真理标准讨论会：登上破冰之船

1978 年 5 月 11 日，《光明日报》特约评论员的文章《实践是检验真理的唯一标准》发表了。我当时并不了解这篇文章的写作由来和背景，但我意识到这是在向"两个凡是"开炮了。我接触的教师在私下谈话中有的偷偷地表示赞成和高兴，有的表示反对，多数人则非常谨慎，三缄其口，讳莫如深；有消息灵通人士还说中央认为这篇文章是"砍旗"的"毒草"。后来北京的朋友们也传来各种各样的信息，说这篇文章引起了轩然大波，有热烈赞同的，也有愤怒指责的，指责的人当中有人说一看到这篇文章的标题就知道作者的"狼子野心"，认为作者应该判刑。但无论如何，我感到这场期盼已久的斗争已经拉开序幕，再也捂不住了。

过了一个多月，1978 年 7 月 4 日，我收到中国社会科学院发给我的请柬，说 7 月 17 日至 23 日在北京举行"理论与实践问题哲学讨论会"（这是当时为了避免受阻而用的一个比较含糊的名称，实际上就是真理标准讨论会），请我出席并准备论文，论文先打印 200 份。在请柬后面附了几句话，说在武汉大学只点名邀请了我一个人，另外给哲学系一个名额。当时中国社科院的领导已经知道当时武大领导的政治态度，也知道学校对我的压制，所以这份请柬是直接发给我个人的。当时我在政治理论教研室当教师，我经过考虑，还是在 7 月 8 日把这份请柬给教研室陈主任看了，意思是告诉他有这么回事。陈主任说这事必须请示党委，要我等着，但就是不给我答复。我向教研室另一位负责人提出：如果党委不同意，就请告诉我是谁不同意，为什么不同意；再者，参加这个会是我的权利，无论党委同意不同意我都是要去的。后来他们托一位老教师向我"转达"党委的意见：（1）同意我去开会；（2）要我填一张表，由党委盖章；（3）我的论文写好后要经过党委"看一看"，党委同意后可以帮我打印。我说，中国社科院的请柬是发给我个人的，我不代表学校，没有必要填表，也无须党委盖章；我也没有论文，无须打印。但党委一直拖着不表态。社科院估计我肯定是受阻了，又特地在 7 月 10 日给我发来电报说："请准备专题发言。哲学问题讨论会秘书组"。这封电报是发给武大党委转我的，党委也就不好再正面阻挠，算是勉强同意了。我 14 日就去了北京，同去的还有武大哲学系的朱传棨老师，他在"文革"中也是因为参加为李达同志翻案而挨整的。16 日我们到了开会的地点：北京左家庄朝阳区委党校。会场的条件很差，每间房里挤着住十几个人，大热天洗澡都不方便。到会的同志表情都有点神秘，相互交谈都非常谨慎。有位湖南的与会者悄悄对我说，他来的时候省委领导给他打了招呼，说中央对这个会的态度不明确，叫他不要发言，听听就是了。

当天晚上，哲学所的邢贲思同志找我去开了领导小组的会，参加的有哲学所的汝信、赵凤岐、陈筠泉、陈中立等同志，还有《光明日报》评论员文章《实践是检验真理的唯一标准》的最初作者、南京大学的胡福明同志（我们是第一次见面）。这个小会把这次讨论会的来历和主题点明了，分了六个组，胡福明同志和我在一个组，他是组长，我是副组长。第二天（17 日）先开全体大会，孙耕夫同志主持，社科院副院长邓立群同志做了一个很好的报告。下午分组讨论，空气就有点紧张了。有几位代表发言之后，忽然有位代表站起来很气愤地说："这是个什么会？想干什么？是举旗还是砍旗？我不参加了！"说完就悻悻而去，以示抗议。但讨论还是继续进行，并没有受影响。以后几天都是大会发言和小组讨论交叉进行，大会的会场变换了几次。大家发言的观点虽有差异，讨论的气氛还是正常的，没有剑拔弩张的争吵。这当中忽然传来了小道消息，说党中央不支持这个会，一位主要领导同志还大发脾气，空气又紧张了。但会议领导小组并没有受影响，继续坚持开会。我记得中央党校的吴江、人民日报的汪子嵩、光明日报的马沛文、南京大学的胡福明、社科院的邢贲思等同志的大会发言都是旗帜鲜明地坚持实践是检验真理的唯一标准的。有些同志也赞成实践标准，但有些保留和疑问。在 23 日下午举行的闭幕式上我做了大会发言，题目是《关于真理标准的几个问题》，陈述了三个问题：（1）"实践是检验真理的唯一标准"是马克思主义哲学的根本原理，在实践标准之外另立真理标准是理论上的倒退。林彪、"四人帮"在"文革"中造成灾难的理论基础就是在真理标准问题上以"语录标准"和"权力标准"取代了实践标准。（2）理论不是检验真理的标准，正确的理论也要经过实践检验才能证明它的正确性。（3）回答几个诘难。在闭幕式上发言的还有周扬、冯定、温济泽几位老同志，然后就散会了。我的大会发言受到了多数同志的肯定，同年《哲学研究》第10期发表了。但是由于当时的政治气候，发表时不得不把前两部分删去了。①

我参加这次讨论会后感受到的精神解放的喜悦是很难以言语形容的，仿佛从阴暗狭窄的囚笼里一下跨到了晴明宽阔的原野。我当时写了一首《西江月》的词来抒发这种感情：

> 山外骄阳暗下，林间好月初悬。微风过处听鸣蝉，一派清光如鉴。
>
> 回首人间颠倒，消磨多少华年。凭他沧海起狂澜，我自冰心一片。

我从北京回来后，日子并不好过。当时的学校领导对真理标准问题的态度还是暧昧的，实际上是抵制。他们要我去汇报，但对汇报的内容不表态，根本不提要我传达这次讨论会的事。1978年提副教授也仍然没有我的份，人民出版社委托我修订李达主编的《马克思主义哲学大纲》他们也一再阻挠。② 但当时的省委书记陈丕显同志是支持这次讨论的。湖北省、武汉市有好几个单位请我去作报告，我讲了好

---

① 这两部分的内容见《关于真理标准的几个问题》一文，载《陶德麟文集》，武汉大学出版社2007年版，第140—150页。本书也收入了此文。

② 李达同志受毛主席委托主编的《马克思主义哲学大纲》上卷唯物辩证法部分完成于1965年冬，送毛主席和其他中央领导同志审阅，拟俟下卷唯物史观部分完成后一并出版。1966年"文革"开始，这本书被打成"黑书"，上卷送审稿和下卷未完稿在抄家时被洗劫一空。1974年李达同志平反后，原在武大哲学系资料室工作的刘善应同志把他偷藏的一本送审稿秘密地送给了我。1974年人民出版社社长薛德震同志要我将此书修订出版。当时的武大领导说我有"问题"，不让我去修订，不同意书中出现我的名字。人民出版社只好请我在家里修订了寄给他们。此书上卷在1978年6月以《唯物辩证法大纲》的书名出版，并注明了我根据李达同志生前的委托对原稿做了必要的修订。至于下卷唯物史观的部分书稿则始终找不到，只好付诸阙如。

几场。那时许多干部群众受"两个凡是"的影响很深，我讲的内容与他们在"文革"中习惯了的一套大不相同，他们好像闻所未闻。虽然鼓掌的人不少，但面露惊讶之色的也大有人在。下面递了一些条子，有热烈赞同的，也有质疑的，质疑的中心问题就是毛泽东思想和毛主席的话是不是检验真理的标准，我只好耐心解释。有一次，一位主持报告会的同志在我报告结束后好意地提醒我，说如果不把毛主席的话作为检验真理的标准，恐怕会犯错误。我只好对他说，实践是检验真理的唯一标准这句话本身就是毛主席的话，你看看《实践论》和《人的正确思想是从哪里来的？》就知道了。他还不放心。我当场拿出书来把原话找给他看了，他才高兴地说："原来这话真是毛主席说的，那没错，我放心了！"可见当时人们的迷醉到了什么程度，要回到正确观点有多么艰难！后来各个省市自治区的负责人或先或后地表态支持实践是检验真理的唯一标准的观点，陈丕显书记又以湖北省委的名义请邢贲思、汪子嵩、马沛文三位同志到湖北来做报告，旗帜鲜明地宣传实践标准，空气才逐渐转变了。12 月 13 日，邓小平同志在中央工作会议闭幕会上讲话明确地肯定了真理标准讨论"很有必要，意义很大"，"从争论的情况看，越看越重要"，并指出这场争论"的确是个思想路线问题，是个政治问题，是个关系到党和国家的前途和命运的问题"。紧接着就是党的十一届三中全会的胜利召开。这才在政治上"乾坤定矣"，我们这些人再也不怕被扣"砍旗"的帽子了。三中全会公报发表的当晚，我又情不自禁地写了一首《水调歌头》的词来表达我的心情：

　　一夜欢声动，袅袅上青天。嫦娥梦里惊问："底事闹纷喧？"我笑嫦娥贪睡，一觉醒来迟了，错过好机缘。月里方一宿，世上已千年。

　　卿云烂，浓雾散，净尘寰。东方乍白，朝霞冉冉出天边。想见桃娇柳宠，一扫园林萧索，人面比花妍。翘首长空外，好信借风传！

发表毛泽东给李达的三封信：一个插曲

在参加真理标准讨论的期间，还有一个插曲，那就是发表毛主席给李达同志三封信的事。这三封信是毛主席在 20 世纪 50 年代李达同志撰写《〈实践论〉解说》、《〈矛盾论〉解说》和《胡适思想批判》的时候写给李达同志的，"文化大革命"被工作组连同毛主席亲笔修改的《〈实践论〉解说》手稿一起从李达同志家里抄去。1967 年有几位为李达翻案的干部和学生把这三封信和手稿送给了中共中央办公厅。1974 年李达同志平反后，中共中央办公厅把这三封信和手稿的复印件送给了李达同志的夫人石曼华同志，她又复印了一份给我。

毛主席在 1950 年 3 月 27 日的信里提道："实践论中将太平天国放在排外主义一起说不妥，出选集时拟加修改，此处暂仍照原。"在 1952 年 9 月 17 日的信里提道："矛盾论第四章第十段第三行'无论什么矛盾，也无论在什么时候，矛盾着的诸方面，其发展是不平衡的'，这里'无论在什么时候'八字应删，在选集第一卷第二版时，已将这八个字删去。你写解说时，请加注意为盼！"这就确凿地说明了毛主席本人从来不认为他说的话"句句是真理"，一句也不能动；恰恰相反，他认为自己的论断也会有"不妥"和需要"修改"之处。这些信如能公开发表，对"两个凡是"将是一个多么有力的驳斥！于是我在真理标准讨论会结束的第二天就把这三封信送给了《人民日报》理论部和《哲学研究》编辑部。他们非常重视，说一定要想办法发表出来。但当时要办成这件事却非常困难。毛主席的信不经过党中央批准是不可能发表的。如果报上去，不能不经过汪东兴同志和华国锋同志，他们不批准怎么办？弄不好还会说你别有用心。于是这事拖了一个多月。

中国社科院党组经过精心研究，在 10 月 12 日以《哲学研究》编辑部的名义写了报告给中国社科院党组转呈华主席、党中央，报告说："今年七月，中国社会科学院哲学研究所、《哲学研究》编辑部在北京召开理论和实践问题讨论会时，前来参加会议的武汉大学哲学系教师、李达同志生前的助手陶德麟同志特将毛主席一九五一年三月二十七日、一九五二年九月十七日、一九五四年十二月二十八日复李达同志的三封信(影印复制品)送给了我们。""我们认为,如果把毛主席这三封信公开发表,对当前从理论上揭批林彪、'四人帮',对哲学战线的工作,将是一个巨大的推动;对广大哲学工作者将是一个极大的鼓舞。考虑到这种情况,我们拟在十二月二十六日毛主席诞辰八十五周年的时候,在《哲学研究》第十二期发表毛主席的上述三封信影印手迹,并加编者按语,或另写专文一起刊出。以上报告当否,请批示。"社科院党组也在 17 日给华主席和党中央写了同样内容的报告。这两份报告没有首先送给汪东兴同志,而是送给了乌兰夫同志。乌兰夫同志在 11 月 10 日批示:"拟同意。请汪副主席批示。"这"拟同意"三个字的分量真有千钧之重! 汪东兴同志在 11 月 12 日批示:"请华主席、叶、邓、李副主席阅批。"华国锋主席和叶剑英、邓小平、李先念几位副主席接着也都画了圈。这件大事就算顺利地办成了。

11 月 18 日社科院哲学所的陈筠泉同志打电话给我,要我马上坐飞机去北京,商量配合发表三封信写文章的问题。我 22 日赶到北京,同中国社科院和人民日报的同志见面商谈,大家都特别兴奋。这时,有"凡是"倾向的中央某权威理论刊物①打听到了党中央批示的消息,也想知道批示和信的内容,打电话到社科院提出要在这家刊物首先发表,社科院领导没有同意。这家刊物又到《哲学研究》编辑部打听我在北京的住处,想直接从我手里得到这三封信。那天我恰巧在编辑部商量事情,编辑部的同志迅速把我"藏"到一个小房间里"躲"开了。社科院和人民日报的同志为了防止这家刊物抢在《哲学研究》之前发表三封信并按照他们的需要做出解释,就连夜写了一条简短的消息,说经党中央批准,毛主席给李达同志的三封信将在《哲学研究》第 12 期发表。这条消息第二天就在《人民日报》头版显著位置刊出,那家刊物也就不可能抢先发表了。12 月 25 日,《哲学研究》第 12 期发表了这三封信,同时发表了编辑部的文章和我的文章(署名石曼华、陶

---

① 这家刊物当时处理谭震林同志的文章时特别删去了其中关于实践标准的一段话。

德麟、李其驹、萧萐父）。全国各大报刊都发表了这"三封信"，还配有文章。这"三封信"使坚持"两个凡是"的人陷入了不能自圆其说的境地，无疑是对"两个凡是"的有力批驳，造成了很大的影响。

真理标准讨论的深入发展：前路方遥

十一届三中全会高度评价真理标准大讨论对党和国家的前途命运的巨大意义，从哲学理论上重新明确了真理标准问题，实现了思想路线的拨乱反正，回答了中国向何处去的问题，使改革开放成了定局。这是国家之幸，人民之幸，民族之幸。但拨乱反正的工作还得在一个一个问题上落实。在落实的过程中还是障碍重重，道路还很艰难。许多同志在抽象的道理上也同意实践标准，赞成解放思想、实事求是，但一碰到具体问题就仍然在多年的僵化观念中走不出来，用不合实际的旧观念来裁剪现实。每前进一步都要克服重重阻力。理论界的一大批同志都在艰难的道路上为解决这类问题奋斗不止。

1979 年，我针对当时的情况在《光明日报》上发表了两篇文章，一篇是讲不能把"百家争鸣"归结为"两家"争鸣；另一篇是讲不能用专政的办法解决精神世界的问题。这两篇文章都是在杨西光同志的大力支持和马沛文同志的具体组织下写成的。两文引起了强烈反响。有的同志来信表示热烈支持，说这两篇文章说出了他们想说而说不清楚的心里话，打中了问题的要害；也有人打电话到编辑部骂人，质问杨西光同志为什么要发表这样的文章。事情并不平静。此外，理论界还有一些同志，他们是坚决反对"两个凡是"，主张解放思想的，但他们对实践是检验真理的唯一标准的命题在学理上还有保留，认为在理论上还不是很严密。最有代表性的观点有两种：一种观点认为"唯一"的说法太绝对化，因为逻辑证明也是检验真理的标准；另一种观点认为实践只是检验真理的方法或手段，检验真理的标准应该是认识的对象而不是实践。我感到这两个问题如果不彻底解决，实践是检验真理的唯一标准的命题就还是没有真正从学理上站住脚。这个命题是马克思主义哲学的核心命题，也是解放思想、实事求是的学理根据，事关大局，决不能有丝毫含混，否则还会留下后患。至于为什么逻辑证明和认识对象不是检验真理的标准，马克思主义经典著作里并没有做过专门的论证，靠引经据典是解决不了问题的，需要有独立的研究。我想我就在这两个问题上再做点努力吧。我认真地研究了这两个问题。1979 年我写成了《逻辑证明与真理标准》一文，首先在成都的一个研讨会上发表（我因母亲生病没有到会，是请其他同志宣读的）。后来我自己觉得论证还不够严密，又反复做了修改，直到 1981 年才在《哲学研究》第 1 期发表。学术界对这篇文章反响很好。1982 年《中国哲学年鉴》做了专门介绍，指出："逻辑证明为什么不能作为检验真理的标准？这是真理标准讨论中遇到的一个问题。尽管有不少人就此发表了意见，但是论证充分、说服力强的文章却不多。而这篇文章恰恰在这方面具有鲜明的特色。"14 年之后，这篇文章在 1995 年获得了国家教委首届人文社会科学优秀成果一等奖。1981 年，我还在《江汉论坛》第 5 期发表了《认识的对象是检验真理的标准吗?》一文，以对话体的形式对认识对象不能成为检验真理的标准的道理做了比较细致的分析，也得到了学术界的认同。同年，我还在中国人民大学做了《实践怎样检验认识》的学术报告。1982 年又在中山大学做了《真理阶级性讨论中的一个方法论问题》的报告。那几年里，我在北京、上海、河南、四川、内蒙古、广东、海南、大连、山东等地做了二十多场报告，都是围绕着马克思主义真理论这个中心进行的，都是为了强化真理标准讨论的成果。

几点感受

时过境迁，今非昔比。三十年前的往事，在不少人看来也许是不值一提的"老皇历"，当时争论得不可开交的问题也不过是常识范围的东西，没有什么理论价值了。这话也有一方面的道理。今天我们的哲学研究比起那时来无论就视野的广阔、问题的多样、学者的数量和水平来看，都大大超过了那个时期，我们已经前进了很长一段路程。但我以为不能割断历史。今天和明天毕竟是昨天的继续和发展，在瞻前的同时不忘顾后，对瞻前是有好处的，只要不当"九斤老太"就行。我虽然老之已至，自问尚无"九斤老太"的情结，还总想学点新知，跟上大军，敲敲边鼓，不当绊脚石。三十年前的经历，使我多少有些感受，不妨一谈，算是负暄献曝吧。

（1）哲学无疑是抽象程度最高的学问，是高悬在空中的范畴体系。但它的最深的根源还是人们的实际生活。归根到底，是实际生活的需要推动着哲学问题的提出和解决。这一点，在真理标准讨论中体现得最鲜明。我们党经历过两次最大的危险：一次是民主革命时期错误路线的一度大泛滥，一次是"文化大革命"造成的浩劫。两次危险的根子都在哲学问题上，两次转危为安也靠哲学上的拨乱反正。前一次我没有亲身体验，后一次却是身历其境，有切肤之感。我坚信哲学不是自我封闭的精神运动，不是理性神坛的供品，而是与民族兴衰和人民祸福息息相关的。哲学家可以自以为不食人间烟火，但事实上天天都在人间生活，谈论的问题尽管可以上干云霄，还是摆不脱尘世的土壤，只不过谈法各有不同而已。但是，哲学与实际生活的关系，往往只在社会矛盾十分尖锐的时候才凸显出来，而在"平时"则隐而不显。这就造成了一种可能，在"平时"看不到哲学与实际生活的联系。我记得 20 世纪 80 年代我参加教育部组织的中国哲学家考察团到各地考察的时候，天津和广州有两位企业的负责人都心高气傲地大谈他们办企业的业绩，鄙薄哲学，嘲笑哲学讲的都是"空话"，他们干的才是"实事"。我问他们知道不知道真理标准讨论，他们轻蔑地说他们不管这些没有经济效益的事。我们耐心解释了哲学与思想路线的关系，思想路线与具体方针政策的关系，指出如果不解决真理标准问题，就没有三中全会以来的路线，就没有改革开放，你们的企业就根本不能起步，还谈什么"经济效益"？这时他们才若有所悟，表示可以理解了。这说明哲学与实际生活的联系在"平时"确实容易被忽视。但正因为如此，就更加不可忽视。我以为在埋头研究抽象的哲学问题的时候经常想一想问题与实际生活的联系，想一想自己是在什么路上走，要走到哪里去，还是有好处的。研究哲学如果没有一点济世情怀，对祖国和人类的命运冷漠无情，没有对现实问题的关注，只是自言自语，令人不知所云，真的把哲学变成了空话，那就不值得花费气力了。

（2）哲学是精神世界的花朵，是理论形态的东西。它对实际生活起作用的方式全在于以理服人，别无他法。解决精神世界的问题，靠强制是完全无效的。要使哲学有说服力，就必须有严密的论证。当然首先要立其大者，但小处也要力求站稳。一个概念的疏忽，一个表述的失当，有时可以动摇全部论点的根基。例如，在真理标准讨论中，有的同志为了反驳"真理有阶级性"的说法，就去努力论证凡真理都没有阶级性，这就在逻辑上把自己置于两难的境地：或者断言马克思主义是真理而没有阶级性，或者断言马克思主义有阶级性而不是真理。我认为这里的问题是出在名词的歧义上。"真理"一词是西语truth 的汉译，本来就有两种含义：一是"真的理论"，一是"理论的真"，两者不能等同，正如"方的桌子"与"桌子的方"、"红的桌子"与"桌子的红"不能等同一样。"文革"理论家们鼓吹的"真理有阶级性"，说的并不是"真的理论"有阶级性（如果真是这样，只要不是全称判断，倒并不错误了），而是"理论的真"有阶级性，也就是"真"有阶级性。这才是谬误的所在。"真"是指理论与对象的符合，是理论的一种属性；"阶级性"是指理论代表一定阶级的利益，是理论的另一种属性。说"真"有"阶级性"，就是说理论的一种属性具有理论的另一种属性，无异乎在谈论一张红色方桌时断言"桌子的方是红的"或"桌子的红是方的"，是不通的。这不是无意义的咬文嚼字，而是必要的概念辨析。在这个辨析的基础上指出"真有阶级性"的谬误，再来谈论它在实际生活中的危害性，就站稳脚跟了。1983 年我在中山大学的一次报告中讲过这个看法，① 现在也没有改变。当然，我说哲学只能以理服人，并不是说有理就必能服所有的人。有的人由于种种原因坚持偏见，不服真理，那也只好由他。但那是另一问题，就不在这里讨论了。

2008 年 3 月 21 日于珞珈山麓

---

① 《真理阶级性讨论中的一个方法论问题》，见陶德麟著《中国当代哲学问题探索》，武汉大学出版社 1989 年版，第 163 页。

陶德麟：笔有雷鸣道不孤*

光明日报记者　王斯敏　撰

编者按：马克思主义理论研究和建设工程，是一项事关中国特色社会主义事业发展全局的战略工程、生命工程、基础工程。工程实施近十年来，哲学社会科学界的一大批专家学者为之忘我投入、鞠躬尽瘁，尽显坚定信仰与火热襟怀。工程项目课题组首席专家陶德麟便是其中的一位。自从青年时代选择了马克思主义，他便在这条通往光明的道路上辛勤跋涉，不断摘取真理的硕果。通过他的人生故事，我们看到了一个资深理论工作者的上下求索、不懈探寻的足迹，也感受到了马克思主义科学真理感召世人、催人奋进的恒久光辉。

陶德麟的哲学人生，每个节点都充溢着胆识与锐气——

24 岁，初涉哲学便锋芒崭露，撰文批评苏联哲学家的权威著作《简明哲学辞典》，向苏联哲学教条主义发起有力一击；

47 岁，历经磨难后信念弥坚，积极投身反对"两个凡是"的理论斗争，"顶风"参加真理标准大讨论，用一篇篇旗帜鲜明、论述严密的文章持续发声，在讨论中占据重要一席；

82 岁，年至耄耋却思考日深，融毕生思考入一篇短文，呼吁践

---

* 本文原载《光明日报》2013 年 11 月 21 日第 13 版，作者为记者王斯敏。

行马克思主义实践观，"把一切判断和措施都交给人民群众的实践去检验"，引发了湖北社科界乃至全国的热烈讨论，其效应一直延续至今。

"笔有雷鸣道不孤。"这是多年老友、哲学家陈先达教授对他的评价。

得遇恩师露峥嵘

> 搞马克思主义的人要有坚持真理的品格，不能像摆摊的小贩，天晴把摊子摆出来，下雨就收摊子。
>
> ——恩师李达的话，影响了他一生

1953 年，一个寻常春日。青年陶德麟迈进屋子的脚步，忐忑而凝重。

屋中一榻，一病弱老人半躺于上，清癯的脸庞因高烧而显憔悴，双眼却清亮有神。见到陶德麟，他招手示意年轻人坐在身旁，开始了一场决定了陶德麟人生走向的谈话。

这一年，是李达就任武汉大学校长的第二个年头。作为把马克思主义引入中国的先驱者，他有着多病之躯盛放不下的宏图伟志。他对马克思主义各个领域都造诣精深，但最关心的还是哲学。他需要一个年轻而得力的助手。多方考察后，即将毕业的陶德麟成为最佳人选。虽然这个年轻人读的是经济而非马哲，但表现的资质令李达青眼有加。此番找他前来，便是特意商谈此事。

要不要改换专业？这对陶德麟几乎不是问题。他早在中学时期就涉猎过一点哲学，进大学后又精读过李达的哲学名著《社会学大纲》，还硬啃过《资本论》第一卷，学习笔记便是明证。

陶德麟当即表示服从安排。欣慰之余，李达以父辈的深情与他倾心长谈。

"搞马克思主义的人要有坚持真理的品格，不能像摆摊的小贩，天晴把摊子摆出来，下雨就收摊子。"话语像粒种子，在他心里生了根。

从此，李达有了一个得力助手，哲学园地多了一位辛勤的躬耕者。

钻研马克思主义经典著作，自学中外哲学史，以哲学眼光考察现实……一种奇妙的感觉在陶德麟心中升腾着。他感到，很多曾困扰自己的"问号"逐渐变成了"惊叹号"——

他的父亲，辛亥革命、北伐战争和抗日战争的参与者，因保护被通缉的共产党员、力主国共合作抗日而不见容于当局，愤而退出国民党，五十多岁就困厄病逝。父亲在追求什么？自己走什么样的道路才能告慰其英灵？

他的少年时代，热血善思，常在周记中抨击时局、探寻民族之出路。胡适讲演《两个世界，两种文化》，他如饥似渴去听，却对其政治观点很不满意。但，其谬误何在？什么样的理论才能擦亮这双苦苦寻找的眼睛？

现在，他找到了。马克思主义哲学给了他批判的武器，照亮了他苦心求索的那条道路。

1955 年夏，年仅 24 岁的陶德麟写了题为《关于"矛盾同一性"的一点意见》的论文，投给《哲学研究》。翌年 2 月，文章刊发，立时引起轩然大波。

从哪个角度看，这都是一篇"大胆"的文章——

批判锋芒直指罗森塔尔、尤金合著的《简明哲学辞典》，两位作者皆是苏联的科学院院士。在那个学习苏联"老大哥"的年代，此举无疑是挑战权威。

《简明哲学辞典》中"矛盾同一性"的释文把"同一性"定义为事物、现象同它自身相等、相同的范畴，断言生与死、资产阶级与无产阶级、战争与和平等根本对立、相互排斥的事物之间没有同一性。陶德麟明确指出这种观点是违背唯物辩证法的。在那个年代，这样的言论固然正确，却并非人人敢言。

事实很快证明了他的批评是对的——1957 年 1 月 7 日，毛泽东在省市自治区党委书记会议上的讲话中肯定了此观点；1958 年 6 月

24日，毛泽东邀集一些学者，专门谈论此事。《简明哲学辞典》的作者也接受了批评，在再版时对"同一性"的条目做了原则性修改。

牛刀小试，一鸣惊人。

乐耘杏坛遭劫波

临歧自古易彷徨，我到歧前不自伤。心境长随天上月，如环如玦总清光。

——突遭厄运，他以诗明志

1956年，创建于1922年的武大哲学系中止四年后成功重建。时年25岁的陶德麟登上讲台，很快得到了学生们的喜爱。

"陶德麟、萧萐父、康宏逵三位先生是当时哲学系讲课最'叫座'的青年教师，被誉为李达的'三面红旗'。其中，萧慷慨激昂，康旁征博引，陶老师则是严谨细致、娓娓动听，还特别善于联系实际，记下来就是一篇文章。"华中科技大学哲学系教授王炯华忆想当年。

课还讲到了校门之外——1959年起，他连续四年为全省中高级干部讲授《实践论》、《矛盾论》，讲稿《〈实践论〉浅释》被印发全省，广为流传。同时，他陆续发表数十篇论文，在理论界拥有了许多知音。

1961年8月末的一天，一项沉甸甸的使命落到了陶德麟肩上——协助李达，编写中国人自己的马克思主义哲学教科书。

这是毛泽东对李达的殷切嘱托。

1961年8月20日，李达在庐山养病，恰逢毛泽东也在庐山。他约李达到住所畅谈哲学问题。

为什么苏联的马哲教科书"一统天下"？我们中国人有那么丰富的实践经验，为什么要照搬苏联的？历时四小时的长谈中，毛泽东多次表露不满，并希望李达以自己20世纪30年代发表的《社会学大纲》为基础，撰写一部够分量的哲学教科书。

此时的李达已诸病缠身，手颤得厉害，大量写字已有困难，但他并未迟疑便接受了任务。几天之后，他找来了陶德麟。

陶德麟深知，这也是老师多年的心愿。

在李达看来，毛泽东哲学思想是马哲史上重要的新阶段，理应受到高度重视。而这次编写马哲教科书正是让世人了解中国人哲学贡献的好机会。

撰写工作开始了。

难度是巨大的——要系统凸显马克思哲学在中国的独特发展，科学阐发毛泽东哲学思想的理论创新与历史地位，在当时尚属"前无古人"；此外，要讲清马克思主义哲学与现代科学的关系，还要涉及相对论、量子力学等自然科学内容，陶德麟虽然学过普通物理，但这些知识对他而言几乎是空白。他不得不奋力学习，请教物理系教授，常常通宵伏案，浑然忘我。

遵照李达要求，他写好一章，便当作教材，在哲学系"李达实验班"中讲授，一边讲一边听取意见，进而修改。这样的修改有多少次？已很难历数。

1965 年 10 月，38 万字的上卷唯物辩证法送审稿完成。收到书稿，毛泽东仔细阅读，写下 255 字的批注。

师生二人满怀欢欣，立即着手撰写下卷。然而，突如其来的厄运阻住了前路。

"文化大革命"开始了。李达被打成"武汉大学三家村黑帮总头目"，遭到残酷批斗，两个多月后含冤去世。

陶德麟在劫难逃，他的生活顿时变成了黑色。顶着"李达三家村黑帮分子"的帽子，陷入了长达八年的批斗、侮辱和劳动改造，几次遇险，命悬一线，家人也遭遇牵连。

然而，强大的信念支撑住了他。他坚信，人民不会听任国家就此沉沦，黑暗的局面总会改变。

"临歧自古易彷徨，我到歧前不自伤。心境长随天上月，如环如玦总清光。"

1974 年，风雨如晦的暗夜，他写下这样一首小诗，怀明月之心，默默守候着黎明到来。

冲破阴霾勇发声

乍暖还寒夜正深，残冰犹自伴彤云。池边小草冲泥出，不为争春只报春。

——参加讨论后，他心情激动

1974 年，李达初步平反，陶德麟也总算回到了教师队伍，但仍被视作"有严重问题的人"，处处受限。"文革"结束，举国欢呼，理应是云开日出了，但雾霾真的散尽了吗？

1977 年 2 月 7 日，"两个凡是"的论调出台。照此推理，"文革"本身并没错，错的只是林彪、"四人帮"对"文革"的歪曲。这让陶德麟更为担忧。

这种担忧，在 9 月参加了中国社会科学院组织的一次会议后，更为深重。

会议主题是纪念《实践论》、《矛盾论》发表四十周年。收到邀请后，已跟外界失去联系 11 年的陶德麟冲破阻力，赴京参会。邢贲思、汝信、赵凤岐、陈筠泉、陈中立……学者们劫后重逢，感慨万端。

一个共识在讨论中清晰起来——"文革"虽去，遗毒仍在。只有摧毁"文革"全套理论的哲学基础，才能挣脱"两个凡是"的枷锁。而在支撑"文革"的理论中，一个错误观点必须驳倒——检验真理的标准不是实践，而是领袖的"最高指示"。

冻结十年的冰面坚硬如铁，如何炸开它，释放那浩荡澎湃的春河之水？

时机终于来了。1978 年 5 月 11 日，光明日报发表特约评论员文章《实践是检验真理的唯一标准》，立即引发了关于真理标准的热烈讨论。支持者众，反对声也格外严厉，"反动且荒谬"、"丢刀子"、"攻击毛主席"等指责如疾风骤雨，扑面而来。

陶德麟决心发声，做"实践标准的坚定支持派"。一个多月后，中国社科院在北京召开"理论与实践问题哲学讨论会"。收到邀请，陶德麟再次顶住压力，亲赴会场。火车上，他心情澎湃，提笔写下一首小诗："乍暖还寒夜正深，残冰犹自伴彤云。池边小草冲泥出，不为争春只报春。"

陶德麟被推举为第一讨论组副组长，组长是《实践是检验真理的唯一标准》一文的最初作者、南京大学教师胡福明。

7月17日，大会开幕。一种兴奋而忐忑的气氛笼罩在会场上空。

小组讨论中，多数人旗帜鲜明地赞同只能以实践检验真理，也有人质疑、犹豫，甚至震怒——"这是个什么会？是举旗还是砍旗？我不参加了！"当即拂袖而去。

不断传来的"小道消息"也加重了紧张空气。"党中央不支持这个会"，"某主要领导大发脾气，说一帮学者在'开黑会'"……然而，探求真理的渴望与使命感战胜了纷扰，会议继续举行，讨论越来越热烈。

23日下午，会议闭幕。陶德麟做了大会发言。他针对常见误解一一阐析，从理论上加以澄清，得出结论："实践是检验真理的唯一标准"是马克思主义哲学的根本原理，在实践标准之外另立真理标准是理论上的倒退。很快，《哲学研究》第10期就发表了这篇文章。

会议结束的第二天，他找到人民日报的汪子嵩和《哲学研究》杂志的张岱，送上了一份特殊的"礼物"。

这是三封毛泽东亲笔信的复印件。20世纪50年代，李达正在撰写《〈实践论〉解说》、《〈矛盾论〉解说》和《胡适思想批判》，毛泽东多次写信给他，指出自己文中的不当之处："实践论中将太平天国放在排外主义一起说不妥，出选集时拟加修改，此处暂仍照原。""矛盾论第四章第十段第三行'无论什么矛盾，也无论在什么时候，矛盾着的诸方面，其发展是不平衡的'，这里'也无论在什么时候'八字应删，在选集第一卷第二版时，已将这八个字删去。你写解说时，请加注意为盼！"

这无疑是铁证：毛主席从不讳言自己文章的不妥之处，又何谓"句句是真理"？

12月25日，三封信在《哲学研究》第12期发表，并被广泛转载，对破除"两个凡是"起了很大的促进作用。

怀着思想解放的火种，陶德麟回到武汉，用一场场报告四处播火。很多听众激动得拍红了巴掌，但面露惊讶之色的也不在少数，写满问题的小纸条每次都会递上厚厚一沓。

一次，在武汉市图书馆的报告结束后，主持人悄悄提醒陶德麟："如果不把毛主席的话作为检验真理的标准，会不会犯错误？"陶德麟只好解释："实践是检验真理的唯一标准"，这本身就是毛主席的话啊。对方将信将疑。陶德麟当场拿出《实践论》，指着"马克思主义者认为，只有人们的社会实践，才是人们对于外界认识的真理性的标准"的一段原话给他看，他这才放下心来。

看来，想要打破多年来形成的思想禁锢，仍很艰难。

陶德麟手中的笔挥得更勤了。《认识的对象是检验真理的标准吗？》、《实践怎样检验认识》、《真理阶级性讨论中的一个方法问题》……一篇篇文章接连问世，在讨论热潮中引发关注。

"这其中，《逻辑证明与真理标准》一文特别被学界推崇。因为在当时，大家对'实践是检验真理的标准'已基本接受，但对'唯一'二字仍有怀疑。而为什么逻辑证明和认识对象不是检验真理的标准？马克思主义经典著作里并没有论证过，需要独立研究。老陶就是在这方面下了很大功夫，从理论上证明了真理标准的唯一性。"陶德麟的"老战友"、武大哲学系教授朱传棨感慨。

贡献不会被遗忘。1995年，这篇文章获得了国家教委首届人文社会科学优秀成果一等奖。此时，距其发表，已过去了14年。

倾力呼吁"中国化"

> 必须"让马克思主义说中国话"——从中国实际出发提出问题，按自己的"坐标"研究问题，以简明易懂的语言陈述问题。
> ——与现实脱节的研究令他忧心

武汉大学哲学系主任、研究生院院长、常务副校长、校长……哲学家的智慧经受住了实践考验，也推动了实践发展。在他和同事们的苦心经营下，武大哲学系日益壮大，百年武大也驶上了发展快车道。

此时的中国正在改革开放道路上摸索前进。随着计划经济体制被打破，群众的迷惘也开始抬头。"我们还需要马克思吗?""哲学是空话，'四化'要的是经济效益"……种种论调刺痛了陶德麟。

"我坚信哲学对一个民族至关重要。它既是民族精神的升华物，又是民族精神的铸造者。抛弃了马克思主义哲学，就等于抛弃了我们民族的精神支柱，抛弃了观察处理当代一切复杂问题的最科学的方法。"他接连写下十余篇文章，批驳谬误，激浊扬清。

然而，捍卫真理不等于迷信教条。他也清醒地看到，民众对马克思主义哲学的疏远疑虑，和学界的研究取向、传播方式不无关系。

近年来，一些哲学家专注于和现实脱节的问题，"热心于建构新体系，用一大串含义不明的'新'名词、'新'说法来做推演，弄出一套又大又空的理论，使人读了莫测高深"。更有甚者，不但张口闭口海德格尔、避而不谈中国实际，还把话说得佶屈聱牙、艰深晦涩，他对此十分反感。

哲学虽然是抽象程度最高的学问，但"理论如果在书斋中自说自话，就只有死路一条"。马克思主义哲学必须与中国实际相结合，并躬身走进老百姓中去，才能成为中国人自己的哲学。

有感于此，他发出"马克思主义中国化"的响亮呼声——

"黑格尔说过，'我力求教给哲学说德语'，我们也必须'让马克思主义说中国话'——从中国实际出发提出问题，按自己的'坐标'研究问题，以简明易懂的语言陈述问题。"

这成了他心魂所系的话题。

2004 年，马克思主义理论研究和建设工程隆重启动。作为《马克思主义基本原理概论》首席专家，他强调编写教材"应体现马克思主义中国化的学术成果"，"保持明白流畅的文风"，这成了课题组成员们记忆深刻的"金句"。

2013 年 3 月 27 日，一篇题为《践行马克思主义实践观为实现中国梦而奋斗》的文章出现在《湖北日报》头版，作者正是陶德麟。

短短两千字通晓流畅，从马克思主义实践观的角度解读中国梦、探寻中国梦的实现路径，鼓励人们胸怀道路自信、理论自信、制度自信，走好"中国人自己走出来的'中国道路'"。

共鸣很快被激发。短短几天，湖北社科界掀起了一场"马克思主义实践观大讨论"。4月中旬，经《光明日报》挖掘报道，讨论热潮迅速蔓延至全国。

"恰逢其时，触及了当前理论界的重要现实问题。""讨论反映了知识界的自觉与自责，打开了思想的闸门，应该长期深入下去。"……各界学者纷纷撰文，参与到讨论中来。"小文章"引出了"大文章"，这令陶德麟欣慰有加。

"这绝不是对我个人一篇短文的回应，而是对时代呼声的回应"，陶德麟感慨，"十几亿人史无前例的伟大实践为我们提供了取之不尽的原料，唯有不断探索、提炼，才能产生中国人自己的理论创造"。

爱智忧民师道真

> 我深感自己是个平庸的探索者，在浩瀚无际的哲学大海里乘桴而行。而今垂垂老矣，还常常自觉如童稚之无知。然而我并不怨悔。
>
> ——桑榆晚境，壮心不已

温而厉，威而不猛，恭而安。这是陶德麟留给后学的印象。

"陶先生很保护学生，从不给我们贴标签，从未让我们尴尬，却恰如其分地促人勤学自省。当我成为教师之后，才知道这样做有多难。"复旦大学哲学学院教授冯平喟叹："我初任教时，对树立优良学风有'赴汤蹈火在所不辞'的豪情、'众人皆醉我独醒'的自诩，所以狂傲至极，动辄'枪毙'学生论文。学生私下送一绰号：'四大名捕'之'温柔一刀'。有次开会遇到陶老师，我以此炫耀，他只轻轻说了一句：'学生还在学习阶段，不要以你现在的水平要求他们。'此话似当头棒喝，顿时让我看到了自己的褊狭。他让我认识到：师者，首先要是一个仁者。"

学生写的文章有一点出彩的地方，就要充分肯定；有一点创新，就要及时鼓励。这是陶德麟对自己和教师们的要求。

对本专业以外的学生，他一样爱才。

1997年，湖南考生李若晖报考武大中文系古汉语专业硕士。这位年轻人在古汉语方面发表了数篇突破陈说、引发关注的论文，但外语未考过线。得知此事，已卸任校长职务的陶德麟专门写信给学校负责人，力主破格录取："若囿于陈规，失之交臂，是瞽于识才也。"李若晖终于圆梦，后又考取北大博士，现已是复旦大学哲学学院教授。

让他牵挂的，不只是学生。

"校长爷爷，我是附小的学生。我家停电了，我要做作业，怎么办呢？"一位小女孩打来电话。

"学校施工，水泥搅拌机吵得我们睡不着觉，怎么办啊？"凌晨四点，一位教师打电话来"投诉"。

担任校长期间，年轻教师评职称、学生宿舍漏雨、退休教师要房子……都习惯问他"怎么办"。

虽烦琐细碎，他却从不敷衍。"这些事对学校全局好像是小事，但对个人就是大事。要办好学校，对这样的'小事'也要认真解决。"他常常一天工作14小时。

然而，陶德麟的严格也在全校出了名。

一方面，他要求学生不要成为老师的"复制品"；另一方面，又要求他们学风严谨，言必有据。他批阅论文的意见有时长达上万字，学生论文达不到合格水平，决不允许提交答辩。

"我当年论文修改到第三稿时，先生正住院手术，行动尤其说话很不便。我以为他会放宽些标准，不料，先生躺在病床上，照样认认真真地看，仔仔细细地改，毫不苟简。"山东理工大学法学院教授倪勇感慨不已。

"古人说'不知老之将至'，我是明知'老之已至'，但有生之年不敢懈怠而已。"陶德麟笑言。

他对哲学怀有无尽的爱，甘愿探索至最后一刻。年轻一辈身上，寄托着他的厚望与嘱托。在他看来，中国学者皆应以"为天地立心，为生民立命，为往圣继绝学，为万世开太平"为己任。尽管，任何哲学都不可能一劳永逸地"为万世开太平"，但哲学家不可无此追求。爱智求真与忧国忧民相统一，才是哲学家应有的境界。

"陶先生追随真理之心不曾动摇。他的信仰从不因客观环境的变化、别人的闲言碎语甚至打击而改变。这种因真理而生的浩然之气，使他敢于为国家、为人民、为时代发声。一个真正的马克思主义者，当有此情怀。"武大党委副书记骆郁廷感叹。

"胸罗正气常忧国，笔扫彤云只务真。"乘一叶哲学之舟，陶德麟航行于浩渺无际的真理海洋。那搏风击浪的强音是最响亮的召唤，必有后学紧紧跟上，必有风帆在这条勇者航路上继续高扬！